货币数量、利率调控与政策转型

Money, Interest Rate and Policy Transition

伍戈　李斌◎著

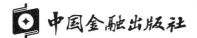

中国金融出版社

责任编辑：张　驰
责任校对：刘　明
责任印制：陈晓川

图书在版编目（CIP）数据

货币数量、利率调控与政策转型/伍戈，李斌著 . —北京：中国金融出版社，2016. 1

ISBN 978 - 7 - 5049 - 8285 - 8

Ⅰ. ①货…　Ⅱ. ①伍…　②李…　Ⅲ. ①货币政策—经济改革—研究—中国　Ⅳ. ①F822. 0

中国版本图书馆 CIP 数据核字（2015）第 320813 号

货币数量、利率调控与政策转型
HUOBI SHULIANG、LILÜ TIAOKONG YU ZHENGCE ZHUANXING

出版
发行　中国金融出版社

社址　北京市丰台区益泽路 2 号
市场开发部　（010）66024766，63805472，63439533（传真）
网 上 书 店　www.cfph.cn
　　　　　　　（010）66024766，63372837（传真）
读者服务部　（010）66070833，62568380
邮编　100071
经销　新华书店
印刷　保利达印务有限公司
尺寸　169 毫米 ×239 毫米
印张　29. 5
字数　380 千
版次　2016 年 1 月第 1 版
印次　2023 年 4 月第 7 次印刷
定价　69. 00 元
ISBN 978 - 7 - 5049 - 8285 - 8
如出现印装错误本社负责调换　联系电话　（010）63263947

序 一

早在 20 世纪的 30 年代，凯恩斯就在《就业、利息和货币通论》这一经典著作中阐述了货币数量与利息（率）之间的关系。值得回味的是，这部现代宏观经济学奠基之作的题目包含了三个重要的宏观变量，其中后两个（即"利息"和"货币"）都直接涉及货币金融领域，可见宏观经济学与货币金融理论之间天然的紧密联系。时过境迁，近年来无论是理论界还是政策决策层面，大家对货币数量与利率的关系及其政策选择方面又有了许多新的认识，但据我所知，国内外对其进行系统分析的作品却不多见。我很欣喜地看到，伍戈研究员与李斌研究员在扎实的宏观经济理论研究和丰富的央行货币政策实践基础上，切实结合转型中国的现实国情，对有关货币理论与实践问题展开了一系列有价值的创新性探索。

通常地，数量与价格是洞察经济现象这枚"硬币"的两个重要方面，即在供求力量的作用下，市场将自动实现数量与价格的动态均衡。对货币问题的考察也不例外，货币数量与利率价格也内在统一于市场的均衡动态之中。因此从这个视角来看，货币数量与利率价格所折射出来的经济信息似乎并没有本质上的区别。然而，或许是由于微观主体对量价的敏感程度存在差异，或许是由于宏观经济发展阶段的不同，各国在货币政策量价调控方式选择及其演进方面却存在着显著的差别。即使是同一国家在不同的历史时期也可能选择不尽相同的货币政策框架，在美国甚至还出现了对货币数量与利率价格目标选择上的多次反复。

那么理论上，货币数量目标与利率价格目标可否得兼？如果难以得兼，那么中央银行究竟应选择货币数量目标还是利率价格目标？如果选择了利率价格目标，现实中我们又将如何实现货币政策框架由数量型向价格型的逐步转变？这些表面上看似乎是"ABC"的问题，但其逻辑上却是环环相扣、层层递进的，过去我们并没有很好地梳理和总结过。伍戈研究员与李斌研究员的这本专著对此进行了详尽的诠释。除了发达国家的一般经验之外，我国的货币政策转型还有着十分独特的现实背景，这其中既包括高投资发展模式下过度投资和产能过剩等问题，也包括"两部门"结构性特征下软预算部门等不断扩张、制造业等实体经济出现"产业空心化"以及"融资难"、"融资贵"等复杂现象。这些都是研究我国货币政策转型所不能忽视的现实经济"土壤"。

从全球各主要新兴市场及转型国家的实践来看，目前货币数量目标对于这些国家中央银行的吸引力不断减小，但由于市场经济与金融体系不发达等结构性原因，完全基于价格型的货币政策调控体系又不可能一蹴而就。那么究竟应采取何种货币政策规则就成为了这些央行面临的重大现实挑战，转型中的我国也不例外。虽然近年来我国经济金融改革及利率市场化进程不断加快，但数量型工具仍在发挥重要作用，这就使得"量"和"价"相互协调以共同实现货币政策调控目标成为可能，即在经济转型时期实施以货币数量和利率价格工具并用的混合规则，这也是现阶段我国货币政策的重要现实特征。

　　货币政策是一门科学，更是一种艺术。特别是在货币政策操作等方面，存在着诸多的策略选择问题。近年来，预期管理成为货币政策的重要组成部分。现代预期管理理论强调央行"怎么说"和"说什么"，从而实现"不战而屈人之兵"的境界，货币政策的有效性在很大程度上取决于市场预期是否稳定。同时，货币政策的演进发展也是一个理论与现实不断创新的过程。例如，货币政策操作的传统做法是调控收益率曲线中的短期利率，但此次国际金融危机以来，各主要央行的"扭曲操作"事实上强化了对中长期利率的调控。近期我国央行进行的一系列货币政策工具的创新，其中似乎也包含了部分中长期利率调控的"印迹"。此外，随着资本市场在国民经济中的重要性不断提高，货币当局是应该在事前去阻止资产泡沫破裂，还是在事后采取措施，这一"两难"问题至今仍困扰着各国中央银行。这些都值得我们重新审视。

　　当前对货币政策的研究越来越离不开开放经济的视角，因此还应充分考虑宏观经济内外均衡的分析框架。展望未来，随着汇率利率市场化、资本项目可兑换不断推进，我国货币政策规则（体系）将趋近"不可能三角"的角点解。值得关注的是，国际上还提出了所谓"二元悖论"的新观点，即避险情绪导致全球风险溢价的同步变化，阻碍了利差对汇率的调节作用，从而削弱浮动汇率制国家货币政策的有效性。在此情形下，全球金融一体化的发展使本来局限于一些中心国家（如美国）的情绪或恐慌能够迅速传播到全球其他国际金融市场。此外，跨境资本的大规模频繁流动也容易引致正反馈循环和跨部门风险传染，成为导致实体经济顺周期性与金融加速器发挥作用的部分原因。开放经济条件下如何维护金融体系的稳定，优化跨境资本流动的宏观审慎管理，也成为货币政策能否有效传导的重要前提。

总的来看，《货币数量、利率调控与政策转型》一书论证过程逻辑严密，资料翔实，充满着智慧与乐趣，引人入胜。对于货币理论的一般规律以及货币政策转型的诸多问题，伍戈研究员和李斌研究员都有其独特而深刻的理解。其中，不少问题他们已给出了明确的答案，而有些可能还处于提出问题的阶段，值得未来进一步探索。但我以为，有时候提出问题或许比找到答案更为重要和有趣！

易　纲
2015 年 12 月于中国人民银行

序　二

　　近年来，我经常被邀为青年经济学者写序，从而较多地接触到年轻一代经济学者的研究成果。我深感中国的经济学研究已经进入一个新时代。"70后"和"80后"迅速崛起，成为中国经济学研究的主力。"江山代有人才出"，看到新一代的迅速成长，作为"40后"，我既感到十分欣喜也不免感慨万端。这一代新人是幸运的！他们大致来自三个领域：科研单位（包括高校）、政府部门和市场。他们之中更有一些人在职业生涯中已先后涉足过这三个领域。良好的教育与相当丰富的实践经验使他们获得了老一代经济学者所没有的综合优势：掌握分析特定领域经济问题的理论框架、熟悉建模技术和计量经济学方法以及来自实践的强烈问题意识。在这个群体中，来自中国人民银行各部门的年轻研究人员表现尤为突出。出身中央银行这一背景，自然是独特的优势，但他们的丰硕研究成果足以证明了他们本身的优秀。伍戈和李斌两位研究员是央行青年研究团队中的两位重要成员。我虽同他们谋面不多，但对他们的研究能力和研究成果早就多有耳闻。他们的这本专著《货币数量、利率调控与政策转型》果然给我留下了深刻印象。

　　本次国际金融危机以来，全球经济进入深刻的调整期。我国经济也步入新常态。经济结构调整和发展方式转变，对进一步完善货币政策提出了多方面的新要求。首先，在新常态下，必须处理好作为总量工具的货币政策与经济结构调整之间的关系。这就要求经济研究者建立考虑经济结构性特征的新的货币政策理论框架。其次，中国金融调控的环境总体正在向更加市场化和平衡增长的常态状况转变，尤其是近年来我国国际收支趋向平衡、金融市场和金融创新都在加快、利率和汇率市场化改革稳步推进。在这样的大环境下，如何实现货币政策从数量型调控向价格型调控成为亟须深入探讨的理论问题。

李斌研究员和伍戈研究员在 2014 年出版的《信用创造、货币供求与经济结构》一书中对前一个问题给予了回答。《货币数量、利率调控与政策转型》一书则是对后一个问题的深入、系统研究。

对货币政策问题的研究，离不开对数量型调控还是价格型调控的探讨。这是个老问题，一般性的讨论也比较多。比较而言，强调规范性和系统性，是本书的一个特点。对数量型调控与价格型调控的有关问题，他们都力图将其纳入规范的现代经济学框架和语言体系中进行讨论，尽可能给出实证研究的检验。他们注重细节而不满足于停留于一般性的讨论。本书研究所涉及的问题包括货币政策目标选择、传导机制及其效果比较，政策转型的现实选择以及开放宏观格局对货币政策的影响等。实际上，本书的涉猎范围早已超过货币政策中间目标的讨论。

对货币中间目标选择的讨论首先涉及对货币性质的认识问题。什么是货币？什么是资金，资金与货币的区别是什么？什么是流动性？狭义货币同广义货币到底有什么不同。这些问题看起来是些最简单不过的常识问题。但是，恰恰是对这些问题的不同回答造成了我们对货币政策的不同认识。例如，在货币主义者那里，货币的功能是价值尺度和交易媒介。而货币作为价值贮藏手段这一重要功能却被忽视。维克塞尔（Knut Wicksell）的可借贷资金理论可以很好地解释均衡利息率，即他所说的自然利息率，但我们却不知道交易需求在他的可借贷资金供求中充当什么角色。狭义货币 M0 和 M1 既可以充当交易手段也可以充当价值贮藏手段，但储蓄存款 M2 中扣除了 M1 的那一部分显然不能充当交易手段，为什么货币当局还要把 M2 作为货币政策的中间目标加以控制（能否控制姑且置而不论）以实现控制通货膨胀的最终目标？储蓄存款只不过是储蓄者将体现为 M0 或 M1 的购买力暂时让渡给投资者（借贷者）的通过银行作为中介订立一种契约。在我看来，储蓄存款根本不是货币。储蓄存款可以转化为活期存款并不能改变储蓄存款不是货币这一事实。首先，任何金融资产，只要不能充当交易手段就不能视为货币。其次，除非居民储蓄偏好发生变化，除非有其他金融资产代替，某甲储蓄存款的减少必然被某乙储蓄存款的增加所抵消。中国的 M2 对 GDP 之比超过 180%（堪称世界之最），但通货膨胀率始终保持在较低的水平。这一事实是能够用中国的高储蓄率加以解释的。在讨论价格型调控时另一个重要概念是流动性。什么是流动性？超额准备金可以理解为流动性，但流动性与超额准备金是否是等价概念？如果两者等价，为什么在货币政策并未发生改变（包括准备金率未发生变化——一些发达国家根本就没有准备金率要求）时，流动性可能会突然消失？在中央银行概念中的流动性同市场人士眼中的流动性有何区别？在现实中我们常常把资金和钱混为一谈，Funds 和 Money 其实是完全不同的概念。那么，我们又应该如何定义资金的概念呢？我以为澄清上述基本问题，对讨论货币政策中间目标转型应该是十分重要的。

在确定货币政策中间目标选择标准时，伍戈和李斌引用了 Poole 的理论。该理论确实是分析货币政策中间目标选择的有力工具。但其分析是建立在凯恩斯主义的 IS – LM 模型基础之上，IS – LM 模型本身所包含的许多假定在现实中恐怕很难满足。例如 IS – LM 模型排除了发生通货膨胀的可能性；无论在产品市场还是货币市场，失衡都是通过利息率或产出变化加以调节的。物价只是给定的外生变量。Poole 的理论是不错的教学题材（我当年在牛津读博时的考试内容），但离现实可能还有些距离。或许，作者可以找到更好的分析框架。当然，我赞成作者的基本结论，数量型调控和价格型调控两者很难兼顾，应该根据货币政策的最终目标和我们对不稳定性来源的判定决定中间目标的选择。

伍戈和李斌指出，随着调控思路的转变，我们需要从以往的主要基于货币数量方程的分析框架转向基于利率传导和调节的框架，转向对收益率曲线的更多关注。在实行价格型调控的情况下，如何保持住整体的物价稳定的一个关键就是要稳定预期，从而稳定经济主体的行为。价格型调控与稳定预期以及强调政策的规则性、透明度都是紧密联系在一起的。对这些重要理念，本书都作了深入细致的解释和阐释。阅读这本书，有助于读者深化对量价调控及政策转型有关问题的认识。

注重从结构视角来研究货币政策转型面临的约束与挑战是

本书的一大特点。分析不同部门之间的相互关系的结构视角，可以帮助我们解释许多从传统总量视角出发所难以解释的问题。如近年来部分企业反映"融资难、融资贵"，但与此同时货币信贷总量则保持了较快增长，流动性总体也比较充裕。这就表明经济中可能存在影响供求平衡的结构性问题。因此，从根本上缓解结构性矛盾与问题，而不是简单依靠货币总量宽松，就成为解决问题的关键之道。可以说，对很多总量问题，都可以从结构化视角进行分析，从而深化我们的理解和认识。在本书中，两位作者运用多部门模型和结构化方法研究了结构扭曲可能对货币政策传导及转型造成的影响，并由此探讨政策转型的现实策略。这样的分析更接地气，从而也更具理论价值和实践价值。

值得一提的是，在海量信息时代，即使是严谨和规范的经济理论著作，也要注意增强可读性和吸引力。本书以发生在2013年大家十分关注的货币市场利率波动作为分析的起点，容易引发读者的兴趣，并通过层层设问和剥茧式的剖析逐步梳理出一个理解量价调控及其转型的基本框架。这样的写作方法和逻辑安排也为本书增色不少。

当前，我国正处于经济结构调整和发展方式转变的关键时期，新情况、新问题不断涌现，内外部环境依然错综复杂，这些都对做好货币政策调控工作提出了更高的要求。应当说，央行的货币政策工作是十分紧张和繁忙的。在过往的三年多的时间里，两位作者围绕通胀、货币与利率这三个货币与宏观领域的基本问题先后出版了三部有分量、有价值的著作。这充分反映了中国新一代经济学人，特别是央行经济学家对货币政策工作的执著与热爱。中国经济学的发展寄托在他们身上。"任重而道远"，希望伍戈和李斌坚持对货币政策理论的探讨，为中国经济理论发展作出更大贡献。

余永定
2015 年 12 月于中国社科院

目　　录

专　栏

CONTENTS

第一部分

引言

第一章　研究的现实背景与目的

货币数量与资金价格是货币经济理论研究的永恒课题。在现实的货币政策调控过程中，我们也始终难以绕开以货币数量为目标还是以利率价格为目标、运用数量型工具还是价格型工具这些基本的问题。理论上讲，对货币问题的理解和分析可以有两套基本框架：一套基于数量，核心是讨论货币供给与需求问题，关注货币"从哪里来"和"到哪里去"，以货币主义等为代表，准备金、基础货币、货币乘数、广义货币总量、麦克勒姆规则等是其中的核心概念（李斌、伍戈，2014）[①]；另一套则基于价格，核心是讨论利率及其传导。这一派理论试图遵循 Thornton（1802）及 Wicksell（1898，1936）等人提出的学术思想，用现代经济学的规范框架重新阐述并发展基于利率的货币理论，自然利率、基准利率、期限结构、预期管理及泰勒规则等是其中的核心概念。在传统的货币银行理论中，数量框架一般占有更大的篇幅，我们往往首先是基于数量建立起对货币的理解，或者说基于经典的货币数量方程（$MV = PY$）来观察和分析货币及其与经济之间的关系。由于货币的数量更为形象和直观，这可能是该框架被更广泛接受使用的一个原因。但另一方面，基于价格的框架同样不可忽视，甚至在一定程度上可能更为重要。近二三十年来全球主要经济体央行基本都建立起了以利率为核心的调控框架，而以 Woodford（2003）等人为代表的一批经济学家则试图从理论上构建起从利率到价格的现代货币政策

[①]　李斌、伍戈：《信用创造、货币供求与经济结构》，北京：中国金融出版社，2014。

理论框架，搭建从传统经典理论到现代宏观经济学的桥梁。应当说，实现在上述两套分析框架之间的灵活转换并不容易。但对一个货币经济研究者来说，应当尽可能熟悉这两套框架，从而能够更深入、全面地把握和理解现实问题，并作出相应的策略选择。

值得注意的是，随着经济发展更加平衡、金融发展和金融创新进一步加快，近年来国内关于对货币政策数量和价格两套框架及其选择问题的关注度在明显上升。这要求我们更加深入、全面地研究比较两套框架及其转型问题，研究数量型调控与价格型调控的利弊比较、是否和如何推动从数量型调控为主向价格型调控为主的转变。基于此，本书旨在给出一个理解和分析上述问题的基本的和一般性的框架。当然，研究和阐释都需要一个起点。我们发现，发生在2013年6月的货币市场利率波动（有人将其称为"钱荒"）可以作为研究的一个很好的逻辑起点，由此现象入手展开分析。实证研究发现，近两三年来中国货币市场短期利率的波幅较以往总体上加大了，成为宏观经济领域各方面都比较关注的一个现象。对此也有不少分析和解释。我们感到，虽然短期利率波动加大确实存在一些短期外生因素的扰动，但其背后仍可能有更深的宏观经济含义，一定程度上是某些深层次宏观经济金融机制变化的外化反映，或者说，经济理论中讲到的在金融创新加快、货币需求稳定性下降情况下货币政策兼顾量、价目标难度上升的情形可能正在出现。由此引入，我们通过逐层设问、层层剥茧的办法不断将研究引向深化，试图建立起一个理解数量与价格以及数量型向价格型调控转型的基本框架。可以说，"钱荒"与短期利率波动只是一个现象，但其背后潜藏了诸多涉及宏观、货币的有趣问题，包含了货币数量、价格及其比较等重要课题。正因为如此，我们将本书定名为《货币数量、利率调控与政策转型》，旨在对上述问题展开系统的分析和研究。

经济学的基本目的之一是解释世界。在研究方法上，我们注重规范、主流和结构化的视角。实际上，近年来关于数量型调控和价格型调控的分析在逐步增多，大家也经常会做一般性的讨论。但我们感到，对上述问题需要放在规范的理论、框架和模型下来分析，用经济学的语言来描述，而这也正是研究的价值所在。比如，虽然我们一般都知晓金融创新加快后数量型指标的准确性和指示意义下降，由此需要强化利率等价格型目标的作用。但在规范的研究中，我们就必须找寻和运用经典模型来对数量和价格目标的利弊比较进行严谨的经济学分析。在本书中，我们构建了一个从 Poole 到 Woodford 的理解价格型调控的基本框架，并对货币数量和利率传导效果进行了实证分析，对量价调控和政策转型的现实策略进行了研究。在这些研究中，我们都注意使用规范和主流的研究方法和工具。考虑到我国经济正处于转型阶段，结构性特征仍较为明显，因此我们也注意运用结构化视角来研究量价调控及其转型所面临的结构性约束。结构化方法多使用多部门模型，而不是单部门模型，而正是通过多部门模型所刻画出的差异和结构性因素，我们才更容易剖析结构性问题对货币政策调控和转型可能产生的影响和制约。当然，结构主义并不脱离于主流经济学，仍然使用并大量引入主流经济学的方法和工具，从一个同样规范的框架里讨论问题。此外，在当前日益开放的宏观经济格局下，我们还试图在开放经济视角下分析货币政策的目标和工具问题，研究三元悖论还是二元悖论以及跨境资本流动的宏观审慎管理等新的前沿课题，这使我们可以从一个更广的视角来观察和理解货币与货币政策问题。

第二章　研究的基本思路和框架

　　正是基于上述现实背景和考虑，本书分七个部分共十八章探讨了货币数量、利率调控与政策转型问题。具体的研究思路和框架如下：

　　一是理解数量型调控、价格型调控及其转型的基本框架。作为全书研究的起点，我们首先需要建立起一个基本分析框架，来阐释我们对货币数量、价格型调控及货币政策转型的基本认识，并帮助读者进入本书的研究范畴。2013 年 6 月，我国货币市场利率出现了一次较为明显的波动，不少人将此称为"钱荒"。若进行相关的实证检验，就会发现 2013 年以后的一段时间里，无论是与以往进行纵向比较还是做国际间的横向比较，我国货币市场短期利率波动总体加大了。还有一个有趣的现象是，2013 年 6 月发生所谓"钱荒"的时候，我国货币供应量 M2 增速并不慢，相反还是比较快的。我们发现，剖析"钱荒"及其前后市场利率的变化，不仅是理解诸多货币金融理论的一个切入点，而且是分析近年来宏观经济金融领域一系列重要变化的一把"钥匙"，同时也是研究货币政策框架转型的一个很好的引子。正因为如此，我们把"钱荒"和市场利率波动加大作为本书研究的起点。基于这样一个起点，我们通过层层设问的方式把问题引向深入。首先，市场利率波动受到不少短期因素相互叠加的影响，如税收清缴、假日现金需求增加等，还反映了市场与宏观政策之间的博弈，这些观点都有其合理性。但我们容易发现，这些短期扰动因素和市场与政策之间的博弈以往也有，那么为什么近两年会更多地以利率波动的方式呈现出来？要回答上述问题，需要关注近年来宏观经济金融领域的几个重要变化：其一是国际收支失衡条件下银行体系流动性偏多的格局发生了变化，中央银行主动供给和调节流动性的能力上升；其二是金融创新使金融机构对流动性变化更为敏感；其三是全社会债务融资需求上升较快，这在总量上会导致对银行体系流动性（基础货币）的需求上升，加剧流动性供求矛盾。上述三方面因素相互交织在一起，容易使流动性供求矛盾以市场利率波动的方式表现出来，成为市场利率波动加大的内在源起。从某种程度上看，市场利率的波动实际上是货币政策"量"和"价"矛盾强化的一种外在表现。但问题到此并没有结束，我们还可能会问下一个问题：如果情况果真如此，是否意味着未来市场利率的波动将会常态化，且幅度会越大越大？为什么成熟市场经济体没有出现利率波动持续加大的情况。我们认为，这其中关键的一点，是这些经济体货币政策以市场利率作为目标，明确宣布并维护既定的政策利率水平，有的还建立了利率走廊机制，保持利率在走廊内运行。也就是说，这些经济体的货币政策是以"价"的稳定为目标，而我们在较大程度上仍以实现"量"为目标。这就会进一步涉及两个需要回答的问题：当流动性闸门开始真正发挥作用后，应该以流动性的"量"为调控目标，还是应当以流动性的"价"为目标，"量"与"价"目标又是否可以兼顾？这些都构成了贯穿本书所需要回答的重要问题。由此，我们从"钱荒"现象入手，以问题质疑而层层递进，引入到对货币政策"量"、"价"调控的讨论上。实际上在经典的Poole（1970）理论中，货币政策以"量"为目标还是以"价"为目标，并没有绝对意义上的孰优孰劣，选择目标的标准取决于经济扰动的性质。当冲击主要来自货币和金融市场时，利率目标就应成为占优选择。而在Bindseil（2004）等人看来，利率目标总体要优于基础货币、准备金等数量目标。在价格型调控框架下，多数中央银行都会明确或隐含地盯住短期利率。而只有在能够影响长期利率时，短期利率的变动才能影响总支出。由于短期利率向中长期利率的传导在很大程度上借助于期限套利机制，因此要实现价格型调控，就需要构建一套有利于套利机制稳定发挥作用的制度安排，而这就涉及预期的重要作用。Woodford（2003）指出，中央银行影响产出从而影响定价决策的能力，取决于其影响政策利率未来路径的市场预期能力，而不仅仅是当期的政策利率水平本身。在现代货币经济理论框架下，中央银行确定什么样的名义利率水平有时甚至并不是最重要的，最重要的是要让经济主体理解和信任政策变化的规则和未来的可能路径。而要稳定预期，关键就在于提高货币政策的规则性和透明度。正因为如此，从全球来看货币政策从数量型调控向价格型调控转变的过程，大体都伴随着货币政策基本理念上对规则性和透明度的强调，两者是紧密联系在一起的。基于上述分析，我们试图建立一条理解货币政策框架选择与价格型调控框架内涵的逻辑线索，其中的核心基于 Poole 模型和 Woodford 框架。研究发现，转向价格型调控至少包含两个层面的含义：其一是政策利率能够在不同市场、不同品种和不同期限的利率间有效传导；其二是新的调控框架要有利于引导和稳定市场预期。展望未来，随着国际收支更趋均衡，汇率和利率市场化改革不断推进，货币政策调控模式也必将进入新的阶段，通过强化价格型调控并辅之以适当的宏观审慎政策，增强政策公信力，强化预期管理，就会逐步建立起适应现代市场经济要求的货币政策调控框架，更加行之有效地控制通胀和稳定经济增长，促进经济持续健康发展。

二是货币数量目标与利率价格目标能否兼得及如何选择。在上面给出的基本框架下，我们首先对货币政策目标的选择做更为细致的分析，这既包括规范性的研究，也包括对国际历史经验的剖析。Bindseil（2004）认为，中介目标是中央银行可以在适当时滞和精度下加以控制的经济变量，它是货币政策最终目标的先行指标，与后者之间存在相对稳定或至少可预测的联系。科学选择中介目标是成功实现货币政策最终目标的重要方面。我们以美国货币政策中介目标的历史演变为脉络，大致梳理了一下美联储在各个时期的政策抉择原因及效果。研究发现，货币政策中介目标的动态演进是与当时的社会历史背景相匹配的，尤其是宏观经济形势和金融市场的变化。如1941年美国加入"二战"，美联储配合财政部低成本融资的需要，将利率钉住在低位；20世纪70年代左右，随着"滞胀"的出现，美联储开始更加关注货币数量；90年代初期，金融创新等使得货币供给统计范围的界定变得困难，当局控制货币供给的能力也被削弱，利率重新成为了美联储的中介目标。事实上，每一次中介目标在转变初期往往效果显著，但随着经济金融的不断发展，后来又可能会逐渐失去其指示作用。所以，中介目标的选择必须与当时的宏观经济环境相契合，并不断动态调整以利于货币政策的有效实施。在考察历史经验后，我们借鉴米什金（2011）有关货币市场框架分析表明，货币政策的数量与价格目标具有不可兼容性，中央银行往往只能侧重其一，而难以同时兼顾。为进行验证，我们对韩国、巴西等新兴市场国家进行了案例分析，发现在货币政策从数量型调控向价格型调控转变后，这些经济体货币市场利率的波动性均呈现明显下降态势。马来西亚等在转型初期曾试图兼顾量、价目标，但效果似乎并不太好，其间货币市场利率的波动性也显著大于其转型后期，这也从一个侧面印证了货币政策的量、价目标难以兼容。经济学家Poole在1970年撰写的《简单随机宏观模型中货币政策手段的最适度选择》中提供了一个研究货币政策模式选择的经典方法。我们借鉴这一方法对中国的情况进行了实证分析。检验显示，在两个不同的分析区间内，基于Poole视角的数量型调控框架要优于价格型调控框架，但随着时间推移，这种优越性已经显著减弱。且在利率管制的情况下，使用Poole模型得到的结果有可能会在一定程度上低估价型调控框架的优势，高估数量型调控框架的作用。从这个角度看，进一步加强价格型调控的必要性显得更加突出。

三是利率调节和传导的效果分析。未来若要进一步强化价格型调控，自然需要对利率调节和传导的效果进行分析。在此之前，我们首先就金融创新对数量型调控的影响进行了研究。研究发现，近年来我国商业银行的经营行为呈现出与美国 20 世纪 70 年代颇为相似的特征。受金融脱媒以及资本约束增强等诸多因素的影响，中、美两国商业银行都表现出较强的风险偏好，并通过银行间市场主动负债以实现资产端的扩张。但相比而言，我国商业银行风险偏好似乎更强，表现为同业业务扩张更为迅猛。商业银行资产负债结构的变化特别是同业创新业务发展，使对基础货币数量进行调控的效果逐步减弱。与此同时，同业业务快速扩张导致商业银行更加依赖同业市场资金，其对基础货币市场利率的弹性出现趋势性提升，这意味着对基础货币价格进行调控的效力逐步增强。我们还通过比较数量指标（货币供应量）与价格指标（货币市场利率）分别对经济增长和物价变化的反应程度来说明数量型调控向价格型调控转变的内在逻辑。这种比较实际上也是对不同货币政策规则的描述，也就是看哪一种货币政策规则更为显著。分时段检验显示，近年来可表征数量型货币政策的麦卡勒姆规则已变得不显著，货币供应量 M1、M2 对物价预测的准确性也明显下降。这表明随着市场化发展和金融创新加快，作为主要数量型指标，货币供给量的信号显示意义下降，中介目标与最终目标的相关性在降低。而运用类似泰勒规则方法进行的实证检验则有一些有趣的发现：首先，我国货币市场利率调整基本符合类似泰勒规则的模式，主要关注物价和产出变化；其次，名义利率调整跟不上物价涨幅，也就是说利率能够对物价和产出作出反应，但还需借助其他手段综合发挥作用来实现调控目标。我们还从另一个角度入手，观察了金融脱媒对货币政策传导的影响。研究发现，金融脱媒因素显著增强了中国 IS 曲线中名义利率对产出缺口的弹性，促使货币政策的利率传导机制更加有效。发展直接融资除了可以有效分散市场风险之外，还有助于提升整个经济体系的运行效率。我们还观察了中央银行政策工具对市场化利率的影响和引导能力。检验显示，中央银行引导和调节市场利率的能力在增强，目前我国已经初步形成了较为敏感和有效的市场化利率体系和传导机制。这些都为进一步推进利率市场化改革创造了有利条件。在此基础上，我们进一步测算了存款利率上限放开可能造成的影响。我们发现，近年来商业银行转嫁上升的成本在很大程度上是靠传统贷款以外的渠道。"影子银行"（或称"银行的影子"）是商业银行转嫁成本的主要渠道，这包括同业、委托、信托等，而这些资金的相当部分支持了地方融资平台、房地产等能够承受高息的部门。商业银行的上述行为，与一般认识和国际经验是一致的。这就是随着利率市场化推进，商业银行会更多倾向高风险、高收益的项目，并增加中间业务收入，以此来覆盖成本并维持盈利。我们认为，放开利率管制、推进利率市场化有利于提升资源配置效率，促进银行改善经营和完善服务，增加对中小企业的金融支持。但完全意义上的"帕累托改进"是比较难的，改革难免有一定的"阵痛期"，也可能有一个先抑后扬的过程。从测算结果来看，利率出现一定幅度的上升对实体经济和银行会有影响，但程度相对有限。在此过程中，应注意防范资金进一步向融资平台、房地产等领域集中，推升经济金融风险。

四是有关制约量价调控与政策转型的结构性问题。在研究转型经济体时，使用结构化视角及方法是十分重要的。结构化矛盾是目前制约货币政策从数量型调控向价格型调控转变的重要因素。比如，近年来一方面是各方面反映"融资难、融资贵"问题突出，另一方面则是货币信贷及投资的快速增长，这种矛盾现象的背后就反映出经济可能存在结构性问题。我们首先研究了近年来中国企业是否存在过度投资行为，在各方面反映资金成本高的情况下，为何投资增长依然较快，企业投资对资金成本变动的敏感性究竟如何，企业投资与货币总量扩张之间是否有联系等一系列问题。为此，我们试图测度过度投资水平，并比较过度投资企业的所有制状况，计算企业的投资利率弹性，考察投资和货币总量之间的因果关系。研究发现，在样本期内，我国上市公司呈现出较普遍的过度投资行为，其中国有企业相对更容易发生过度投资。而通过计算投资利率弹性系数发现，过度投资企业相对非过度投资企业而言，投资对利率变动敏感程度更低，且过度投资企业的投资与利率变动甚至还呈现出"非理性"的正向关系。值得注意的是，国际金融危机爆发以来，我国出现了地方政府融资平台持续扩张、部分制造业等实体经济"产业空心化"态势并存的现象。对此，我们试图建立一个简明的多部门模型，将信贷市场的资金需求方分为以地方融资平台等为代表的软约束部门和以一般制造业为代表的实体部门，并融入资金供给外生性与内生性并存的转型经济特征，来分析经济结构扭曲是如何通过影响信贷市场的均衡并最终对宏观经济产生互动影响的。研究发现，软约束部门的持续扩张推动了市场利率水平的抬升。而随着经济结构扭曲程度的加剧，信贷市场出现逆向选择和道德风险，使得软约束部门获得的资金配置进一步增加，从而挤压其他部门获得的金融资源，这可能导致经济结构出现"产业空心化"趋势。在经济结构性矛盾突出的环境下，货币政策总体应保持审慎和稳健，不宜过紧，更不能过度扩张，否则有可能固化结构性矛盾。在这一部分的最后，我们还研究了地方政府行为对经济周期变化的影响。我们首先通过事实分析来选择可以解释我国景气循环的重要因素，以此着手对景气循环的形成机制进行分析。研究发现，政府行为对我国经济景气循环有着相当重要的影响，而产生这种影响的机制又与西方景气循环的政治经济模型有相当大的差异，同时中央和地方政府的行为关系对理解我国转型期的经济增长也具有重要意义。而即使公有制经济在整体经济中所占比重减小，地方政府仍然具有相当强的力量来影响社会投资，实现其投资意愿。地方政府行为的变化，以及如何在新时期给地方政府以适当定位，发挥好其作用，对于经济增长以及货币政策传导都具有重要的影响，值得深入研究。

五是对货币量价调控及政策转型策略的探讨。从全球新兴市场及转型国家的实践来看，货币数量作为中介目标的作用显著下降，但由于金融市场不发达等结构性原因，完全基于价格型的货币政策调控体系又不可能一蹴而就。那么究竟应采取何种规则就成为货币政策面临的重大现实挑战。为研究这一问题，我们充分考虑中国的实际情况，并立足于具有严格经济理论基础的新凯恩斯框架，构建转型时期的数量型和价格型工具相结合的混合型货币政策规则模型，并注重预期的作用。在此基础上用贝叶斯方法估计结构模型，并进行政策效果对比分析，即在同样的经济冲击下，将混合型工具规则与单一的货币数量或价格工具规则的脉冲反应、方差分解和福利损失结果进行比较。实证研究发现，实施混合型货币政策在一定程度上能够更好地熨平宏观经济波动。也就是说，在经济转型阶段，使用任何一种单一的货币政策规则都不能取得最优的效果，而实施混合型的货币政策规则可能是较好的现实选择。这一结果意味着，现阶段我国应综合运用数量型、价格型等多种货币政策工具，不断丰富和优化政策组合，以充分实现宏观调控政策的效果。同时，积极准备和创造条件，继续深化利率和汇率市场化改革，完善价格型调控和传导机制，提高货币政策的有效性。我们在前文中给出的理解从数量型到价格型的基本框架中已指出，价格型调控与预期管理紧密相联，稳定预期甚至是价格型调控及有效传导的核心。因此，我们对预期的重要性做了进一步的探讨。基于货币市场流动性的供给需求框架，我们系统比较了中央银行相机抉择与政策规则两种策略

下市场行为差异与货币市场利率波动的关系。研究表明，在相机抉
择的政策框架下，受到负面冲击影响后，预防性需求增加，市场利
率明显上升。此后随着中央银行的干预，市场利率会逐步回落，但
由于市场预期的不稳定，需要注入更大规模的流动性以维持原有利
率水平；而在政策规则下，由于中央银行的政策承诺，冲击不会轻
易改变市场对流动性供给预期的判断，冲击发生后市场利率虽可能
小幅上升，但因为中央银行的承诺及规则操作，市场利率会逐步向
目标值逼近。不过，软预算约束下的货币市场则可能存在着"刚性"
的投机性需求，政策规则反而可能会在一定程度上强化金融机构的
投机性需求，因此中央银行需要协调好利率调控与流动性数量管理
之间的平衡。总的来看，货币政策效果在很大程度上取决于政策的
可信度。传统预期管理理论强调中央银行应该"怎么做"和"做什
么"，而现代预期管理理论则突出"怎么说"和"说什么"，从而达
到"不战而屈人之兵"的效果，以提高货币政策传导的有效性。体
现货币政策透明度和规则性的一个重要做法就是宣示并维护一个政
策利率，而政策利率一般都是短期利率，并通过期限套利机制向中
长期利率传导。这就涉及一个重要问题，即为什么中央银行要选择
短期利率，是否能够直接调节中长期利率。这是研究货币政策转型
很难回避的一个题目。为此，我们也对相关争议进行了整理和研究。
总体来看，调控中长期利率仍是中央银行货币政策中争议较大的操
作方式。支持调控中长期利率的主要观点认为：中长期利率与总需
求相关性更强，有利于金融稳定和信贷的调节，增加了利率在期限
结构上的传导效率，可以克服中央银行的零利率下限从而进一步为
市场提供流动性。反对的观点则认为：中长期利率调控会引发短期
利率波动，加剧引发对财政赤字货币化的担忧，难以改善货币政策
传导渠道的分割，且难以估计市场对中长期利率调控的反应。正如
Bayoumi 等人（2014）指出的，现阶段的确可以考虑和研究将中长期

利率纳入货币政策工具，但目前仍缺乏足够多的理论和实证研究来证明调控中长期利率利大于弊的结论，此外还有一些操作的细节问题有待进一步思考和完善。

六是开放经济视角下的货币政策与内外均衡。我国经济金融已经融入全球化，必须在开放宏观格局下来观察和分析国内货币政策、利率、汇率以及资本流动等问题。在本书的最后，我们进一步放宽研究视角，试图观察开放环境下的政策调控和转型问题。大量的理论文献以及发展中国家的政策实践都表明，针对全球化的趋势和开放经济的特点，各国货币政策的目标和工具并不唯一，由此货币政策工具的组合搭配就显得尤其重要。我们对中国"多目标、多工具"的货币政策框架以及规则体系进行了系统分析和实证检验。研究表明，在外部持续失衡的背景下，单一的反应函数难以全面客观地反映中国货币政策的现实。而分别基于内部均衡和外部均衡的货币政策反应函数能更为充分地刻画转型期中国货币政策的现实特征。总体来看，开放宏观经济框架是分析中国货币政策等问题的基本工具，基于内外均衡的货币政策反应函数值得未来进一步探索。我们还注意到，由于金融一体化程度不断加深，国际金融市场逐渐成为一个联系密切、不可分割的整体，在这样的大背景下，影响货币政策效果的新因素和新机制不断涌现，以"三元悖论"为代表的传统开放经济分析框架也面临挑战。例如，Rey（2013）提出了所谓"二元悖论"的新观点，认为资本的自由流动与一国货币政策的有效性不可兼得，而这与采取何种汇率制度并无关系。"二元悖论"是根据当前经济现象提出的直观判断，但其背后的经济学机理并未被详细阐明。传统"三元悖论"的基本逻辑是，实行固定汇率制的经济体中央银行需要被动吞吐基础货币来稳定汇率，这导致其货币政策的自主性受到影响；而实行浮动汇率制的经济体没有稳定汇率的"负担"，货币政策可以保持相对有效。"二元悖论"与"三元悖论"的根本分歧在于实行浮动汇率制的经济体是否能保持货币政策自主有效性这一问题上。如果我们能从理论上解答"为什么实行浮动汇率制的经济体的货币政策无法保持自主有效性",也就可以阐明"二元悖论"的经济学机理。我们的研究发现,金融全球化的发展使本来局限于一些中心国家(如美国)的情绪或恐慌能够迅速传播到全球其他国际金融市场。避险情绪导致全球风险溢价的同步变化,阻碍了利差对汇率的调节作用,从而削弱实行浮动汇率制的经济体货币政策的自主有效性。未来,随着全球金融市场进一步融合,各国货币政策或将呈现出与全球避险情绪越来越高的相关性,即使是实行浮动汇率制的经济体,其货币政策的有效性下降也可能会逐渐成为常态。当然,"二元悖论"并非是无条件成立的,理论上讲,只有在全球避险情绪效应强于货币供给的影响时才会出现。因此,在进行开放经济宏观政策的分析和选择时,不应简单地否认传统"三元悖论"框架而过分强调"二元悖论"。适宜的做法应是具体问题具体分析:即使在金融全球化的背景下,汇率制度的选择并非无关紧要,资本项目可兑换也并不必然降低本国货币政策的有效性等。应密切关注全球避险情绪的变化,建立相关监测指标和体系,必要时可考虑将其纳入货币政策分析框架,从而为实现更有效的货币政策提供支持。作为本书的最后一部分,我们回归到创建中央银行的最初起点,历史上建立中央银行的初衷是为了减少金融恐慌的影响、维护金融体系的稳定,而这也正是货币政策能否有效传导的关键。基于这样的考虑,在梳理系统性风险与宏观审慎管理有关基本认识的基础上,我们对开放经济条件下针对跨境资本流动的宏观审慎管理进行了探讨。

附：全书的研究路线图

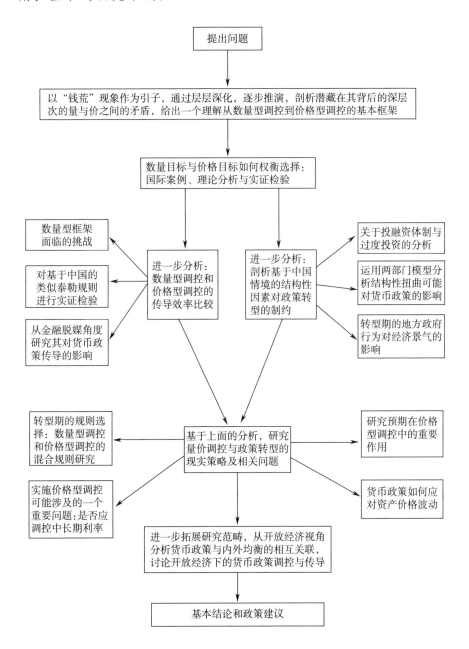

第二部分
货币数量与利率目标：权衡选择

第三章　货币数量与利率目标 I：
从所谓"钱荒"说起

——理解"量"与"价"调控的基本框架

如果要回顾过去几年我国宏观金融领域发生的引人瞩目的现象，那么货币市场利率波动一度加大和中枢上行将是不可忽视的问题。2013 年 6 月，我国货币市场利率出现了一次较为明显的波动，不少人将此称为"钱荒"（见图 3.1）。具体来看，2013 年 6 月 4 日至 8 日，是货币市场利率第一轮上升期。6 日、7 日、8 日隔夜质押式回购利率分别为 6.15%、8.68%、9.81%，较 5 月末分别上升 162 个、415 个、528 个基点。6 月 19 日至 24 日，货币市场利率经历了第二轮上升期。20 日为该轮利率上升的最高点，质押式回购隔夜、7 天期、14 天期加权利率分别为 11.74%、11.62%、9.26%，分别较 18 日上升 608 个、480 个、308 个基点。6 月 25 日后市场利率逐步回落。7 月 2 日，隔夜、7 天期、14 天期质押式回购的加权利率分别为 3.71%、4.76%、5.08%，较 6 月 20 日的高点分别下降 803 个、686 个、418 个基点，市场逐步趋于平稳。此后，2013 年第四季度又出现了一次较为明显的市场利率波动。

为了做更精准的分析，我们对 2002 年以来有关短期利率的时间序列数据进行了分段检验。结果显示，无论是隔夜还是 7 天期回购利率，在 2013 年 1 月至 2015 年 3 月期间的波动幅度（以一阶差分后的标准差和 HP 滤波后的标准差测算）均显著高于 2002 年至 2012 年末这一时间段的波幅。如以 HP 滤波后的标准差来看，隔夜和 7 天期回购利率在 2002 年至 2012 年时段分别为 0.61 和 0.84，而在 2013 年至 2015 年 3 月的时段内则分别上升为 0.85 和 0.90。我们还用类似方法

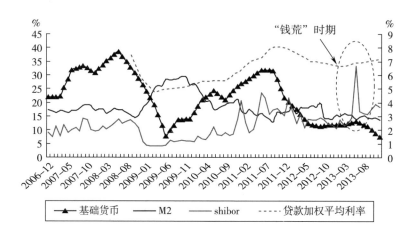

注：基础货币和M2的同比增速对应左轴，隔夜Shibor（月末）和贷款加权利率对应右轴。考虑到数据的可比性，我们对基础货币和贷款加权利率（季度数据）进行了月度插值处理。

来源：笔者根据 WIND 数据整理绘制。

图3.1　近年来中国货币的数量与价格变化（月度）

进行了国际间的横向比较计算（见图3.2，其中，波动性是通过利率一阶差分后的标准差来衡量）。结果显示，新兴市场经济体的市场利率波幅总体要大于发达经济体，但不同时间段情况也在发生变化。在2000年至2012年，中国的市场利率波幅虽然高于美国、英国和日

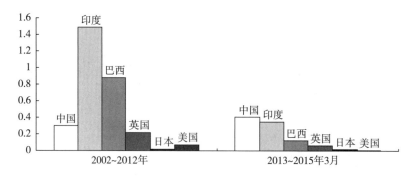

图3.2　近年来隔夜利率波动性的国际比较

本，但要小于巴西与印度，在 2013 年之后的时间段，中国市场利率波幅在样本经济体中是最高的。可以看出，无论是横向比较还是纵向比较，过去几年来我国市场利率的波动确实是在加大。作为货币经济研究者来说，对这些重要而有趣的变化及其背后深层次的机理，有必要进行深入和全面的剖析。

还有一个有趣的现象是，2013 年 6 月发生"钱荒"的时候，我国货币供应量 M2 增速并不慢，相反是比较快的。2013 年前 5 个月，M2 月均增长达到 15.7%，明显超出年初所确定的 13% 左右的预期目标，社会融资总量也屡创历史新高。而仅在距此几个月之前的 2013 年 3 月，我国 M2 总量超过 100 万亿元。这同样引起各方面的广泛关注，当时市场和舆论热炒的是"货币超发"和 M2/GDP 过高等问题。为什么会在短短几个月时间里由货币"过多"变为"钱荒"，这也需要认真思考。我们的研究发现，在"钱荒"和市场利率波动加大这些现象的背后潜藏着深刻的经济机理，是宏观经济和金融领域一系列复杂变化在市场利率变化上的反映。剖析"钱荒"和市场利率变化，不仅是理解诸多货币金融理论的一个切入点，而且是分析近年来宏观经济金融领域一系列重要变化的一把"钥匙"，是分析货币政策框架转型的一个很好的引子。正因为如此，我们把"钱荒"和市场利率波动加大作为本书研究的起点，并在此基础上层层深入，构建一个理解从数量型调控向价格型调控逐步转变的基本框架。

一、从理解"钱荒"到理解"量"、"价"调控框架的演进

我们对"钱荒"的理解有一个由浅及深的过程。之所以会有这样一个过程，是因为我们一般首先会被对事件造成直接影响的表面因素所吸引，但经过深入一些的逻辑推敲，就会发现原有的认识可能并不

全面和准确，由此引发更深入的思考与探究。对"钱荒"的认识也会经历这样一个渐进过程，我们可以通过层层设问的方式把对问题的理解逐步推向深入。

首先我们会看到，发生在 2013 年 6 月的货币市场波动有不少直接的诱发因素。例如，5 月初市场上曾出现关于光大银行、兴业银行等中型银行违约的传闻并迅速传播，进而对市场情绪影响较大。6 月恰逢企业所得税集中清缴，吸收了部分流动性；端午节假期现金需求增加，扩大了对银行体系流动性的需求；市场预期美联储退出 QE 导致外汇流入减少也直接降低了流动性供给，6 月 20 日质押式 7 天期回购利率冲高到 11.62% 的历史高点，就可能与 20 日凌晨时任美联储主席伯南克明确释放退出 QE 信号以及随后全球股市、大宗商品大跌等相关；此外还有部分监管措施以及补缴法定准备金等因素对流动性造成影响。上述因素在时点上有一定叠加，会进一步放大对市场的冲击，这些都是不容忽视的原因。不过，仅以此作为市场利率波动加大的主要原因，可能还经不起学理和逻辑的推敲。因为上述不少扰动因素是经常出现的，如税收清缴等，但以往并未引起大的波动。有些因素虽然是新发生的，可能对利率产生新的扰动，但也不能用来解释为何近两年来市场利率波幅会出现整体性加大。我们需要寻找更有解释力和更深层次的机理。

货币市场利率的波动加大，反映了宏观调控与市场行为之间的"博弈"，这也是一个重要的观点。回顾 2013 年上半年，那时宏观经济领域出现的一个引人瞩目的现象，就是金融和实体经济数据的"不同步"，《2013 年第二季度中国货币政策执行报告》还专门设置专栏分析了这一现象。当时经济数据偏弱，尤其是 4 月、5 月工业增加值、固定资产投资、出口增速均有所回落。市场预期宏观政策可能会放松，出台新的刺激性措施，由此一些机构提前布局，加快融资扩张，加之 6 月是金融机构重要的考核和信息披露时点，贷款"冲时点"动机本来就很强，这进一步加大了扩张的动力。不过，在深入分析经济形势的基础上，宏观政策保持了定力，坚持了稳健货币政策的取向。这两种不同思路在 2013 年 6 月发生了一次"冲撞"，在敏感的货币市场上集中表现了出来。应当说，上述观点结合了宏观经济的大背景来理解市场利率出现波动的原因，是非常重要的。不过，这一角度或许还不能完全对利率波动加大进行解释。应当看到，货币政策对货币信贷的引导和调节是常态，市场与政策之间的博弈以往也有。由此我们自然会提出疑问，为什么上述博弈以往并未表现为市场利率的变化，在近两年却更多以利率波动的方式呈现出来？我们需要对这一问题做进一步的回答。

要回答上述问题，需要关注近年来宏观经济金融领域的几个重要变化。一是银行体系流动性偏多的格局发生变化。这里所说的流动性是指银行的超额准备金，也就是基础货币（流通中现金 + 法定准备金 + 超额准备金）的组成部分。由于流通中现金游离在银行体系之外，法定准备金被中央银行锁定，因此超额准备金水平在根本上决定了商业银行的资产扩张能力，对商业银行至关重要。银行体系的流动性（超额准备金）只有中央银行能够提供，在不与中央银行发生交易的情况下，商业银行本身不可能创造出任何新增的流动性。中央银行是基础货币的唯一供给者。在间接调控为主的货币政策框架下，中央银行作为银行体系流动性的垄断提供者，可以通过对流动性进行控制与调节来间接调控整个金融市场的信用扩张状况，进而实现货币政策的最终目标。但是，在新世纪以来的较长一段时间里，我国面临着国际收支大额双顺差格局，经常项目与 GDP 之比一度超过 10%，大量外汇资金涌入。为维护汇率的基本稳定，中央银行就需要被动购买外汇从而形成最主要的基础货币投放渠道。由此，一方面表现为外汇储备的积累，另一方面央行购汇被动吐出大量基础货币，由此造成银行体系流动性（也就是超额准备金）总体偏多。在这个阶段，中央银行的主要

任务之一是通过发行中央银行票据、提高准备金率等手段回收过多的
流动性，将偏多的超额准备金置换为中央银行票据或冻结为法定准备
金，但总体来看也只是部分对冲了由购汇增加的流动性①。由于流动性
总体是偏多的，流动性并不构成金融机构资产扩张的有效约束，或者
说中央银行并不能主要依靠对流动性的调节来调控货币信贷总量，需
要辅之以宏观审慎等措施来保持适度的货币条件。最近几年来情况则
在发生变化。我国国际收支逐步趋向平衡，经常项目/GDP 已连续多年
稳定在 2% ~3% 的水平，外汇流入作为流动性供给主渠道的作用在明
显下降，银行体系流动性总体偏多的状况开始发生显著变化。当宏观
经济逐步进入平衡增长的新常态时，中央银行主动供给和调节流动性
的能力就会增强。

二是金融创新加大了对流动性的依赖及其敏感程度。在最近的几
年里，传统贷款之外的融资渠道出现了快速扩张。新增贷款在社会融
资总量中的占比从 2008 年的 70.3% 下降到 2013 年的 51.3%，与此同
时，表外业务、理财、信托贷款、委托贷款等快速发展，且商业银行
同业业务快速扩张，大量资金通过同业渠道融出。同业业务、非标产
品和影子银行相互交织、放大。金融产品和融资渠道的多元化和复杂
化，对传统的以数量为目标的货币政策调控模式提出了挑战。不过，
银行的资产扩张以及表外的诸多金融创新都直接或间接地需要银行体
系流动性的支持，都摆脱不了流动性的约束。尤其是大量表外业务和
影子银行依靠同业融资来支持，往往具有以短博长的特征，负债结构
和期限结构也变得更加复杂，这既会增大对流动性的需求，也会使金
融机构对流动性的变化更为敏感。

三是全社会债务融资需求持续上升。受股本融资相对不足、部分

---

① 详见伍戈、张文、明明：《对冲型货币政策的实践与效果》，载《中国金融》，2011
（10）。

融资主体存在财务预算软约束、经济增长模式对基础设施投资依赖较大等体制、机制性因素影响，近年来我国债务和杠杆水平持续较快上升。初步测算，2014 年末我国债务率为 218%，其中企业债务率超过 160%，且有继续上升的态势。债务融资规模的持续增长伴随着银行资产的相应扩张，这在总量上会导致对银行体系流动性（基础货币）的需求上升，加剧流动性供求矛盾。

上述三方面因素相互交织在一起，就很容易使流动性供求矛盾以市场利率波动的方式表现出来，成为市场利率波动加大的内在源起。值得注意的是，上述三方面因素需要同时叠加，否则就不必然导致市场利率波动加大。例如，在通过外汇占款大量被动投放流动性的情况下，即使融资需求和信贷扩张过快，中央银行也难以通过有效收紧银行体系流动性的方式来抑制信贷扩张，往往采取的是加大对冲与强化宏观审慎管理及"窗口指导"的办法来解决问题。再比如，若仅是信贷增长过快，而无其他更为复杂的金融创新，对流动性需求的敏感性不会如此之强，2009 年等时点上就出现过信贷的较快扩张，但并未出现市场利率的较大波动。如果仅仅是金融产品较为丰富，但总量扩张并不快，也不会造成市场利率的波动。回到现实经济中，我们看到 2013 年前 5 个月 M2 月均增长达到 15.7%，明显超出年初预期目标，社会融资总量也屡创新高，1~5 月同比大幅多增 3.12 万亿元。银行同业业务迅速膨胀，5 月末同比增速超过 50%，其中相当部分具有"类贷款"的性质，融资和债务呈现快速扩张势头，期限错配等结构性问题也进一步显现。进入 6 月份后，仅上旬新增人民币贷款就几近 1 万亿元，速度很快。由前文的分析框架可知，这些融资扩张需要更多的流动性来支持。若此时中央银行完全顺应市场需求提供流动性，实际上就会成为"适应性"的货币政策。总体来看，货币政策保持了定力，通过调节流动性有效抑制了货币信贷的加快扩张。6 月份 M2 增速下降了 1.8 个百分点，更为重要的是，稳健货币政策的预期得以回归并加强。货币金融环境的基本稳定促进了经济平稳可持续发展和经济结构调整，使得下半年以后一度趋于上行的通胀形势稳定下来，也对抑制全社会债务和杠杆水平的过快上升发挥了积极作用。欧洲出版的《中央银行》杂志就以有效抑制了金融体系的过度膨胀为主要理由之一，将中国人民银行评为当年"年度中央银行"。实际上，如果我们观察之后出现的几次较为突出的市场利率波动，在很大程度上都与中央银行调控过快增长的融资有关，这也都可以在上面的框架中得到理解。

观察上述宏观和微观领域的变化，有助于理解上文所提到的那个问题，即为什么货币政策与市场的博弈一直都有，但在近几年会更多地表现在市场利率的波动上。从某种程度上看，这实际上是"量"和"价"矛盾强化的一种外在表现。而在银行体系流动性总体偏多的情况下，两者之间的矛盾实际上是不存在的，中央银行对数量目标的调控并不会直接表现为利率等价格变量的变化。

上述三方面因素相互叠加，对宏观调控和货币政策而言，就意味着一个重要变化，这就是流动性"闸门"的作用开始真正增强，或者说，中央银行开始真正通过有效调节银行体系的流动性来调节全社会的货币金融条件。融资需求扩张并不必然导致市场利率的波动，还取决于流动性供给以及金融产品及其期限的复杂程度。具体来看，正是金融创新和多元化融资支撑了前几年全社会债务的持续扩张，并进一步引致对银行体系流动性的需求增大，这使得运用流动性"总闸门"进行调节的重要性和必要性上升。2013 年 6 月市场利率发生波动后，不少人困惑于在广义货币 M2 数量庞大的同时为何市场上会感到"钱紧"。实际上，银行的资产扩张以及表外的诸多金融产品创新，都需要银行体系的流动性（基础货币）的支持。货币扩张越快、各类融资活动越活跃，就越是会消耗银行体系的流动性，从而导致流动性需求上升进而出现流动性紧张。事实上，"钱多"和"钱荒"中的"钱"并不是同一个意思，前者指广义货币，后者则指基础货币，或者更准确地说是构成基础货币一部分的银行超额准备金。两者之间有时存在某种反向关系，也就是说，广义货币上的"钱多"恰恰可能是导致基础货币上"钱荒"的原因。正因为如此，当金融创新越快、金融产品越多样复杂时，要控制住全社会融资规模和金融条件，就越是要依靠银行体系的流动性（基础货币）这个"总闸门"来发挥作用。"总闸门"的开合将会影响到各类金融产品的供求。自然地，在适度收紧流动性闸门，以抑制金融机构过快扩张信用的时候，供求变化会导致货币市场利率发生波动。

不过，问题到此并没有结束。经济趋向平衡增长、金融创新加快以及债务融资快速扩张可以作为解释利率波动加大的机理，但我们还可能会问下一个问题：如果情况果真如此，是否意味着未来市场利率的波动将会常态化，且幅度会更大？为什么在同样具有类似上述特征的其他经济体并没有出现利率波动持续加大的情况，或者说，利率波动加大一定会是流动性"闸门"作用上升后的常态吗？我们需要对上述问题继续给予回答。

显然，主要发达经济体并没有出现利率波动趋势性加大的情况。这从国际比较中就可以看出来。之所以其市场利率会较为平稳，关键的一点是因为这些经济体货币政策以市场利率作为目标，明确宣布并维护既定的政策利率水平，有的还建立了利率走廊机制，保持利率在走廊内运行。例如，美联储于1993年开始运用类似泰勒规则的方式来决定联邦基金目标利率，通过公开市场操作引导货币市场利率围绕联邦基金目标利率波动。欧央行以主要再融资操作利率为操作目标，通过公开市场操作引导货币市场利率，并建立边际存贷款便利机制，将其利率作为市场隔夜拆借利率的上下限，从而构建欧央行的利率走廊。也就是说，这些经济体的货币政策是以"价"的稳定为目标，而我国在较大程度上仍以实现"量"为目标。这就涉及两个需要回答的问题，当流动性闸门开始真正发挥作用后，是应当以流动性的"量"为调控目标，还是应当以流动性的"价"为目标，选择哪一个目标更好？"量"与"价"目标又是否可以兼顾？这些都构成了贯穿本书所需要回答的重要问题。

关于货币政策量价目标的选择，Poole 于 1970 年提供了经典的方法。他以经济体系的不确定性为前提，借助 IS–LM 曲线分析了这种不确定性对货币政策中介目标所产生的影响。研究发现，量与价作为货币政策目标并不存在绝对意义上的孰优孰劣。若经济扰动主要来自商品市场，市场结构和金融产品相对单一，且存在大量财务软约束和利率不敏感的经济主体，那么以量为目标可能就是相对占优的选择。相反，若市场化和金融发展程度较高，经济扰动主要来自货币市场，那么价格目标就可能是更为适宜的选择。一般而言，在金融创新和金融市场发展加快的背景下，货币需求函数越不稳定，为实现数量目标所要容忍的利率波动就会越大。或者说，为实现"量"的目标导致的"价"的波动可能就会越大，这类似于经济理论中"牺牲率"（Sacrifice Rate）的概念。比较来看，在经典的货币数量理论中，广义货币等于基础货币与货币乘数之乘积。如果广义货币能够精准度量，货币乘数又是稳定的，那么我们就能比较准确地测算出合意的基础货币数量。但实际上，当金融产品、期限结构、表内表外交易变得相当复杂，货币的准确测度十分困难时，中央银行准确测算适度基础货币数量的难度会越来越大，此时数量指标的准确性以及数量调控的有效性就会受到影响。这也意味着，当货币需求函数越发不稳定的时候，以价作为目标就会更好。鉴于此，多数经济体的货币政策都经历了从数量型调控向价格型调控的转变。在本书的第五章，我们将借鉴 Poole 模型的方法对中国的情况进行实证分析。

值得注意的是，Bindseil（2014）引用 Bagehot（1873）的观点，

对短期利率波动给出了另一个角度的解释。他们认为，中央银行的准备金供给（无价格弹性）具有波动性，而货币市场上准备金需求的短期利率弹性极低，二者共同作用会导致货币市场不稳定性。这一理论实际上强调了货币自身所具有的独特之处，即轻微的数量过剩和数量匮乏就很容易引发货币价值的大幅波动。在某种程度上来说，货币是必需品。如果一个商人面对明天到期的承兑，那么他今天必须、也一定会以某种代价获得货币。因此，若对未来的预期不稳定，尤其是在大恐慌期间，商人群体对于货币的这种急切需求会引致其疯狂地抬高货币价值。而这些，正是选择利率而非数量作为操作目标的有力论据。在这一派经济学家看来，价格与数量目标之间并不存在同一水平上的可比性，利率目标要优于货币数量目标。这正如早期货币理论家桑顿（1802）和维克塞尔（1898，1936）的观点，即短期利率应该成为货币政策操作目标。

专栏1 利率理论学说的演进

利率是指利息和本金的比率，表示利息的高低程度[1]。关于利率的讨论，至少可以追溯到威廉·配第时代甚至更远[2]。人类对利率的认知，早期更加注重对利息本质的探寻，顺带指出利率的参考

---

[1] 有关利率的理论非常丰富，为了简化，本专栏对其范围进行了界定：关于利率内涵，此处所涉及的是广义上的利率，不区分存贷、期限等属性上的差异；关于利率的理论，我们聚焦利率本质层面探讨，即利率决定（从"哪里来"的问题）这一相对收敛的领域；至于利率对经济社会的影响，包括利率政策、利率风险等方面探讨（"到哪里去"的问题）较为发散，本专栏不展开分析。另外，由于利率是脱胎于利息的一个概念，所以利率理论的梳理中也难免会涉及利息理论的内容，但对于那些仅阐述利息本质，较少触及利率探讨的学说，我们也不单独提及。

[2] 在此之前的历史时期，关于利息的观点，主要是集中讨论利息存在的合理性。

值或大体范围。后来，学者们不断从新的视角审视利息本质，同时也逐渐总结出更加详尽和复杂的利率决定机制。到了近代，随着经济金融的发展，人们在关注利率如何被决定的同时，也在关注利率对社会、企业和个人的各种影响，包括利率政策、利率风险等多个维度（伍戈、张旭东，2014）[①]。

　　在实物经济时代，借贷都是用实物进行，利息也是以实物形式交付，对应的利率是实物利率；在货币经济时代，借贷都以货币进行，利息也是货币形式交付，对应的利率则是货币利率。与上述经济活动及时代相匹配的，利率理论也可被区分为实物利率理论和货币利率理论。需要说明的是，实物利率理论是以实物的观点来看待利息和利率，不一定只在实物经济中存在。利率理论的发展史在一定程度上可以看做实物利率理论和货币利率理论相互对抗的过程（见图3.3）：利率理论的先驱配第和洛克都从货币的角度分析利率，之后的经济学家诺思、马歇尔和费雪等人都主张从实物的角度分析利率，直到凯恩斯撰写《就业、利息和货币通论》，对实物利率理论进行抨击，而后者则通过完善，又提出了借贷资金说。在这种争辩中，希克斯和汉森所提出的IS－LM模型则同时吸收了实物利率学说和凯恩斯的观点，其结论得到广泛的赞同。利率理论发展到近代，帕廷金的CC－BB模型和弗里德曼等人的学说具有较大的影响，至今仍在不断发展演进之中。

[①] 详见伍戈、张旭东：《利率》，载《金融学大辞典》（李扬主编），北京：中国金融出版社，2014。

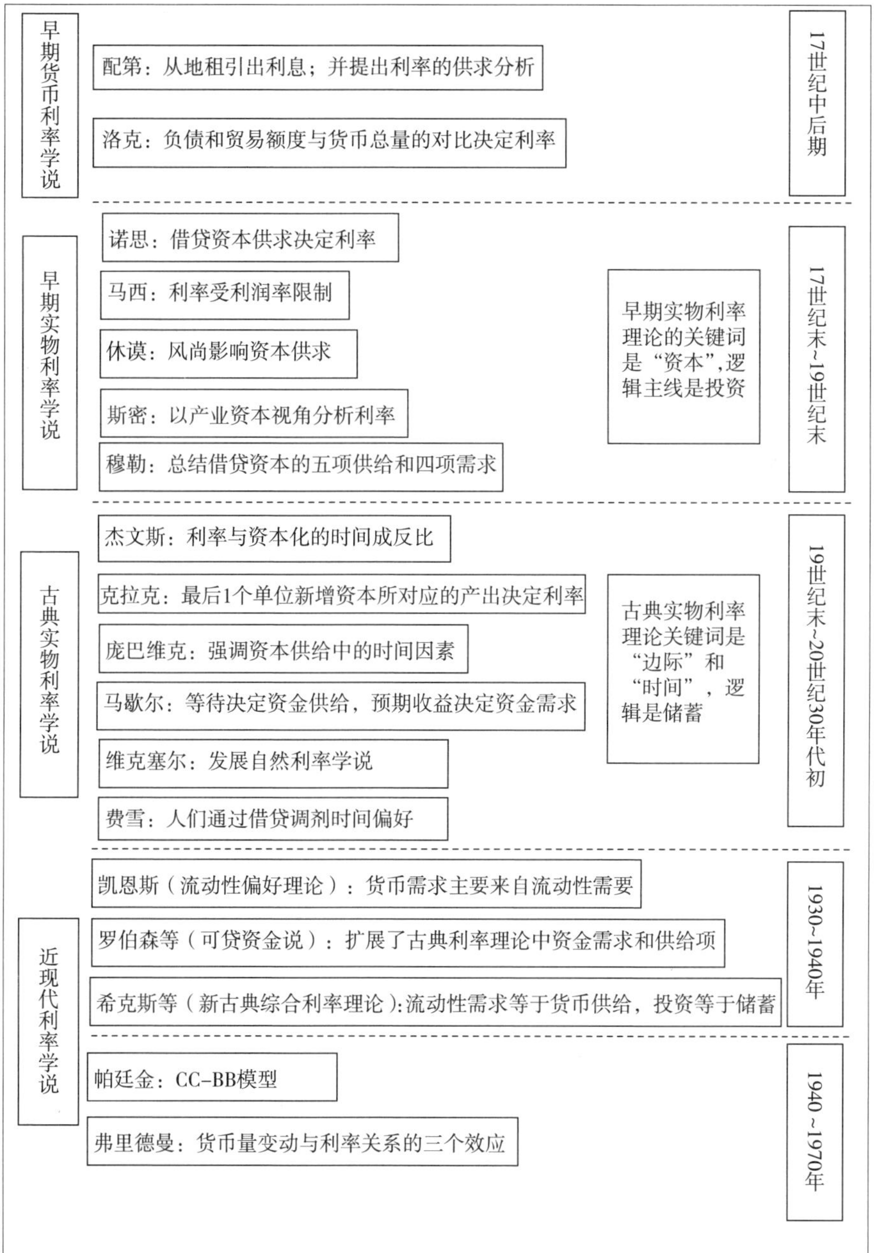

| 早期货币利率学说 | 配第：从地租引出利息；并提出利率的供求分析 | | 17世纪中后期 |
| | 洛克：负债和贸易额度与货币总量的对比决定利率 | | |

早期实物利率学说	诺思：借贷资本供求决定利率		17世纪末～19世纪末
	马西：利率受利润率限制	早期实物利率理论的关键词是"资本"，逻辑主线是投资	
	休谟：风尚影响资本供求		
	斯密：以产业资本视角分析利率		
	穆勒：总结借贷资本的五项供给和四项需求		

古典实物利率学说	杰文斯：利率与资本化的时间成反比		19世纪末～20世纪30年代初
	克拉克：最后1个单位新增资本所对应的产出决定利率	古典实物利率理论关键词是"边际"和"时间"，逻辑是储蓄	
	庞巴维克：强调资本供给中的时间因素		
	马歇尔：等待决定资金供给，预期收益决定资金需求		
	维克塞尔：发展自然利率学说		
	费雪：人们通过借贷调剂时间偏好		

近现代利率学说	凯恩斯（流动性偏好理论）：货币需求主要来自流动性需要		1930～1940年
	罗伯森等（可贷资金说）：扩展了古典利率理论中资金需求和供给项		
	希克斯等（新古典综合利率理论）:流动性需求等于货币供给，投资等于储蓄		
	帕廷金：CC-BB模型		1940～1970年
	弗里德曼：货币量变动与利率关系的三个效应		

图3.3 有关利率的理论学说演进图

二、进一步延伸：预期管理与价格型调控机制

在上面一节中，我们由"钱荒"现象入手，以问题质疑而层层递进，引入到对货币政策"量"、"价"调控的讨论上，并给出了从"量"到"价"转变的内在逻辑。在经典的 Poole 理论中，货币政策以"量"为目标还是以"价"为目标，并没有绝对意义上的孰优孰劣，选择目标的标准取决于经济扰动的性质。不过，在 Bindseil 等人看来，利率目标似要更优于基础货币、准备金等数量目标。正如 Thornton（1802）所指出的，中央银行的政策其实就是"基准利率"政策以及基于基准利率的传导机制。对这样重大的问题，理论界存在争议，也是十分正常的。关于利率价格的本质内涵及其与实体经济的联系，理论界也已经有过许多深入的探索（详见专栏 3.1）。

在价格型调控框架下，多数中央银行都会明确地或隐含地盯住最短期限利率，即隔夜利率。Bindseil（2014）给出了对其中原因的一个解释，这就是若中央银行调节的是更长期限的利率，由于套利机制的存在，长期限利率的变化会导致短期利率的剧烈波动。2008 年国际金融危机后的非常态货币环境下，一些中央银行通过量化宽松政策直接影响收益率曲线的中长端，但这基本上是在利率已处在零下界后或者说短期利率已难以发挥作用的情况下才采取的措施。因此就常态意义而言，调节短期利率仍然是货币政策调控实践中的首选。短期利率向长期利率的传导，基于充分套利机制。如果隔夜利率是稳定的，就可以影响并决定 7 天期利率，这是因为若 7 天期利率过高，市场主体就会选择每天去借更便宜的隔夜资金，这会导致对 7 天期资金需求减少，从而使价格下降。基于同样的机制，7 天期利率进而会向更长期的利率传导，并影响国债、贷款等金融产品的利率，并最终影响投资、消费行为等。由此可以把利率传导过程进一步细分为几个前后关联的部分

（Illes & Lombardi，2013），即

$$r_l - r_p = (r_l - r_g) + (r_g - r_b) + (r_b - r_p) \qquad (3.1)$$

在上式中，r_l、r_p、r_g、r_b 分别代表贷款利率、政策利率、国债利率和银行间市场利率。利率传导过程被具体分为三段：第一段是隔夜政策利率到银行间市场隔夜利率；第二段是银行间市场隔夜利率到中长期国债利率；第三段是中长期国债利率到中长期贷款利率。在第一段，是从短期利率到短期利率，两者之差可以反映货币市场上的信用和流动性状况；在第二段，是从隔夜利率到中长期的无风险利率，都属无风险利率，两者之差可以反映利率的期限溢价；在第三段，是从中长期国债利率到中长期贷款利率，由于为同期限利率，两者之差可以反映出信用风险溢价。上述等式将从中央银行政策利率传导到最终金融产品利率的变化囊括其中，并清晰地包含了流动性溢价、期限溢价和风险溢价。

Walsh（2010）指出，若货币政策的操作目标是调整短期利率，则只有在影响长期利率时，短期利率的变动才能影响总支出。虽然以利率为导向的政策会降低货币需求在政策传导过程中的重要性，但其把利率期限结构的作用提到了十分重要的地位。进一步地看，由于利率传导和期限结构的形成在很大程度上借助于套利机制。因此要实现价格型调控，就需要构建一套有利于套利机制稳定发挥作用的制度安排。这其中包括发展国债市场等金融市场，打通市场之间的壁垒，实现债券与贷款之间的灵活替代等，同时还需要其他一些重要的机制安排。比如说，只有市场主体相信短期利率是稳定的，向中长期传导的套利机制才能发挥作用。当主场主体知道并确信未来利率及货币政策的可能变化时，才会相应调整自身的行为。Walsh（2010）指出，在期限结构的预期假说中，长期名义利率取决于对未来短期利率的预期。而单纯盯住名义利率，并不能稳定价格水平。在名义利率和最终物价水平之间可能存在多条路径。而这其中一个关键的影响因素就是预期。

Woodford（2003）指出，中央银行影响产出从而影响定价决策的能力，取决于其影响政策利率未来路径的市场预期的能力，而不仅仅是当期的政策利率水平本身。这意味着，可靠的货币政策在很大程度上取决于私人部门在从事经济活动时能否理解和信任此项政策。在现代货币经济理论的框架下，中央银行确定什么样的名义利率水平甚至并不是最重要的，关键是要让经济主体理解和信任政策变化的规则和未来的可能路径。如果预期是稳定的，那么经济主体的行为就是可预知的、可控的，就不会出现存量货币和金融资产突然大幅波动的情况。

要稳定预期，关键就在于提高货币政策的规则性和透明度，且货币政策的承诺和规则要可信，也就是建立起坚定维护物价稳定的公信力（伍戈，2007)[①]。若货币政策目标明确，且言必行、行必果，那么市场主体的行为就会向政策调控希望的方向趋同，从而达到事半功倍的效果，显著改善货币政策的有效性。Woodford（2003）即指出，中央银行需要考虑什么是最优的规则操作，而不是什么是最优的行动。预期能否稳定，对于在市场经济条件下货币与金融资产总量难以估计环境中的货币政策而言是十分重要的。

正因为如此，我们会发现，从全球来看，货币政策从数量型调控向价格型调控转变的过程大体伴随着货币政策基本理念上对规则性和透明度的强调，两者是紧密联系在一起的。在 20 世纪 80 年代之前，货币政策调控强调相机抉择和出其不意，实施的基本是"多目标、多工具"的框架。但此后，理论和实践开始发生变化。Prescott 和 Kydland 在 1977 年的研究发现，在实行相机抉择的情况下，货币当局为追求短期目标，有改变长期承诺的动机。这种做法虽然在短期内有可能取得一些效果，但长期来看会影响中央银行的信誉。公众一旦预期中央银行会偏离最初承诺，就会在政策变化前形成通胀预期，最终的结

---

① 伍戈：《公众的通胀预期需正确引导》，载《中国发展观察》，2007（10）。

果往往是更高的通胀和更低的产出。在以往经典理论中，关于货币政策传导的一个重要理论，是所谓的"货币幻觉"，即货币当局开始扩张货币时，产品价格会上升，工资也会上涨，此时企业家会扩大生产，同时劳动供给也会增加，经济出现上行，但随着货币扩张带来的通胀逐步显现，企业家会发现利润增长只是假象，劳动者也会发现实际工资并未上升，由此劳动力供给和产出又会回到原有的均衡状态，货币政策影响的只是物价水平。不过，这一理论在动态博弈的情况下将不再出现。若货币当局反复通过相机扩张货币的方式试图刺激经济增长，经济主体将会立即预期到最终的结果，从而使货币政策短期内刺激产出的作用消失。上述理论发展提示我们，采取相机抉择的办法虽然可以提高灵活性，但不利于经济主体形成稳定的预期，从而可能不利于经济的平稳运行，因此就需要提出更加明确的规则，提高政策的透明度，以此稳定市场预期，保持经济的平稳增长。实际上，理性预期理论就包含着类似的思想，这是因为货币当局不可能总是以出乎意料的方式进行成功调控，公众预期在很大程度上会抵消宏观政策的作用，因此对货币当局而言，更好的方式是提出一个明确的规则和目标，从而起到正确引导公众预期的作用。

正是基于上述理论发展，货币政策调控从相机抉择向强调规则性和透明度转变，逐渐发展为"单一目标、单一手段（调节短期利率）"的政策框架。单一目标就是货币政策仅盯住 CPI 或核心 CPI，其典型代表就是通胀目标制。货币当局向社会明确宣示 CPI 目标，并承诺在中期将 CPI 稳定在目标水平附近，由此稳定经济主体的预期。在调节短期利率上，主流框架也有一套体现规则性和透明度的办法。首先是向市场明确宣示政策利率目标，有的还建立了利率走廊机制，从而将短期利率限定在走廊之内，常态下则运行在政策利率目标附近。这一做法大家关注得相对较多，但实际上不少经济体中央银行还有其他的重要做法，如建立规则的议息和调息制度。如美联储每年召开八次议息会议，在议息会议之间一般不调整利率。欧央行前期也将议息周期从一个月调整为一个半月。上述两方面的措施相结合，可以确保利率在一定时期内是明确的和稳定的，由此最大程度地稳定市场预期，从而使期限套利机制充分发挥作用，实现短期利率向中长期利率的传导。由于政策利率的调整大体遵循某种规则（如描述美联储行为的泰勒规则），常态下市场一般能相对准确地预测到未来利率的变化路径，从而调整自身行为；非常态时期，如利率处在零下界时，中央银行通过利率渠道已无法向市场宣示政策意图，则借助量化宽松政策及前瞻性指引以试图引导和稳定预期。虽然做法不同，但其中的基本逻辑是一致的。

三、小结

基于上述分析，我们实际上建立了一条理解货币政策框架选择与价格型调控框架内涵的逻辑线索，其中的核心是基于 Poole 模型和 Woodford 理论。我们认为，转向价格型调控至少包含两个层面的含义：一是政策利率能够在不同市场、不同品种和不同期限的利率之间有效传导；二是新的调控框架要有利于引导和稳定市场预期。中国人民银行货币政策司课题组（2014）对此问题进行了研究，并进行了实证检验。研究发现，在从 2006 年至今的时间段内，中央银行操作利率对货币市场利率、国债利率、企业债券利率和贷款利率均有较为显著的传导关系，但 2013 年后中央银行操作利率引导贷款利率的作用却出现了下降。这是一个很有意思的现象。导致这种变化的原因之一，可能就是短期利率和国债利率波动加大，从而使进一步的传导受到影响。在这种变化的背后是货币政策协调"量"、"价"目标的难度在上升，这会成为下一阶段改进和完善金融调控框架的重要内容。

展望未来，金融调控从数量型为主向价格型为主逐步转变是大势所趋，但也面临一些约束条件。货币政策以"价"作为主要调节手段和传导机制，一般需要有较为完善的金融市场、利率敏感的微观主体和充分弹性的汇率机制，在建立与市场沟通和稳定预期机制方面也需要策略和技巧。主要经济体中央银行的做法也经历了一个渐进的过程。如美联储自1990年左右开始明确将联邦基金利率作为其操作目标，但在1994年之前并不立即公布其目标值，欧央行和英格兰银行在2007年之前选择的也是隐性目标，即通过在一定利率水平上入市操作来间接宣示中央银行的意愿目标水平。就中国的情况看，需要综合各方面利弊权衡找寻过渡阶段最佳的可能策略。随着国际收支越来越趋于均衡，汇率市场化和利率市场化改革的不断推进，货币政策调控模式也必将进入新的阶段。通过强化价格型调控并辅之以宏观审慎政策，增强政策公信力，强化预期管理，就能逐步建立起适应现代市场经济要求的货币政策调控框架，更加行之有效地保持物价稳定，促进经济持续健康发展。

第四章　货币数量与利率目标 II：
　　　能否兼得

　　货币政策是中央银行运用各种政策工具来逆周期调控宏观经济的各种措施的总和，其目的是为宏观经济平稳运行创造良好的货币金融环境。货币政策的中介目标（Intermediate Target）则是介于操作工具和最终目标之间的指标。具体的，Bindseil（2004）认为[1]，中介目标是中央银行可以在适当时滞和精度下加以控制的经济变量，它是货币政策最终目标的先行指标，与后者之间存在相对稳定或至少可预测的联系。典型的中介目标包括诸如货币总量、汇率，或是一些中期或长期利率。通常假定通过操作目标的设定，中介目标能够被控制或至少受到显著影响。由于中介目标具有重要的传导和调控"枢纽"作用，可为货币政策的实施及时提供量化操作依据，同时也能够准确地监测货币政策的作用效果。因此，科学选择中介目标是成功实现货币政策最终目标的重要条件。

　　中国人民银行自1993年开始将货币供应量作为中国货币政策的中介目标，这与当时经济市场化程度不高、金融体系不够完善的现实国情是相适应的。然而，随着我国市场化改革的推进，金融创新层出不穷，国内经济活动也更多地受到国际因素的影响，这些都使得我国货币数量的统计变得更加困难，且其与货币政策最终目标和宏观经济运

---

　　① 详见乌尔里希·宾德赛尔：《货币政策实施：理论、沿革与现状》，大连：东北财经大学出版社，2013。

行之间的相关性也在下降。因此，关于是否应放弃货币数量指标以及是否应增加或选择何种价格型指标作为中介目标的问题，已逐步成为我国各界关注和争议的焦点。

从国外的典型经验来看，作为美国的中央银行，美联储自 1913 年成立以来就在不断探索运用其货币政策进行宏观调控。在百余年的历史中，其货币政策中介目标的演进并非是一帆风顺的过程，也发生过多次转变，货币数量目标与利率价格目标交替出现。其货币政策框架不断调整完善，从而使之与当时的宏观经济金融发展相适应（伍戈、高荣婧，2015）[1]。通过系统性地梳理美联储货币政策中介目标变动的历史，我们可以充分吸取经验并总结教训，为我国货币政策的转型以及中介目标的动态调整提供借鉴与参考。

一、货币数量与利率目标的交替：国际案例

（一）1914～1941 年：以"数量→利率→多种指标"作为中介目标

在第一次世界大战结束前，从美联储货币政策来看，其一方面依据的是"真实票据原则"[2]，这造成了事实上顺周期的货币政策：在经济上行期，企业往往运营良好，预期盈利增加且偿债能力上升，因而有意愿和需求去借款并扩大再生产。随着真实交易的增加，与之相应，中央银行货币供应和银行信贷也会放大，而货币和信贷的增长又会通

---

① 伍戈、高荣婧：《货币政策中介目标的量价演进：美联储的案例》，载《金融市场研究》，2015（6）。

② 真实票据原则（Real Bills Doctrine）：指中央银行应该对合理的贸易需求提供足够的货币和信贷供给，即货币发行数量应与"有真实贸易背景的票据、银行汇票"相关，其贴现率应"促进商业和贸易的发展"；而对"不健康的"投机活动则不予融资便利。关于这一点在《1913 年联邦储备法案》（Federal Reserve Act，1913）的第 13 部分有着明确规定。

过投资的增加刺激宏观经济继续扩张。相应地，在经济下行期，货币供应和宏观经济之间又会有一个反向的顺周期循环。另一方面，为了维持"金本位"制度，美联储不得不被动地接受黄金的流入却难以对冲。当时唯一具有独立性的货币工具是再贴现率，美联储将储备成员银行贷款量作为衡量货币政策效果的指标。

进入20世纪20年代，美联储开始引入公开市场操作。现实中，由于存在"剪刀效应"①，再贴现和公开市场操作几乎成为两个可以相互替代的操作手段。实践中，无论是贴现数量还是公开市场操作数量，似乎都不能够很好地衡量货币政策状况。短期市场利率水平此时反而成为能有效"捕捉"货币政策效果的指标，因而被特别重视起来。利率水平高企，表示通过贴现窗口和公开市场操作投放的信贷少，不能有效支持商业和贸易；反之亦然。

随着物价稳定越来越成为美联储重点考虑的政策目标之一，货币政策中介指标也不再仅仅限于利率，更添加了货币和信贷总量。另外，美联储还试图抵消黄金流动对国内经济的影响，但同时维持国际货币体系的稳定（包括重建国际金本位制）。事实上，多元目标使得美联储的货币政策手段显得有些捉襟见肘。

在1929~1933年的大萧条中，美联储并没有充分发挥"最后贷款人"的作用，而是信奉"清算主义"②，将银行倒闭看做是对信贷过度的自我调节，任其发生而不予干预。此外，美联储追求金本位制度在

---

① 剪刀效应（Scissors Effect）：当美联储通过公开市场买入证券、为银行提供现金流入，银行就不太需要直接通过贴现窗口来获取资金。反之亦然。因此，公开市场操作和再贴现政策的效果可能会相互抵消，即所谓的"剪刀效应"。美联储在1923年《第十个年度报告》中阐述了联邦储备体系通过公开市场购入证券以降低贴现量以及通过卖出证券以提高贴现量的趋势。

② 清算主义理论（Liquidationist Theory）认为，美国经济在20世纪20年代出现过度繁荣（如经济扩张过快、信贷过度膨胀、股价过高等），因此经济需要经历一段通货紧缩的时期，以使过去过度发展的部分被"挤"出去。该理论认为"大萧条"虽然是不幸的，但却是必要的。对此，当时的美财政部长安德鲁·梅隆说过一段著名的话："清算劳动力市场，清算股市，清算农场主，清算房地产市场。"

客观上也使得货币政策失去了其应有的独立调节经济的作用。1934年罗斯福政府颁布了《黄金储备法》，这实际上表明美国放弃了金本位制，但同时也使美联储从货币政策制定者变为财政部政策的"实施者"。[①] 此后，"迎合"财政部的要求和对冲黄金流入成为影响美联储货币数量和利率目标选择及其变动的主要因素。

（二）1942～1951年：以利率作为主要的中介目标

1941年末，美国参加第二次世界大战，政府支出随之飙升。美财政部为了筹措资金而发行了巨额债券。1942年4月，应财政部的要求，美联储承诺将利率钉住在战前的低水平：短期国库券（Treasury Bills）利率为0.375%，长期国债利率（Treasury Bonds）为2.5%，从而帮助其以低成本筹措战争经费。一旦利率超过上述水平，美联储就会进行公开市场操作，通过购买债券来推动利率下行，其客观结果使得基础货币和货币供给数量迅速地被动扩张。采取这样一种"有效"的方式来为政府提供廉价资金，本质上美联储是放弃了对货币数量的控制。[②]

1945年8月"二战"结束后，尽管国内通胀压力较大，但美联储担心一旦放开利率控制，可能的利率急剧上升会使得债券持有者（尤其是商业银行）蒙受巨大损失，而财政部也会因此背上巨额债务，所以在这段时间美联储仍选择继续钉住利率。事实上，从1939年8月到1948年8月，批发物价指数的增长幅度高达118%，特别是1945年8月之后，其年化增长率超过15%。[③] 鉴于美国政府在1942～1946年还曾实施过价格管制，其实际的物价涨幅可能更大。

---

① Gary Richardson, Alejandro Komai and Michael Gou. *Gold Reserve Act of* 1934, http://www.federalreservehistory.org/Events/DetailView/13, 2013.

② 弗雷德里克·S. 米什金：《货币金融学》（第九版），北京：中国人民大学出版社，2011。

③ 米尔顿·弗里德曼、安娜·雅各布森·施瓦茨：《美国货币史》，北京：北京大学出版社，2009。

1950 年，朝鲜战争爆发。由于预期到可能出现的价格管制和战时配给制，美国消费者和厂商开始疯狂抢购和囤积物资，进一步导致商品价格和耐用品消费量急剧上升。1951 年 2 月，年化 CPI 达到 21%。[①]对此，美联储不得不开始提高短期名义利率，但仍难以改变极高通胀率下投资者收益为负的状况。尽管如此，由于政府支出仍在大幅增加，在财政部的压力下，美联储再次被迫快速扩张基础货币来维持低利率，以保障财政上较低的利息成本。这段时间美联储和财政部之间也发生过激烈的争论。直至 1951 年 3 月，双方最终达成了《一致协议》。该协议允许美联储放弃钉住利率，但美联储也承诺不会允许利率急剧上升。这一协议实际上给予了美联储独立于财政而制定货币政策的自由，为现代货币政策的发展奠定了重要基础。1952 年艾森豪威尔当选总统后，美联储被赋予完全自由地追求货币政策目标的权力。[②]

（三）1951~1969 年：以信贷数量作为主要的中介目标

20 世纪 50 年代，尽管公开市场委员会的成员们承认利率在经济中有着重要的作用，但是为了与 40 年代严格钉住利率的政策完全决裂，他们还考虑了许多其他指标，最终将信贷数量作为货币政策的中介指标。但由于银行信贷既不直接可控，又难以及时观测，也不适合作为每天的操作参考，所以实际上短期货币政策更加关注自由准备金（Free Reserve，其具体定义为超额准备金减去再贴现贷款量）。[③]

1961 年 2 月，美联储公开宣布购买了多种不同期限的中长期债券，包括一些到期日超过 5 年的债券。在美联储的投资组合中，长期政府

---

① Romero, Jessie. *Treasury – Federal Reserve Accord*：1951，http：//www. federalreservehistory. org/Events/DetailView/30，2013.

② 弗雷德里克·S. 米什金：《货币金融学》（第九版），北京：中国人民大学出版社，2011。

③ Meulendyke, Ann – Marie. *U. S. Monetary Policy and Financial Markets*，Federal Reserve Bank of New York, 1998.

债券增加了大约10亿美元，所持短期债券有所降低。其一方面是想通过提高短期利率来防止资本外流，另一方面也希望保持较低的长期利率来刺激厂房设备等的中长期投资。

1965年左右，银行信贷、自由准备金与经济增长、价格稳定等的最终目标之间的关系受到了质疑。一些量化研究建议，应该更加关注货币增长和总准备金（或者基础货币）。在此情形下，美联储扩大了中介目标的范围，除了继续关注银行信贷以外，还增加了诸如货币增长、商业条件（Business Conditions）和准备金。自由准备金仍然是其主要的操作衡量指标，但同时联邦基金利率作为衡量货币市场状态的指标，其地位也开始日益突出。

（四）1970～1992年：以货币数量作为主要的中介目标

1. 1970～1979年：以货币供应量M1、M2、M3作为中介目标

20世纪60年代后期，美国出现了严重的经济停滞与通货膨胀并存的情况，即"滞胀"。凯恩斯理论无法解释和解决"滞胀"问题，以弗里德曼为代表的货币主义应之而起。高通胀条件下，名义利率和实际利率之间的严重背离使得以联邦基金利率作为中介目标不太现实；另外，美联储似乎又需要不断地投放货币来降低由高通胀带来的高利率，但货币供应量的过度增长又必然导致通胀水平进一步高涨，以利率为中介目标的货币政策似乎陷入了死循环。对此，美联储开始将中介目标由名义利率转向货币供应量，当时主要使用M1指标，即通过控制M1的增长，进而影响通货膨胀和名义GDP增长。同时，以信贷总量作为辅助性中介目标，但其重要性日益下降。

1970年，阿瑟·伯恩斯被任命为美联储主席后不久，就宣布以货币总量为货币政策的中介目标，1971年开始使用多种货币供应量指标M1、M2和M3。联邦公开市场委员会每6周召开一次会议设定各种货币供给量（M1、M2）的增长率，同时决定联邦基金隔夜拆借利率等与

之相匹配。1973 年，"滞胀"的情形在石油危机和粮食危机等外部冲
击下越发严重，通货膨胀率急剧上升，到 1975 年接近 10%；而经济增
长率却仍在下行，1974 年美国的实际经济增长率为负 0.5%。根据
1975 年的国会决议，美联储应按照稳定物价的方针来调节货币供应量，
因此从同年 5 月起，美联储开始定期公布每年货币总量 M1、M2、M3
增长率的上下幅度来稳定人心。①

　　然而在整个 70 年代，尽管美联储以货币供应量为中介目标，但事
实上其增长率的目标区间相当宽。例如，M1 增长率的典型区间是
3%～6%，M2 的区间是 4%～7%，而对联邦基金利率规定的区间却很
窄（7.5%～8.25%），因此其实际上仍然是以联邦基金利率为最终目
标。② 如果联邦基金利率高于或低于目标区间，就通过调整货币供应量
的方法将利率保持在目标区间内。比如，当 M1 增长太快时，联邦基金
隔夜拆借利率会超过联邦市场委员会设定的范围，这时纽联储被要求
优先考虑联邦基金隔夜拆借利率作为调控目标。由于货币需求与预期
长期真实利率相关，在通胀预期不断升高的情形下，把名义利率维持
在一个目标区间内客观上会增加货币供应量。

　　2. 1979～1989 年：以货币供应量 M1、M2 为中介目标

　　从 1979 年 10 月开始，美联储不再强调联邦基金利率，将其目标
区间放宽了 5 倍多（波动幅度范围为 10%～15%），并以控制货币供应
量 M1 的增长率作为货币政策的中介目标，以非借入准备金作为基本的
操作目标。其传导机制是，通过非借入准备金来影响联邦基金利率，
从而从货币需求方面引导货币流通量。1981 年 6 月，沃尔克将联邦基
金利率从 1979 年的 11.2% 提升至 20% 的历史高位，有效地抑制了 70
年代末 80 年代初的通货膨胀。与此同时，由于经济周期的波动和金融

---

① 陈光磊：《滞胀突围一：美国 1970 年代的经验》，宏源证券宏观金融报告，2013。
② 弗雷德里克·S. 米什金：《货币金融学》（第九版），北京：中国人民大学出版社，
2011。

创新（如 NOW 账户）等原因，货币供应增速的波动变得更为剧烈，M1 并没有能够控制在设定目标内；同时联邦基金利率的波动也超过之前的水平，1980 年达到了 15% 以上。

在 1982 年后期，为了应对金融市场创新及经济衰退，美联储重新开始重视利率的稳定，不再强调货币总量指标且转向借入准备金作为操作手段。其结果是联邦基金利率的波动性减小，而货币供给增长率的波动幅度仍然很大。1987 年美联储正式宣布不再将 M1 作为调控目标，其作出这一决定主要基于以下具体原因：（1）快速的金融创新和放松管制已经使货币的定义和度量变得困难；（2）M1 和经济活动之间的稳定关系已不再成立。随后，美联储把关注重点转向更宽泛的货币总量 M2。然而自 20 世纪 80 年代末开始，M2 与宏观经济活动之间稳定的关系也逐渐被弱化。

3. 1989～1992 年：以准备金总量为中介目标

这段时期，美联储尝试了以准备金总量作为中介目标，而把 M2 仅仅作为一个监测的变量指标。这是由于银行准备金与货币供应量之间存在内在的因果关系：货币当局通过银行准备金的变动来观测货币供应量的变动。因为不同类型的银行的准备金是不同的，所以可以从准备金总量的增减来观测货币供应量的变动。①

（五）1993 年至今：以联邦基金利率作为中介目标

20 世纪 90 年代初，美联储将非机构类货币市场共同基金和机构类市场共同基金分别加入到原有的 M2 和 M3 定义里，但这并没有明显改善这两个指标与宏观经济变量之间的关系。② 社会上大量流动性资产仍被排除在货币供应量之外，货币总量作为中介目标的有效性

---

① 宋小梅：《二十世纪六十年代以来的美国货币政策》，载《南方金融》，2004（11）。

② 陈云贤、张孟友：《M1、M2 和 M3 轮番调控美国货币政策》，载《上海证券报》，2001。

已经大大降低。1993 年 7 月，时任美联储主席格林斯潘在国会听证会上指出，美联储将放弃以货币供应量作为其货币政策的中介目标，转而将联邦基金利率作为政策调控目标。1994 年 2 月，格林斯潘在众议院银行委员会作证时进一步指出，联邦储备委员会将以"中性"的新货币政策来取代前几年的以刺激经济为目标的货币政策。所谓"中性"的货币政策，就是使利率水平保持中性，对经济既不起刺激也不起抑制作用，从而使经济以其自身的潜能在低通货膨胀条件下持久稳定地增长。这标志着利率重新正式成为美联储货币政策的中介目标。

自此以后，美联储的主要中介目标一直是联邦基金利率，具体通过公开市场操作来实现；而法定准备金率也大幅降低，大部分账户已降至零准备金率。为了应对货币政策的时滞效应，美联储采取了"先发制人"的策略，即通过对未来通货膨胀的预判，及时发现可能存在的"威胁"并将其消灭在"萌芽"状态。另外，公开市场委员会每年都召开 8 次会议，对利率变动的情况进行说明并公布会议纪要，这大大提高了利率的透明度，使得公众对于宏观经济的预期与美联储的政策导向相一致。

值得一提的是，美联储往往根据经济发展情况对利率进行微调，即调整次数虽然频繁但每次幅度不大，以保持长期利率能够相对平稳地变化。例如，1994 年为了防止通货膨胀，美联储连续 6 次上调利率，成功实现了经济的软着陆；1998 年连续 3 次下调利率，以避免亚洲金融危机的负面冲击；2000 年"互联网泡沫"的破灭一度使得美国经济陷入低迷，对此美联储于 2001 年开始连续 12 次下调利率；2004 年 6 月至 2006 年 6 月，基于对通胀的担忧，美联储连续 17 次加息；2007 年 8 月次贷危机爆发，美联储开始连续降息，并最终进入零利率时代。

综上所述，我们以美国货币政策中介目标的历史演变为脉络，大

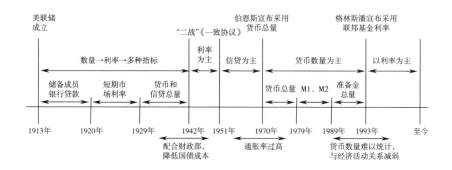

来源：笔者自行整理绘制。

图 4.1　美国货币政策中介目标的历史演进

致梳理了一下美联储在各个时期的政策抉择原因及效果。可以发现，货币政策中介目标的动态演进是与当时社会历史背景相匹配的，尤其是与宏观经济形势和金融市场的变化相一致（见图 4.1）。例如，1941年美国参加"二战"，美联储配合财政部低成本融资的需要，将利率钉住在低位；20 世纪 70 年代左右，随着宏观经济中"滞胀"的出现，美联储开始关注货币数量；90 年代初期，金融创新等使得货币供给统计范围的界定变得困难，货币当局控制货币数量的能力也被削弱，利率重新成为了美联储的中介目标。事实上，每一次中介目标在转变初期往往都取得了一定的效果，但随着经济形势与金融结构的不断发展，后来又可能会逐渐失去其指示作用。所以，中介目标的选择必须与当时的宏观经济环境相契合，并不断进行动态调整，以利于货币政策的有效实施。

二、货币数量与利率目标是否可同时兼顾：理论分析

货币政策的数量和价格目标可否同时兼顾？这既是一个有趣的理

论问题，更是货币政策实践操作中亟待解决的难题（曹红钢、伍戈，2015）①。自 1996 年开始将货币供应量作为货币政策的中介目标以及 1998 年宣布取消信贷限额管理后，我国已建立起以 M2 为中介目标的间接调控的货币政策框架（张晓慧，2012）②。与其他转型国家类似，在传统数量型调控的基础上，中央银行价格型调控的作用不断增强。随着近年来国内外经济再平衡的演进、金融创新的发展和利率市场化的推进，尤其自 2011 年以来，我国市场利率的波动性一度明显增强，2013 年甚至出现了两次"钱荒"。从国际比较来看，2000 年 9 月至 2014 年 12 月，我国货币市场③的月均波动性为 0.118④，而典型国家如韩国、马来西亚、巴西和墨西哥⑤的月均波动性分别为 0.016、0.01、0.011 和 0.017，明显小于我国（见图 4.2）。

上述现象折射出货币政策数量和价格目标的相容性问题，即以货币供应量为代表的数量目标和以利率为代表的价格目标是否可同时兼得，或必须择一而取？国内外有关研究并不多见。理论上，研究者基本围绕货币政策数量目标的有效性问题开展探讨。如国际上不少学者研究发现，近年来以货币供应量为中介目标的政策实践基本不尽如人意，对此，他们直接提出利率目标优于货币供应量目标（Rudebusch，1997）。在国内，越来越多的观点也认为，随着货币供应量的可控性和可测性下降，以及货币需求函数的不稳定，货币供应量已经不适合作为货币政策中介目标（夏斌、廖强，2001；苏平贵，2005）。但也有部

---

① 曹红钢、伍戈：《货币政策的量价目标可否得兼？》，载《中国货币市场》，2015（6）。

② 参见张晓慧：《中国货币政策》，北京：中国金融出版社，2012。

③ 为了分析方便，本节用银行间市场隔夜拆借利率来代表我国货币市场利率。

④ 本节我们用变异系数来衡量利率波动性。具体地，变异系数＝标准差/平均值，即通过这种中心化方法可有效解决量纲与数量级不同的数据序列间的波动性横向比较问题。

⑤ 根据数据的可得性，我们选用巴西隔夜同业存款利率（Interbank Deposit Certificate）、韩国 7 天期同业拆借利率（Korea Interbank Offered Rate：1 week）、马来西亚银行间市场隔夜拆借利率（Kuala Lumpur Interbank Offered Rate：Overnight）、墨西哥 28 天期均衡利率（Equilibrium Interest Rate：28 days）来分别代表巴西、韩国、马来西亚和墨西哥的市场利率。

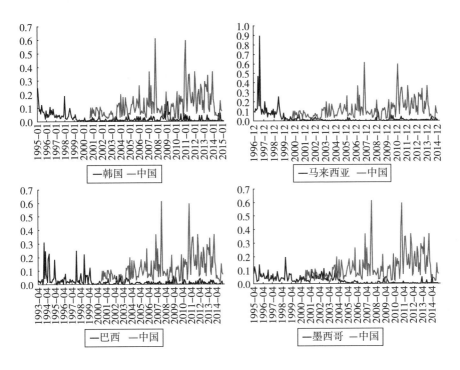

来源：笔者根据 CEIC、WIND 数据计算。

图 4.2　市场利率波动性的国际比较

分观点仍支持继续以货币供应量为中介目标（范从来，2004；赵大利，2007）。

下文试图从货币供求出发，致力于揭示货币政策的量价目标可否兼得的理论根源，并寻求国内外的一些典型事实证据。本节的具体内容安排如下：首先介绍一个简明分析框架，从理论上论证量价目标可否兼得；然后整理了部分新兴市场国家的典型事实，着重分析其货币政策框架转型前后利率波动性的变化情况，从侧面印证量价目标的兼容性问题。

（一）量价目标可否兼得：一个简明分析框架

借鉴米什金（2011）有关货币市场的框架①，我们试图从货币供求的角度来分析货币政策量价目标的兼容性问题。为简化分析，假设货币供应完全由中央银行外生决定，货币供给不受利率的影响，因此在"利率—货币数量"二维图上就表现为垂直于货币数量轴的一条垂线 Ms（见图4.3）。一般认为，从机会成本的角度考虑，货币需求是利率的减函数，表现为"利率—货币数量"二维图上向右下方倾斜的直线 Md。当货币需求等于货币供给时，在图上表现为需求曲线和供给曲线相交所确定的点（M^*, i^*）。下面运用这个简单框架来分析货币政策量价目标的相容性。

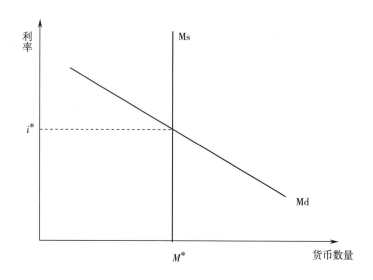

图4.3 货币需求和供给的均衡

---

① 参见费雷德里克·S. 米什金：《货币金融学》（第九版），北京：中国人民大学出版社，2011。

1. 场景一：以货币数量为中介目标

如果货币政策以货币数量 M^* 稳定为中介目标（如图 4.4 所示），那么中央银行将通过货币政策操作将货币供给曲线 Ms* 固定在 M^* 的位置不变，初始的货币需求曲线为 Md*，两者均衡至 A^*。假设某个外部冲击导致货币需求曲线右移到 Md'，由于中央银行以保持货币数量为目标，所以货币供给曲线仍为 Ms*，此时两条曲线的交点就从 A^* 移动到 A'，新的均衡货币数量仍为 M^*，但均衡利率则从 i^* 上升至 i^*。因此，在遭遇外部冲击时，以货币数量稳定为目标的政策操作必然导致利率水平在 $[i^*, i']$ 的区间波动。

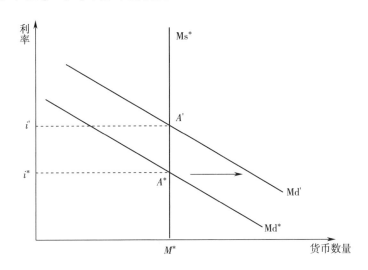

图 4.4 以货币数量为目标难以确保利率的稳定

2. 场景二：以利率为中介目标

接着，我们考察货币政策以保持利率稳定为目标的场景。假设在某个外部冲击影响下，货币需求曲线从 Md* 移动到 Md″（见图 4.5）。为保持利率稳定在 i^*，中央银行势必扩大货币供给，此时货币供给曲线由 Ms* 右移到 Ms″。在新的均衡状态下，货币供求曲线相交于 $A″$，均衡利率仍为 i^*，但货币供给从 M^* 右移到 $M″$。所以，在遭遇外部冲击时，盯住利率的政策操作必然导致货币数量在 $[M^*, M'']$ 的区间波动。

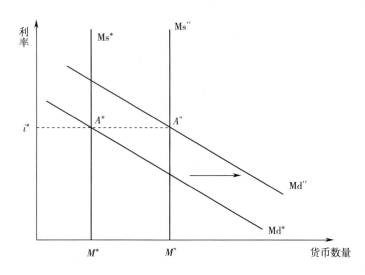

图 4.5　以利率为目标将难以确保货币数量的稳定

综上分析，在面对现实冲击的条件下，货币政策的数量与价格目标具有不可兼容性，中央银行往往只能侧重其一，而难以同时兼顾。如果中央银行选择以货币数量稳定为目标，那么利率的稳定性可能难以保证；如果中央银行选择以盯住利率为目标，则货币数量目标可能难以同时实现。

（二）货币政策转型前后的利率波动：国际典型事实

根据上述逻辑，货币政策往往难以同时兼顾数量和价格目标，这两个目标可能是相互替代的。因此，当货币政策框架从数量型转变为价格型前后，市场利率的稳定性应该会有一个比较明显的增强过程。为验证这个判断，我们选择了若干典型新兴市场经济体，考察其货币政策转型前后市场利率的波动情况。

1. 韩国[①]

1998 年之前，韩国实行数量型货币政策调控框架，其中介目标经历了"M1→M2→MCT（M2 + CDs + Money − in − trust）→M3"的转换。亚洲金融危机后，随着通胀目标制的确立和金融市场的进一步发展，韩国中央银行开始将操作目标由准备金总量逐步转成隔夜存款利率（Overnight Call Rate）。1999 年 5 月，韩国中央银行正式宣布将利率作为政策操作目标，标志着货币政策框架从数量型到价格型的成功转变。此后，其货币市场利率波动性大幅降低。1999 年 6 月至 2008 年 8 月（国际金融危机前），韩国银行间市场 7 天期拆借利率月均波动性为 0.012，大大低于转型前 5 年 0.057 的水平（见图 4.6）。

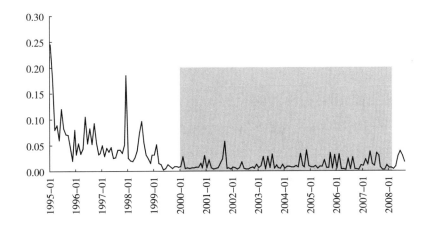

来源：笔者根据 CEIC 数据计算绘制。

图 4.6　韩国的市场利率波动性[②]

---

① 有关韩国货币政策转型的情况可参见韩国中央银行网站：*Monetary Policy in Korea*，December 2012，www. bok. or. kr。

② 图 4.6 至图 4.9 中阴影部分表示该国货币政策框架转型之后一段时间的货币市场利率波动情况。

2. 马来西亚

1995 年以前，马来西亚中央银行实行以货币供应量为中介目标的数量型货币政策框架，且普遍使用贷款规模控制等手段调控货币供应量①。1995 年以后，马来西亚逐步向价格型货币政策框架转变，开始以 3 个月的利率作为政策利率。2004 年以后，马来西亚开始采用新的利率框架，以隔夜政策利率作为政策利率，价格型货币政策框架正式确立。之后，其货币市场利率波动大幅降低②。具体的，货币政策转型后期（2004 年 1 月至 2008 年 9 月），银行间隔夜拆借利率的月度波动率为 0.0035，明显低于转型初期（2000 年 1 月至 2003 年 12 月）的 0.0152（见图 4.7）。

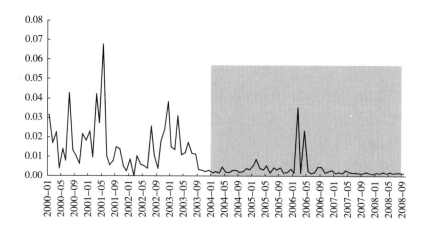

来源：笔者根据 CEIC 数据计算绘制。

图 4.7　马来西亚的市场利率波动性

---

① 参见马来西亚中央银行副行长 Sukudhew Singh 在 2014 年中国人民银行和 IMF 联合研讨会"货币政策新问题"上的报告：《走向基于市场的政策工具：马来西亚的经验》。

② 受数据可得性所限，本节着重考察 2004 年前后马来西亚货币市场利率的波动情况（剔除 1997 年亚洲金融危机和 2008 年国际金融危机对其货币市场的特殊冲击阶段）。

3. 巴西[1]

1994 年，为了应对恶性通货膨胀，巴西实行"雷亚尔计划"，开始以美元作为"名义锚"，以汇率作为货币政策操作目标。1996 年 6 月，巴西中央银行设定了 TBC（中央银行再贴现窗口利率）和 TBAN（巴西中央银行援助利率）作为基准利率。尽管如此，当时汇率仍是巴西中央银行最关注的目标，利率处于附属地位。1999 年，为解决雷亚尔被严重高估问题，巴西中央银行被迫宣布雷亚尔自由浮动，汇率作为操作目标正式退出。同年 6 月，巴西中央银行宣布实施通胀目标制的货币政策框架，并以 SELIC（银行间市场隔夜回购利率）为政策操作目标，货币政策框架逐步转型。之后，其货币市场利率波动性大幅下降，即使在 2008 年国际金融危机时期也维持了良好的稳定性。具体的，转型后（1999 年 7 月至 2014 年 12 月）同业存款利率波动性为 0.0106，大大小于转型前 6 年的 0.0489（见图 4.8）。

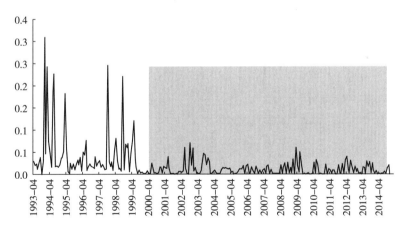

来源：笔者根据 CEIC 数据计算绘制。

图 4.8 巴西的市场利率波动性

---

[1] 有关巴西货币政策转型情况参见巴西中央银行网站 www.bcb.gov.br。

4. 墨西哥①

20 世纪 90 年代，受债务危机打击，墨西哥金融市场持续动荡。在此背景下，1995 年墨西哥中央银行宣布将商业银行在中央银行的现金账户余额（Corto）作为政策操作目标。随着金融市场逐渐稳定，Corto作为政策信号的作用日益减弱。2003 年，墨西哥中央银行将政策操作目标改为商业银行在中央银行的现金账户日均余额。2004 年，墨西哥中央银行宣布在保持 Corto 作为操作目标的同时，通过调整银行间隔夜利率来表明政策取向。2008 年，墨西哥中央银行宣布将银行间隔夜利率作为货币政策操作目标，正式建立价格型货币政策调控框架。其货币政策转型中后期（2004 年 5 月至 2014 年 12 月），墨西哥 28 天期均衡利率波动性仅 0.007，而转型前 10 年的波动性高达 0.047（见图 4.9）。

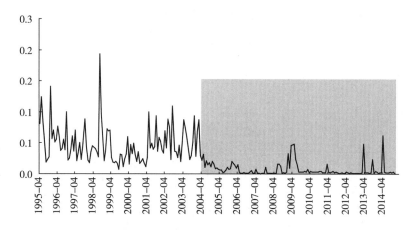

来源：笔者根据 CEIC 数据计算绘制。

图 4.9 墨西哥的市场利率波动性

综上分析，韩国、巴西等新兴市场国家先后经历了货币政策从数量型到价格型的转变期。货币政策转型之后，其货币市场利率的波动性均呈现明显下降态势。特别的，马来西亚等部分国家在货币政策转

---

① 有关墨西哥货币政策转型情况参见墨西哥中央银行网站 www. banxico. org. mx。

型初期曾试图兼顾量价目标，但实际效果似乎并不太好，其间货币市场利率的波动性也显著大于转型后期。这些史实也从一个侧面印证了货币政策的量价目标难以兼顾的本质理论特征。

三、小结

综上所述，货币政策中介目标的动态演进是与各国当时社会历史背景相匹配的，尤其是与宏观经济形势和金融市场的变化相一致，实践中应不断动态调整以利于货币政策的有效实施。但理论与现实都表明，货币政策的数量和价格目标往往难以得兼。如果选择了盯住利率目标，货币数量的波动性势必增加，反之，利率的波动性势必较大。在实践操作中，许多国家货币政策以数量型为目标时，其货币市场利率的波动性普遍较大。当货币政策目标由数量型向价格型转变过渡后，其货币市场利率波动性往往有较大幅度的下降，这也从一个侧面印证了理论分析的结论。

当前我国正处于经济增速换挡期、结构调整阵痛期、前期政策消化期"三期叠加"的复杂阶段，货币政策框架也正处于由数量型向价格型逐步演进的过程中。在市场主体预算软约束仍普遍存在、金融机构自主定价能力不足等背景下，如何完善货币政策框架，同时保持货币市场相对稳定，这是一个很现实也很紧迫的问题①。对此，我们建议有序推进货币政策框架转型。短期内，受市场收益率曲线有待完善等现实局限，可能在一定时期内，数量型目标和价格型目标需要妥善协调。但在中长期内，同时兼顾量价目标的难度较大，应正视货币政策

---

① 值得注意的是，我国在过去较长一段时间内（尤其是 2007 年之前），货币政策的量价冲突现象似乎并不明显。对此，孙国峰（2012）认为，我国对准备金付息的制度相当于设置了货币市场利率的下限，这就导致准备金需求曲线的右端趋于水平。如果准备金供给曲线与之交于水平端，则会出现准备金供给变动但货币市场利率不变的情况，即量价目标冲突不明显的原因。

量价目标难以兼容的理论根源，加快推进数量型向价格型货币政策框架的转变。加强金融市场基础性建设，推动市场创新，培育多元化的参与主体，增加金融市场广度和深度。加快推进利率市场化改革，硬化市场主体财务约束，提高金融机构自主定价能力，培育完整的收益率曲线，建设完善的市场利率体系。

第五章 货币数量与利率目标Ⅲ：如何选择

我们在上一章给出的基本框架中已经指出，当中央银行获得主动供给和调节流动性的地位时，就必须回答一个新的问题，即货币政策应以货币数量还是以价格作为目标。对此问题可以从不同角度给出阐释，但从研究的角度讲，需要一个规范的经济学框架或方法。或者说，我们应当在一个规范的经济学语言下来讨论这一问题。就此，美国经济学家 Poole 在 1970 年撰写的《简单随机宏观模型中货币政策手段的最适度选择》中提供了一个研究货币政策模式选择的经典方法。我们在上一章也对此进行过简单描述。正如 Bindseil（2004）评价所言，"Poole（1970）的思想简单优美，而且为一个长期悬而未决的问题提供了一个漂亮的解析解。因此，随后的一切都不足为奇：Poole 的研究在接下来的几十年中启发了很多货币经济学家，围绕他的模型也出现了很多精致扩展，这些扩展也被认为有助于理解货币政策的选择问题。"①

一、选择货币数量还是利率目标：普尔理论

在 Poole（1970）看来，市场利率的变化既可能来自总需求的冲击，也可能来自货币需求外生变动的扰动。中央银行短期内无法判断真实原因，但需要对到底是维持利率稳定还是货币总量稳定而容忍利率波动进

---

① 尽管如此，Bindseil 也对 Poole（1970）提出了怀疑，"Poole（1970）的方法是否真的有助于解决操作目标选择问题，我们还不能下定论"。请详见乌尔里希·宾德赛尔：《货币政策实施：理论、沿革与现状》，大连：东北财经大学出版社，2013。

行选择。假定中央银行的目标是促进产出波动的最小化，那么中央银行就需要选择产出的波动（方差）会更小一些的那种。他借助 IS – LM 曲线对此进行分析。其基本思路是以保持宏观经济的稳定性即总产出的稳定作为货币政策最终目标，基于此来选择利率或货币供应量作为中介目标，以便于将政策工具的选择和宏观经济稳定的最终目标协调起来，这就建立了宏观经济稳定与货币政策中介目标的内在联系（赵磊，2007）①。普尔认为，经济的不确定性或来自实物领域，或来自货币领域。不稳定性的根源在于哪个领域对货币政策中介目标的最适度选择具有决定性的作用。当实物领域不稳定时，货币供应量是最适度的中介目标；当货币领域不稳定时，利率则是最适度的中介目标。这只是两种极端的情况。当实物领域和货币领域的不稳定交错存在时，中介目标的选择必须取决于两个因素：（1）哪个部门更不稳定；（2）IS 和 LM 曲线的斜率。这里需要考察两种情形：第一，IS 曲线的不确定性大于 LM 曲线；第二，LM 曲线的不确定性大于 IS 曲线。以下用图 5.1、图 5.2 说明这两种情形。

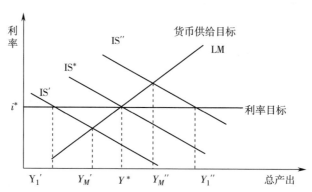

图 5.1 IS 曲线不稳定而 LM 曲线稳定

---

① 赵磊：《宏观经济稳定与货币政策中介目标的选择——基于普尔规则的实证分析》，载《经济经纬》，2007（5）。

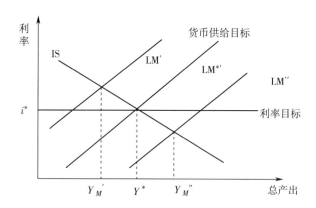

图 5.2　LM 曲线不稳定而 IS 曲线稳定

图 5.1 的 IS－LM 曲线描述了在 IS 曲线不稳定而 LM 曲线稳定的情况下，实行两种目标策略的结果。如果中央银行预期 IS 曲线将位于 IS*，希望总产出达到 Y^*，则中央银行将其利率目标定在 i^*，从而预期的总产出水平为 Y^*。这种把利率定在目标 i^* 的策略，称为利率目标政策。如果中央银行追求的不是利率目标，而是货币供应目标，则它将规定货币供应量，从而使由此形成的目标 LM 曲线即 LM* 与 IS* 曲线相交于期望达到的产出水平 Y^*。这种将货币供应规定为目标的策略，称为货币供应目标政策。由于 IS 曲线不稳定，在 IS′ 和 IS″ 之间波动，对实施利率目标的政策而言，IS 曲线的上述波动使总产出在 Y_1' 和 Y_1'' 之间波动。从图 5.1 可以看到，货币供应目标对产出造成的波动（从 Y_M' 到 Y_M''）比利率目标对产出造成的波动（从 Y_1' 到 Y_1''）要小。因而，与实行的利率目标相比，货币供应目标政策使总产出的波动较小。也就是说，如果 IS 曲线的不稳定性大于 LM 曲线，则选择货币供应目标较好。

图 5.2 的 IS－LM 曲线描述了在 IS 曲线稳定而 LM 曲线不稳定的情况下，分别盯住两种目标的结果。与图 5.1 类似，货币当局要设定利率目标和货币供应目标，使预期的总产出水平等于想要达到的水平

Y^*。由于现在 LM 曲线不稳定，即使货币供应不变，LM 曲线也在 LM′
和 LM″之间波动，从而使总产出在 $Y_M{'}$ 和 $Y_M{''}$ 之间波动。但是利率目标
则不受曲线不稳定的影响，因为这是由中央银行规定的。每当利率要
偏离 i^* 时，就会调节货币供应。所以，LM 曲线波动的唯一影响是，
由于实施利率目标的政策，货币供应的波动较大些。实施利率目标的
结果是，总产出将刚好达到所要求的水平而没有上下波动。因此，从
图 5.2 得出的结论是，如果 LM 曲线的不稳定性大于 IS 曲线，则选择
利率目标较好。

因此，Poole 认为，当不确定性（随机冲击）主要来自总需求和商
品市场，那么选择货币供应量作为中介目标较为合适；若不确定性主
要来自货币市场，那么选择利率作为中介目标较为合适。或者说，若
货币需求不稳定，那么通过稳定利率并容忍货币总量波动，就可以较
大程度地提高产出的稳定性。即金融市场稳定性的下降会使货币需求
难以预测，从而使以货币总量为目标操作的优势明显下降。一个简单
的 IS – LM 模型的基本形式为

$$Y_t = a_0 + a_1 \times r_t + u_t, a_1 < 0$$
$$M_t = b_0 + b_1 \times Y_t + b_2 \times r_t + v_t, b_1 > 0, b_2 < 0$$

其中，Y_t，r_t 和 M_t 分别表示 t 期的实际总产出、利率和货币存量，u_t
和 v_t 为分别代表 t 期经济面临的来自商品市场和货币需求的随机冲击，
并假设两者均服从均值为零，且彼此不相关的连续过程。货币当局的
损失函数为 $L = (Y - Y^*)^2$，其中 Y^* 是目标产出（对应的 $r = r^*$, $M =
M^*$），$Y - Y^*$ 是产出缺口。货币当局的最优决策规则是选择能够使损
失（产出波动性）最小的变量作为中介目标，此时推导可得：

$$L_M = \frac{a_1{}^2 \times \sigma_v{}^2 + b_2{}^2 \times \sigma_u{}^2 - 2a_1 \times b_2 \times \sigma_{uv}}{(a_1 \times b_1 + b_2)^2}, L_r = \sigma_u{}^2$$

L_M 和 L_r 分别表示货币供应量和利率作为中介目标时的产出损失，
即要比较总产出的波动性，需要比较两者孰大孰小，便可得出利率和

货币供应量作为货币政策的中介目标孰优孰劣。后来有学者运用该模型作分析时，将上述模型中的变量更换为自然对数形式。

二、选择货币数量还是利率目标：实证检验

基于上述方法，我们以中国数据进行了普尔模型检验。当中介目标为利率时，具体目标利率的选择是十分重要的。我国国债发行以中长期国债为主，尚缺乏一条完整光滑的基准收益率曲线，而这对利率市场化和开展利率调控较为重要（周小川，2004）。为加强中央银行政策利率的引导作用，完整的短期收益率曲线更为关键，这也成为推出SHIBOR 的一个重要背景（易纲，2008）。人民银行于 2006 年末组织构建了上海银行间同业拆放利率 SHIBOR。总体来看，目前 SHIBOR 走势较为清晰地反映了宏观调控政策的实施效果，同时与货币市场其他利率的相关度也在不断提高（张晓慧，2011），并具备了作为货币市场基准利率的特征（蒋贤锋，王贺，2008；方意，2012）。此外，由于 SHIBOR 为报价基础上生成，而回购利率是实际成交利率，回购利率也有较强的基准地位（柳欣、刘磊、吕元祥，2013）。故本节同时采用 SHIBOR 隔夜、SHIBOR3M 以及 7 天期回购、3 个月期回购作为目标利率分别建模验证。

我们以 2008 年 1 月至 2015 年 3 月作为分析区间。由于 GDP 仅有季度数据，为提高数据频度，采用 Eviews 中的 Quadratic – match sum 方法将季度数据转换为月度数据。为得到实际 GDP 数据，以 2007 年 12 月为基期对 CPI 数据进行换算，然后使用 X12 方法消除季节波动，最后再取对数。货币供应量选择 M2，同样经过季节调整后再取对数。SHIBOR 的月度利率为根据每日 SHIBOR 值计算的算术平均利率，回购利率为根据每日成交数据计算的加权平均利率，数据均来自 CEIC，利率数据也取对数。根据假设，u 和 v 相互独立，故模型的联立方程组中

每一个方程都可以采取普通最小二乘法进行参数估计（古扎拉蒂，2000）。回归结果如表 5.1 所示。

表 5.1　Poole 基本分析的实证结果（2008 年 1 月至 2015 年 3 月）

	SHIBORO/N	SHIBOR3M	回购 7D	回购 3M
a_0	3.373815	3.336921	3.363531	3.331554
	(155.46)	(98.62)	(120.55)	(100.79)
a_1	−0.313331	−0.275775	−0.273435	−0.283022
	(6.03)	(4.75)	(4.88)	(5.04)
b_0	0.768786	0.708382	0.702505	0.655706
	(3.60)	(2.55)	(2.49)	(2.31)
b_1	1.161690	1.174407	1.179789	1.194676
	(13.24)	(14.15)	(14.10)	(14.11)
b_2	−0.08	0.081537	0.069885	0.048421
	(0.138)	(0.053)	(1.36)	(0.92)
σ_u^2	0.01030	0.011484	0.011363	0.011217
σ_v^2	0.00761	0.007595	0.007638	0.007716
$\sigma_{u,v}$	4.55939E − 09	− 1.54941E − 09	2.67092E − 09	1.51413E − 09
Lr/L_M	2.49	2.89	2.79	2.60
最优中介目标	货币供应量	货币供应量	货币供应量	货币供应量

回归方程各项系数的 t 检验均较为显著，拟合程度 R Square 也基本在 80% 以上，回归效果较好。同时 $\sigma_{u,v}$ 的值基本为 0，这也验证了模型设定中 u 和 v 相互独立的假设。结果显示，无论是以 SHIBOR 隔夜、3 个月期利率还是质押式回购的 7 天期、3 个月期利率作为目标利率，利率中介目标所导致的产出波动均高于货币中介目标的产出波动，前者均为后者的 2.5 倍左右（在以 2008 年 1 月至 2013 年 9 月作为分析区间的实证检验中，该数值达到 9～13 倍）。也就是说，虽然在两个不同的分析区间内，基于 Poole 视角的数量型调控框架要优于价格型调控框架，但随着时间的向前推移，这种优越性已经显著减弱。

值得注意的是，整体上数量型框架要优于价格型框架的判断并不意味着分阶段性观察不会发生变化。为此，我们调整研究的时间区间再进行观察。由于金融创新从 2010 年后逐步开始加速，表现为金融市场和金融产品不断丰富和复杂化，尤其是 2011 年以来商业银行表外理财等产品迅速发展，加快了金融脱媒，导致 M2 的可控性、可测性进一步降低，可能造成数量型调控框架的效力降低。因此我们分别以 2010 年 1 月至 2015 年 3 月、2011 年 1 月至 2015 年 3 月为区间再进行基于 Poole 模型的实证检验。结果显示，前者回归系数较为显著，L_r/L_M 值已经降至 1.3 左右，其中以 SHIBOR 隔夜作为目标利率的 L_r/L_M 值更是降至 1 以下，为 0.97，这表明在金融创新不断深化的 2011 年以来的一段时间，数量型调控相较于价格型调控的优越性几乎已不存在，尤其是当目标利率是最为核心和基础的隔夜利率时，基于 Poole 模型的价格型调控框架已经优于数量型调控框架。而在 2011 年 1 月至 2013 年 9 月的回归模型中，估计系数已无法通过不等于 0 的显著性检验，对此，有必要在今后更长的时间段内对此加以考察与检验。

专栏 2　关注货币数量还是利率价格：政策争论[①]

货币主义代表人物 Friedman 的分析体系包括基础货币的可控性、货币乘数的稳定性以及货币目标制是合适的货币政策策略等假设（Bindseil，2004）。在 Friedman（1960）的分析中，最突出的一点就是他对短期利率的作用只字未提，而他的提议则有可能意味着短期利率和中期利率的高波动性。同样的，Friedman & Schwarts（1963）在对 20 世纪 30 年代的美联储政策进行批评时，也表现出

---

① 该专栏部分内容摘自：乌尔里希·宾德赛尔：《货币政策实施：理论、沿革与现状》，大连：东北财经大学出版社，2013。标题由笔者自行添加。

了对利率的不屑一顾，其论证都是在货币乘数框架中进行。他们沿着基础货币和货币总量的发展历史，在货币乘数模型中提出，公开市场操作本来可以增加基础货币乃至货币存量，从而防止或至少缓解20世纪30年代的危机。沿着相同的研究路线，Friedman（1982）认为利率作为操作目标既不可能也不足取。在操作目标方面，他建议使用"公开市场业务的数量目标"。

基于数量论的Friedman式的货币政策实施观点在今天究竟有多大的影响，可以由Mishkin（2004）的流行教科书充分展现出来。对于美联储在20世纪五六十年代的货币政策实施方法，Mishkin认为利率控制将会导致"顺周期"的货币政策："如果美联储看到利率由于收入增加而上升，它将购买债券以抬高其价格，使利率下降到目标水平。其结果是，基础货币增加带来货币供给增加和经济扩张，随之相伴的是更高的货币增长率。"另一个杰出的货币主义者Meltzer（2003）在其关于美联储早期历史的著作中，同样对Friedman式的货币政策实施观点表示了支持。他特别批评了19世纪英格兰银行（还包括Bagehot等人）分析宏观经济状况的糟糕水平及其对货币市场和市场利率的关注。

在Cassel（1928）之后（包括20世纪70年代在内），很少有学术著作把货币政策实施视做以短期利率为目标。这种情况在20世纪80年代再次发生了改变（如McCallum，1981，1986；Barro，1989；Judd & Motley，1992；Taylor，1993）。在20世纪90年代后期，年轻一代货币经济学家们使用的主流方法，要么将货币政策模型化为对利率的控制（如Hamilton，1996；Bartolini，Bertola & Prati，2002；Woodford，2001；Ayuso & Repullo，2003），要么将传导机制始于中央银行操控短期利率的假设引入宏观经济模型（如Taylor，1993；Woodford，2003）。Woodford（2003）明确指出："差不多在世界各国，货币政策决策都是有关隔夜拆借利率操作目标的决策，而且近年来政策透明度的提高意味着中央银行的利率目标及其利率决策的执行方式具有了更大的明确性……然而，直到最近，货币政策理论分析一成不变地将政策刻画为货币供给路径，同时理论文献中关于政策规则的讨论也主要围绕非此即彼的货币增长规则展开。理论和实践之间的这种奇特割裂甚至在 20 世纪 70 年代对货币目标狂热之前就存在了。"

Bindseil（2004）认为，Keyness 和 Friedman 一致推崇所谓货币政策实施的"数量导向观点"，排斥将短期利率作为货币政策的操作目标，这显然是错误的。他进一步指出，对历史上数量型操作目标的糟糕政策绩效仍记忆犹新，最新的宏观经济文献对利率重要作用的认同要高于 19 世纪的文献，回归至数量型操作目标的可能性是极小的。各中央银行之所以重新统一到利率控制上来，是因为货币控制的"旧观点"存在诸多不合意性，其关键的缺陷包括：一是基础货币的短期不可控性。流通中的现金通常是基础货币的重要组成部分，它在短期内完全由需求决定，且该需求的波动与宏观经济运行几乎没有关联；而基础货币的另一个组成部分准备金也难以通过公开市场业务等工具进行调整；二是短期货币数量控制有可能导致利率水平的过度波动，并导致货币政策最终目标仅能达到次优的结果等。

三、小结

本章我们借鉴 Poole 模型的基本框架，对中国的数据进行了实证研究，探寻了货币数量与价格目标的选择问题。研究表明，随着金融市

场以及金融创新的不断发展，数量型调控相较于价格型调控的优越性
正在显著下降，尤其是在目标利率是最为核心和基础的隔夜利率时。
值得注意的是，任何目标模式都有其适用的前提条件。Poole 模型是以
标准的市场化环境作为基本假设的。在这样的环境下，市场利率能够
自由浮动，由此充分反映市场供求变化，而不受货币当局的干扰或管
制。在这样的条件下，我们才可以通过比较利率与货币供应量这两组
时间序列数据来检测不同调控模式的宏观效应。我国利率管制放开是
一个渐进的过程，而存贷款基准利率的变化会直接影响货币市场利率
水平，这可能会使模型联立方程组中的利率变量变化不够灵敏，或者
说其包含的宏观经济运行信息不够全面与充分，由此可能导致残差项
扩大。上述因素意味着，在存在一定利率管制的情况下，使用 Poole 模
型得到的结果有可能在一定程度上低估价格型调控框架的优势，高估
数量型调控框架的优势。从这个角度看，进一步加强价格型调控的必
要性也显得更加突出。

第三部分
货币数量与利率传导：效果比较

第六章　货币数量与利率传导 I：
　　数量型框架的困境

20 世纪 70 年代以来国际上各主要经济体的实践表明，随着金融创新和金融深化进程的推进，基于传统货币数量论框架下的货币政策传导机制受到越来越大的挑战①。微观主体对资金价格的敏感性逐步增强，货币政策通过货币数量进行传导的有效性明显削弱。正如加拿大中央银行前行长杰拉尔德·布伊所言，"我们没有抛弃货币总量，是它抛弃了我们。"这些似乎都使得我们不得不将关注的重点进一步集中到利率价格上来。尽管如此，仍有不少国家尤其是新兴市场与转型经济体仍保留了数量型的货币政策框架，因此我们仍有必要先放眼全球，分析一下当前货币数量论框架在各国尤其是新兴市场国家（地区）中的实际运用情况，然后再针对利率价格传导等问题进行深入剖析。

一、货币数量论是否失效：现实情境

（一）货币流通速度的稳定性考察

货币数量论表明，在货币流通速度稳定的情况下，货币当局可通过货币数量来影响名义收入，从而调控国民经济。但货币数量作为货

---

① 由古典经济学家在 19 世纪末 20 世纪初发展起来的货币数量论，是一种探讨名义总收入如何决定的理论，也是关于货币数量与经济活动表现之间关系的研究。货币数量论通常被解释为关于货币数量的变化如何决定价格水平变化的学说，至今该理论仍是内容丰富且经常引起争论的经济学论题。

币政策中介目标以及传导是否有效的前提是货币流通速度保持相对稳
定。然而，20 世纪 80 年代末以来，很多经济体（包括新兴市场国家）
的货币流通速度都发生了不规则变化，货币供应量不再是货币政策可
靠的"向导"和主要传导途径。图 6.1 描述了亚洲新兴经济体、拉美
新兴经济体、中东欧转型国家以及中国等的货币流通速度的变动趋势，
这些经济体的货币流通速度的变化基本上是不稳定且逐年降低的。[①]

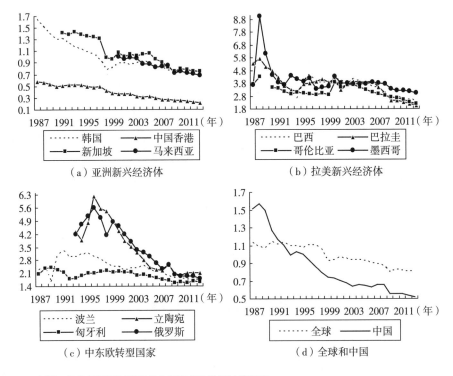

来源：笔者根据国际货币基金组织 IFS 数据计算整理。

图 6.1　新兴市场与转型经济体货币流通速度的变化[②]

---

①　详见伍戈、连飞：《中国货币政策转型研究：基于数量与价格混合规则的探索》，载《世
界经济》，2016（3）。

②　图 6.1 中货币流通速度是笔者根据各国 GDP/M2 计算而得到的。其中，GDP 就是费雪方
程式 *MV* = *PY*（*M* 是货币供应量，*V* 是货币流通速度，*P* 是价格水平，*Y* 是实际产出）中的 *PY*，即包含
价格因素的名义变量。

（二）货币供应量与通货膨胀的相关性考察

在货币需求函数稳定性下降的情况下，若继续以数量作为目标以及政策传导的主要方式，就可能导致价格水平的大幅波动，进而影响产出的基本稳定，这其实已成为推动货币政策调控框架转型和优化的内生力量。下面将重点考察货币供应量与通货膨胀的相关性，我们利用 13 个典型的新兴市场与转型经济体的季度数据建立简单的回归模型：

$$\pi_t = \theta_0 + \theta_1 m_{t-i} + \theta_2 \hat{Y}_{t-i} + \theta_3 \pi_{t-i} + \varepsilon_t \qquad (6.1)$$

其中，π 为通货膨胀率，m 为货币供应量增长率，$\hat{Y}$ 为产出缺口，i 为滞后期数，θ_0 为截距项，θ_1、θ_2、θ_3 为各解释变量的系数，ε_t 为随机扰动项。我们估计各经济体的时间序列（样本时期是从 2003 ～ 2014 年的各季度）模型和面板数据模型。由于该面板数据模型存在内生性问题，因此固定效应模型估计量是不一致的，随机效应模型也是有偏的。为解决这一问题，我们使用系统 GMM 估计方法对面板数据模型进行估计，以获得稳健估计量。模型估计和检验结果如表 6.1 所示。

表 6.1　　　　　　　　货币供应量与通货膨胀的相关性

各经济体的估计	滞后 4 个季度	滞后 8 个季度	滞后 12 个季度
韩国	0.1295 ***	0.2928 ***	0.3289 ***
中国香港	0.1484 **	0.2342 ***	0.1157
新加坡	0.1223 ***	0.2040 **	0.1645 *
马来西亚	0.0226	0.0375	0.0919 **
巴西	− 0.0472 ***	− 0.0762 **	− 0.0215
巴拉圭	− 0.0054	− 0.0313	− 0.0109
哥伦比亚	− 0.0610	− 0.0044	0.1526 **
墨西哥	− 0.0117	− 0.0324	0.1313 **

续表

各经济体的估计	滞后 4 个季度	滞后 8 个季度	滞后 12 个季度
波兰	− 0.0031	0.0835	0.2696 ***
立陶宛	0.1067 *	0.2233 **	0.3501 ***
匈牙利	− 0.0769	− 0.1363	0.1212
俄罗斯	0.0248	0.0311	0.0530
中国	0.0513	− 0.0119	− 0.0707
面板估计	0.0493 *	0.0266	− 0.0339
AR（2）p 值	0.4868	0.3969	0.2391
Sargan Test p 值	0.7338	0.6012	0.4716

注：*** 、** 、* 分别表示在1% 、5% 、10%的水平上显著。

上述各经济体的时间序列模型估计结果显示，货币供应量增长率所包含的信息比较有限，具体表现为系数相对较小且在统计上总体不够显著。面板数据模型估计结果显示，只有滞后 4 个季度的货币供应量增长率在10%的水平上显著，而滞后 8 个季度和滞后 12 个季度的货币供应量增长率在统计上都不显著。二阶序列相关 AR（2）的检验结果显示，支持估计方程的误差项不存在二阶序列相关的假设。系统 GMM 估计的有效性依赖于解释变量的滞后值作为工具变量是否有效，Sargan 检验可以识别工具变量的有效性，如果不拒绝零假设就意味着工具变量的设定是恰当的。Sargan 过度识别检验的结果显示，我们不能拒绝工具变量有效性的零假设（p 值均显著大于 0.1），这说明了模型设定的合理性和工具变量的有效性。检验结果表明，货币供应量与通货膨胀的相关性已经变得越来越弱，这进一步证实近年来各新兴与转型经济体以货币供应量为目标、以货币数量作为传导主渠道的货币政策框架发生变化的客观必然性。

二、货币数量还是利率传导：基础货币的视角

基础货币①是整个银行体系信用扩张的基础。通常地，中央银行直接对基础货币进行调节，这是整个货币政策操作的基础。一般的，对基础货币的调控可分为数量调控和价格调控两种方式：通过控制基础货币市场②上的基础货币数量（即存款准备金的规模）来影响商业银行体系的放贷能力，就是基础货币的数量调控方式；基础货币价格调控则是指中央银行通过影响基础货币市场（银行间市场）利率，进而引导商业银行及微观经济主体的财务成本和预期，从而将货币政策传导到国民经济各个领域。关于货币政策操作方式的选择，在理论发展和政策实践中，都存在着数量调控与价格调控的争论。然而无论是选择哪一种调控，货币政策都是先作用于基础货币，然后再通过不同的方式和渠道传导出去的（伍戈、何伟，2014）③。下面我们通过梳理基础货币数量调控与价格调控的相关理论，并对比美国货币政策转型时期的实践经验，深入剖析我国商业银行同业业务扩张促使基础货币数量调控效力逐步下降、价格调控效力增强的具体机理。

（一）基础货币的数量与价格：货币政策操作的理论基础

1. 基础货币的数量调控理论

基础货币数量调控的理论思想萌芽于古典主义政治经济学。早在

---

① 一般地，基础货币定义为商业银行在中央银行的存款准备金和流通中的现金。

② 本章中的基础货币市场是指使用基础货币进行交易的市场，即银行间同业拆借市场；相应的，银行间市场上进行拆借的利率反映的即是基础货币的价格。

③ 伍戈、何伟：《商业银行资产负债结构与货币政策调控方式——基于同业业务的分析》，载《金融监管研究》，2014（7）。

16 世纪，威廉·配第（William Petty）在他的《货币略论》中提到，商品流通所必需的货币数量是一定的，货币数量一旦过剩，就会对国家产生危害。19 世纪 60 年代，以 Friedman 为代表的现代货币主义兴起，他主张建立稳定的货币存量增长率，即不管经济出现什么情况，都应保持稳定的增长率，以便实现合意的经济稳定。Friedman（1996）认为，使用货币供应量作为货币政策目标的具体操作程序有两个步骤：一是决定与最终物价稳定、实际经济活动等相一致的货币增长目标；二是调节银行准备金来实现相应的货币增长目标。

McCallum（1987）提出了以基础货币作为货币政策操作目标，他反对货币增长率固定不变，主张通过对基础货币的操作直接影响名义 GDP，即所谓的"麦卡勒姆规则"。随后，大量学者对该规则进行了扩展，例如 Dueker 和 Fischer（1996）认为，基础货币不仅应对名义 GDP 作出反应，同时也应对汇率作出反应，并据此建立了开放经济条件下的麦卡勒姆规则。Koivu（2009）认为，中国的基础货币供给符合麦卡勒姆规则。尽管麦卡勒姆规则问世以来在理论上取得了不少研究成果，但现实中还很少有中央银行对其直接加以运用，其原因可能是使用该规则会使短期的实际 GDP 波动性加大等。

2. 基础货币的价格调控理论

基础货币价格调控的思想大致源于费雪效应（Fisher Effect），即名义利率与通货膨胀预期存在密切关系。特别是到了 20 世纪五六十年代，凯恩斯主义者普遍认为，可通过利率调整将经济调节到期望的水平上。此时，西方中央银行也开始注重短期利率的调控，将银行间同业市场利率作为操作目标进行基础货币价格调控，进而影响长期利率和货币政策最终目标。Taylor（1993）认为，中央银行应该根据通胀和产出（就业）增长情况来调整短期利率水平，由于该泰勒规则具有简洁和稳健的特征，迅速得到了学术界和决策者们的高度重视。Greenspan

（1997）认为①，对于非预期的支出变化以及因此引起的货币需求变化，较小的利率变化便能够使货币回到稳定状态，从而对支出的偏离加以纠正。Castro（2011）构建了非线性的前瞻性 Taylor 规则，认为这可以刻画出欧洲和美国的货币政策操作。谢平、罗雄（2002）认为，泰勒规则可以作为参考尺度来衡量中国货币政策的松紧。杨英杰（2002）认为，泰勒规则可被用来评价中国货币政策效果，同时建议应将货币政策操作目标转向货币市场利率。

3. 基础货币的数量还是价格：货币政策操作的选择

基础货币的数量与价格调控孰优孰劣？中央银行在货币政策操作上究竟该如何抉择？从宏观经济学理论来看，如上一章所言，Poole（1970）认为②，当 LM 曲线较陡以及 IS 曲线较平滑时，利率规则更有效；相反，LM 曲线较平滑以及 IS 曲线较陡，货币数量规则更有效。并且，当存在货币乘数扰动时，货币数量规则将会导致更大的产出波动，此时利率规则就更有吸引力。当然，基础货币的数量调控和价格调控并不是绝对对立的，因为基础货币的数量变动也同时能够影响其价格，两者的区别主要在于中央银行更倾向于选择哪个变量作为其操作目标及哪个的最终传导效果更好。

从货币政策操作的实践来看，基础货币的数量与价格调控要充分发挥作用的条件是不尽相同的。基础货币的数量调控的顺利开展，往往需要具备的条件是：中央银行能够有效地控制基础货币规模，基础货币与货币供应量之间（进而与物价和产出）有着密切的关系等（尹继志，2008）。相比而言，基础货币的价格调控奏效的条件则是需要金融市场的参与者对利率信号反应相对敏感，且利率传导机制畅通等。

---

① Greenspan, Alan. *Remarks at the 15th Anniversary Conference of the Center for Economic Policy Research*, Stanford University, Mimeo, September 5, 1997.

② Poole, W. *Optimal Choice of Monetary Policy Instrument in a Simple Stochastic Macro Model*, Quarterly Journal of Economics, 1970, 84 (2), 197 – 216.

但无论是基础货币的数量调控还是价格调控，都受到关键环节中商业银行的行为及其资产负债结构的影响。例如，商业银行负债方的金融创新可能超出存款准备金管理范围，使得基础货币数量管理大打折扣；而如果商业银行的金融市场参与度不高，对金融市场利率信号反应不敏感，那么基础货币的价格调控就很难顺利传导（见图6.2）。

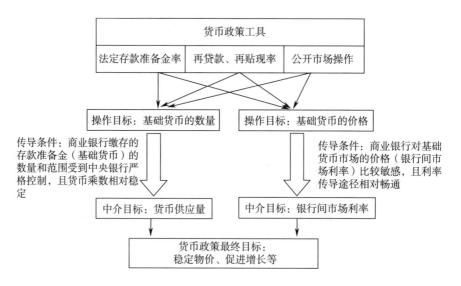

来源：笔者自行整理绘制。

图6.2　基础货币数量和价格调控及其商业银行的作用

（二）商业银行资产负债结构与中央银行基础货币调控：美国案例

从20世纪70年代开始，美国的货币政策操作逐步从基础货币的数量调控转向价格调控。研究这段时期的历史，对于我国中央银行基础货币调控方式的选择具有重要借鉴意义。当时，美国货币市场基金等产品创新快速发展，商业银行存款大幅分流，金融脱媒程度不断加剧，存贷利差显著缩小。在此背景下，商业银行开始主动调整资产负债结构来谋求新的利润增长点，主要表现在同业负债大幅扩张，高收益资产配置增加等方面①。

1. 商业银行资产负债结构变化情况

（1）负债方：同业负债占比明显上升，存款占比明显下降（见图6.3）。具体的，1973～1993年存款类金融机构的同业负债规模大幅增长，占总负债的比例从9.4%提高至14.9%，年平均增速达14.6%，高于存款平均增速6.2个百分点②；存款占总负债的比例从1973年的87.3%下降到1993年的76.5%。

（2）资产方：同业资产明显增长，高风险产品配置大幅增加。具体的，1973～1993年存款类金融机构的同业资产占比从3.1%提高至4.6%（见图6.4）；现金资产占比从12%降至6.7%。尽管证券类资产总体占比没有明显变化，但其内部配置结构发生了明显的改变，高风险收益类的债券从占比21.6%增至60.7%③，可见其风险偏好显著增强。

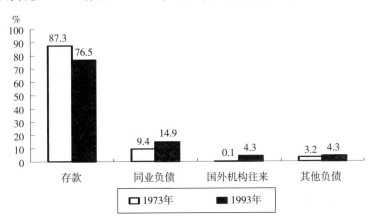

来源：笔者根据 CEIC 数据整理绘制。

图6.3　存款类金融机构负债结构（美国）

① 鉴于数据的可得性，本章对商业银行资产负债的有关分析仅局限于表内业务。
② 根据美联储数据整理计算。
③ 根据美联储数据整理计算。

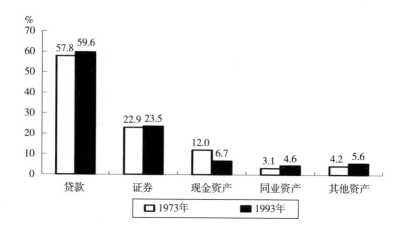

来源：笔者根据 CEIC 数据整理绘制。

图 6.4　存款类金融机构资产结构（美国）

2. 对中央银行基础货币数量和价格调控的影响

（1）基础货币数量调控的效力逐步减弱

上述商业银行资产负债行为的变化对当时美联储的基础货币数量调控带来了挑战，其主要体现在对其存款准备金制度的冲击方面。美联储 1969 年规定商业银行从事回购协议交易形成的资金来源不受法定存款准备金的限制，因此商业银行越来越多地通过同业回购市场借入资金以拓展资产规模。此后，新的可以规避存款准备金要求的同业金融创新业务也不断出现，如欧洲美元借款①、非成员银行借款等。相应地，金融机构之间的界限日益模糊，美联储成员银行迅速下降，存款从成员银行向非成员银行转移。在此情形下，美联储也采取了一些旨在强化基础货币管理的手段，例如，1972 年规定全国的法定存款准备金率由美联储统一制定；1980 年出台《存款机构放松管制和货币控制

---

① 欧洲美元借款是指美国的银行通过其分支机构从欧洲的借款。

法》规定，法定存款准备金要求应适用于交易存款、储蓄存款、非个人定期存款和某些欧洲货币负债等（张爱红，2007）。尽管如此，美联储对基础货币数量及其信用扩张的总体控制能力仍逐步下降。

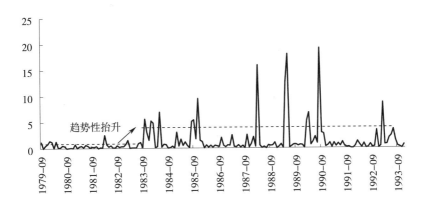

来源：根据 WIND 数据计算绘制。

图 6.5 商业银行同业业务的利率弹性（美国）

（2）基础货币价格调控的效力逐步增强

商业银行在银行间市场的同业业务快速增长，使其更加依赖银行间市场的同业资金，从而对银行间市场利率（基础货币价格）变得更加敏感。这主要表现在同业业务的利率弹性在波动中逐步增强（见图6.5)①。此外，短期利率与长期利率的关系也逐渐趋于密切，美联储通过短期利率影响长期利率进而调控宏观经济变量的效力逐步上升。综上所述，随着美国基础货币数量管理效力下降，且商业银行对银行间

---

① 此处定义的商业银行同业业务利率弹性指的是，同业业务规模的变动率与银行间市场加权平均利率变动率的比值（绝对值），也就是说，弹性 = $\left| \dfrac{\Delta（同业资产＋同业负债）/（同业资产＋同业负债）}{\Delta 加权平均月利率/加权平均月利率} \right|$。当然，该指标并不是唯一且能完全表示整个利率传导方式效率/效果的衡量指标，因为完整的利率传导方式效果既应包括商业银行同业业务对银行间市场利率的敏感程度，也应包括银行间市场短期利率向各类长期贷款利率的传导等一系列过程的效果，但后者不是此处着重探讨的范畴。

市场价格的敏感性有所增强等一系列变化，1993 年美联储不得不最终
放弃基础货币的数量调控方式，开始实施以基础货币价格为操作目标
的货币政策体系。[1]

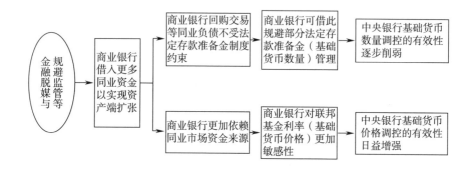

来源：笔者自行整理绘制。

**图6.6 商业银行资产负债结构变化对中央银行
基础货币调控的影响（美国）**

（三）商业银行资产负债结构与中央银行基础货币调控：中国实践

1. 商业银行资产负债结构变化趋势

近年来，我国商业银行的资产负债结构呈现出许多与 20 世纪 70
年代以来美国类似的变化，主要表现在同业业务的增长以及风险偏好
增强等方面。现阶段，同业业务在我国商业银行经营中扮演着越来越
重要的角色，已经成为其主动负债以实现资产扩张的重要手段。下面
我们以 2006～2013 年的数据为例进行分析：

（1）负债方：同业负债占比较快上升，存款占比明显下降（见图

---

① 有观点认为，20 世纪 70 年代美国商业银行同业业务利率弹性较低或与其宏观经济的滞
胀等因素有关，对此笔者查找了不少历史文献，但遗憾的是，我们似乎并没有找到宏观变量（如
滞胀）与商业银行同业业务利率弹性之间联系的文献。但这或许是未来可以继续探索的领域。

6.7）。2006～2013年，存款类金融机构同业负债规模大幅增长，占总负债的比例从7.7%显著提高至12.1%，年平均增速达29.8%，高于存款平均增速12.4个百分点①；而存款占总负债的比例从73.7%下行至66.4%。同时，从同业负债的期限来看，超短期资金的量逐步增加，也就是说，对接同业资产的负债越来越多的是超短期资金。

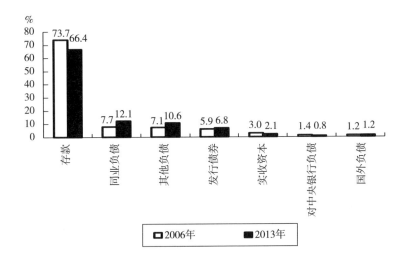

来源：笔者根据 Wind 数据整理绘制。

图6.7 存款类金融机构负债结构（中国）

（2）资产方：同业资产占比显著提高，期限错配有所加剧（见图6.8）。2006年以来，存款类金融机构同业资产在总资产中的占比从12.1%显著提高至21.8%；贷款占比有所降低，从54.3%下降到52.2%。与此同时，商业银行还主动降低了中央银行、政府等低收益债券的配置：政府债券占比从5.1%下降到4.1%，对中央银行债权的占比从7.2%下降到0.7%。由此可见，商业银行风险偏好明显增强，

---

① 根据人民银行公布的有关其他存款性金融公司报表数据整理计算。

久期错配程度过大的银行必然面临着较大的短期融资压力①。

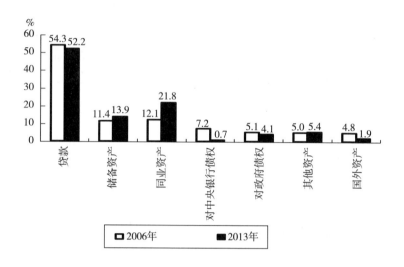

来源：笔者根据 Wind 数据整理绘制。

图6.8　存款类金融机构资产结构（中国）

2. 对中央银行基础货币数量和价格调控的影响

（1）基础货币数量调控的效力逐步弱化

由于现阶段我国同业存款大都不计提法定存款准备金，其大幅扩张势必减少法定存款准备金的缴存范围和规模，商业银行"可动用"的资金则会相应的增加。例如，2013 年 12 月末我国商业银行同业存款余额为 33.3 万亿元，如按存款准备金率 20% 粗略测算，则大约可"少缴纳"存款准备金 6.66 万亿元。如果同业存款的规模持续扩大，则可能进一步加大中央银行基础货币数量调控的难度。另外值得一

----

① 以 XY 银行为例，2013 年末同业资产规模达 1.07 亿元，占总资产的比重为 29.1%，同业负债占总负债的比重从 2009 年末的 22.4% 提升到 2013 年末的 31.8%。但其同业负债资金大多为短期资金，对接的同业资产中期限较长的买入返售资产占比高达 86%（笔者根据该上市银行年报计算得出）。

提的是，商业银行通过同业资产业务发放的"类贷款"期限往往相对较长，而同业负债资金期限往往很短，存在着期限错配的风险。"类贷款"量越大，期限错配越严重，越容易导致银行间市场利率高度波动。基于维护金融市场稳定的目的，如果中央银行"适应性"地被动在银行间市场供给基础货币，其数量调控的效力客观上可能被进一步弱化。

（2）基础货币价格调控的作用逐步增强

2007 年以来，我国银行间市场同业拆借规模逐渐上升。2013 年交易规模达到 35.5 万亿元，比 2007 年增长 233.5%。商业银行同业资产和负债快速增长使得其对银行间市场的依赖性显著增强，对银行间市场各种利率（基础货币价格）变得更加敏感。与美国当年相似，同业负债和同业资产对利率的弹性也在波动中逐渐增强（见图 6.9）。

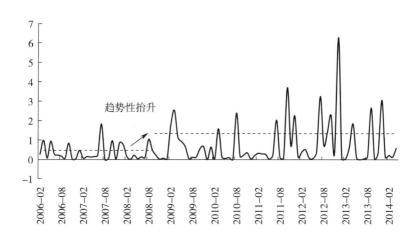

来源：笔者根据 WIND 数据计算绘制。

图 6.9　商业银行同业业务的利率弹性（中国）

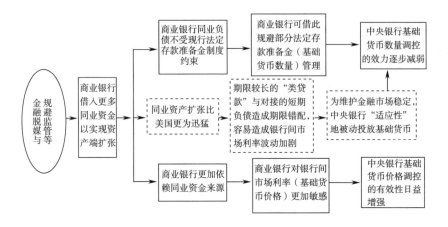

来源：笔者自行整理绘制。

图6.10　商业银行资产负债结构变化对中央银行基础货币调控的影响（中国）

三、小结

　　20世纪70年代以来，各主要经济体的货币流通速度都发生了不规则变化，货币供应量不再是货币政策可靠的"向导"和主要传导途径。我们着重考察了亚洲新兴经济体、拉美新兴经济体、中东欧转型国家以及中国的货币流通速度的变动趋势，这些经济体的货币流通速度变化基本上是不稳定且逐年降低的。此外，货币数量与通货膨胀的相关性检验结果表明，货币供应量与通货膨胀的相关性已经变得越来越弱，这进一步证实近年来各新兴市场与转型经济体以货币供应量为目标、以货币数量作为传导主渠道的货币政策框架发生变化的客观必然性。

　　在系统梳理有关基础货币数量和价格调控理论的基础上，我们进一步考察了美国货币政策转型期间，商业银行行为和资产负债结构变化及对中央银行基础货币调控的影响，并结合当前我国商业银行资产负债结构变化的现实趋势，着重分析了这些变化对我国中央银行基础货币数量与价格调控产生影响的具体机理。基本结论及政策建议如下：

一是近年来我国商业银行行为呈现出与美国 20 世纪 70 年代后颇为相似的特征。受金融脱媒以及资本约束增强等诸多因素的影响，中美两国商业银行都表现出较强的风险偏好，通过银行间市场主动负债以实现资产端的扩张。但是相比而言，在样本考察期内，我国商业银行似乎具有更强的风险偏好，同业业务扩张更为迅猛。这可能是由于我国地方融资平台等部门对利率敏感性不强且存在隐性担保、刚性兑付等机制，资产端"高收益"项目的诱惑会部分扭曲商业银行行为，加上前期扩张性宏观经济政策逐步回归常态，加大了"类贷款"的同业业务扩张。

二是商业银行资产负债结构变化特别是同业创新业务发展使调控基础货币数量的效果逐步减弱，调控基础货币价格的效力增强。具体机理主要表现为：负债方的同业业务可在一定程度上突破存款准备金缴存范围，其期限错配也可能导致中央银行基础货币数量调控效力逐步下降。与此同时，同业业务的快速扩张使得商业银行更加依赖同业市场资金，其对基础货币市场利率的弹性趋势性提升，基础货币价格调控的效力逐步增强。

三是建议现阶段我们应充分借鉴国际经验①。一方面加强我国基础货币的统计监测和数量管理，逐步完善优化存款准备金管理范畴，增强基础货币数量调控的效力②；另一方面，也应看到同业业务规模的扩

---

① 从国际上对美国货币政策转型分析的有关文献来看，总体评价还是比较正面的：美联储货币政策转型过程中，美国通货膨胀保持相对稳定，经济增长良好等。但 Bindseil（2004）却认为，美联储货币政策实施策略在 20 世纪兜了一个"大圈子"。我们认为，美国等国际经验不是完美的，也不一定就适合中国的情况，但其确实给我们中国提供了较好的历史素材和借鉴，关键是如何将其经验与我国现实国情相结合。

② 国际经验表明，货币政策转型是一个较长的历史过程，因为市场利率体系的培育以及微观主体对利率敏感性的增强往往需要一定的时间。但在此过程中，货币政策不能没有"锚"，也就是说，在向价格型转型的过程中，货币政策的数量框架不能立即放弃，货币政策仍需要一个合适的中间数量目标，例如可考虑经过修正之后的 M2 或 M3 等，在此基础上逐步转向价格型调控，从而确保转型期间宏观货币环境的稳定。

大对我国基础货币数量调控向价格调控转型具有积极的作用。在逐步
规范商业银行同业业务的同时①，应积极支持金融机构加快推进资产证
券化业务发展，稳步推进并完善银行间同业存单业务，提高银行资产
负债管理的标准化和透明度。同时，应进一步加快金融市场发展，丰
富债券等产品的期限结构，畅通利率传导机制，使基础货币市场利率
能够真正发挥引导其他利率品种的作用，为货币政策框架由数量型向
价格型的稳步转变创造条件。

---

① 2014 年 5 月，中国人民银行联合中国银监会、中国证监会、中国保监会等发布的《关于
规范金融机构同业业务的通知》（银发〔2014〕127 号）逐项界定并规范了各项同业业务，并要
求银行针对不同类型同业业务实施分类管理，从业务属性上对商业银行非标资产（"类贷款"）业
务开展根源性监管。这是在促进同业业务规范化方向上迈出的重要一步。

第七章　货币数量与利率传导 II：价格型传导的实效

理论上，在一个完善的金融体系中，由于市场充分竞争和价格完全自由化，微观经济主体对利率（尤其是实际利率）会十分敏感，并以此调整自身的各项经济行为。利率已经成为成熟市场经济体金融调控的主要手段。对于利率尚未完全市场化的处于转型期的中国，利率究竟能在宏观经济中发挥什么样的作用呢？传统理念认为，对于资金供给方而言，中国的广大储户仍缺乏多元化金融投资的渠道，往往将商业银行作为资金"保险柜"，对利率不甚敏感；对于资金需求方而言，数量型调控手段的存在等使得企业等微观主体的实际资金需求难以真实反映。这些理念是否符合中国的现实？众所周知，按照"先外币、后本币；先贷款、后存款；先长期、大额，后短期、小额"的改革思路，我国的利率市场化已经取得长足进展。在这种现实背景下，利率政策是否能有效地发挥宏观经济调节作用？本章将围绕上述利率（尤其是实际利率）与宏观经济的若干关系、利率传导的实际效果等进行探讨。

一、宏观经济对利率的敏感性：典型事实

记得一位经济学家说过："在经济学家常用的数量、逻辑与历史三种分析工具中，如果要让他舍弃一个，他会去掉数量；再让他放弃一

个，他会去掉逻辑。无论如何，他要保留历史。[1]"从笔者个人的偏好
看，我们也认同这种选择理念。因此，与传统研究方法不同的是，本
节将主要采用典型事实法展开分析，暂不引入复杂的经济理论模型和
定量检验，而是本着"用数据事实说话"的基本研究理念，尝试从众
多的历史数据中提取一些典型的事实特征，找寻现阶段中国的实际利
率与宏观经济重要变量之间的有机联系和潜在规律，为下一步更严谨
的定量研究奠定基础（伍戈，2010）[2]。事实上，计量模型的各项前提
假设和检验结果最终也必须符合或解释这些典型事实，否则定量研究
会丧失其说服力和现实意义。在具体论述上，我们将采取"两分法"，
即分别从货币金融和实体经济两方面展开分析。[3]

（一）实际利率与货币金融指标

1. 存款总量变化与实际利率的同步性较强[4]。通过观察图 7.1 的
典型事实，可以看到一个有趣的现象，即大致从 2003 年开始，中国
的实际利率与储蓄存款同比增速之间有着较强的同步趋势。该事实
似乎改变了传统的理念，意味着近年来随着投资理念强化，居民和
企业存款对实际利率的敏感性可能正不断增强。例如，在实际利率
持续下行且为负的时期，存款增速显著下滑，存在明显的"存款搬
家"现象。[5]

----

① 详见米尔顿·弗里德曼、安娜·雅各布森·施瓦茨：《美国货币史》，北京：北京大学出
版社，2009。
② 详见伍戈：《实际利率与宏观经济：中国的若干典型特征》，载《国际经济评论》，2010
(6)。
③ 笔者感谢郑敏闽女士、曹红钢先生在本节数据更新方面提供的帮助。
④ 为了简便，本节选用 1 年期存款利率与 CPI 同比增速之差作为实际利率的典型代表。
当然，实际利率还有其他多种测度方式（例如贷款利率与 PPI 增速之差等）。但基于各种实际
利率的趋势之间存在较强的相关性，本节不一一展开详述。
⑤ 值得关注的是，从 2014 年开始两者的同步性似乎有所减弱。基于目前时间序列的有限
性，该现象有待进一步跟踪和分析。

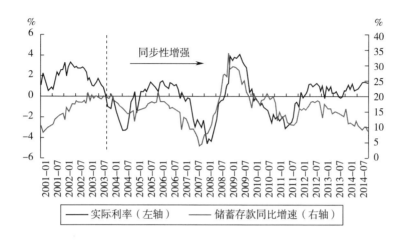

来源：根据 CEIC 数据计算整理。

图 7.1 实际利率与储蓄存款

2. 居民流动性偏好与实际利率呈现出较强反向变动趋势。除了对上述存款总量的分析外，实际利率变化也会对存款的内部结构产生影响。例如，我们用居民活期储蓄存款占居民储蓄存款总余额来表示居民流动性偏好，可得到一些有趣的结果（陈光磊，2010）。当居民储蓄由银行存款转向其他资产配置渠道时，往往都会经历一个活期存款占比上升以利于储蓄转移的资金"活化"过程。例如，从图 7.2 的走势来看，居民流动性偏好不断增强很可能与实际利率走低相关（如 2006～2008 年、2010～2011 年等）。

3. 消费贷款与实际利率同比增速呈现反方向变动趋势。如图 7.3 所示，近十年来，实际利率可能是影响居民消费信贷行为的一个重要因素，其中住房抵押贷款体现得尤其明显。①

---

① 值得一提的是，2009 年前后一段时间，消费贷款与实际利率等的关系似乎有些例外，这可能与国际金融危机期间的预期扰动冲击等因素有关。

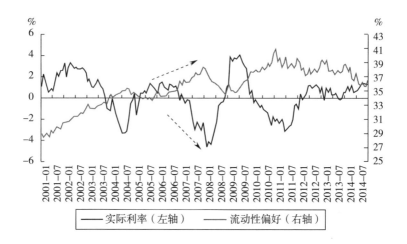

来源：根据 CEIC 数据计算整理。

图 7.2　实际利率与居民流动性偏好

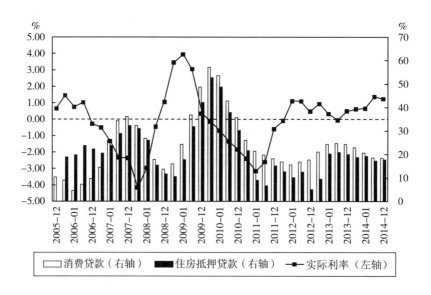

来源：根据 CEIC 数据计算整理。

图 7.3　实际利率与消费贷款同比增速

（二）实际利率与实体经济指标

1. 宏观经济周期与实际利率存在着明显负相关变动趋势。这符合一般经济学逻辑，即当实际利率走低，微观主体的投资、消费等的资金成本下降，经济行为往往会趋向活跃，宏观经济景气程度上升，产出缺口势必随之扩大（见图 7.4）。值得一提的是，从长期来看，如果能进一步从实证上论证实际利率与产出缺口存在某种稳定关系，那么就有可能说明中国式"泰勒规则"的存在。

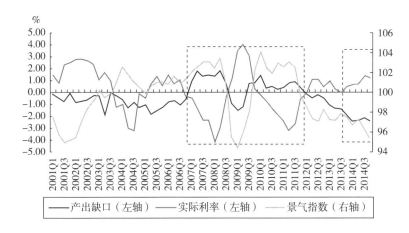

注：产出缺口 =（实际产出 − 潜在产出）/潜在产出，此数据为笔者根据 IMF WEO 数据库数据测算；景气指数采用的是国家统计局的宏观经济景气指数（一致性指数）。

来源：根据 CEIC 和 IMF 数据计算整理。

图 7.4　实际利率与经济周期

2. 房地产市场景气程度与实际利率似乎密切相关。近年来，我国的实际利率与住房价格之间有较强的负相关关系（见图 7.5）。房价较快上涨往往发生在实际利率持续走低时期。当然，影响房价的并不仅仅是利率。

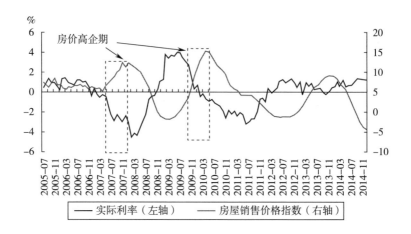

注：房屋销售价格指数采用的是国家统计局全国 70 个大中城市房屋销售价格指数(上年＝100)。

来源：根据 CEIC 数据计算整理。

图 7.5　实际利率与房屋销售价格指数

（三）若干启示

一是利率（尤其是实际利率）已成为转型经济中不容忽视的重要经济变量。通过上述典型特征的分析，我们看到，尽管利率市场化进程尚未结束，但作为资金的实际成本，利率与宏观经济许多重要变量之间日益呈现出较强的规律性特征。诚然，尽管上文确实能发现若干典型事实，但实际利率与其他重要经济变量的联系仍有待进一步考察。特别的，相关关系并不意味着一定有着因果关系（高善文，2010），其真实性和稳定性也需要未来更加严格的计量方法来检验。

二是利率政策在宏观调控中的作用不可或缺。尽管目前我国宏观经济调控中数量型工具以及宏观审慎政策仍较多使用，但若在未来政策工具组合中更多地采用利率等价格型工具会取得更好的效果。特别的，多个宏观政策目标往往需要依托多个政策工具的搭配来实现，这或许也符合传统"丁伯根原则"的基本理念。

三是利率市场化步伐不宜放缓。金融是现代经济的核心，利率市场化既是整个经济体制改革的一个有机组成部分；作为资源配置的利器，它又会反过来促进攻坚领域的改革，如投融资体制、垄断行业与国有企业改革等。目前我国金融市场和银行体系改革取得历史性突破，存款保险制度正逐步建立并不断完善，束缚利率市场化改革的因素逐步减少。应抓住有利时机，继续稳步推进有关改革。

二、中央银行的利率调控与利率传导

正如上文所言，利率市场化是当前各方面热切关注的一个重要课题。对如何积极稳妥地推动利率市场化需要进行全面、扎实的理论和实证分析。从某种程度上看，近年来我国的金融宏观调控和利率体系可以用两个"双轨"来概括：一是利率体系上管制利率（或存贷款基准利率）和市场化利率并存①；二是货币政策框架上价格型调控和数量型调控并存，同时强调完善宏观审慎政策框架。这两者背后的逻辑是共通和一致的，就是价格型调控手段和必要的数量型调控手段共同作用并相互依存。从未来的发展方向来看，金融宏观调控会向更加突出价格型调控的方向逐步转变，同时也会进一步完善宏观审慎政策框架，丰富和补充金融宏观调控的工具和手段。在这个过程中，深入研究有关利率市场化、中央银行的利率调控和引导机制具有重要意义。当前利率市场化已取得显著进展，利率市场化的程度实际上要超出不少人的主观想象。不过在逐步强化价格型调控的过程中，还面临着多

---

① 值得一提的是，2015年10月23日，人民银行宣布对商业银行和农村合作金融机构等不再设置存款利率浮动上限，但在一段时期内人民银行将继续公布存贷款基准利率。在市场供求决定的利率形成机制完全建立前，人民银行公布的存贷款基准利率仍可为金融机构利率定价提供重要参考。

个方面的重要工作。例如，需要进一步培育市场基准利率体系，形成完整、有效的市场收益率曲线，为金融产品定价提供参考；需要发展替代性产品，通过增量发展推动存量改革；需要完善中央银行利率调控体系，建立中央银行市场化的利率调节和传导机制；需要加快配套性改革措施，加强行业自律，实现利率市场化的稳步、顺利推进。显然，上述不同工作之间是相互联系、互相促动的。

本节主要关注中央银行的利率调控体系建设和市场化调控能力。基于这一目的，从实证研究的角度看，我们至少需要厘清几个具体问题：第一，现有的主要市场化利率能否根据经济运行和物价变化及时作出相应的调整，或者说，市场化利率能否灵敏反映经济和物价变化。这也可以部分反映出中央银行引导市场化利率的能力以及金融机构是否具有较为理性的定价功能。第二，需要观察和评估不同利率品种在敏感度上的差异，观察哪些利率品种在反映经济变化和引导其他利率变化上较为显著，并分析其中的机理。第三，在解决前两个问题的基础上，需要研究中央银行不同货币政策工具对市场化利率的边际影响，评估中央银行是否能够有效引导货币市场利率走势。第四，在回答前述问题之后，还需要进一步评估现有的利率水平是否到位，这实际上就是要研究和估算均衡利率（自然利率）水平。从逻辑上讲，如果实际利率系统性偏离（低于）均衡利率（自然利率）水平，那么利率市场化就会经历一个实际利率水平相对抬升的过程。若上述环节都能有效发挥作用，且实际利率达到均衡利率水平要求后，还是难以完全实现价格型调控，那么就可能说明微观主体财务硬约束还有问题，经济运行机制和产权安排还未完全实现市场化。这样就需要在一定程度上继续依靠数量型调控发挥作用。因此，数量型调控在确保利率市场化和价格型调控稳步推进中仍可能发挥重要作用。当然，随着金融市场发展和价格型调控作用逐步增强，数量型调控的难度也会相应增大，其有效性会受到一定影响。

上述问题在逻辑上紧密关联。从现有研究文献看，对其中一些问题已产生部分研究成果，尤其是近些年来对泰勒规则及其在中国适用性问题的研究相对较多（如谢平和罗雄，2002；陆军和钟丹，2003；卞志村，2006；人行营管部课题组，2009；郑挺国，2011），对自然利率问题也有一些研究（如邓创，2005；石柱鲜，2006）。但较为全面地分析和评估中央银行利率调控能力，对下一阶段完善中央银行利率调控机制的研究还比较少。本节试图在回顾现有研究文献的基础上，就上述逻辑互联的系列问题给出一个基本的分析框架和简单回答。为便于理解和检验，我们尽量选择直观、简单但又不失严谨的计量方法。我们分三部分完成上述工作。第一部分从分析数量型调控和价格型调控双轨调控模式的逻辑特征和基本属性入手，比较数量和价格两种信号对经济和物价形势反应灵敏度及其变化，着力回答上述第一个问题；第二部分则观察中央银行主要政策工具对市场化利率的影响和引导能力，进而分析有关均衡利率问题；第三部分对利率市场化的影响进行初步测算，然后分析进一步完善中央银行利率调控机制的策略和方法，并给出一些政策建议。

（一）双轨调控模式及其有效性的变化

目前我国实行数量型调控和价格型调控相结合的金融宏观调控模式，并着力完善宏观审慎政策框架。数量型调控和价格型调控这两种调控方式是并存和相互依赖的。一方面，价格型调控的功能逐步增强，但还需要借助数量型手段给予补充和强化。另一方面，数量型手段也需要价格型调控的配合，因为若利率水平偏离均衡太远，数量型调控的难度也会增大，有效性会受到影响[1]。着眼未来，随着市场化程度不断深化，金融发展和金融创新日益丰富，数量型调控面临的挑战可能

---

[1]　我们将在第十二章的专栏 7 中更详细地讨论有关机理。

会越来越大。因此，价格型调控和数量型调控并重的双轨调控模式并不是一个稳态架构，最终需要有一个"并轨"的过程，会内生出推动向其中一轨靠拢的力量，由此促使金融宏观调控逐步由以数量型调控为主向以价格型调控为主的转变。

我们可以通过比较数量指标（货币供应量）与价格指标（货币市场利率）分别对经济增长和物价变化的反应程度来说明上述转变的内在逻辑。这种比较实际上也是对不同货币政策规则的描述：看哪一种货币政策规则更为显著。理论上讲，由于中央银行的主要职责是保持经济运行和物价水平的基本稳定，并据此调节货币供给总量或利率水平，因此货币供应量和利率水平应当能够对经济增长和通胀变化及时作出反应。从数量型货币政策看，有代表性的是麦卡勒姆规则（McMallum，1988），其基本思想脱胎于费雪方程式 $MV = PY$。若假定货币流通速度不变，$MV = PY$ 可以推导为 $\Delta M/M = \Delta P/P + \Delta Y/Y$，这意味着货币供应量 M 增速应当与实际产出 Y 和价格水平 P 的增速有很高的相关关系。为进行验证，我们以年度 M2 增速为被解释变量，以 GDP 增速和 CPI 为解释变量做最小二乘回归。结果显示，在选择 1991～2011 年为样本区间时，GDP 增速和 CPI 都通过显著性检验（相伴概率分别为 0.0156 和 0.0000），模型拟合优度达到 0.83，这表明 M2 与经济增长和物价变化之间总体上有较高的相关关系。不过，一旦进行分段检验后情况就会变化。当样本区间缩小为 1991～2001 年的较早时期，虽然样本点明显减少，但 GDP 增速和 CPI 显著性都有进一步的提高（相伴概率分别为 0.0002 和 0.0000），模型拟合优度上升到 0.95。而在以 2001～2011 年作为样本区间的阶段，GDP 增速和 CPI 完全通不过显著性检验（相伴概率分别为 0.95 和 0.96），拟合优度也下降到 0.001，几乎已看不出有相关关系。

显然，随着市场化发展和金融创新加快，作为主要数量型指标，货币供给量的信号显示意义有所下降，作为中介目标与最终目标的相关性也在降低①。这一点从 M2、M1 对物价预测的准确性上也能明显表现出来。为进一步说明问题，我们分别使用 M1、M2 和 M2＋同比增速来预测同比 CPI 的变化。之所以引入 M2＋，主要是考虑到随着金融产品不断发展，M2 统计口径的准确性有所下降，需要有一个包含更多内容的货币统计口径。M2＋是将所有存款性公司资产都计入货币统计，其中不仅包括现有广义货币 M2 统计中的全部内容（流通中现金、活期存款、定期存款、储蓄存款和其他存款），还有 M2 统计中没有包括的部分，如不纳入广义货币 M2 的存款、债券及实收资本等，因此在一定程度上可以更全面地衡量货币总量。我们建立普通线性回归方程，分别对三种口径的货币供应量增速与 CPI 之间进行回归分析。结果显示，M1 对滞后 6 个月的 CPI 预测效果最好，M2 和 M2＋则分别对滞后 11 个月和 7 个月的 CPI 预测效果最好。但比较而言，货币增速对 CPI 的预测效果可明显分为几个阶段：第一阶段大致在 2007 年上半年之前，这一阶段 M1、M2 和 M2＋都可以较好地预测 CPI 变化，三者与 CPI 的相关系数分别达到 0.82、0.81 和 0.53。第二阶段是在 2007 年下半年至 2009 年上半年期间。2007 年下半年之后 M2 增速在预测 CPI 变化中的准确性明显下降，两者之间基本上已没有相关关系（相关系数仅为 0.02）。但这一阶段 M1 和 M2＋仍保持了较好的预测能力，特别是 M1 的预测能力较强，其中 M2＋预测值与实际 CPI 的相关性为 0.65，而 M1 的预测值与实际 CPI 的相关系数高达 0.97。值得注意的是，上述情况在 2010 年 7 月之后开始发生变化。应对国际金融危机各项措施很快发挥作用、CPI 开始由降转升之后，各口径货币增速对 CPI 的预测偏差开始显著增大。特别是之前 M1 在预测 CPI 方面效果最好，但在 2009 年 7 月之后其预测值与实际 CPI 的偏差却变得最大（伍戈、李斌，

---

① 我们在第六章有所论述。

2012)①。目前看各口径货币供应量在预期物价变化方面的效果都已出现明显下降，已难以借助货币供给量的变化准确预期物价走势。

在传统数量型中介目标信号显示意义明显降低的情况下，需要我们考虑价格型指标的反应能力和指示作用。我们可以借助类似泰勒规则的方法来研究这一问题。也就是观察中央银行能否根据产出和物价变化对利率水平进行相应调节，或者说，利率水平能否对产出和物价水平变化作出及时反应。

泰勒规则由泰勒（Taylor）在 1993 年提出，其基本形式是联邦基金利率关于两个变量（产出缺口、通货膨胀与其目标值的偏差）的等式。表示为

$$i_t = \tilde{r} + \tilde{\pi}_t + \beta(\tilde{\pi}_t - \pi^*) + p\tilde{y}_t \tag{7.1}$$

其中，i_t 为联邦基金利率，$\tilde{r}$ 为长期均衡实际利率，$\tilde{\pi}_t$ 为前四季度的平均通胀率，π^* 为中央银行的目标通胀水平，$\tilde{y}_t$ 为产出缺口。如果中央银行采用上述规则，那么货币政策操作相应有了一个承诺约束机制，有利于避免动态不一致问题。泰勒规则对之后的研究产生了相当大的影响。很多学者都对泰勒规则进行了延伸、拓展和修正，以试图更好地模拟和发现现实中的货币政策规则。总体来看，这些拓展主要体现在以下几个方面：

一是引入利率平滑（如 King，2000）。这主要是考虑到货币政策具有惯性，实际的利率调整一般都是比较平滑的，以防止利率大幅变动可能带来的冲击。在数学表达上利率平滑一般通过引入利率滞后项来完成。即

$$i_t = \tilde{r} + \tilde{\pi}_t + \beta(\tilde{\pi}_t - \pi^*) + p\tilde{y}_t + y_{t-i}^i \tag{7.2}$$

---

① 笔者曾对此现象进行过剖析。请详见伍戈、李斌：《论货币与通胀关系的背离》，载《投资研究》，2012（4）。

二是引入前瞻型规则（如 Clarida, Gali & Gertler, 1999, 2000）。这主要是考虑中央银行的利率调整可能是基于对未来产出或通胀形势的预判，政策上具有前瞻性，需要将此纳入公式进行考察。即将公式中通胀和产出缺口变化用预期值替代。不过，对预期的衡量存在难度。一些经济学家（如 Rudebusch & Wu, 2003）利用国债收益率数据，从中解构出金融市场反映出的中长期通胀预期。

三是研究开放经济下的泰勒规则。如 Ball（1999）指出，在开放经济中应采用包含汇率因素的货币条件指数（MCI）来代替利率作为货币政策指标。当然这种做法的一个难点是如何确定货币条件指数中的权重，并且对于实行自由浮动汇率制度的经济体，汇率水平也并非中央银行直接调节和控制的目标，而往往只是中央银行利率政策在汇率方面作出的反应而已。因此用 MCI 替代利率是否更为合理还有争议。

四是简化的泰勒规则。泰勒规则的本意在于考察利率对产出和物价的反应，因此也完全可以用更简单的方式来刻画。Orphanides（1997, 1999）就提出可以将泰勒规则表述为一个关于通胀和产出缺口的更为简化的线性函数：

$$i_t = \partial_0 + \partial_\pi \pi + \partial_y y \tag{7.3}$$

考虑到本节的研究目标，我们以简化的泰勒规则式（7.3）作为基准模型，并在此基础上尝试引入利率平滑以及预期等因素进行测算。从调控实践来看，中央银行基本能够对未来一段时期的 CPI 及 GDP 增速等作出较为准确的判断，因此可用下一期 CPI 和 GDP 实际值作为预期值引入。根据我国国情，有关市场利率我们选择两大类共 5 项指标，分别为 SHIBOR（1 天期、3 个月期和 1 年期）和质押式回购利率（1 天期、3 个月期）。在产出缺口的测算上，由于 GDP 仅有季度数据，为提高数据频度，我们采用月度发电量数据经 X12 季节调整并进行 HP 滤波后测算缺口变化，作为月度产出缺口的替代。经比较，这种处理方法与用月度工业增加值增速测算出的产出缺口基本一致，但效果还要更好一些。样本区间为 2007 年 1 月至 2015 年 9 月。

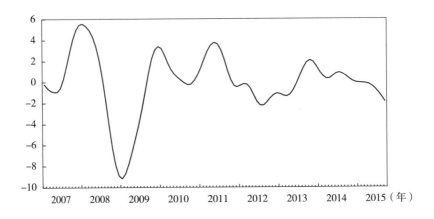

图 7.6　运用滤波方法测算出的我国产出缺口变化

对泰勒规则的计量处理目前一般采用 GMM 和 OLS 两种方法。GMM 方法有利于克服误差预期与模型信息集正交的问题，但其中工具变量选择对参数估计结果可能有明显影响，从而降低计量结果的信息含量。而 OLS 可以通过采用 Newey–West 检验方法来克服时间序列自相关所带来的 T 检验失效问题。因此我们仍然选用 OLS 方法进行计量处理。我们对不同情景进行的试算显示，市场利率对前瞻性物价变化并不显著，但对未来两期的产出缺口变化显著，同时利率滞后项也通过了显著性检验。此外，为防止市场利率中含有趋势性因素影响回归结果，我们还尝试在泰勒规则公式中添加了趋势项变量，但计量结果显示趋势性因素并不显著。这样我们最终确定的利率反应模型为

$$i_t = \partial_0 + \partial_\pi \pi_t + \partial_y y_{t+2} + \rho i_{t-1} \tag{7.4}$$

具体计量结果如下：

	SHIBOR1D	SHIBOR3M	SHIBOR1Y	REPO1D	REPO3M
截距项 ∂_0	0.621	0.172	0.090	0.616	0.416
	(0.001)	(0.077)	(0.184)	(0.001)	(0.016)
∂_π	0.056	0.025	0.019	0.056	0.046
	(0.084)	(0.119)	(0.043)	(0.085)	(0.109)
∂_y	0.018	0.046	0.040	0.018	0.045
	(0.461)	(0.000)	(0.000)	(0.455)	(0.031)
平滑系数 ρ	0.668	0.935	0.964	0.672	0.858
	(0.000)	(0.000)	(0.000)	(0.000)	(0.000)
拟合优度	0.52	0.94	0.97	0.53	0.83

注：REPO 代表银行间债券回购加权利率，括号内数字为 P 值。

对模型回归结果的分析如下：

（1）上述 5 个模型拟合优度均比较高，利用这些模型预测货币市场利率的准确性也相对较好，表明货币市场利率总体上可以较好地反映物价和产出变化。比较而言，SHIBOR（1 年期）效果最好，不但拟合优度较高（0.97），且各系数均通过显著性检验。（2）以 1 年期 SHIBOR 为例重点分析。通胀反应系数 ∂_π 和产出缺口反应系数 ∂_y 均大于零，表明 1 年期 SHIBOR 能够跟随物价上涨和产出正缺口扩大而相应上升，这符合理论上利率与经济和物价之间的应有关系。

值得注意的是，通胀反应系数（即 ∂_π）应大于 1，这样才是稳定的货币规则。这是因为只有当名义利率上升幅度超过通胀上升幅度时，实际利率才能够提升，从而起到抑制物价上涨和经济偏热的作用。反之若名义利率虽然也在提升，但跟不上物价上涨速度，实际利率就会下降，反而可能推动物价继续上涨，因此并不是稳定和趋于收敛的货币规则。由于上述模型中引入了平滑系数 ρ，这样当期政策调整的系数就会下降到 $1-\rho$，由此通胀反应系数 $\tilde{\partial}_\pi = \dfrac{\partial_\pi}{1-\rho}$。以此测算，模型中的通胀反应系数就是 0.63，小于 1。这意味着利率水平调整跟不上物价变化的幅度。国内有学者以此为据，认为我国货币政策并不符合稳定的货币规则。但我们以为，在名义利率调整跟不上物价上涨的情况下，近年来我国经济和物价总体上还取得了较好的调控效果，恰恰说明在使用价格型工具的同时数量型工具和宏观审慎手段也发挥了重要的作用，几个方面的相互配合总体上保持了货币政策框架的有效性。

综上所述，我们可以得出以下几个结论：一是我国市场利率调整基本符合类似泰勒规则的模式，主要关注物价和产出变化，且 1 年期 SHIBOR 在其中规则性最为显著；二是模型中产出反应系数明显高于通胀反应系数。货币政策对经济增长状况的关注高于对通胀变化的关注。这与近年来我国经济进入新常态，通胀水平保持平稳，而稳增长压力加大相吻合；三是名义利率调整跟不上物价涨幅，也就是说利率能够对物价和产出作出反应，但还需借助其他手段综合发挥作用来实现调控目标。

（二）货币政策工具引导与我国的均衡利率

在这部分，我们主要观察中央银行政策工具对市场化利率的影响和引导能力。我们以 3 个月期回购利率作为货币市场的一个代表性利率品种，并考察中央银行几种主要工具的边际影响。一是存款准备金率（RRR）。一般而言，提高存款准备金率，市场流动性会被抽紧，货币市场利率走高。存款准备金率是影响银行体系流动性的重要因素。二是存贷款基准利率。由于我国存贷款基准利率一般都是同幅度调整，同时引入模型可能造成共线性问题，而目前大部分贷款在基准利率之上定价，贷款基准利率约束性已明显减弱，因此我们主要考察存款基准利率（DR）的影响。三是中央银行"窗口指导"和宏观审慎政策工具。"窗口指导"及宏观审慎政策对信贷增长有引导和调节作用。从逻辑链条上看，信贷增长较快时会派生更多存款，由此银行就需要缴纳更多法定准备金，从而加快对超额准备金的消耗，减少银行体系流动性，这就可能对货币市场利率产生影响；反之，为促进信贷增长，中央银行也会适度降低货币市场利率水平，增加流动性供应。不过，"窗口指导"和宏观审慎政策难以量化引入计量模型，我们只能以货币或信贷增速来近似替代。

经过反复测算，作为"窗口指导"工具替代变量的货币无法通过显著性检验，或者说与货币市场利率无显著和稳定的关系。这样最终确定的回归模型为

$$repo3m_t = c + \partial RRR_t + \beta DR_{t-3} + \gamma LOAN_t \qquad (7.5)$$

具体回归结果如下：

	C	RRR	DR（-3）	LOAN	R^2
repo3m	1.745 (0.118)	0.176 (0.000)	0.397 (0.020)	-0.122 (0.000)	0.63

上述回归结果比较理想。各变量均显著，拟合优度为 0.63。回归显示，存款准备金率、存款基准利率以及贷款增速均对货币市场利率有显著影响。比较而言，存款基准利率（滞后 3 期）影响最为显著，存款基准利率每上升 1%，回购利率将上升 0.40 个百分点；准备金率影响次之，准备金率每上调 1 个百分点，将推动回购利率上升 0.18 个百分点；贷款增速影响再次之，每提高 1 个百分点，推动回购利率下降 0.12 个百分点。

为进一步检验货币市场利率与金融产品定价之间的关系，我们选择作为市场基准利率培育的 SHIBOR 和贷款加权平均利率进行分析。由于存贷款利率浮动区间逐步扩大，商业银行已有较大的自主定价空间，加权平均利率大致可反映贷款利率市场化定价的水平。观察图 7.7 可以看到，SHIBOR 与贷款加权平均利率两者走势高度吻合。实证检验显示，两者相关系数高达 0.91，且 SHIBOR 是贷款加权平均利率的格兰杰成因。这些检验结果显示，SHIBOR 作为市场基准利率对金融定价

已经发挥了较为重要的引导作用。从目前现实来看，SHIBOR 已成为中
国金融市场上重要的基准性利率，为拆借及回购交易、票据、短期融
资券等提供了定价参考，对浮动利率债券以及衍生产品也在发挥定价
基准的作用。

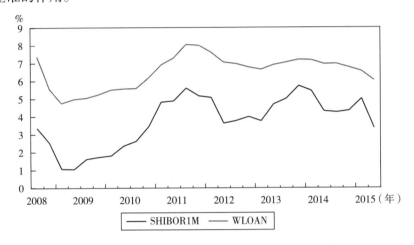

图 7.7　SHIBOR 与贷款加权平均利率走势基本吻合

　　如果说中央银行具有一定的调节和引导货币市场利率变化能力，
那么接下来须回答的问题就是：什么样的利率水平是均衡和中性的？
现有的利率处于什么样的水平，是否存在系统性的低估？一般而言，
所谓均衡利率，可理解为使价格保持稳定且对经济增长具有中性作用
的利率水平。这一思想最早起源于维克塞尔（1898）提出的"自然利
率"概念。在完全市场化的条件下，如果不借助其他手段，中央银行
就必须把利率调整至均衡实际利率水平，才能保持经济和物价的基本
稳定。因此研究均衡或中性利率问题对货币政策调控具有十分重要的
意义。不过，在现有的关于中国均衡利率问题的研究中，有两种较为
普遍的但不够准确的认识，有必要加以澄清：

　　一是不能简单地以历史数据测算出的泰勒规则来判断我国的均衡
利率水平。不少研究运用类似泰勒规则方法对中国情况进行实证研究，

并得出我国市场利率基本符合泰勒规则的结论，这与本文的研究认识是一致的。泰勒规则中只要假定产出缺口为零、物价等于预期调控目标就可得到所谓的均衡利率水平，一些研究还利用卡尔曼滤波等方法测算出动态变化的均衡利率水平。但需要注意的是，用这些方法测算出的所谓均衡利率并不一定是我国真正的均衡利率水平。这是因为我国实行价格型调控、数量型调控以及宏观审慎政策相结合的调控模式，还有来自其他部门各种调控手段的配合，多方面因素都在发挥作用，因此忽略掉多种调控手段的综合作用而只从历史利率数据中测算出的均衡利率水平可能并不准确。还应注意到，近些年来我国实际利率水平总体呈上升态势。若以贷款利率扣减 GDP 平减指数衡量实际利率，以均值简单计算，2008 年第三季度至 2015 年第三季度我国实际利率均值为 1.8%，若以 2014 年为界，前一段均值为 1.1%，而后一段均值为 4.0%，这与 2014 年以来经济下行压力和通缩压力加大有关。这也为测算中性利率水平增加了困难。此外还应注意到的是，近年来受外部需求疲弱、国内劳动年龄人口增长趋缓以及转变发展方式等因素的影响，我国潜在增长水平总体下降，但很难精确测算潜在产出的变化程度，在很大程度上需依靠实践中试探和摸索的办法来寻找新的潜在增长水平。有多种手段在发挥作用且潜在产出也在变化，使得借助历史数据测算中性或均衡利率变得较为困难。

二是不能简单地用经济增速来衡量均衡实际利率水平。例如，一些国际组织惯常以均衡实际利率应等于 GDP 增速这一标准来判断中国实际利率水平长期偏低。有一些学者也以这一标准做简单判断。实际上这种认识并不准确。若探究理论源起，将实际利率（或资本的边际回报）与经济增长率进行比较，来自于经济增长理论中"资本积累的黄金律"（Golden Rule），这一定律可以由索洛（Solow）模型或拉姆齐（Ramsey）模型推导出来。其基本逻辑是，储蓄并不是越多越好，储蓄和消费之间存在一个最优比例，在这个比例上人均消费将达到最大，从而社会福利最大。而在储蓄率达到这个最优水平时，相对应的资本边际回报（实际利率）将刚好等于人口增长率与生产率增长率之和（一般用经济增长率来替代）。或者反过来说，当实际利率等于经济增长率时，该经济体人均消费可以达到最大。相反，一个所使用资源大于其所生产资源的资本部门，对消费就没有贡献，还要通过减少消费增加储蓄的方式来弥补投资，增长理论将此称之为动态无效率状态（Barro & Sala – I – Martin，1995）。这也就是说，当经济体存在储蓄率过高、储蓄过多时，其实际均衡利率将小于经济增长率水平。

正是基于对上述理论的正确认识，Laubach& Willians（2003）给出了均衡实际利率的表达式：

$$r_t^* = cg_t + z_t \qquad (7.6)$$

其中，g_t 代表产出的中性趋势增长率，z_t 代表消费的时间偏好，我们也可以用储蓄率来反向近似替代。显然，储蓄率越高，消费率越低，均衡实际利率水平也会越低于经济增长水平。若我国继续保持高储蓄状态，实际均衡利率也会偏低于经济增长速度。接下来的一个关键问题就是能否对此做出量化分析。对此问题，何东和王红林（2011）利用49 个经济体 1973～2005 年的增长、储蓄率和 IMF（2008）提供的金融抑制指数进行了面板数据估算。结果显示，2005 年中国的实际利率较均衡实际利率大体偏低了约 3 个百分点，并据此认为目前的储蓄利率上限在现实中是约束有效的。

专栏3　探寻均衡利率

近年来，均衡利率的测算引起国内许多学者的重视，这在很大程度上是由于我国目前货币政策正逐渐从数量型调控转向价格型调控，与此同时利率市场化也正在加速推进中，于是中国利率水平会

走向何处，成为各界都关注的问题。事实上，利率市场化对各国利率走向影响存在不确定性。萨奇（1996）研究指出[1]，实行利率市场化之后，在名义利率资料比较完整的 20 个国家和地区中，有 15 个出现上涨，5 个出现下降。但 Patrick（2000）研究认为[2]，金融自由化进程过程中实际利率都有显著提升，且发展中国家的上升幅度大于发达国家。目前在国内，均衡利率的概念虽然经常被提起，但往往仅被理解为真实利率等概念。事实上，这个概念在国际上也并没有形成一致的意见（伍戈、张旭东，2014）[3]。

1. 均衡利率的定义辨析

关于均衡利率的定义有很多，研究者普遍比较认同的是 Wicksell（1936）中给出的定义，其主要是从三个角度出发：（1）均衡利率是资本的边际报酬；（2）均衡利率是使储蓄和投资相等的利率；（3）均衡利率是使物价稳定的利率。第一条是从资本需求的角度出发；第二条是要保证资本供给等于资本需求，可以理解为经济均衡的充分条件；第三条是经济达到稳定状态时一种附带的表现，可以理解为经济均衡的必要条件。这其中物价稳定的内涵有些模糊，有些学者认为是维持物价相对稳定，有些学者认为是维持恒定的通货膨胀率。

除了 Wicksell 给出的定义外，还有其他一些有影响力的定义。例如有观点认为，使得经济产出达到潜在产出的利率就是均衡利率。关于均衡利率的阐述，有时是以借贷市场的"均衡"为出发点，这时的均衡利率是一种无干扰情景下的市场出清价格，是一种

① 萨奇：《利率市场化与高利率关系的国际经验》，载《国际金融研究》，1996（1）。

② Patrick Honohan. *How Interest Rates Changed under Financial Liberalization*：*A Cross - Country Review*, Policy Research Working Paper, 2313, The World Bank, April 2000.

③ 伍戈、张旭东：《探寻中国的均衡利率——基于经济增长理论的视角》，工作论文，2014。

自然利率；有时以经济系统"均衡"为出发点，这时利率作为一种协调机制，如果使整个经济系统达到均衡，那就是均衡利率。而能将这两者统一在一起的是投资等于储蓄这个条件。

Cuaresm & Gnan（2007）将均衡利率划分为长期均衡利率和中期均衡利率。前者对应经济增长理论的视角，后者对应经济周期理论以及货币政策的视角。长期均衡利率对应如下的经济状态：所有的市场都处于均衡状态，没有任何压力使得任何资源重新分配，没有任何经济变量的增速需要变化。这个长期均衡利率决定于那些影响经济长期增长潜力的因素，包括技术进步率、人口增长率、居民的跨期替代率。技术进步导致全要素生产率上升，使得资本的收益率提高，就会提高均衡利率。人口增长率下降，每单位资本配备的劳动力下降，从而导致单位资本产出下降，就会降低长期均衡利率。除此之外，如果居民觉得公共养老不可靠，从而增加储蓄，也会降低长期均衡利率。而中期均衡利率对应上文提到的潜在产出的定义，从这个角度去分析均衡利率可能存在这样一个问题，即潜在产出本身与均衡利率一样是一个抽象的概念，并且两者还存在一定的依存关系（如哈罗德—多马模型），以此为出发点研究均衡利率在一定程度上容易走入死循环。

总之，从利率决定的角度出发，可以这样简单理解均衡利率：能影响和决定利率的因素有很多，如果其中某几个因素被认为是"均衡"、"自然"的要素，则真实利率中由这几个因素决定的部分就是所谓的均衡利率；同样，从另外一个方向看，如果影响和决定利率的某些因素被认为是"非均衡"、"非自然"的因素，典型的如利率管制，那么从真实利率中把这些因素剔除掉，也是均衡利率。

2. 均衡利率的测算方法

由于均衡利率的重要性，国内外有很多测算均衡利率的尝试。具体的，大体可以分为两类：一类是基于经济理论模型的研究，另一类是没有明确经济模型的测算。

基于经济理论模型的研究又可以进一步分为两类：一类是构建大型复杂经济模型，以 DSGE 为代表，例如 Giammarioli & Valla（2003）、Smets & Wouters（2003）通过 DSGE 模型测算了欧元区的均衡利率，认为利率缺口可以预测货币政策立场。Arestis & Chortareas（2007, 2008）建立 DSGE 测算了美国的均衡利率；另一类是构建相对比较小型的经济模型，并在此基础上进行计量分析。例如 Bjørnland（2011）在新凯恩斯框架下，利用贝叶斯和卡曼滤波方法测度了美国的均衡利率、自然产出和隐含的通胀目标。Gonzalez（2010）构建小型开放体模型，用滤波分析研究哥伦比亚均衡利率。Duarte（2010）通过基于泰勒法则的卡曼滤波测算了巴西的均衡利率。在这里需要特别指出的是 Laubach 和 Williams（2003）的贡献，他们从最优增长理论中汲取了均衡利率的表达式，在该表达式的基础上运用滤波分析对均衡利率进行测算，很多均衡利率的研究都延续了这样的思路。例如，欧央行的两篇研究 Garnier & Wilhelmsen（2005）、Benati & Vitale（2007）借鉴了其方法，分别测度了欧元区、美国等区域的均衡利率和产出缺口等经济指标。这些研究都是直接在 Laubach & Williams（2003）的基础上，结合特定区域的经济变量测算均衡利率，很少探索从经济增长理论中提取均衡利率表达式的过程，从而在根本上没有寻找更新的路径。

没有经济理论模型为基础的均衡利率研究也可以分为两类：一类是直接把与利率有关系的一些变量进行计量分析，例如 Brzoza - Brzezina（2003）构建 SVAR 模型研究了美国情况；另一类是通过金融市场的信息，主要是利用收益率曲线来预测，例如 European Central

Bank（2004）、Bomfim（2001）和 Christensen（2002）。

国内的研究也基本都是在上述的框架中进行。贺聪等人（2013）构建包括家庭、企业、银行和中央银行四部门的 DSGE 模型，分析利率走势与我国宏观经济波动、货币政策运用等之间的内在联系，研究表明我国的均衡利率变动领先于经济增速、CPI 等宏观经济变量，是揭示宏观经济运行的周期性位置，研究制定货币政策的重要参考。石柱鲜等人（2006）借鉴 Laubach & Williams（2003）的思路，分别对中国的长期均衡利率和短期均衡利率进行测算，研究表明利率缺口可以作为宏观经济的重要指标，充当宏观调控的重要工具。何东和王红林（2012）沿用 Laubach & Williams（2003）的思路，同时加入 IMF 研究报告（Abiad 等人，2010）中49 个经济体的金融抑制指数，构建面板数据模型，测算出我国均衡利率水平。田建强（2010）利用 SVAR 模型估计我国的均衡利率水平，并在此基础上计算实际利率缺口，研究表明我国实际利率长期低于均衡利率，实际利率缺口与通货膨胀率负相关。

总体来看，基于经济模型基础的均衡利率研究，例如以 DSGE 模型为代表的复杂经济模型研究可以捕捉消费者和厂商动态的决策行为，但是在分析的过程中需要太多假设，设定很多参数，最终输出结果的可信性受到影响。而那些纯计量分析的均衡利率研究方法，其优势在于让数据本身说话，没有太多经济的假设，但是又很难结合经济学解释。

总体来看，由于影响因素众多，准确测算所谓中性或均衡实际利率是比较困难的，即使能够粗略估算，在实际经济运行中也很难据此加以运用。从这些年的调控实践来看，利率、流动性管理、"窗口指导"以及宏观审慎政策等相互结合共同发挥作用，总体保持了经济运行的基本平衡。随着经济结构的不断转型，未来对均衡实际利率及其变化趋势的把握还需要进一步的探索和研究。

三、进一步分析：对利率市场化影响的一点测算

近些年来，我国利率市场化进程进一步加快。应当说，放开存款利率是利率市场化过程中关键性的一步。在金融抑制的情境下，存款利率类似"压舱石"，加之利率市场化多发生在实际利率较低和通胀预期较强的时期，因此管制的放开有可能会引致利率上行，进而可能对银行、企业等造成冲击。若利率上行与经济下行叠加，会进一步加大改革的难度。这也曾是各方对推进利率市场化的一个重要顾虑。

但从另一方面看，由市场化不足导致的金融创新又在加速推动利率实现市场化。从放开存款利率上限的 2015 年 9 月的情况来看，市场化定价的存款（如同业存款、协议存款及结构性存款等）较 2011 年末大幅增长了近 200%，而同期受利率管制的存款仅增长了 40%。前者是后者增速的约 5 倍。一些银行主动要求加快市场化步伐，商业银行实际上已不是一风吹地反对利率市场化改革。与其搞管制倒逼金融创新绕监管，不如开正门规范发展。

目前对利率市场化影响的定性研究比较多，但定量的测算还比较少。面对不同观点和各类"两难"、"多难"，要做到趋利避害，还需要更多的实证分析。为此，我们对利率市场化可能产生的影响进行初步的量化和情景分析。

（一）既有的利率市场化对商业银行的影响

我们首先研究的问题是，前几年利率市场化的推进对商业银行财务究竟产生了怎样的影响？我们发现，商业银行负债方上升的成本绝大部分进行了转嫁，其盈利能力并没有受到明显影响。对 16 家上市银行的测算显示，2008～2012 年 16 家商业银行的平均付息率（总付息支

出/总付息资产）分别为 2.21%、1.63%、1.45%、1.95% 和 2.32%，同期平均收息率分别为 5.56%、4.19%、4.02%、4.60% 和 4.96%。对应的净利差分别为 3.35%、2.56%、2.57%、2.65% 和 2.64%，总体来看是相当稳定的。这意味着商业银行付息成本的上升基本可以通过提高收息率而转嫁出去。

正因为如此，近几年商业银行的净息差（NIM，即（全部利息收入－全部利息支出）/全部生息资产）、资产收益率（ROA）、净资产收益率（ROE）等并没有发生明显变化。2008 ~ 2012 年，16 家上市银行 NIM 分别为 3.01%、2.24%、2.40%、2.59% 和 2.52%。2008 ~ 2013 年，全部商业银行 ROA 分别为 1.30%、1.00%、1.10%、1.30%、1.28% 和 1.27%；ROE 分别为 19.50%、18.00%、19.20%、20.40%、19.85% 和 19.17%。其中后三年 ROA 和 ROE 略有下降，一定程度上与资产质量变化及损失准备计提增多有关。2011 ~ 2013 年，税前计提的资产减值准备金相当于银行当年净利润分别减少 3271 亿元、3840 亿元和 4086 亿元。

商业银行利润总体保持了较快增长。2008 ~ 2012 年，上市银行净利润分别为 4341 亿元，5132 亿元、6843 亿元，8825 亿元和 10356 亿元，同比分别增长 29%、18%、33%、29% 和 17%；2010 ~ 2013 年，全部银行净利率分别为 7637 亿元、10412 亿元、12386 亿元和 14180 亿元，分别增长 36.3%、19.0% 和 14.5%。商业银行利润增速有所放缓，一方面与其资产扩张速度放慢有关，另一方面也受到计提资产损失准备增多的影响。

进一步来看，商业银行转嫁成本在很大程度上是靠传统贷款以外的渠道。从前几年的情况看，一般贷款加权平均利率并没有明显上升，基本稳定在 6% ~ 7% 的水平。中间经历的起伏波动主要是受贷款基准利率的影响（这也说明贷款基准利率对实际的贷款定价仍有指导意义）。"影子银行"（或称"银行的影子"）可能是商业银行转嫁成本的主要渠道，这包括同业、委托、信托等，而这部分资金又主要支持了房地产、融资平台等能够承受高息的部门。从统计数据来看，近年来小微企业等贷款增长也有所加快，可能也与利率市场化过程中银行追求盈利动机增强有关。商业银行的上述行为，与一般认识和国际经验是一致的。这就是随着利率市场化推进，商业银行会更多地倾向高风险、高收益的项目，并增加中间业务收入，以此来覆盖成本，维持盈利。

（二）利率变化对企业经营的影响

在商业银行可以在较大程度上转嫁成本的情况下，需要测算其对企业可能产生的影响。我们的初步测算显示：

一是从时间序列数据来看，融资成本与企业利润之间有反向关系，与企业利息支出之间有同向关系（见图7.8、图7.9）。在2010～2012年银行平均收息率上升期间，工业企业利润增速下降，同时企业利息支出占主营业务成本比重等均出现上升，企业利息负担上升较快。这也显示利率上行对企业经营会产生一定影响。仅从相关关系上直接观察，平均收息率上升100个基点，对应的工业企业利润增速下行约50个基点，工业企业单位资产付息成本上升约50%。当然需要注意的是，有相关关系不一定意味着有因果关系。造成近几年工业企业利润下降的主要原因应是经济增速放缓和产能过剩等问题，而融资成本上升则与大量财务软约束企业高成本融资以及风险溢价上升等结构性因素有关。这两者同时发生会强化上述统计上的相关性。

二是从静态测算来看，新投放贷款利率上升对企业利润有影响，但并不算大。以2013年为例，当年全部国有及规模以上非国有工业企业利润总额为6.28万亿元，估算税后资产回报率约为6%。大体匡算当年工业企业贷款增长约3万多亿元，假定新投放工业企业贷款利率整体上行100个基点（不是平均收息率），那么工业企业要多承担300

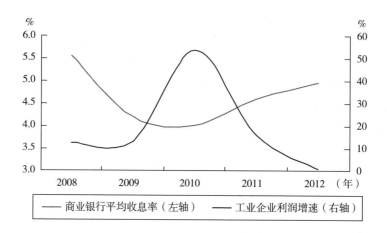

图 7.8　商业银行收息率与企业利润

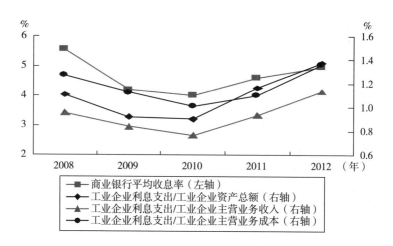

图 7.9　商业银行收息率与企业利息支出

多亿元的利息负担，占目前企业利润的 0.5% 左右，当年企业利润增速将从目前的 1.5% 下降至 0.9%。与企业的利润总额相比，这部分利息负担对企业整体影响不大。当然，由于不同行业、不同企业经营状况差异较大，贷款利率上升对部分效益较差的企业可能造成较大影响。

（三）放开存款利率后的情景模拟：对银行与企业的影响

我们模拟了三种情景（见表7.1）：一是存款利率上升后商业银行通过贷款利率上升将负担完全转嫁给企业；二是存款利率上升后部分转嫁；三是存款利率放开后完全不能转嫁给企业，由银行全部消化。

表 7.1　　　对存款利率上升 50 个基点影响的静态估算

情景	对商业银行的影响	对企业的影响
情景一：存款利率上升后无法转嫁，商业银行完全自行消化。	2013 年商业银行人民币存款余额 104.8 万亿元，其中活期存款占比约 44%。存款利率上升 50 个基点，商业银行利润将减少约 2700 亿元，占当年利润总额（1.42 万亿元）的 19%。银行利润增速将从 2013 年的 14.5% 下降至 −7.3%。	无影响。
情景二：存款利率上升后转嫁一半。	存款利率上升 50 个基点，商业银行利润将减少 1350 亿元，占当年利润总额（1.42 万亿元）的 8%。银行利润增速将从 2013 年的 14.5% 下降至 3.6%。	企业利润将减少 1350 亿元，占 2013 年国有及规模以上工业企业利润的 2.2%，当年工业企业利润增速将从 2013 年的 1.5% 下降至 −0.7%。
情景三：存款利率上升后全部转嫁。	无影响。	企业利润将减少 2700 亿元，占 2013 年国有及规模以上工业企业利润的 4.3%，当年企业利润增速将从 2013 年的 1.5% 下降至 −2.9%。

我们进一步测算了商业银行为实现利润目标能够容忍的成本上升幅度。以 2013 年数据测算，若付息成本上升 15 个基点，且不能转嫁，商业银行利润将下降 800 亿元，利润增幅将下降到 8%。以匡算的 2014 年数据测算，若付息成本上升 20 个基点，且不能转嫁，商业银行利润增幅将下降到 8%。

　　值得注意的是，活期存款利率是否上升对商业银行财务影响很大。这主要是由于活期存款占比较高（在全部存款中接近一半），且实行滚动计息，利率一旦上浮就会传导至巨大的存量部分。若定期存款利率不动，仅活期存款利率变化，商业银行为实现8%利润增长目标所能承受的付息成本升幅会高得多。这也是首先选择放开定期存款利率管制的重要原因。

　　上述都基于静态测算。动态来看，情况要更加复杂。这里面会有动态平衡机制。例如，若存款利率放开后出现明显上升，存款利率将接近甚至大体等于工业企业投资回报，会导致更多的实业资金回归银行存款。此时的存款利率并不是一个稳态，市场可能会向多个方向演化：一是实体经济下行、总需求下降，促使存款利率下行；二是落后的工业企业被淘汰，企业整体经营状况进一步改善；三是为覆盖成本上升，银行资金进一步投向房地产等高收益行业。在实际经济中，各方都处在动态博弈中，都会对变化作出反应。存款利率放开后，商业银行会主动调整资产负债结构，企业也会做相应应对。从这些年汇改的经验来看，基于静态的企业承受力调查结果的参考意义并不大，企业会表现出强得多的动态承受能力。此外，加入世界贸易组织后中国企业的强劲表现也印证了这一点。

（四）放开存款利率后利率会大幅上升吗

　　从前几年的情况看，商业银行表现出了较强的转嫁成本的能力。因此，一度有观点认为，存款利率放开引发的成本上升可能导致商业银行在资金运用方相应提高成本，从而导致全社会融资成本上升。根据相关国际经验，利率市场化后不少国家的存款利率一般会高于货币市场利率几十个基点。有学者由此估算，我国存款利率至少还有60个基点的上行压力，由此可能推升贷款利率。

　　但也要看到，也存在有利于抑制利率上升的因素：

一是从宏观基本面来看，近几年我国实际利率已经历一轮较快上升，目前实际贷款利率已基本接近或等于实际 GDP 增长率，理论上贷款利率似并无大的上升空间。目前以 CPI 平减的实际贷款利率超过 5%，以 PPI 平减的实际贷款利率超过 9%。利率再上升实体经济的投资回报已难以覆盖。这可能是近几年一般贷款利率大体稳定也有所下行的重要原因。

二是近年来经济增长呈放缓态势，总需求相对平稳，也有利于抑制放开管制后可能出现的利率抬升。经济增速有所放缓、CPI 较低时，实际利率容易为正，此时放开存款利率储户所要求的利率水平也会相对低一些。从市场化定价的理财产品收益来看，商业银行之间并未出现不顾成本的价格竞争，理财收益率已有所下降，信托收益率、债券发行利率、民间借贷利率也出现一定的下行。

三是从利率的储蓄投资决定理论来看，也不支持利率持续上行的判断。利率由储蓄和投资的相互关系决定。利率上升，短期有助于增加储蓄，并抑制投资，这意味着资金供给增加、需求下降，从而内生出利率水平稳定甚至下降的力量。从国际经验来看，不少国家利率市场化后普遍经历了利率先上升后下降的过程。

当然，上述效应孰大孰小或者说最终的均衡状态还很难准确判断。存款利率放开情形下，商业银行全部转嫁成本是比较难的，净息差一定阶段内可能会收窄。这也是国际上的普遍经验。我们可以利用上面的三种情景估计大致的静态影响，但其动态影响仍需进一步探索。

总体来看，放开存款利率、推进利率市场化有利于提升资源配置效率，促进银行改善经营，完善服务，增加对中小企业的金融支持。当然，完全意义上的"帕累托改进"是比较难的，改革难免有一定的"阵痛期"，可能有一个先抑后扬的过程。从上述测算结果来看，利率出现一定幅度的上升对实体经济和商业银行会有影响，但相对有限。与此同时，要注意防范资金进一步向融资平台等领域集中，防止其推升经济金融风险。

四、小结

本章试图对我国利率运行状况及中央银行的利率调控做一些理论和实证分析。利率是最重要的资金价格，也是金融宏观调控市场化改革的重要组成部分。1993 年，党的十四届三中全会《关于建立社会主义市场经济体制若干问题的决定》提出了利率市场化改革的基本设想。2003 年，党的十六届三中全会《关于完善社会主义市场经济体制若干问题的决定》对利率市场化改革进行了纲领性论述，"稳步推进利率市场化，建立健全由市场供求决定的利率形成机制，中央银行通过运用货币政策工具引导市场利率。"近些年来，利率市场化改革与其他金融改革相互协调、稳步推进，并已取得明显进展（见图 7.10）[①]，至少体现在以下几个方面：一是逐步放开利率管制，扩大利率浮动区间，增强了市场供求在利率形成中的作用。中央银行已放开贷款下限管理，存款利率上限也已放开（但仍存在基准利率），货币、债券市场、理财产品以及境内外币存贷款利率已全面市场化。二是着力加强市场化利率形成和调控机制建设。着手培育市场基准利率体系，SHIBOR 的市场基准性逐步增强。贷款基础利率报价和发布机制、同业存单等相继推出。与此同时，正如包括本章在内的实证研究所表明的，利率与产出和物价变化之间的关联度提升，中央银行引导和调节市场利率的能力也在增强。从某种意义上看，目前我国已经初步形成了较为敏感和有效的市场化利率体系和传导机制。这些都为进一步推进利率市场化改

---

① 该图根据中国人民银行货币政策分析小组：《稳步推进利率市场化报告》，《中国货币政策执行报告（增刊）》，北京：中国金融出版社，2005 年 1 月；易纲：《中国改革开放三十年的利率市场化进程》，载《金融研究》，2009（1）等公开资料汇总而成。笔者感谢张旭东博士的整理工作。

革创造了有利条件。我们对利率市场化的影响进行了初步的量化和情景分析。从测算结果来看，至少到目前为止，商业银行表现出了较强的转嫁成本的能力。利率市场化可能会引致一定程度的社会融资成本上升，但影响仍相对有限。与此同时，现实中也存在诸如总需求放缓、储蓄率较高等抑制利率上升的诸多因素。上述两个方面的效应孰大孰小或者说最终的均衡状态目前还很难准确判断。利率市场化改革不排除有一定的阵痛期，可能有一个"先抑后扬"的过程，但最终有利于促进商业银行改善经营服务，并提升整个社会的资源配置效率。

从利率市场化改革所包含的基本内容来看，继续推进利率市场化需要进一步扩大利率浮动区间，增强商业银行利率定价能力和自律能力，从增量角度发展替代性产品，完善市场基准利率体系，构建完整的金融市场收益率曲线，完善市场化的利率传导机制。同时，也需要进一步完善配套机制，建立存款保险制度，保护金融消费者权益，发展利率衍生产品等风险管理工具，以防范和化解利率市场化改革可能对经济金融体系产生的影响。在上述进程中，随着利率市场化程度的不断提高、金融创新和金融产品的不断丰富和发展，增强中央银行的利率引导和调控能力也就显得越来越重要。从发达经济体主流货币政策框架来看，大多都是中央银行通过调控短期政策利率影响市场基准利率，进而传导至各种金融产品定价，最终影响投资、消费等实体经济活动。一般而言，中央银行只对短期利率进行调节，进而通过期限结构机制向中长期利率传导，中央银行一般情况下不直接干预中长期利率，而由市场来完成定价，形成一条完整的收益率曲线。当然，在特殊和非常态状况下，中央银行也可能通过实施量化宽松货币政策等手段直接够买中长期债券来影响中长期利率水平。此外，一些经济体还设有存款便利机制和贷款便利机制，商业银行可以在一定价格水平上向中央银行存入资金或借出资金，这样存款便利机制和贷款便利机制便为市场利率框定了上限和下限，成为一条"利率走廊"，这进一步增强了中央银行影响和调节市场利率的能力。从我国的情况来看，目前已初步形成了较为敏感和有效的市场化利率体系和传导机制。我国中央银行利率体系包括法定准备金利率、超额准备金利率、再贷款利率、再贴现利率以及短期流动性支持、常备借贷便利等，在一定程度上也具备"利率走廊"的类似功能。这些都为金融宏观调控由数量型调控为主逐步向以价格型调控为主转变创造了有利条件。着眼未来，与利率市场化的整体战略和其他金融改革相协调，应着手选择培育中央银行政策利率品种，通过确定政策利率水平，向市场传达中央银行的价格信号和政策意图，同时完善利率走廊机制，更加有效地引导市场利率，完善价格型调控模式。

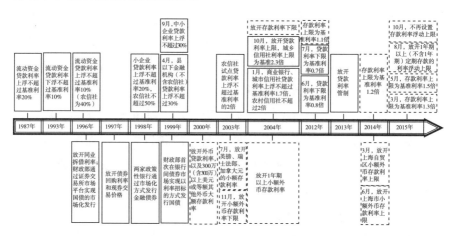

注：时间轴上方是人民币存贷款利率市场化进程，其中存款利率市场化进程在虚框中；时间轴下方是外币、同业拆借和债券市场等利率市场化进程，其中外币利率市场化进程在虚框中。

图 7.10　中国利率市场化的历史进程

第八章 货币数量与利率传导Ⅲ：
融资方式的影响

　　金融体系连接着货币政策与实体经济，货币政策需要通过金融体系传导至实体经济，从而最终对总需求及宏观经济产生影响。金融体系尤其是融资方式的变化在很大程度上也会反过来影响货币政策的传导效率（伍戈、刘琨，2013）[①]。过去十多年以来，中国的金融体系发生了许多显著的变化，例如资本市场体系较快发展、利率汇率市场化改革稳步推进以及金融创新层出不穷等。特别的，金融脱媒（Financial Disintermediation）成为近期各界关注的重要现象。金融脱媒可能最早出现于20世纪60年代的美国，当时在定期存款利率上限存在管制的条件下，市场利率高于存款机构可支付的存款利率，导致存款资金流向收益更高的证券，从而限制了银行可贷资金，引起了金融脱媒（米什金，2002）。理论上讲，金融脱媒主要是指资金绕过"媒（Intermediary）"（即金融中介）直接在资金盈余者和短缺者之间调剂并产生资产/负债关系的现象（宋旺，2001）。

　　近年来，中国债券、股票等直接融资市场取得了较大发展。与此同时，商业银行的表外业务以及其他非传统的融资行为（如"影子银行"等）较为活跃。这些都是现阶段我国金融脱媒的重要表现形式。在此宏观经济金融大背景下，传统的货币信贷指标难以全面反映市场

---

　　① 详见伍戈、刘琨：《金融脱媒与货币政策传导：基于中国的实证分析》，载《金融监管研究》，2013（12）。

的流动性状况和金融对实体经济的支持，"社会融资规模"的概念也由此应运而生。与此同时，中国货币数量与通胀之间的关系变得越来越不稳定（伍戈、李斌，2012）[①]，货币政策的传导途径日益多元化，数量型的宏观调控受到诸多挑战。本章将在回顾有关金融脱媒与货币政策传导文献基础上，测量近年来中国的金融脱媒程度，然后区分封闭经济和开放经济两种情形，深入分析金融脱媒对我国货币政策传导效果的影响。

一、融资方式变化与货币政策传导效果

早期出现在美国的融资方式变化尤其是金融脱媒现象曾引起各界的广泛关注，随后越来越多的国家也出现了不同程度的金融脱媒。这对于货币政策决策者而言有着特别重要的现实和政策含义。Estrella（2002）对美国以证券化为典型方式的金融脱媒进行了研究。他认为，新形式的证券化在很多国家快速发展，其允许银行在资产负债表中去除"资本"这一项，进而提供给银行更大的融资灵活性。银行系统的结构变化对货币政策产生越来越大的影响，显著影响了货币政策对实际产出的传导效果，使得利率的产出弹性趋近于零。这意味着货币政策效果并不仅依赖于利率的变化，而是源于非利率因素作用，例如，货币政策很可能更多地通过抵押贷款市场的流动性和信贷量渠道进行传导。

Roldos（2006）对加拿大非金融企业融资数据进行了研究，发现在20世纪70年代，通胀和名义利率上升的不确定性导致了企业更多地依赖银行短期贷款，而较少进行证券融资。这种趋势自20世纪80年代开始扭转，随着公司债券和商业票据发行的增加，银行贷款占企

---

① 详见伍戈、李斌：《论货币与通胀关系的背离》，载《投资研究》，2012（4）。

业融资来源的比例由 1980 年的约为 60% 下降到 2000 年的不足 40%。金融管制框架的变化以及全球金融市场和加拿大金融市场条件的变化是导致这种脱媒现象的主要驱动力。实证研究表明，金融脱媒使得加拿大的货币政策传导在 1988 年出现了断点，实际利率的总需求敏感性增强，融资方式的转变解释了实际利率的弹性变化。由此，该文认为更广泛地使用以市场为基础的融资渠道将增强货币政策的有效性。

Tan 和 Goh（2007）对马来西亚的金融脱媒进行了研究。他们把金融脱媒定义为资金赤字部门为了满足融资需求而绕过金融机构从资本市场获得资金。该文对通过利率渠道进行的货币政策传导机制进行了重点研究，研究表明：20 世纪 90 年代初期以来，随着马来西亚金融体系向市场主导转变，金融脱媒的不断加深成为了其金融体系的重要特征，该国货币政策传导机制出现了明显变化。在 1990 年第三季度之前，货币政策更有效，之后货币政策的实施出现了许多困难，货币政策传导机制中的资本市场（直接融资）渠道似乎略逊于利率渠道，金融脱媒是货币政策对实体经济影响减弱的一个可能解释。

宋旺（2011）对中国金融脱媒状况进行了研究。研究表明，中国在银行部门和金融部门两个层次以及资产和负债两方面都出现了金融脱媒。但银行部门对住户部门贷款的增加减缓了银行部门资产方的脱媒。虽然近年来中国非银行金融机构发展较快，但金融部门整体的资产负债结构还是由银行部门主导，脱媒趋势在未来还将持续下去；但像 2006~2007 年那样的高速脱媒只是暂时性的，未来平稳的脱媒将是常态。金融脱媒不仅使得利率渠道开始发挥作用，同时为货币政策拓展了资产负债表渠道等新的传导途径，从而抵消银行层次脱媒过程中信贷渠道弱化给货币政策传导带来的负面作用。直接融资比例的上升有利于疏通和拓展中国货币政策传导渠道，提高货币政策的有效性。

总之，从上述各国的情况来看，金融脱媒对货币政策传导效率的影响机理可能十分复杂，其最终效果存在增强和减弱两个方向相反的作用。两种作用孰强孰弱，目前在历史文献和各国经验方面还没有形成一致的意见，其净效应需要结合各国的实际情况进行具体分析和判断。

二、融资方式的量化测度：金融脱媒指数

虽然金融脱媒程度趋于提高，但对如何科学度量金融脱媒程度的研究还不多见。宋旺（2011）以金融资金存量表为基础，系统计算了我国金融脱媒指数。但是由于数据可得性原因（只有年度数据），样本数量有限，且其计算过程比较复杂，很难用定量模型做进一步分析。我们发现，"社会融资规模"统计可以为我们考察一定时期内实体经济从金融体系获得的资金总额提供数据（详见专栏4），且由于其有较具体的分项融资数据，也为我们分析金融脱媒提供了有益的启发。参照陈岚、姜超（2011）的分析思路，我们可利用社会融资规模的细化数据来简单计算中国的金融脱媒指数。

专栏4　社会融资规模：资产方的统计创新[①]

近年来，我国金融总量快速增长，金融市场多元发展，金融产品和融资工具不断创新，证券、保险类机构对实体经济资金支持加大，商业银行表外业务对表内贷款替代效应明显。新增人民币贷款已不能完整反映金融与实体经济的关系，也不能全面反映实体经济的融资规模。正是在这一新形势下，我国创新编制了社会融资规模指标（Aggregate Financing to the Real Economy，AFRE）。从2011年

[①]　该专栏部分内容摘编自盛松成：《一个全面反映金融与经济关系的总量指标》，载《中国金融》，2013（22）；以及余永定：《货币金融理论与政策的重要创新》，载《中国金融》，2014（7）。

起，人民银行正式公布社会融资规模统计数据。这一指标已逐步为社会各界所接受，使用频度正在不断提高。

1. 社会融资规模的定义和构成

社会融资规模是指一定时期内（每月、每季或每年）实体经济从金融体系获得的资金总额。这里的金融体系是整体金融的概念，从机构看，包括银行、证券、保险等金融机构；从市场看，包括信贷市场、债券市场、股票市场、保险市场以及中间业务市场等。社会融资规模由四个部分共十个子项构成：一是金融机构表内业务，包括人民币和外币各项贷款；二是金融机构表外业务，包括委托贷款、信托贷款和未贴现的银行承兑汇票；三是直接融资，包括非金融企业境内股票筹资和企业债券融资；四是其他项目，包括保险公司赔偿、投资性房地产、小额贷款公司和贷款公司贷款。

2. 社会融资规模的功能

社会融资规模指标兼具总量和结构两方面的信息，不仅能全面反映实体经济从金融体系获得的资金总额，而且能反映资金的流向和结构。具体的：第一，反映直接融资与间接融资的比例关系。社会融资规模既反映实体经济通过金融机构获得的间接融资，也反映实体经济在金融市场上通过发行企业债券和股票获得的直接融资。近年来直接融资快速发展，占社会融资规模的比例大幅上升，我国融资结构明显改善。第二，反映实体经济利用各类金融产品的融资情况。社会融资规模既包括银行业产品的指标，也包括保险业、证券业的产品指标；既包括金融机构表内业务的指标，也包括表外业务指标；既包括信贷市场业务，也包括债券市场、股票市场、保险市场以及中间业务市场的各类业务。因此，社会融资规模较全面地反映了我国实体经济融资渠道和融资产品的多样化发展。第三，反映不同地区、不同产业的融资总量和融资结构。社会融资规模可从多个角度进行分类统计，比如分地区、分产业、分来源等，能从融资角度反映我国区域经济差别及产业发展情况。

3. 社会融资规模与货币供应量的关系

社会融资规模与货币供应量是一个"硬币"的两个面，但两者具有不同的经济含义。货币供应量从存款性金融机构负债方统计，包括M0、M1和M2，反映的是金融体系向社会提供的流动性，体现了全社会的购买力水平。而社会融资规模则从金融机构资产方和金融市场发行方统计，从全社会资金供给的角度反映金融体系对实体经济的支持。因此，社会融资规模和货币供应量是从不同角度为金融宏观调控提供信息支持。

总的来看，社会融资规模是2008年国际金融危机后我国金融统计的重要创新。危机后主要国家均在积极改进和完善金融统计框架，扩宽金融覆盖范围和数据获取渠道，探索从资产方分析货币政策传导和金融体系脆弱性方法，研究构建能够全面反映金融与经济关系的金融统计指标。社会融资规模指标具有跨市场和跨机构的特点，越来越多的经济学家开始尝试用该指标来研究中国的经济、金融运行。当然，像任何新生事物一样，社会融资规模的理论与现实意义还有待历史和时间的进一步考验。

社会融资规模的构成如下：①

社会融资规模＝（人民币各项贷款＋外币各项贷款）＋（委托贷款＋信托贷款＋银行承兑汇票）＋（企业债券＋非金融企业股票）＋（保险公司赔偿＋保险公司投资性房地产＋其他）

为了便于分析，我们将社会融资总量中的人民币和外币贷款合并为"银行表内贷款"，将委托贷款、信托贷款和银行承兑汇票合并为

① 来源：中国人民银行网站。

"银行表外贷款"，将企业债和股票命名为"企业债/股票融资"，将其他占比较小的项目合并为"其他"。为进一步简化，可以按照资金的来源，把依托于银行的两大融资方式——银行表内贷款和银行表外贷款合并成间接融资，而把债券、股票和保险等融资方式合并成直接融资。这样，直接融资与间接融资之比就可以认为是金融脱媒指数①，即

$$金融脱媒指数 = \frac{直接融资}{间接融资} = \frac{企业债和股票融资 + 其他}{银行表内贷款 + 银行表外贷款}$$

$$= \frac{\left(\begin{matrix}企业\\债券\end{matrix} + \begin{matrix}非金融\\企业股票\end{matrix}\right) + \left(\begin{matrix}保险公司\\赔偿\end{matrix} + \begin{matrix}保险公司\\投资性房地产\end{matrix} + 其他\right)}{\left(\begin{matrix}人民币\\各项贷款\end{matrix} + \begin{matrix}外币\\各项贷款\end{matrix}\right) + \left(\begin{matrix}委托\\贷款\end{matrix} + \begin{matrix}信托\\贷款\end{matrix}\right) + \begin{matrix}银行\\承兑汇票\end{matrix}}$$

根据上述计算方法，我国金融脱媒指数走势如图 8.1 所示：2002年以来我国金融脱媒指数整体上呈现震荡提升趋势，从 2002～2005 年的 10% 以下上升到目前的 20% 左右。特别地，在国际金融危机前的高点时，受股权融资快速提升等因素的影响，该金融脱媒指数曾一度达到 60% 多的峰值。

三、金融脱媒对货币政策传导的影响：实证考察

关于金融脱媒对货币政策传导机制的影响，历史文献大多集中于货币政策从利率到产出这一关键传导环节，即分析利率对总需求的敏感程度。货币政策通过利率进而对总需求产生影响，是各国特别是发达国家货币政策传导的典型机制（见图 8.2）。转轨经济往往更倾向于使用数量型调控工具。实际上，价格机制的作用比想象的要好很多

---

① 理论上，存量数据能更好地反映一国融资结构和金融脱媒状况。现阶段社会融资规模还只是增量数据，但基于数据的可得性和研究的简便，我们仍采用社会融资规模的有关数据来近似考察一段时间内融资结构和金融脱媒的变化。

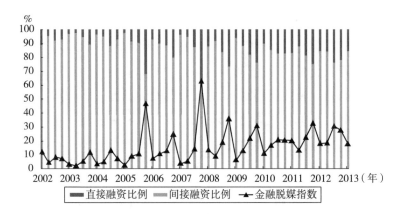

来源：笔者根据 Wind 数据计算整理绘制。

图 8.1　中国的直接融资比例、间接融资比例及金融脱媒指数

（周小川，2004）①。从第七章所描述的中国实践来看，近年来利率也已在宏观经济中发挥着越来越重要的作用。因此，在对总需求方程（IS 曲线）的估计及其利率敏感性考察中引入金融脱媒因素，就成为金融脱媒研究的逻辑主线。

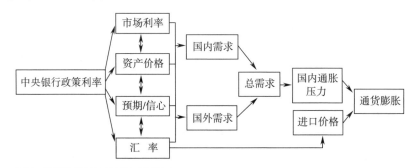

来源：根据英格兰银行网站资料整理。

图 8.2　价格型货币政策的典型传导机制②

---

① 详见周小川：《当前研究和完善货币政策传导机制需要关注的几个问题》，引自金琦主编：《中国货币政策传导机制：中国人民银行与国际货币基金组织研讨会论文集》，北京：中国金融出版社，2005。

② 为了使问题简化，该图并没有显示出各变量之间的所有联系。

新凯恩斯的货币传导模型已成为近年来货币政策分析的标准工具
（Goodhart & Hofman，2003）。该模型将宏观经济简化为由两个方程构
成的体系：一是总供给方程或菲利普斯曲线；二是总需求方程或 IS 曲
线。新凯恩斯菲利普斯曲线和 IS 曲线都是前瞻性的（Forward Loo-
king），通过动态一般均衡理论刻画最优化的企业和消费者的前瞻性行
为。其中，菲利普斯曲线将通胀与预期通胀和产出缺口相联系，IS 曲
线将产出缺口和预期产出缺口及事前实际利率相联系。不过，上述这
些模型的实证检验结果并不让人满意，因此许多学者引入后顾性
（Backward Looking）因素使模型的拟合度增强（Roldos，2006）。此外，
后顾性的菲利普斯曲线和 IS 曲线也能更好地考察通胀和产出对货币政
策措施的滞后和持续反应（Rudebusch，2002）。Rudebusch & Svensson
（1999）提出了一个经典的简化 IS 曲线方程，具体形式如下：

$$y_t = \alpha_0 + \alpha_1 y_{t-1} + \alpha_2 y_{t-2} + \alpha_3 (R_{t-1} - \pi_{t-1}) + \varepsilon_t \qquad (8.1)$$

其中，y 是产出缺口，R 是名义利率，π 是通胀率。

各国关于 IS 曲线的实证检验结果不尽相同。Rudebusch & Svensson
（1999）、Peersman & Smets（2001）分别估计了美国和欧元区的后顾性
IS 曲线，发现实际利率的弹性为 -0.1 左右。但是 Nelson（2001，
2002）却发现美国和英国的实际利率对产出缺口的弹性并不显著，他
称之为"IS 曲线之谜"（IS Puzzle）。Goodhart & Hofman（2003）对英
国的研究发现，短期名义利率（而不是实际利率）影响产出缺口。下
面，我们将结合 IS 曲线及其包含金融脱媒因素的修正方程，分别对封
闭经济条件下和开放经济条件下金融脱媒对中国货币政策传导机制的
具体影响进行分析。

（一）封闭经济下金融脱媒对货币政策传导的影响

首先，我们考察封闭经济下的情形。借鉴上述新凯恩斯主义的 IS
曲线方程，产出缺口除了受产出缺口历史水平的影响之外，还取决于

利率水平。从中国的实际来看，如何正确认识利率体系是至关重要的。现阶段，中国人民银行实行二元的利率调控模式（张晓慧，2012），即一方面调整存贷款基准利率以影响金融机构存贷款利率水平；另一方面通过公开市场操作或调整各类中央银行利率引导市场利率走势，间接影响存贷款利率水平。通过两类调控方式的共同作用，实现对整个利率体系的调节。目前，中国人民银行采用的主要利率工具大致如图8.3所示。

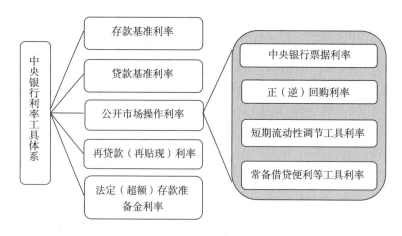

来源：笔者根据张晓慧（2012）以及中国人民银行网站等资料综合整理绘制。

图 8.3　中国的利率工具体系概况

根据中国的具体情况，对拟考察的各个变量，我们采用不同类型数据加以筛选和试验：在利率方面，分别尝试选择了具有代表性的1年期存款基准利率、1年期贷款基准利率、7天期回购利率和3个月期回购利率（见图8.4）[①]；除了名义利率，还同时使用实际利率进行测

[①]　当然，中国的利率品种很多，除上述各种利率外，还有中央银行票据利率、正回购利率、逆回购利率、SHIBOR 等，经过反复测试，这些利率要么代表性不强，要么缺乏较长的时间序列。因此，本节不再罗列所有利率，只选择典型的几类利率进行测试。

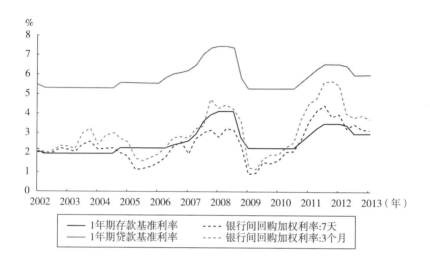

%

来源：笔者根据 Wind 数据整理绘制。

图 8.4 中国的典型利率走势

试①；在产出指标上，我们不仅选择以 GDP 绝对数值计算的产出缺口②，同时也使用 GDP 同比增速计算的产出缺口③。我们用 2002 年第一季度至 2013 年第一季度的季度数据进行尝试，对比选取不同数据的多个回归方程结果（见表 8.1)④。

----

①　实际利率需要用物价变化率对名义利率进行调整，我们同时尝试使用了 CPI 同比、CPI 季度环比折年率、GDP 平减指数等价格指数进行调整。

②　用实际 GDP 金额相对于其趋势值的变化率计算，其中，实际 GDP 用名义 GDP 和相应平减指数套算，趋势值采用 HP 滤波法计算，lambda 选取 1600。

③　用实际 GDP 同比增速对其趋势值之差计算得到。其中，趋势值采用 HP 滤波法计算，lambda 选取 1600。

④　表 8.1 仅列举了其中具有代表性的 7 个方程。当然还有其他方程形式，但其计量结果不甚理想，本节不再一一列举。

表 8.1　　　　　　　　　　　IS 曲线的估计方程比较

	方程 1	方程 2	方程 3	方程 4	方程 5	方程 6	方程 7	方程 8
自变量								
GDP_ GAP	0.701 ***	0.575 ***	0.711 ***	0.673 ***	0.669 ***	0.647 ***	0.666 ***	0.645 ***
(-1)	(0.112)	(0.118)	(0.152)	(0.108)	(0.110)	(0.109)	(0.107)	(0.108)
GDP_ GAP			-0.096					
(-2)			(0.153)					
R_ D	-0.456 *							
(-1)	(0.245)							
R_ D				-0.578 **				-0.625 **
(-2)				(0.2480)				(0.235)
R_ D		0.601 **						
(-3)		(0.258)						
R_ L				-0.596 **				
(-2)				(0.236)				
R_ REPO7D					-0.422 **			
(-2)					(0.190)			
R_ REPO3M						-0.330 **		
(-2)						(0.138)		
R_ D							0.217 ***	
(-2)							(0.080)	
C	1.185 *	1.583 **	1.521 **	3.514 **	1.020 **	0.999 **	0.017	1.643 **
	(0.661)	(0.692)	(0.668)	(1.398)	(0.482)	(0.443)	(0.158)	(0.634)
R^2	0.492	0.521	0.543	0.531	0.516	0.525	0.541	0.538
DW 统计量	1.865	1.769	2.021	1.903	1.902	1.922	2.026	1.871

注：被解释变量 GDP_ GAP 是用实际 GDP 同比增速对其趋势值之差计算得到的产出缺口；R_ D、R_ L、R_ REPO7D、R_ REPO3M 和 RR_ D 分别为 1 年期存款基准利率、1 年期贷款基准利率、7 天期回购利率、3 个月期回购利率和 1 年期实际存款利率。括号内数值为相应回归系数的标准差；*** 、** 、* 分别表示在 99%、95%、90% 的置信度下拒绝系数显著为零的 t 检验零假设。

从表 8.1 中各种 IS 曲线的回归结果来看，可以得到两方面的结论：

一是各种利率引入 IS 曲线方程的实际回归效果差异不大，存、贷款利率似乎相对更好些；二是尽管实际利率较名义利率拟合度更好，但运用实际利率回归得到的系数为正值（国际上也曾出现过该情况），[①] 缺乏现实经济含义，与 IS 曲线向右下方倾斜的经济理论不吻合，因此综合权衡后我们倾向于在 IS 曲线方程中选取名义利率，而非实际利率。上述结果可能与中国的现实情况有关：一是中国的微观经济主体可能缺少足够的投融资渠道，以银行为中介的间接融资占到我国实际融资的绝大部分，微观经济主体对存贷款基准利率仍较敏感；二是可能由于统计体系发展尚不完善，大多经济主体尚未形成用物价修正名义指标的习惯，加之银行等金融机构缺乏"盯住"物价的金融产品等原因，微观经济主体对名义利率变化的感受可能较实际利率更为强烈。

考虑回归系数显著性及整体估计效果等统计指标，并结合现实经济含义，经过综合权衡后我们认为，表 8.1 中的方程 8 相对较优，产出缺口的滞后 1 期项和 1 年期存款基准利率滞后 2 期项能较好地解释当期产出缺口的变化。因此，可确定中国 IS 曲线函数的基本形式如下[②]：

$$GDP\_GAP_t = C_1 GDP\_GAP_{t-1} + C_2 R\_D_{t-2} + C_3 \qquad (8.2)$$

从表 8.1 中方程 8 的结果来看：我国 1 年期存款基准利率每提高 1 个百分点，半年后我国产出同比增速相对趋势值将下降 0.625 个百分点。

上述对 IS 曲线的估计，是基于中国产出—利率关系保持长期基本稳定的假设。但事实上，产出—利率关系可能并不稳定。为验证上述 IS 曲线的稳定性，我们有必要对其进行断点检验。由于 2007～2008 年国际金融危机过程中中国的产出、利率等宏观指标都发生了重要变化，

---

①　该回归结果与 Nelson（2001，2002）基于英国和美国的研究结果有类似之处，其实际利率对产出缺口的弹性并不显著。

②　此处基于中国 IS 函数所选取的利率与 Goodhart & Hofman（2003）对英国的研究有些类似，我们最终选择了短期名义利率而不是实际利率。

因此我们尝试以危机期间各个时点为结构性断点进行验证。结果发现，以 2007 年第四季度为结构性断点的检验结果最显著[①]。表 8.2 的 Chow 断点检验结果中，F 值、对数似然比、Wald 值等检验统计量均表明，至少在 95% 的置信度下拒绝原假设，说明模型参数不具有超样本特性，回归方程在断点前后有显著差异。这也在实证上表明 2007 年第四季度后中国产出—利率关系可能确实发生了显著变化[②]。

表 8. 2 　　　　　　　　　　Chow 断点检验结果

Chow Breakpoint Test：2007Q4

Null Hypothesis：No breaks at specified breakpoints

Varying regressors：All equation variables

Equation Sample：2002Q3 2013Q1

F – statistic	4. 044	Prob. F (3, 37)	0. 014
Log likelihood ratio	12. 195	Prob. Chi – Square (3)	0. 007
Wald Statistic	12. 133	Prob. Chi – Square (3)	0. 007

以上述 Chow 断点检验为基础，我们将样本期分为 2002～2007 年与 2008～2013 年第一季度两个子样本分阶段进行回归（见表 8.3）。回归结果显示：危机前阶段拟合度较全样本下降，利率的回归系数转为正值；危机后阶段拟合度较全样本上升，利率的回归系数负值更为显著。该分阶段回归结果印证我们之前的猜测：危机前后中国产出—利率关系可能确实发生了较为明显的变化，危机后产出对利率的反应似乎更为敏感。

---

① 我们分别以 2007 年第二季度至 2009 年第一季度之间各个时点为断点进行检验，发现 2007 年第四季度结果最显著。

② 该实证结果也与国际金融危机发生的时间点基本吻合。实际上，美国次级债危机 2007 年就已发生，2008 年 3 月贝尔斯登倒闭也是标志性的危机事件之一。此外，中国的金融市场尤其是证券市场也是在 2007 年 10 月达到高点后开始回落。

表8.3　　　　　　　　　IS 曲线方程的分阶段回归结果比较

	全样本 2002～2013Q1	阶段 1 2002～2007	阶段 2 2008～2013Q1
GDP_ GAP（-1）	0.645 ***	0.303	0.560 ***
	(0.108)	(0.242)	(0.107)
R_ D（-2）	- 0.625 **	2.572 *	- 1.010 ***
	(0.235)	(1.359)	(0.224)
C	1.643 **	- 5.308 *	2.842 ***
	(0.634)	(2.937)	(0.697)
R^2	0.538	0.471	0.770
DW 统计量	1.871	2.010	1.344

注：括号内数值为相应回归系数的标准差；*** 、** 、* 分别表示在99%、95%、90%的置信度下拒绝系数显著为零的 t 检验零假设。

但究竟是什么原因促成了上述变化？结合前述金融脱媒的理论文献，我们猜测金融市场融资结构的变化在一定程度上起到诱因作用，IS 曲线发生结构性变化的断点期间也是我国直接融资发展的一个高点（见图8.1）。如果这一猜测正确，那么产出缺口对利率的弹性（即 IS 曲线利率项的回归系数）应与中国金融脱媒指数有着直接联系。为此，参照 Estrella（2002）和 Roldos（2006）的方法，我们对式（8.2）的 IS 曲线进行适当修正，在其利率系数中引入上文中构建的中国金融脱媒指数，具体方程如式（8.3）所示。

$$GDP\_ GAP_t = C_1 GDP\_ GAP_{t-1} + （C_{21} + C_{22} DIF_t）R\_ D_{t-2} + C_3$$

$$(8.3)$$

其中，DIF_t 为 t 期金融脱媒指数[①]，新构建的利率项系数（$C_{21} + C_{22}$ DIF_t）随着金融脱媒指数而动态变化。

对式（8.3）的回归结果显示，附加金融脱媒指数的 IS 曲线方程

① DIF（Direct to Indirect Finance Ratio）是直接融资与间接融资比例的简写。

式（8.3）较原 IS 曲线方程式（8.2）的拟合度显著增高，DW 检验效果也更好（见表8.4）。产出缺口对利率弹性（利率项系数）的符号为负值，与预期一致。上述实证结果说明，随着金融市场脱媒程度的不断提高，利率对产出的影响日益明显，从而证明在中国价格型的货币政策传导途径更加显著。该结论与 Roldos（2006）对加拿大与宋旺（2011）对中国的研究结果大体一致，即在金融脱媒的推动下，利率在货币政策传导中的作用更加凸显。

表8.4　　　　　　　原 IS 曲线与附加脱媒 IS 曲线的回归结果比较

	原 IS 曲线	附加脱媒指数的 IS 曲线
C1	0.645 ***	0.646 ***
	(0.108)	(0.106)
C2	− 0.625 **	
	(0.235)	
C21		− 0.901 ***
		(0.287)
C22		0.725
		(0.451)
C3	1.643 **	2.039 ***
	(0.634)	(0.669)
R²	0.538	0.567
DW 统计量	1.871	1.904

注：C1 – C3 为式（8.2）、式（8.3）中对应的回归系数，括号内数值为相应回归系数的标准差；***、**、* 分别表示在99%、95%、90% 的置信度下拒绝系数显著为零的 t 检验零假设。

（二）开放经济下金融脱媒对货币政策传导的影响

以上实证分析都基于封闭经济体的情形，我们再将其拓展到开放经济条件下，验证相关结论是否成立。开放经济条件下，需要进一步考察影响 IS 曲线方程的一些外部因素。例如，McCallum & Nelson

（1999）将外国产出冲击引入到 IS 曲线。尽管实际汇率并没有作为独立变量纳入具有微观基础的总需求方程，但许多研究者和中央银行仍习惯将它放入 IS 方程中，例如 Berg，Karam & Laxton（2006）。借鉴这些成熟做法，我们尝试将外部经济产出缺口和汇率缺口纳入到开放经济下的 IS 曲线中来[1]。综合考虑数据可得性和有效性，外部经济增长变量使用 OECD 国家产出缺口[2]，汇率使用 BIS 计算的人民币实际有效汇率相对于长期趋势值的偏离[3]。在式（8.2）右端引入上述变量：

$$GDP\_GAP_t = C_1 GDP\_GAP_{t-1} + C_2 R\_D_{t-2}$$

$$+ C_3 GDP\_OECD\_GAP_{t-1} + C_4 REER\_GAP_{t-2} + C_5 \quad (8.4)$$

其中，$GDP\_OECD\_GAP_t$ 为 OECD 国家产出缺口，$REER\_GAP_t$ 为人民币实际有效汇率缺口。回归结果如表 8.5 所示，开放经济下全样本方程的拟合度较封闭经济有所提高，R^2 提高至 0.571%，但外部经济增长变量及汇率变量回归系数在 1% 和 5% 的显著性水平下未通过 t 检验[4]，说明外部经济增长和汇率对产出的影响并不明显。

开放经济条件下，分阶段回归结果与封闭经济模型结果基本类似。但是，第一阶段（2002～2007 年）决定系数较全样本提高，外部经济增长变量及汇率变量回归系数分别在 10% 和 5% 的显著性水平下通过 t 检验[5]；第二阶段（2008～2013 年第一季度）决定系数较全样本提高更为明显，外部经济增长变量及汇率变量回归系数未通过 t 检验。

开放经济下附加金融脱媒指数的 IS 曲线全样本拟合度较未附加金融

---

[1]　Berg、Karam & Laxton（2006）文中的 IS 曲线方程将即期的实际产出与过去（未来）的实际产出、实际利率、实际汇率相联系。该方程每个变量选取的都是与其均衡值的偏离值，也就是缺口（Gap）的概念。

[2]　与我国 GDP 产出缺口计算方法一样，用 OECD 国家实际 GDP 同比增速对其趋势值之差计算得到。其中，趋势值采用 HP 滤波法计算，lambda 选取 1600。

[3]　趋势值采用 HP 滤波法计算，lambda 选取 1600。

[4]　汇率变量选择名义有效汇率时的结果也类似。

[5]　即便如此，汇率变量的回归系数符号为正，这与我们所理解的汇率升值可能会降低经济增长的经验不符。

脱媒指数的方程要高一些，而且汇率项回归系数在 10% 的显著性水平下通过 t 检验。开放经济下附加金融脱媒指数的 IS 曲线方程分阶段拟合度更为显著，尤其在阶段 2（2008～2013 年第一季度）R^2 到了 0.845，说明随着金融脱媒程度的加深，利率对金融乃至经济的影响日益加深，货币政策传导更为通畅。但在开放经济条件下，外部产出增长及汇率的引入并未显著增强对中国产出增长的解释能力，这可能说明中国经济增长仍然主要依赖内生周期，与外部经济尤其是 OECD 国家经济增长的同步性仍不强，呈现出经济周期的脱钩特征（Decoupling）。

表 8.5　开放经济条件下原 IS 曲线与附加金融脱媒 IS 曲线的回归结果比较

	开放经济下 IS 曲线			开放经济下附加金融脱媒指数 IS 曲线		
	全样本	阶段 1	阶段 2	全样本	阶段 1	阶段 2
GDP_ GSP（−1）	0. 637 ***	− 0. 013	0. 680 ***	0. 637 ***	− 0. 050	0. 676 ***
	(0. 145)	(0. 235)	(0. 176)	(0. 140)	(0. 211)	(0. 162)
R_ D（−2）C2	− 0. 687 ***	2. 325 *	− 1. 041 ***			
	(0. 235)	(1. 293)	(0. 245)			
C21				− 1. 021 ***	2. 443 *	− 1. 266 ***
				(0. 286)	(1. 159)	(0. 254)
C22				0. 855 *	2. 114 **	0. 648 *
				(0. 444)	(0. 927)	(0. 335)
GDP_ OECD_ GAP（−1）	0. 030	0. 979 *	− 0. 039	0. 034	0. 735	− 0. 023
	(0. 131)	(0. 480)	(0. 121)	(0. 126)	(0. 443)	(0. 112)
REER_ GAP（−2）	0. 050	0. 111 **	0. 047	0. 058 *	0. 107 ***	0. 064 *
	(0. 031)	(0. 040)	(0. 037)	(0. 031)	(0. 036)	(0. 036)
C	1. 798 ***	− 5. 035 *	2. 938 ***	2. 291 ***	− 5. 657 **	3. 182 ***
	(0. 634)	(2. 739)	(0. 752)	(0. 664)	(2. 468)	(0. 706)
R^2	0. 571	0. 650	0. 807	0. 610	0. 736	0. 854
DW 统计量	1. 943	2. 194	1. 621	2. 015	2. 183	1. 770

注：该表的阶段划分与封闭经济条件下一致，阶段 1 为 2002～2007 年，阶段 2 为 2008～2013 年第一季度；C2 为原 IS 曲线利率项回归系数，C21、C22 分别为附加金融脱媒指数 IS 曲线中利率项、利率与金融脱媒指数交叉项的回归系数，括号内数值为相应回归系数的标准差；***、**、* 分别表示在 99%、95%、90% 的置信度下拒绝系数显著为零的 t 检验零假设。

四、小结

随着资本市场发展以及金融创新的不断深化，近年来中国的直接融资相对间接融资的比例提升较快，金融脱媒现象明显。从国际经验和历史文献来看，金融脱媒的变化对各国货币政策传导机制的影响十分复杂，难以得到普适性的结论。本章结合中国的有关数据，在定量测度金融脱媒程度的基础上，分别考察了封闭经济和开放经济条件下后顾性新凯恩斯 IS 曲线。实证结果发现，引入金融脱媒因素显著增强了中国 IS 曲线中名义利率对产出缺口的弹性，表明金融脱媒可能促使中国货币政策的利率传导机制更加有效。

上述结论有着深刻的现实意义和重要的政策含义：一方面，我国直接融资和金融脱媒的迅速发展，使得实际产出对资金要素价格的变化更加敏感，这有利于发挥利率的资源配置作用。发展直接融资除可以有效分散市场风险之外，还有助于提升整个经济体系的运行效率。另一方面，金融脱媒将加速促进我国货币政策从数量型调控方式向价格型调控方式转变。应更加关注融资结构变化，强化对其传导机制特别是利率传导效果的研究，增强逆周期金融宏观调控的前瞻性和科学性，更好地服务于实体经济发展。

第四部分

量价调控与政策转型：结构问题制约

第九章　数量型调控转向价格型调控 I：
投融资体制的掣肘

　　研究中国货币政策，不能忽视经济金融领域中特殊的体制性和结构性因素。本部分的如下几章将先从现行投融资体制下企业的过度投资行为谈起，之后探讨信贷市场中结构性扭曲，并分析政府行为在宏观经济周期中的特殊作用。我们注重上述因素与货币之间的动态变化，这既是货币政策运行的现实背景，也是其能否顺利转型的重要约束条件。

一、高投资发展模式下的货币运行特征

　　长期以来，投资是拉动我国经济高速增长的主要"引擎"。尤其是 2008 年国际金融危机之后，我国外需增长乏力，投资更是成为拉动经济增长的主力军。如图 9.1 所示，2001～2013 年，我国投资规模一直保持高位增长，投资与 GDP 平均占比达到 43.5%，高出全球平均水平约 20 个百分点。尤其是 2008 年之后我国投资与 GDP 占比快速上升，到 2013 年达 47.8% 的历史高位，高投资模式在拉动经济的同时，也容易引发资金使用效率不高、产能过剩、金融风险积聚等突出问题。

　　值得注意的是，近年来与我国投资高速增长相伴随的是市场利率的明显上行和货币总量的不断扩张。图 9.2 描述了国际金融危机以来我国贷款利率和投资/GDP 的走势，从中可以看出，近年来投资与 GDP 占比显著上升的同时，金融机构贷款加权平均利率也呈现出上行态势，这种投资与利率同向变动的"异常"现象值得我们仔细思考。与此同

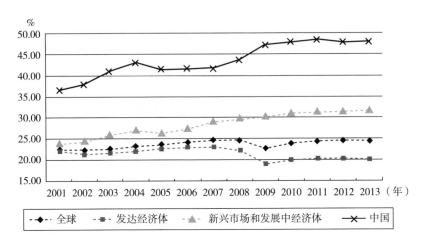

来源：笔者根据 IMF 数据计算整理。

图 9.1　投资占 GDP 的比重：国际比较

时，我国的货币总量也在不断扩张，如图 9.3 所示，自 2007 年至 2013 年，M2 增长了 173%，且大量资金流向房地产、政府融资平台等领域，对其他经济主体的资金需求产生了挤出效应，同时也可能推高了资金成本，引致部分市场主体"融资难、融资贵"等结构性问题凸显（伍戈、殷斯霞，2013）。结构性问题反过来也使得货币政策的总量效果受到影响[①]。

　　上述经济现象引发了我们的一系列思考：近年来中国企业是否存在过度投资行为？在资金成本高企的情况下，为何投资增长依然很快，企业投资对资金成本变动的敏感性究竟如何？货币总量扩张与企业投资之间是否有某种联系？基于此，我们觉得有必要着重考察微观企业的过度投资行为与利率变动和货币扩张之间的关系（伍戈、张旭梅，

---

　　①　参见中国人民银行货币政策分析小组：《2013 年第四季度中国货币政策执行报告》，北京：中国金融出版社，2014。

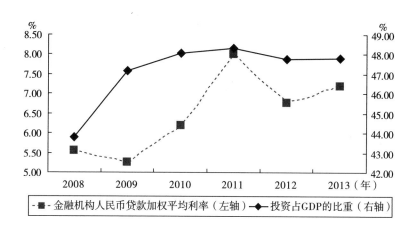

来源：笔者根据 Wind、IMF 数据计算整理。

图 9.2　国际金融危机以来中国的利率与投资走势

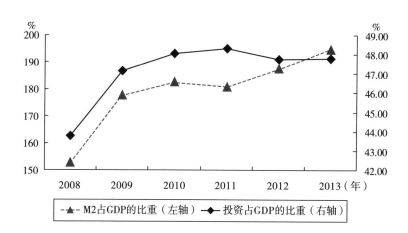

来源：笔者根据 Wind、IMF 数据计算整理。

图 9.3　国际金融危机以来中国的货币（M2）与投资走势

2014)[1]。目前研究企业投资与宏观政策变量之间关系的文献大都基于
货币政策传导机制的角度[2]。我们创新性地从我国上市公司入手，将微
观层面的企业投资与宏观政策变量（利率和货币总量）结合起来进行
研究。首先，我们将测度企业的过度投资水平，并分析过度投资企业
的所有制情况；然后，分别考察过度投资和非过度投资企业的投资对
利率变动的敏感程度；之后，检验上述两类企业的投资与货币总量扩
张之间是否存在因果关系；最后，给出若干基本结论并提出相应的政
策建议。

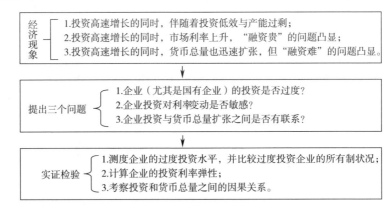

图9.4 本章的逻辑框架

二、货币数量、利率与企业投资行为：基本假设

（一）研究文献回顾

基于上述逻辑，我们主要从企业的过度投资这个微观视角入手，

---

① 详见伍戈、张旭梅：《过度投资、利率变动与货币扩张——基于中国的实证研究》，工作
论文，2014。
② 事实上，如何尽可能地挖掘宏观变量（如利率、货币供应量）与微观变量（如企业投
资）之间的有机联系是此类研究面临的最大挑战。

对过度投资与利率、货币总量的关系进行文献梳理。

1. 关于企业过度投资的研究

一般经济理论认为，投资项目的净现值是企业投资是否合理的判定标准，如果净现值为正，则认为投资是合理的；反之，则认为是过度投资。现有研究主要提出了两种测度企业过度投资的基本方法：一是 Vogt（1994）构建的包含投资机会、现金流及其交互项在内的计量模型，可以根据交互项系数的符号来判断该公司整体为过度投资还是投资不足；二是 Richardson（2006）提出的残差度量模型，该模型可以用于衡量特定公司在特定年度的过度投资程度，这在国内很多研究过度投资的文献中得到了应用[①]。

基于上述测度方法，有关文献从不同角度找寻企业是否存在过度投资及其原因的经验证据。Devereux & Schiantarelli（1990）发现，企业规模越大，投资现金流相关性越高，代理问题越严重，过度投资行为也越严重。Strong & Meyer（1990）发现剩余现金流与任意投资显著正相关。Vogt（1994）对规模较大、股利水平较低企业投资行为的研究发现，过度投资行为导致了显著的投资现金流相关性。叶生明（2006）研究发现，国有企业因为双重目标的存在有过度投资倾向。张功富和宋献中（2009）构建了一个非效率投资度量模型，利用工业类上市公司的数据进行实证度量，从而发现投资过度的公司。杨华军和胡奕明（2007）、魏明海和柳建华（2007）、唐雪松等人（2010）的研究证明，政府干预程度越高，企业的过度投资问题越严重。此外，由于企业（如国有企业）更容易获得资金，过度投资的可能性更大，例如，罗党论等人（2012）研究发现，相对民营企业，国有企业通过更易获取银行授信从而对自由现金流过度投资的推动作用更为显著。

---

① 如辛清泉等人（2007）、唐雪松等人（2010）、谭燕等人（2011）以及罗党论等人（2012）。

2. 关于企业投资与利率关系的研究

一般而言，资金成本是影响企业投资行为的重要因素。负债会约束管理者的过度投资倾向，从而提高投资效率（Jensen & Meckling，1976；Jensen，1986；Stulz，1990）。但是，针对中国企业的研究结论可能并非如此。秦朵和宋海岩（2003）使用 1989~2000 年的中国分省面板数据研究发现，资本价格对中国投资需求几乎无影响。此外，还有两篇文献基于新古典投资理论框架，通过动态面板数据模型估计了企业投资对资本成本的敏感性系数：一是彭方平和王少平（2007）实证检验了利率政策的微观有效性问题，结果发现我国上市公司投资对资金成本的敏感系数偏小；二是徐明东和陈学彬（2012）估计了工业企业投资的资本成本敏感性，发现私营和外资企业的投资对资本成本较为敏感，但国有和集体企业较不敏感。另外，还有文献通过构建线性回归模型验证企业投资与利率之间的关系，如赵玉成（2006）研究发现我国生产性企业投资率与利率存在正相关的作用；宋芳秀等人（2010）研究发现房地产业上市公司的投资对利率变化缺乏弹性。

3. 关于企业投资与货币总量关系的研究

这方面的研究主要是从货币政策的传导渠道入手，着重分析企业投资与货币总量之间的关系。货币政策一般会通过信贷和货币渠道对企业投资行为产生影响（Christina & David，1993）。Bernanke & Gertler（1995）分析了信贷渠道的作用机理，认为货币政策通过影响银行可贷资金规模和企业的资产负债表质量（或财富净值），进而影响企业的投融资决策。国内很多研究支持我国货币扩张与企业过度投资之间存在联系。例如，李治国等人（2010）的研究表明，在转型时期的经济分割环境下，资本形成与货币扩张之间存在长期稳定的互动关系和正循环过程，即企业过度投资受到信贷扩张的显著影响，且货币扩张也会受到过度投资和资本加速形成的显著影响。俞鸿琳（2012）在考察银行贷款对公司投资效率的影响时发现，国有公司获得贷款后的投资状况与无贷款时相比，其行为将发生显著变化（即会出现过度投资），但非国有公司的行为改变并不显著。黄志忠等人（2013）从企业投资层面研究发现，宽松的货币政策在缓解企业融资约束的同时，也促进了其扩张投资。

（二）对中国的若干理论假设

下面，我们首先找寻中国的上市企业是否存在过度投资的证据。之后，以此为切入点尝试研究企业投资的利率敏感性，并探索货币总量扩张与企业过度投资之间的因果关系，从而为货币政策调控及相关改革提供一些实证方面的参考（如图9.4所示）。结合现实情况，我们提出了如下三方面的理论假设：

1. **假设 H1**：我国企业存在着明显的过度投资问题，且国有企业比其他类型企业更容易发生过度投资。

在经济转型时期，我国企业的融资渠道相对较窄，且其投融资决策往往易受行政干预。这种情况不仅出现在由地方政府主导的公共项目与基础设施建设中，还体现在辖区各类企业的投融资活动中。由于政府实际控制着中国证券市场上大约2/3的上市公司（唐雪松等人，2010），所以地方政府对辖区上市公司有着较强的影响力。为实现GDP增长等目标，地方政府往往通过各种方式"控制"经济资源，从而可能引致上市公司的过度投资。

此外，我国大部分的国有上市公司是由传统国有企业改制而来，其控股股东一般为各级地方政府等（或者国有资产管理部门），并承担着"政策性负担"（林毅夫等人，2004）[①]。地方政府的诸多公共治理目标都依赖于其辖区内的上市公司，所以这些企业容易成为政府干预

---

① 林毅夫、刘明兴、章奇（2004）明确指出，我国企业承担着诸多战略性政策负担和社会性政策负担。

的对象。值得一提的是，我国许多大型商业银行也是国有控股的，国有商业银行有特殊的贷款行为，对不同贷款对象存在着股权性质上的偏好（俞鸿琳，2012）。相应地，由于受到政府显性或隐性的担保，有政府或国有"背景"的企业获得贷款的可能性更大，因此其扩张投资所需的资金来源相对更有保障。总之，在过去相当长一段时间内，各级政府追求高经济增长等目标的体制下，我国企业（尤其是国有企业）往往表现出高涨的投资热情和强烈的融资意愿，从而容易引发盲目投资、过度投资等问题。基于此，我们提出上述假设 H1。

2. **假设 H2**：我国过度投资企业的投资对利率变动可能并不敏感。

对于有着严格预算约束的企业，经理人或控股股东在做投资决策时会更多考虑融资成本的影响，权衡企业扩大投资和增加融资带来的收益与支出。但对于我国企业（特别是国有企业）而言，其在投资失败时政府往往会给予各种形式的援助（Dewatripont & Maskin，1995；林毅夫等，2004）。软预算约束预期越强，企业受到的债务约束就越弱，其投资对资金成本的敏感性就越低。辛清泉等（2007）研究发现，我国上市公司的投资回报低于资金成本，二者的比值平均只有 0.52，且国有上市公司的投资回报不及私有产权控制的上市公司。根据白重恩（2013）的测算①，我国企业的投资回报率呈逐年下降趋势，1993年为 15.67%，2000～2008 年为 8%～10%，到 2012 年降低至 2.7%。尽管如此，我国企业的投资增长依然保持较高的水平，企业投资与资金成本的同向变动可能反映出企业投资对利率变动的敏感度较弱。基于以上分析，我们预期过度投资企业的投资对利率变动可能更不敏感，由此提出上述假设 H2。

3. **假设 H3**：货币总量过度扩张可能是我国企业过度投资的诱因之一。

---

① 详见白重恩：《2012 年中国投资回报率仅 2.7%》，载《第一财经日报》，2013 - 07 - 30。

　　企业能否更容易地筹集到资金，是其能否进行过度投资的外部决定因素之一。从这个角度看，企业过度投资的行为可能与货币信贷总量扩张之间存在关联。事实上，现阶段我国企业主要还是依赖银行贷款，货币政策也主要通过信贷渠道等影响企业的投资行为。过多的货币信贷投放可能导致处于产业结构调整期的过剩行业调整步伐放缓，甚至进一步加剧过度投资、产能过剩及金融风险等一系列问题。基于此，我们提出上述假设 H3，即货币总量过度扩张可能是造成企业过度投资的诱因。

三、货币数量、利率与过度投资的关联：量化分析

　　下面我们综合采用多种定量分析方法，实证检验上述假设。具体的：

（一）对假设 H1 的检验：我国企业是否存在过度投资，且国有企业是否更容易发生过度投资

1. 检验方法

过度投资是相对于企业的合理投资水平而言的，反映了投资行为的扭曲。我们可以定义实际投资偏离合理投资水平的部分为非效率投资。因此，测度过度投资的前提是对合理投资水平的估算。根据 Richardson（2006）提出的模型，企业的合理投资水平是由其成长机会、财务状况、现金持有量等因素决定的，据此可估算企业的合理投资水平；然后，用实际投资与合理投资水平估算值之差（即模型中的残差项）来代表企业的过度投资。残差为正表示过度投资，反之则为非过度投资。本节借鉴该方法的基本思路，并结合中国的现实，构建如下计量模型：

$$I_{NEW,t} = \alpha + \beta_1 Growth_{t-1} + \beta_2 Leverage_{t-1} + \beta_3 Cash_{t-1}$$

$$+ \beta_4 Age_{t-1} + \beta_5 Size_{t-1} + \beta_6 Stock\ Returns_{t-1}$$

$$+ \beta_7 I_{NEW,t-1} + \beta_8 \sum YearIndicator + \beta_9 \sum IndustryIndicator + \varepsilon_t$$

$$(9.1)$$

上述模型中各变量的具体定义详见表 9.1。我们可根据该模型计算
得到各样本的残差结果，来考察我国上市企业的过度投资情况。接着，
我们还将按照企业的实际控制人性质①，将企业分为国有企业和非国有
企业两类，分别比较这两类企业的过度投资情况，从而进一步检验假
设 H1。

表 9.1   **变量说明**

变量符号	名称	说明
I_{NEW}	新增投资	该变量取值为（总投资－维持性投资）/年初总资产。具体的：总投资为现金流量表中"购建固定资产、无形资产和其他长期资产支付的现金＋投资支付的现金＋取得子公司及其他营业单位支付的现金净额－处置固定资产、无形资产和其他长期资产收回的现金净额－处置子公司及其他营业单位收到的现金净额"。维持性投资为现金流量表中"固定资产折旧、油气资产折耗、生产性生物资产折旧＋无形资产摊销＋长期待摊费用摊销"。
$Growth$	成长机会	Tobin Q 值
$Leverage$	财务杠杆	资产负债率
$Cash$	现金持有量	（货币资金＋交易性金融资产＋短期投资净额）/年初总资产
Age	上市年限	自上市以来的年数，取自然对数
$Size$	企业规模	年初总资产的自然对数
$Stock\ Returns$	股票回报率	考虑现金红利再投资的个股回报率

———————

① 参考 CSMAR 上市公司股东研究数据库关于企业性质的分类标准，我们可以区分企业的
所有制性质。

续表

变量符号	名称	说明
YearIndicator	年度控制变量	该变量用于控制年度效应。本研究样本期为 13 年，年度控制变量设置 12 个，即样本企业数据所属年份若相同则该年度控制变量取 1，其余则取 0
IndustryIndicator	行业控制变量	该变量用于控制行业效应。按照证监会 2012 年行业分类标准，结合本样本企业的行业类型，行业控制变量设置 16 个，即样本企业所属行业若相同则该行业控制变量取 1，其余则取 0
ε	非效率投资	残差项（为正表示过度投资，反之表示非过度投资）

注：1. 总投资相关数据根据现金流量表（直接法）获得，维持性投资相关数据根据现金流量表（间接法）获得；2. Tobin Q 值使用 CSMAR 上市公司财务指标分析数据库中 Tobin Q 值 A =〔（股权市值 + 净债务市值）/ 期末总资产〕，其中非流通股权市值用净资产代替计算；3. 股票回报率取自 CSMAR 股票市场交易数据库年个股回报率文件中"考虑现金红利再投资的年个股回报率"。

关于模型（9.1）的系数符号，根据 Tobin Q 理论，由于企业投资支出是预期成长机会的增函数，所以我们初步预期 $Growth_{t-1}$ 的系数符号为正；鉴于大量研究投资决策影响因素的文献均表明，企业投资水平与其财务杠杆和上市年限呈负相关关系，且与其现金持有水平、公司规模、上一年的股票收益率呈正相关关系（Fazzari，Hubbard & Petersen，1988；Hubbard，1998；Lamont，2000；Barro，1990），所以我们也初步预期 $Leverage_{t-1}$ 和 Age_{t-1} 的系数符号为负，$Cash_{t-1}$，$Size_{t-1}$，$StockReturns_{t-1}$ 的系数符号为正；此外，企业的投资行为往往具有一定"惯性"，即上一年的投资与当期投资呈正相关关系，所以我们也初步预期 $I_{NEW,\ t-1}$ 的系数符号为正。

2. 样本选取

我们选取我国证券市场的所有 A 股公司为研究样本，样本区间为 2001 ~ 2013 年，数据取自 CSMAR 数据库。在进一步的定量分析之前，

我们对原始数据进行了初步筛选。过程如下：（1）在总样本中剔除截
至 2013 年末终止上市的 28 家公司和 100 家特殊处理类公司[①]；（2）剔
除各年样本中的金融类公司[②]，因为金融行业高负债、高杠杆的特点，
其经营活动存在一定的特殊性；（3）剔除各年样本中发行 B 股和 H 股
的公司，这类公司与其他 A 股公司可能面临不同的监管和经营环境；
（4）剔除各年样本中控制权发生变更的公司[③]，因为控制权变更可能会
影响企业的投资行为；（5）剔除数据不全的样本公司。经过上述处理，
我们最终获得研究样本 14960 个（样本筛选详情见表 9.2）。为消除异常
值的影响，我们还对主要变量首尾各 1% 的取值进行了缩尾处理。

表 9. 2　　　　　　　　　　　样本筛选情况

年份	2001	2002	2003	2004	2005	2006	2007
初始样本公司	1032	1099	1166	1263	1277	1343	1464
剔除：							
金融行业公司	17	18	20	20	20	22	33
发行 B 股公司	80	80	80	80	80	80	80
发行 H 股公司	28	31	33	33	34	38	48
控制权变更公司	83	80	87	38	72	92	71
数据不全公司	182	131	125	173	108	76	162
最终样本公司	642	759	821	919	963	1035	1070
年份	2008	2009	2010	2011	2012	2013	总数
初始样本公司	1538	1637	1983	2264	2419	2421	20906
剔除：							
金融行业公司	33	35	40	43	44	44	389
发行 B 股公司	80	80	80	80	80	80	1040

①　特殊处理类公司包括 S、ST、*ST、S*ST、PT 类公司。

②　按照《证监会 2012 年行业分类指引》确定金融类上市公司。

③　参考 CSMAR 上市公司股东研究数据库股权变更文件中 "是否影响公司控制权的变化" 来
确定是否变更。

续表

年份	2008	2009	2010	2011	2012	2013	总数
发行 H 股公司	53	55	58	61	67	67	606
控制权变更公司	57	70	49	59	47	44	849
数据不全公司	202	202	453	633	444	171	3062
最终样本公司	1113	1195	1303	1388	1737	2015	14960

注：表中的初始样本公司已剔除终止上市公司和特殊处理类公司。

3. 描述性统计

从各变量的描述性统计表 9.3 中可看出，2001~2013 年，我国上市公司平均新增投资占总资产的比重约为 7.46%。但不同企业在不同年份的投资水平差异较大，其中，最大值为 73.63%，最小值为 -9.55%（负号表示当年缩减了投资）。

表 9.3 描述性统计结果

变量	均值	中位数	最大值	最小值	标准值
I_{NEW}	0.0746	0.0378	0.7363	-0.0955	0.1275
Growth	1.6871	1.3489	6.7845	0.6840	1.0082
Leverage	0.4850	0.4855	1.3469	0.0549	0.2214
Cash	0.2082	0.1639	0.7912	0.0041	0.1633
Age	2.1218	2.1972	2.9957	1.0986	0.5453
Size	21.2924	21.1652	24.3628	19.0550	1.0329
Stock Returns	0.2556	-0.0653	3.6967	-0.7347	0.8652

4. 检验结果

表 9.4 为上述过度投资模型（9.1）的实证回归结果。为了避免异方差对回归模型的影响，回归结果经过了加权最小二乘法异方差调整。由表中结果可知，解释变量中除了上市年限变量 Age_{t-1} 的回归系数不显著外（且系数符号与预期也不一致），其余变量的回归系数均显著且与

预期符号一致。①

表9.4 模型估计结果

变量	预期符号	系数
C		-0.0333
		(-1.2579)
$Growth_{t-1}$	+	0.0049^{***}
		(6.6311)
$Leverage_{t-1}$	$-$	-0.0375^{***}
		(-9.1225)
$Cash_{t-1}$	+	0.1136^{***}
		(17.9111)
Age_{t-1}	$-$	0.0022
		(0.9478)
$Size_{t-1}$	+	0.0021^{*}
		(1.816)
$Stock\ Returns_{t-1}$	+	0.0072^{***}
		(4.4242)
$I_{NEW,t-1}$	+	0.5316^{***}
		(63.4975)
YearIndicator	/	控制
IndustryIndicator	/	控制
N		14960
R^2		0.3169

注：表中括号内数字为 t 统计量；***、**、* 分别代表显著性水平 1%、5%、10%。

---

① 值得说明的是，现有文献对成长机会指标（Growth）的选择存在不同看法。有些文献选用 Tobin Q 作为成长机会指标，但其实证分析结果显示系数不显著，如辛清泉等（2007）、张洪辉等（2010）、谭燕等（2011），他们分析其原因可能是由于受中国证券市场有效性的影响，使用该指标会使度量有所偏差。有些文献则选用企业营业收入增长率或总资产增长率作为替代指标，如唐雪松等（2010）、向杨（2012），研究发现系数符号为正且显著。我们的实证结果显示，Tobin Q 作为成长机会指标的系数显著并且与预期符号一致，这可能与本研究样本期较长有关。另外我们还曾分别尝试使用过销售收入增长率和总资产增长率作为成长机会指标的替代变量，结果显示显著，但其系数均为负，与预期符号不一致。

根据过度投资模型（9.1）的检验结果，残差为正（即发生过度投资）的企业样本共计有 5552 个，占到样本总量的 37.11%，表明接近四成的企业样本可能存在投资过度行为。根据企业的实际控制人性质判断，[①] 在国有企业中发生过过度投资的企业占比达 89.3%，而在非国有企业中发生过过度投资的企业占比为 66.45%。该结果表明，国有企业相对于非国有企业发生过度投资的概率更大。以上实证结果可以证明假设 H1 是基本成立的。[②]

（二）对假设 H2 的检验：过度投资企业的投资对利率可能更不敏感

1. 检验方法

下面我们将在上述过度投资模型检验结果的基础上，分别针对过度投资和非过度投资企业检验其投资对利率的敏感性。具体的：首先，分别构建各样本企业的投资利率弹性系数 e，其计算公式为投资变动率/利率变动率。具体的，投资变动率 $= (I_t - I_{t-1})/I_{t-1} \times 100\%$，利率变动率 $= R_t - R_{t-1}$；然后，分别计算过度投资企业和非过度投资企业的弹性平均值，观察对比其符号和系数大小，以验证假设 H2。

2. 指标说明

本部分投资指标我们继续沿用模型（9.1）中的新增投资指标，即

---

① 全样本共涉及 2342 家企业，包括 1093 家国有企业和 1249 家非国有企业。

② 此外，我们发现国有企业和非国有企业中发生过度投资的企业样本占总样本的比例基本相当，都为 37% 左右，该结果可能表明中国上市公司的投资行为可能有一定趋同性。例如，陈德球等（2013）也认为，由于在中国经济转型过程中，企业投资环境面临很多不确定性，政府对市场干预较多，提高了企业的交易成本，企业没有动力去采集投资所需的专有信息，而是依赖于市场公开信息，根据其他公司的投资决策，采取模仿性投资，导致各类公司的投资存在同步性。

I_{NEW}①。为有效验证不同利率变动对投资的影响，并考虑到数据的可得性，我们选用两类利率指标：一是银行间同业拆借加权利率②；二是贷款基准利率，即按照中央银行公布的利率调整表经加权平均计算的利率③。企业在做投资决策时往往会考虑通货膨胀因素，因此我们选用经CPI平减后的实际利率指标。此外，由于利率对投资决策的影响可能存在一定的滞后效应，因此在计算利率变动率时，我们将分别考察滞后1期和滞后2期的影响，即 $R_t - R_{t-1}$ 和 $R_{t-1} - R_{t-2}$ 两种情况。

3. 检验结果

表9.5分别列出了企业投资对各种实际利率的弹性系数。其中，第1、2、4列都显示，过度投资企业的弹性系数为正，表明该类企业投资与利率变动呈"异常"的正相关性，即随着资金成本上升，企业投资不降反增；但非过度投资企业的弹性系数为负，表明该类企业投资与利率变动呈现出正常的负相关性，即随着资金成本上升，企业会减少投资。第3列显示，两类企业的利率弹性系数均为正，但过度投资企业的利率弹性系数（3.82）远大于非过度投资企业（0.76），当表明利率上升时，过度投资企业增加投资的"非理性程度"远大于非过度投资企业。以上四种情况均能反映，相对于非过度投资企业，过度投资企业的投资与利率变动均呈现正向变动关系，投资对利率的正常敏感关系在该类企业中并不存在，此结果与假设H2基本相符。

---

① 如表9.1所示，企业的总投资分为维持性投资和新增投资两部分。前者表示企业用于维持现有营运资产的投资，包括折旧和摊销；后者表示企业用于新项目的投资支出。企业对固定资产和长期性经营资产的折旧摊销属于必要支出，这部分投资的增加与减少不会受资金成本变动的直接影响，因此在考察企业的投资利率弹性时，应将这部分投资排除在外，着重考虑新增投资。

② 以银行间同业拆借交易量作为权重。

③ 以利率执行时间作为权重。

表9.5	上市企业的投资利率弹性			
	e_1	e_2	e_3	e_4
过度投资企业	14.44	21	3.82	12.09
非过度投资企业	-0.32	-0.15	0.76	-0.13

注：弹性计算的基本公式为 $\dfrac{(I_t - 1_{t-1})/I_{t-1} \times 100\%}{R_t - R_{t-1}}$；$e_1$ 和 e_2 表示按照银行间同业拆借利率计算的实际利率，但前者分母为 $R_t - R_{t-1}$（表示滞后 1 期的利率变动），后者分母为 $R_{t-1} - R_{t-2}$（表示滞后 2 期的利率变动）；e_3 和 e_4 则表示按照 1 年期贷款基准利率计算的实际利率，类似地，前者分母为 $R_t - R_{t-1}$，后者分母为 $R_{t-1} - R_{t-2}$。

（三）对假设 H3 的检验：货币总量过度扩张可能是企业过度投资的诱因之一

1. 检验方法

我们应用基于面板数据的格兰杰因果检验来分析企业的过度投资与货币总量扩张之间的关系。由于样本中每一年的企业数量不同，因此总样本是一个非平衡面板数据。具体检验过程分为两步：首先，利用面板数据的单位根检验方法对其进行单位根检验；在此基础上，根据 Hurlin & Venet（2001）以及 Hurlin（2004a，2004b）提出的面板数据格兰杰因果检验方法，运用 Eviews 8.0 软件对其进行因果关系检验[①]。

2. 指标说明

上述过度投资模型中的残差项代表企业的非效率投资，即残差越大则表示企业投资失衡程度越严重，因此我们在检验货币扩张是否是导致企业过度投资的原因时，也选用残差项代表企业的过度投资程度。此外，选用货币供应量 M2 同比增速作为货币总量扩张的指标。

[①] 具体检验步骤是根据 Eviews 8.0 软件中 Panel Unit Root Testing 和 Panel Causality Testing 的有关说明进行操作的。

3. 检验结果

（1）单位根检验。首先，我们对过度投资水平（即残差项）以及 M2 增长率两个变量进行单位根检验。基于不同的数据生成过程，计量经济学家提出了多种面板数据的单位根检验方法。为保证结果的稳健性，我们分别选择了 LLC 检验、IPS 检验、Fisher - ADF 和 Fisher - PP 检验四种方法进行单位根检验（见表9.6）。结果表明，经四种方法检验，过度投资水平和 M2 增长率均不存在单位根，这两个变量在 1%、5% 和 10% 的显著性水平下，均通过平稳性检验。

表 9. 6　　　　　　　　　　　单位根检验

| 检验方法 | 过度投资企业 | | | | 非过度投资企业 | | | |
| | 过度投资水平 | | M2 增长率 | | 过度投资水平 | | M2 增长率 | |
	统计值	P 值	统计值	P 值	统计值	P 值	统计值	P 值
LL	- 43. 053	0. 0000	- 68. 7585	0. 0000	- 19. 0503	0. 0000	- 74. 6222	0. 0000
IPS	- 49. 5074	0. 0000	- 36. 0999	0. 0000	- 78. 0165	0. 0000	- 39. 1785	0. 0000
ADF	1159. 33	0. 0000	6007. 92	0. 0000	4496. 95	0. 0000	7076. 32	0. 0000
PP	1279. 74	0. 0000	5916. 98	0. 0000	5201. 79	0. 0000	6969. 21	0. 0000

（2）因果性检验。表9.7列出了对面板数据进行滞后两期的格兰杰因果检验结果，可以看出：对于过度投资企业，在5%显著性水平下拒绝零假设，即货币扩张可能是造成其过度投资的格兰杰原因，但反过来，过度投资并不是造成货币扩张的格兰杰原因。对于非过度投资企业，在5%显著性水平下不能拒绝零假设，即不能说明企业过度投资与货币总量扩张二者之间存在格兰杰因果关系。总之，上述结果可以基本验证假设 H3，即中国上市公司的过度投资行为与货币总量扩张之间有一定联系，货币过度扩张有可能诱发微观企业的过度投资行为。

表 9.7　　　　企业过度投资和货币总量扩张的 Granger 因果检验

	零假设	F 统计量	P 值	结果
过度投资企业	货币扩张不是过度投资的格兰杰原因	4.9627	0.0131	拒绝
	过度投资不是货币扩张的格兰杰原因	1.7285	0.1783	不拒绝
非过度投资企业	货币扩张不是投资不足的格兰杰原因	2.3445	0.0961	不拒绝
	投资不足不是货币扩张的格兰杰原因	1.7589	0.1724	不拒绝

专栏 5　"结构性"货币政策的是与非

从传统宏观经济理论来看，货币政策是一种总量型的需求管理政策。但在实践中，特别是 2008 年国际金融危机爆发以来，通过开展各种定向操作疏通货币政策传导机制成为主要经济体中央银行的新动向①，意在引导资金通过信贷等途径流向实体经济及其特定领域，结构性货币政策似乎日益成为宏观调控的重要组成部分（李波、伍戈、席钰，2015）②。当前，我国经济面临着结构调整、转型的压力，社会上不少人士对通过货币政策解决结构性问题寄予厚望。③

从当前"结构性"货币政策产生的原因来看，可能主要有以下两方面：

---

①　例如，美联储推出定期证券借贷便利（Term Security Lending Facility，TSLF）、商业票据融资工具（Commercial Paper Funding Facility，CPFF）、定期资产支持证券贷款工具（Term Asset Lending Facility）等。英国央行联合财政部推出融资换贷款计划（Funding for Lending，FLS），重点支持银行对中小企业和家庭放贷。欧央行推出定向长期再融资操作（Targeted Long‒term Refinancing Operation，TLTRO）。日本央行推出贷款支持计划（Loan Support Program）等。

②　详见李波、伍戈、席钰：《论"结构性"货币政策》，载《比较》，2015（2）。

③　近年来，我国中央银行使用的"结构性"货币政策工具包括定向降准、差别存款准备金率、定向再贷款，包括支农再贷款和支小再贷款等。特别是 2014 年以来，中央银行定向降准、扩大定向再贷款规模、推出新工具抵押补充贷款（PSL）等，在提供基础货币的同时，也体现出定向支持特定领域和部分金融机构的结构性特点。还有观点认为，稳出口的汇率政策也具有"结构性"的特点。

一方面，各国都面临财政政策短期"不给力"、长期"不审慎"的问题①。财政政策和货币政策的具体实施与各国民主政治的制度安排有密切联系。财政政策的实施一般需要经过法定的程序和规范的审批手续，其出台不可避免地在政治上会遇到较大的阻力，往往造成财政政策在短期不"给力"的情况。货币政策相对财政政策更加灵活，国际上许多中央银行也具有较强的独立性，货币政策的制定和实施一般不需要经历议会较长时间的审议程序。从理论上来讲，对部分经济的结构性调整应属于财政政策范畴，通过财税政策来解决，然而财政政策面临的制度约束导致货币政策被动"承担"一些结构性调整的任务。财政政策的长期"不审慎"也会对货币政策的制定和执行带来压力。此次欧债危机就是一个典型的例子，财政政策的"不审慎"迫使货币政策不得不以超常规的手段来救助金融体系并刺激经济，包括诸多"结构性"货币政策工具的使用。

另一方面，国际金融危机以来金融机构资产负债表严重受损、扭曲部门存在预算软约束问题等进一步导致总量型货币政策有效性降低。从美、英、欧、日等实施"结构性"货币政策的背景看，危机破坏了金融市场的正常运转，传统总量性的货币政策并不能在短时间内修复资产负债表，货币政策传导渠道受阻。从我国"结构性"货币政策的实施看，预算软约束部门对资金价格不敏感，在国民经济正常循环中形成了"滞阻"。这些扭曲部门将占据较多的金融资源，资金比较难流向至小微企业、"三农"等行业。总量型货币政策可能难以解决金融资源进一步向扭曲部门集中等问题，传统货币政策的传导效率下降。

---

① 参见李波、伍戈：《非常规货币政策的政治经济学——三议货币与财政政策的关系》，工作论文，2012。

在上述背景下，"结构性"货币政策的主要目的是疏通货币政策传导机制，通过降低部分金融机构的负债端融资成本或对部分金融机构定向"降准"，或者直接降低部分实体行业或企业的融资成本等，促进资金流入需要支持的实体经济（冯明、伍戈，2015）①。

然而，"结构性"货币政策的实施仍存在争议，其政策效果还有待观察。首先，"结构性"货币政策使得操作难度加大，传导链条加长，运行可能更加复杂化。其次，"结构性"货币政策是有副作用的。有些定向宽松政策对央行所购买的资产价格可能产生重大影响②，市场配置资源的作用可能被削弱，引起资源分配失衡以及市场功能扭曲等问题。而且由于实施过程中可能存在信息不对称，银行在资产端可能存在套利空间。同时，如果使用过度，"结构性"货币政策可能导致财政赤字的"货币化"和"隐性化"。

总的来说，货币政策主要还是总量政策，"结构性"货币政策是"不得已而为之"，是辅助性的。中长期看，经济内生增长动力的增强、经济结构的调整和转型升级、信贷资源投向的优化，根本上还是要依靠体制机制改革，发挥好市场在资源配置中的决定性作用。财政政策和货币政策并不能从根本上解决结构性问题，各种结构性工具的使用应该与金融体系发展和经济结构改革相结合。只有通过有效的结构性改革，才能从根本上解决经济面临的深层次矛盾。

---

① 详见冯明、伍戈：《结构性货币政策能促进经济结构调整吗？——以"定向降准"为例》，中国金融四十人论坛工作论文系列，2015（7）。

② Blanchard, Ariccia and Mauro. *Rethinking Macro Policy* II, IMF Working Staff Discussion Note, 2013.

四、小结

针对转型期我国高投资增长模式下产能过剩、利率攀升以及货币总量扩张等复杂现实，本章从企业过度投资分析入手，考察了微观主体行为与宏观政策变量之间的关系。我们综合运用回归及残差分析、弹性分析和基于面板数据的格兰杰因果检验方法，对企业的过度投资行为及其与利率变动和货币扩张之间的关系进行了实证检验，主要研究结论如下：第一，在样本期内，我国上市公司呈现出较普遍的过度投资行为，其中国有企业相对更容易发生过度投资。第二，通过计算得到的投资利率弹性系数表明，过度投资企业相对非过度投资企业而言，投资对利率变动敏感程度更低，且过度投资企业的投资与利率变动还呈现出"非理性"的正向关系。第三，通过面板格兰杰因果检验发现，对于过度投资企业而言，货币扩张可能是导致其过度投资的格兰杰原因，但过度投资并不是货币扩张的原因；对于非过度投资企业而言，投资不足和货币扩张之间不存在明显的格兰杰因果关系。

本章创新性工作包括以下几方面：首先，我们考察了近年来中国上市公司过度投资情况，包含了微观主体行为及其所有制差异等诸多经济信息。其次，我们将企业微观投资活动和宏观政策变量结合研究，有关结论或可为货币政策调控、国有企业改革提供经验证据的参考。最后，我们对企业投资利率弹性的检验，进一步佐证了我国企业投资对利率变动的敏感程度有限（尤其是过度投资企业），货币政策利率传导机制尚不畅通。值得一提的是，上述研究样本仅包含上市企业，还有大量未上市的企业未纳入到研究范围中，都值得未来进一步探索。

基于上述分析，可得到以下政策建议：第一，应进一步深化国有企业改革，硬化企业的预算约束。减少政府对企业经营的直接干预，阻断政府补助企业、干预银行信贷等不合理途径，减少企业预算软约束预期，增强其投资对资金成本的敏感性，提高资金使用效率。第二，转变通过盲目扩大投资来拉动经济增长的理念。过度的总需求刺激政策在短期内也许可以带来经济"繁荣"，但其对经济的潜在危害在中长期必然显现出来。因此制定总需求扩张政策时要从长计议，并应切实提升投资效率。尤其是在经济结构调整的大背景下，货币政策宜保持相对稳健和中性适度，为经济转型提供相对稳定的货币金融环境。第三，应继续稳步推进利率市场化，强化价格型货币政策的有效性，形成通过影响资金成本进而影响微观企业投资决策的市场化传导机制。

第十章　数量型调控转向价格型调控 Ⅱ：
结构扭曲的约束

2008 年国际金融危机爆发以来，我国在一定程度上出现了地方融资平台与房地产等部门持续扩张，制造业等实体经济部门出现"产业空心化"的复杂现象。本章结合我国的实际情况，试图创新性地建立一个两部门的简明分析框架，将信贷市场的资金需求方分为地方融资平台等扭曲部门和以制造业为代表的实体部门[①]。在此基础上，根据转型经济中资金供给内生性与外生性并存的特点，构建起一个信贷市场局部均衡的简明框架，以此分析经济结构扭曲是如何通过影响信贷市场的均衡变化进而对我国宏观经济金融产生影响的。

一、结构扭曲下"产业空心化"的若干表现

（一）结构性扭曲与融资条件变化

近年来，我国房地产市场及地方融资平台呈现出快速扩张的态势，杠杆持续放大。以 2013 年为例，房地产开发投资占社会融资规模总量的比重已超过 60%（见图 10.1）。据国土资源部发布的数据，2013 年全国土地出让收入总额达 4.1 万亿元，占全国财政收入的 33% 左右；

[①]　详见伍戈、殷斯霞：《经济结构扭曲与信贷市场动态：基于中国的简明框架》，载《金融发展评论》，2015（11）。

各省份发布的 2013 年预算执行情况也显示，土地出让金暴涨，成为财政增收的重要来源，某些省份的土地收入甚至超过税收收入。根据 2013 年 12 月国家审计署公布的数据，截至 2013 年 6 月，地方政府融资平台债务余额为 69724 亿元，其中政府负有偿还责任的债务达 40775 亿元。城投债的发行金额及发行数量也在持续增加（见图 10.2）。

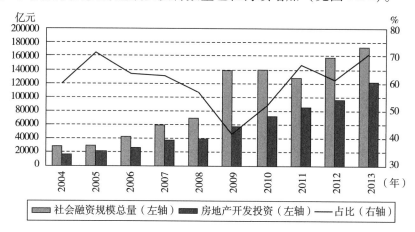

图 10.1 房地产融资规模持续扩张

与此同时，如上一章所述，国际金融危机以来，我国信贷市场利率呈现出上行态势（见图 10.3）①。以 2012 年为例②，5 年期贷款利率约 6.55%，5 年期固定利率企业债发行利率达到 6.1%；信托产品预期年收益率则达到 9%，但国有企业净资产收益率和总资产报酬率的平均水平只有 5.5% 和 4.1%，地方国有企业则仅有 3.9% 和 2.5%（见图 10.4）。近年来，开始于温州的民营企业老板"跑路"和企业倒闭歇业潮逐步蔓延至广东佛山、东莞甚至内地，引发了各界对是否已出现"产业空心化"的担忧。当然，"产业空心化"还有其他表现形式，诸如股票市场

① 本章的"信贷市场"是一个广义的概念，是指资金需求者与供给者之间的市场。具体的，不仅包括狭义的银行与企业之间的信贷市场，还同时包含了银行间市场以及各类债券等直接融资市场。

② 此处以及图 10.1 至图 10.4 数据均来源于 WIND。

图 10.2　地方融资平台债务规模不断增加

过度繁荣与实体经济低迷并存等。但其本质特征都是资金"逃离"制造业等实体经济领域，而过分涌入并追逐具有金融或投机特性的各类资产。

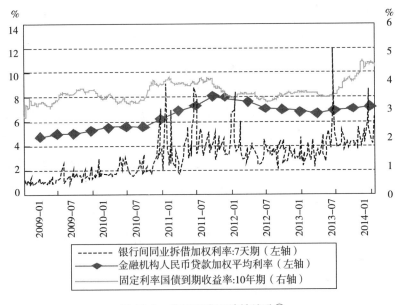

图 10.3　市场利率系统性抬升①

---

①　其中，银行间同业拆借加权利率及 10 年期国债到期收益率均为日度数据；金融机构人民币贷款加权平均利率为季度数据。

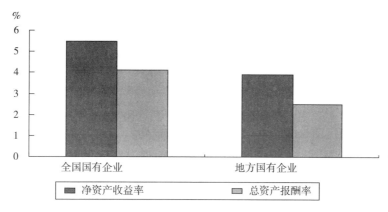

图 10.4 国有企业绩效并无显著提升①

　　近年来我国出现了地方融资平台等大幅扩张、制造业等实体经济出现萎缩以及信贷市场利率系统性抬升的复杂局面。那么，地方融资平台、房地产规模等的不断扩张是否与信贷市场出现的流动性紧张、利率系统性上升等新常态问题存在内在联系和互动机制？我国部分区域出现的"产业空心化"现象是否与地方融资平台等的扩张有关？未来宏观经济政策（尤其是货币政策）该如何应对上述困境呢？本章试图结合中国的现实国情，创新性地建立一个简明分析框架，对以上问题进行简洁却不失规范性的理论探讨。

（二）融资成本变化与结构性扭曲：文献回顾

　　不同经济学派对信贷市场均衡变动及其对宏观经济影响的研究，往往与其利率分析框架相联系。如以 Marshall（1890）为代表的古典学派从实物资本供求的角度进行研究，最先将利率、储蓄和投资三者结合起来，认为储蓄（资金供给）和投资（资金需求）的真实数量都是利率的函数，投资与储蓄的相互作用决定均衡利率。人们的储蓄倾向

---

① 图中数值以 2012 年平均值为典型代表。

及资本的边际生产力的变化将引起储蓄和投资函数的变化，均衡利率水平也将随之发生变化。但是在古典的宏观经济模型下，货币（信贷）市场的唯一作用就是决定物价水平，与实际经济无关。Keynes（1936）则认为，货币市场的供求关系决定均衡利率水平，而货币供给是外生变量，由中央银行直接控制，货币需求是一个内生变量，由人们的交易动机、谨慎动机和投机动机等流动性偏好决定。扩张的货币政策将会引起货币供给的增加，人们收入水平的提高将引起货币需求曲线向右平移，这都将引起货币市场均衡的变化，并对宏观经济产生影响。如均衡利率的下降，将提高投资水平，增加有效需求，促进就业和产出的增长。以剑桥学派的 Robertson 和瑞典学派的 Ohlin 为代表的可贷资金理论，综合了古典学派及 Keynes 学派的观点，认为可贷资金的供给既包括储蓄，也包括货币供给量的增加、国外资金流入等；可贷资金的需求既包括投资需求也包括政府赤字及货币持有量等，储蓄及投资均是利率的函数。可贷资金供给及需求函数的变动将通过影响市场均衡改变利率水平，从而最终对宏观经济产生影响。

在上述理论的基础上，大量学者结合不同国别的发展情况及信贷市场的具体特征开展了许多研究。如 Mckinnon（1973）和 Shaw（1973）将发展中国家作为研究对象，认为由于存在人为压低利率的金融抑制，其信贷市场未能出清，实际利率低于均衡利率，影响了储蓄投资的正常进行，从而对经济增长产生严重影响，主张应进行利率自由化等金融深化改革，以实现信贷市场的均衡，使资源得到有效配置，促进经济发展。Jaffee & Russell（1976）、Stiglitz & Weiss（1981，1983）等从信息不完全的角度对信贷市场进行了分析，分别建立了 J - R 和 S - W 模型。他们从对信贷市场资金的供给和需求分析出发，将信贷市场的借款者分为两类：一类是高风险高收益；另一类是低风险低收益。在存在信息不对称情况下，信贷市场会出现"逆向选择"和"道德风险"，从而会使低风险低收益的借款者退出信贷市场，同时更多资金向高风险、高收益借款者配置。因此信贷配给作为一种均衡状态出现，信贷市场最终提供的资金将小于供给等于需求时的均衡水平，总有一部分贷款需求得不到满足。姜海军和惠晓峰（2006）在 J－R 和 S－W 模型的基础上构建了信贷市场的信息甄别模型，其研究表明信贷市场可以出清，存在稳定均衡状态。Matsuyama（2007）的研究进一步地表明信息不对称等引起的信贷市场不完善在各种经济活动中会产生无效率的结果。

应该说，在已有的研究中，结合中国实际情况对信贷市场均衡及其对宏观经济影响的文献相对较少。基于中国存在的信贷市场利率系统性抬升，以及房地产、地方融资平台不断扩大而实体经济规模萎缩甚至出现"产业空心化"迹象等经济结构扭曲情况的深入研究则更少。彭文生（2013）的定性研究显示我国近期的利率上升反映总体流动性偏紧，背后是货币政策紧缩的影响。钟正生（2013）认为，美国退出量化宽松政策、我国利率市场化以及房地产市场、国企与地方平台的融资刚性等是利率上升的主要原因。郑直（2013）研究说明，房地产等虚拟经济的高额利润诱使信贷市场资源更多地转向虚拟经济，并引起"产业空心化"。朱海斌（2014）认为，地方政府债务的不断扩张挤压了实体经济部门的信贷资源，推高了资金的价格。但上述对中国的研究多为定性分析，缺乏理论性分析，未形成一个统一的经济学分析框架来解释我国实体经济放缓、房地产与地方融资平台扩张以及信贷市场利率系统性抬升三者并存的复杂现象。

本章试图弥补理论研究中的空白，充分考虑我国存在经济结构扭曲，构建信贷市场局部均衡动态模型，厘清我国利率系统性抬升、经济结构扭曲的内在互动机制，在此基础上分析信贷市场变动可能带来的"产业空心化"等宏观经济金融风险，并提出相应的政策建议。

二、信贷市场的量价均衡：不考虑扭曲的单部门情形

下文将分别分析不存在经济结构扭曲和存在经济结构扭曲两种情形下信贷市场的均衡，考察经济结构扭曲如何作用于信贷市场，进而对宏观经济产生动态影响。我们先考察一下无结构性扭曲条件下信贷市场的均衡情况：

（一）信贷市场的资金需求

信贷市场的资金需求是市场中所有资金需求者（厂商）资金需求的总和，即资金需求曲线可由市场中所有厂商的单个资金需求曲线水平相加得到。下文首先建模推导得出单个厂商的资金需求函数，然后在此基础上构建整个信贷市场的资金需求曲线。

1. 单个厂商的资金需求

一般的，信贷市场中单个资金需求者（厂商）都将在市场给定的资金价格即利率水平下，根据利润最大化原则，决定自己资金的需求量[①]。假定厂商的生产函数为柯布—道格拉斯（C – D）生产函数：

$$Y = AL^{\alpha}K^{\beta}\mu \tag{10.1}$$

其中，Y 为产量，L 为劳动投入量，K 为资本投入量；A 为规模参数（且 $A > 0$）；α、β 分别为劳动和资本的产出弹性（且 $0 < \alpha,\beta < 1$）；μ 表示随机干扰的影响。

为使问题简化，假定厂商投入的资本全部通过信贷市场获得，厂商的生产成本函数定义为

$$C = C_0 + K \cdot i \tag{10.2}$$

---

① 在推导单个厂商的资金需求函数时，我们参考了李志赟（2002）在《银行结构与中小企业融资》（《经济研究》，2002（6））一文中企业资金需求函数的部分分析思路。

其中，C 为总成本，C_0 为除了资金成本外的其余成本总和，K 为资本投入量，i 为单位资金的价格，即利率。

由式（10.1）和式（10.2）可得出厂商的利润函数为

$$\pi = Y \cdot P - C = AL^{\alpha}K^{\beta}\mu \cdot P - C_0 - K \cdot i \qquad (10.3)$$

其中，P 为厂商生产产品的市场价格，此处假设其为外生变量，由整个产品市场的均衡决定。

令 $A_0 = AL^{\alpha}\mu \cdot P$，式（10.3）可以简化为

$$\pi = A_0 K^{\beta} - C_0 - K \cdot i \qquad (10.4)$$

当式（10.4）对 K 的一阶导数为零时，可得到厂商利润最大化时的最优资本投入量，即

$$\frac{d\pi}{dK} = A_0 \beta K^{\beta-1} - i = 0 \qquad (10.5)$$

根据式（10.5）即可得到厂商的资金需求函数如下：

$$i = A_0 \beta K^{\beta-1} \qquad (10.6)$$

为考察上述资金需求曲线的形状，进一步的，我们对式（10.6）分别求关于 K 的一阶导数和二阶导数，即可得曲线的斜率与凸性情况：

$$\frac{di}{dK} = A_0 \beta (\beta - 1) K^{\beta-2} \qquad (10.7)$$

$$\frac{d^2 i}{dK^2} = A_0 \beta (\beta - 1)(\beta - 2) K^{\beta-3} \qquad (10.8)$$

由于 $0 < \beta < 1$，因此可得

$$\frac{di}{dK} = A_0 \beta (\beta - 1) K^{\beta-2} < 0 \qquad (10.9)$$

$$\frac{d^2 i}{dK^2} = A_0 \beta (\beta - 1)(\beta - 2) K^{\beta-3} > 0 \qquad (10.10)$$

根据式（10.9）和式（10.10）可得知厂商的资金需求曲线必然向右下方倾斜，并且凸向原点，资金需求随着利率的上升而不断减少（如图 10.5 曲线 d_1 所示）。

2. 整个信贷市场的资金需求

一般的,整个信贷市场的资金需求由所有单个厂商的资金需求加总得到。如图 10.5 所示,曲线 d^1、$d^2 \cdots d^n$ 分别为厂商 1、厂商 2……厂商 n 的资金需求曲线,水平叠加后得到信贷市场的资金总需求曲线 D。整个信贷市场的资金需求函数具备与单个厂商需求函数相同的特征,即同质性。根据式(10.6)厂商的资金需求函数形式可加总得到信贷市场总资金需求函数形式为

$$i = A_D \theta K^{\theta - 1} \tag{10.11}$$

其中,A_D 为大于零的常数,$0 < \theta < 1$。

由此,我们可得到市场的总资金需求曲线 D(如图 10.5 所示)。

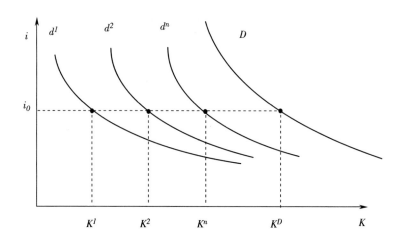

图 10.5　信贷市场的资金需求曲线

(二)信贷市场的资金供给

从已有的文献来看,国内外学者在研究资金供给问题时,往往根据各国不同历史阶段的现实情况,提出不同形状的资金供给曲线。例如,在凯恩斯的货币(资金)供给理论中,货币供给不受利率的影响,

而是中央银行控制的外生变量，货币供给曲线是垂直于横轴（资金供给量）的直线；而由新剑桥学派的 Robertson 和瑞典学派的 Ohlin 为代表提出的可贷资金理论则认为，可贷资金的供给与利率是同方向变动的，资金供给曲线向右上方倾斜；美国经济学家 Moore（1988）认为信用货币供给在本质上要受到需求的影响，具有很强的内生性，可在既定的利率水平上无限满足货币需求，由此，其给出了水平的货币供给曲线[①]。Bernanke & Blinder（1988）还从银行资产负债表的角度提出银行的信贷供给量不仅受到市场贷款利率的影响，也会受到市场债券利率的影响，具体表现为随着贷款利率的上升而增加，随着债券利率的上升而减少。结合上述文献及我国的情况，我们在分析中国信贷市场的资金供给时，认为其资金供给曲线具有图 10.6 所示的内生性与外生性并存的转型经济特征。

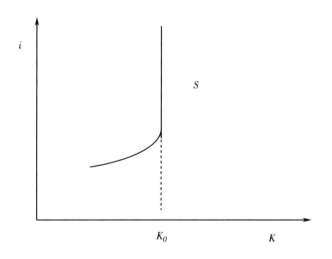

图 10.6　信贷市场的资金供给曲线

① 详见胡庆康（1996）主编的《现代货币银行学教程》和胡海鸥（1998）发表的《水平的货币供给曲线及其政策启示》一文。

　　具体来看，在利率水平相对较低时，资金供给内生特性明显，供给方愿意提供的资金量随着市场利率的上升而不断增加，此时的供给曲线呈现出如图 10.6 中弯曲部分的向上倾斜的形状。但资金供给并不是无限的。在利率尚未完全实现市场化的阶段，中央银行往往会通过各种工具对国内流动性、货币供应量等数量目标进行调控。因此，资金供给无法随着市场利率的上升而无限增加，当资金供给增加到如图 10.6 中 K_0（假设 K_0 是中央银行能容忍的最大资金（货币）供给量，其大小由货币政策目标决定，是外生变量）之后，即使利率水平不断上升，其能够提供的最大资金也只能是 K_0，资金供给曲线即呈现出如图 10.6 中垂直部分的形状。因此，现阶段我国信贷市场的资金供给函数可分段表示为

$$K = \begin{cases} f(i)，\text{当 } K < K_0; \\ K_0，\text{当 } K \geqslant K_0 \end{cases} \tag{10.12}$$

其中，$f'(i) > 0$，即在 $K < K_0$ 时，K 是 i 的增函数。

　　值得一提的是，我国经济正处在由过去的传统计划经济向市场经济的转轨过程，投资需求旺盛，经济普遍存在"过热冲动"（周小川，2012）。进一步的，随着经济结构扭曲程度的不断加剧，地方融资平台等利率不十分敏感部门的快速扩张[1]，促使市场"资金饥渴"更加成为过去一段时间宏观经济的"常态"。因此，我国信贷市场资金供给曲线的一般常态类似于图 10.6 中的垂直部分，即信贷市场资金供给量不会随着利率的上升而增加，而是由货币政策目标确定的外生变量[2]。这意味着过去我国信贷市场资金供给函数的常态形式为分段函数式

---

　　① 徐高（2013）指出，房地产投资和基建投资作为我国经济增长的两个主要"引擎"，在土地供应为政府垄断及存在政府隐性担保等背景下，资金需求都表现出对价格不敏感。

　　② 例如，中国人民银行发布的《2013 年第四季度中国货币政策执行报告》专栏中也明确指出，过快增长的流动性需求与适度供给之间存在"冲突"。我们认为，这也充分说明，由于中央银行流动性的适度供给约束，使得中国资金供给曲线呈现出垂直区间的现实合理性。

（10.12）中的第二段，即 $K = K_0$。①

（三）信贷市场的均衡：中国的现实常态

在古典经济学框架下，需求曲线和供给曲线相交之处达到市场出清，从而实现均衡。联合式（10.11）、式（10.12），并考虑到我国现阶段信贷市场资金供给曲线一般常态下为垂直状态，因此我国信贷市场将在满足如下条件时达到均衡：

$$\begin{cases} i = A_D \theta K^{\theta-1} \\ K = K_0 \end{cases}$$

对以上联立方程求解可得均衡解：$i_E = A_D \theta K_0^{\theta-1}$，即在不存在经济结构扭曲情形下的均衡利率水平。此时，信贷市场出清达到稳定的均衡。考虑到现阶段在我国垂直且固定的资金供给曲线是常态，资金的均衡价格实际上将主要由需求曲线的变化决定，资金需求曲线的任何变化都将更多地反映在资金价格而不是资金总量方面（如图10.7所示）。

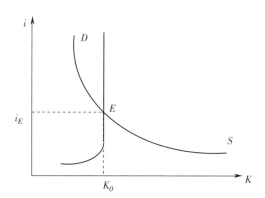

图10.7　不存在经济结构扭曲下的信贷市场均衡

---

① 当然，近期特别是中国经济逐步进入"新常态"以来，地方投资冲动等现象似乎正在发生着微妙变化。这值得我们未来进一步跟踪分析。

三、信贷市场的量价均衡：考虑扭曲的两部门框架

在存在经济结构扭曲的情形下，地方融资平台、房地产等部门的
资金需求与制造业等实体部门的资金需求存在明显区别。下面我们将
结合中国的实际情况，将信贷市场的均衡动态细分成两个部门的三个
阶段进行具体阐述。

（一）阶段Ⅰ：扭曲部门资金需求的"理性"扩张

为使问题简化，结合中国的实际，在此我们创新性地将信贷市场
的资金需求方分成以地方融资平台、房地产等为代表的"扭曲部门"
和以制造业为代表的"实体部门"。如上文分析所示，参照式（10.6）
和式（10.11），可得到信贷市场两部门的资金需求函数。分别如下：

$$\text{扭曲部门的资金需求函数}: i = A_a \chi K^{\chi-1} \tag{10.13}$$

$$\text{实体部门的资金需求函数}: i = A_b \delta K^{\delta-1} \tag{10.14}$$

其中，A_a、A_b 为大于零的常数；$0 < \chi$，$\delta < 1$。

由于政府垄断土地供应，市场竞争并不充分，房地产开发商有可
能获得较高的收益率（伍戈、李心媛，2014）[1]。在超额利润的驱使
下，会有新的"理性"厂商不断进入该行业。由于信贷市场资金总需
求是所有行业中厂商需求的总和（如图10.5所示），房地产厂商数量
的增加将导致行业资金需求不断扩张。类似地，地方融资平台存在政
府隐性担保及刚性兑付特征[2]，同时存在预算软约束及GDP至上的政

---

[1] 伍戈、李心媛：《土地要素市场中的政府行为：双垄断模型的框架》，工作论文，2014。

[2] 杨艳等（2013）认为，地方政府及下属机构通过提供担保函，或者承诺再融资平台债务
无法偿还时提供临时性偿债资金等方式为融资平台进行担保。另外，审计署2011年第35号审计
报告显示，国务院在2010年下发《关于加强地方政府融资平台公司管理有关问题的通知》后，
仍有7个省级、40个市级和107个县级政府及所属部门以出具承诺函、宽慰函等形式，或以财政
收入、行政事业单位国有资产等，违规为融资平台公司等单位举借债务提供担保464.75亿元。

绩考核等因素，地方融资平台对资金价格可能并不敏感，存在对资金
的刚性需求。总之，由于上述扭曲部门存在超额利润或制度保护等原
因，其投资及资金需求会持续扩张，表现为扭曲部门资金需求曲线向
右持续平移，如图 10.8 – a 所示，需求曲线从 D_{n-1}^{α} 右移到 D_n^{α}。而实体
部门，由于竞争较为充分，超额利润基本为零，其资金需求处于相对
稳定状态，资金需求曲线保持在原位或缓慢移动。因此，信贷市场的
动态主要表现为扭曲部门的资金需求持续扩张，从而导致整个市场的
资金需求曲线不断向右平移，即在既定的利率水平下，市场上会有更
多的资金需求。为简化分析，本节将扭曲部门扩张过程分成同质的 n
期，假设扩张前整个信贷市场的总资金需求函数为

$$i_0 = A_D\theta K^{\theta-1} \tag{10.15}$$

则第 1 期、第 2 期……第 n 期扩张后总的资金需求函数分别为

$$i_1 = A_D\theta\left(K - \varpi\right)^{\theta-1} \tag{10.16}$$

$$i_2 = A_D\theta\left(K - 2\varpi\right)^{\theta-1} \tag{10.17}$$

$$\cdots$$

$$i_n = A_D\theta\left(K - n\varpi\right)^{\theta-1} \tag{10.18}$$

其中，ϖ 为扭曲因子，是大于零的常数，其大小由经济结构的扭曲程
度决定。土地垄断等因素造成的房地产业超额利润或是政府隐性担保
力度等扭曲程度越大，ϖ 值也越大。

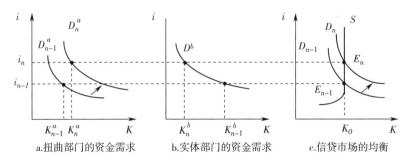

图 10.8　扭曲部门扩张导致信贷市场均衡的变动

（二）阶段Ⅱ：扭曲部门对实体部门的"挤出效应"与产业空心化

在扭曲部门的资金需求不断扩张而导致整个信贷市场资金需求增加的同时，扭曲部门和实体部门的实际资金配置也随之发生变动。当扭曲部门的第 n 期扩张发生后，信贷市场将实现以下新的均衡：

$$\begin{cases} 信贷市场的资金需求: i_n = A_D\theta(K - n\varpi)^{\theta-1} & (10.19) \\ 信贷市场的资金供给: K = K_0 & (10.20) \\ 实体部门的资金需求: i_n = A_b\delta(K^b)^{\delta-1} & (10.21) \\ 两部门实际获得资金的约束: K_0 = K_n^a + K_n^b & (10.22) \end{cases}$$

其中，K_n^a 和 K_n^b 分别表示扭曲部门扩张 n 期后扭曲部门和实体部门实际获得的资金配置。

将式（10.20）代入式（10.19），可得 n 期后的市场均衡利率：

$$i_n^* = A_D\theta(K_0 - n\varpi)^{\theta-1} \qquad (10.23)$$

将式（10.23）代入式（10.21）可得 n 期后实体部门获得的资金配置：

$$K_n^b = (A_D\theta)^{\frac{1}{\delta-1}}(A_b\delta)^{\frac{1}{1-\delta}}(K_0 - n\varpi)^{\frac{\theta-1}{\delta-1}} \qquad (10.24)$$

根据式（10.22）和式（10.24），可得 n 期后其实际获得的资金配置：

$$K_n^a = K_0 - (A_D\theta)^{\frac{1}{\delta-1}}(A_b\delta)^{\frac{1}{1-\delta}}(K_0 - n\varpi)^{\frac{\theta-1}{\delta-1}} \qquad (10.25)$$

为了进一步地分析上述过程中，市场利率及两部门实际获得资金配置的变化趋势，我们将着重比较 n 期与 $n-1$ 期均衡利率与均衡资金的大小变化。为此，我们对式（10.23）、式（10.24）分别进行如下推算：

$$\frac{i_{n-1}}{i_n} = \frac{A_D\theta[K_0 - (n-1)\varpi]^{\theta-1}}{A_D\theta(K_0 - n\varpi)^{\theta-1}} = (1 + \frac{\varpi}{K_0 - n\varpi})^{\theta-1} \quad (10.26)$$

$$\frac{K_{n-1}^b}{K_n^b} = \frac{(A_D\theta)^{\frac{1}{\delta-1}}(A_b\delta)^{\frac{1}{1-\delta}}[K_0 - (n-1)\varpi]^{\frac{\theta-1}{\delta-1}}}{(A_D\theta)^{\frac{1}{\delta-1}}(A_b\delta)^{\frac{1}{1-\delta}}(K_0 - n\varpi)^{\frac{\theta-1}{\delta-1}}} = (1 + \frac{\varpi}{K_0 - n\varpi})^{\frac{\theta-1}{\delta-1}}$$

$$(10.27)$$

由于 $K_0 - n\varpi > 0$；$0 < \theta,\ \delta,\ \varpi < 1$，可知在式（10.26）和式（10.27）中：

$$1 + \frac{\varpi}{K_0 - n\varpi} > 1 ; \theta - 1 < 0 ; \frac{\theta - 1}{\delta - 1} > 0$$

可推导得出

$$\frac{i_{n-1}}{i_n} = \left(1 + \frac{\varpi}{K_0 - n\varpi}\right)^{\theta - 1} < 1 ; \frac{K_{n-1}^b}{K_n^b} = \left(1 + \frac{\varpi}{K_0 - n\varpi}\right)^{\frac{\theta-1}{\delta-1}} > 1$$

即 $i_n > i_{n-1}$，$K_n^b < K_{n-1}^b$。

进一步的，根据 $K_0 = K_n^a + K_n^b = K_{n-1}^a + K_{n-1}^b$，可得出 $K_n^a > K_{n-1}^a$。

由以上分析可知，扭曲部门的每一期扩张都将导致市场均衡利率水平上升（$i_n > i_{n-1}$），并使得扭曲部门对实体部门的资金产生明显的挤出效应（$K_n^a > K_{n-1}^a$ 和 $K_n^b < K_{n-1}^b$）。从图10.8上看，扭曲部门的资金需求曲线从 D_{n-1}^α 右移到 D_n^α（见图10.8 – a），必然导致整个信贷市场资金需求曲线从 D_{n-1} 右移到 D_n（见图10.8 – c），而此时实体部门的需求曲线保持相对不变（见图10.8 – b），资金市场的供给曲线如前文分析所述处在垂直常态，资金总需求曲线的右移将主导市场均衡发生变动，如图10.8 – c所示，均衡点由 E_{n-1} 到 E_n，均衡利率从 i_{n-1} 上升到 i_n。

与此同时，均衡利率的提升也将导致两部门的实际资金配置发生变动。如图10.9所示，第 Ⅰ 象限横轴为利率，纵轴为扭曲部门实际获得的资金配置量；第 Ⅱ 象限横轴为实体部门实际获得的资金配置量，纵轴为扭曲部门实际获得的资金配置量，象限中的直线表示扭曲部门和实体部门实际获得资金配置量之和始终等于市场资金供给；第 Ⅲ 象限横轴为实体部门实际获得的资金配置量，纵轴为利率，其中的曲线为实体部门的资金需求曲线；第 Ⅳ 象限横轴和纵轴均为利率，45度线上的每一点表示横轴和纵轴的利率水平相同。具体的，第 Ⅲ 象限的实体部门在均衡利率从 i_{n-1} 上升到 i_n 后，资金需求量下降，意味着其从信贷市场实际获得的资金配置从 K_{n-1}^b 下降为 K_n^b；同时，在满足第 Ⅱ 象

限约束条件 $K^a + K^b = K_0$ 下，第 I 象限中扭曲部门实际获得的资金配置由 K^a_{n-1} 上升为 K^a_n。这一变动的经济学解释为，资金价格的上升，意味着以制造业为代表的实体部门融资成本的增加，收益率较低的企业会出现收益无法覆盖成本的情况，利率上升对资金需求的抑制效应小于其投资需求的扩张效应，会减少生产，甚至退出市场，导致实体部门规模下降，表现为信贷市场出现"逆向选择"。而扭曲部门由于存在"超额利润"或政府隐性担保等原因，其规模得以进一步扩张，表现为信贷市场出现"道德风险"，对资金价格不敏感。

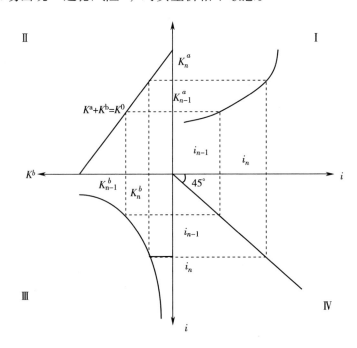

注：K^a 和 K^b 分别为实体部门和扭曲部门实际获得的资金配置量，二者满足约束关系：$K^a + K^b = K_0$。

图 10.9　扭曲部门扩张与实际资金配置

由于经济中持续存在扭曲，信贷市场将循环反复出现以下过程：

扭曲部门需求扩张→均衡变动，利率提升→扭曲部门获得的资金配置增加，而实体部门获得的资金配置减少……经济结构扭曲强化信贷市场的道德风险和逆向选择，使得扭曲部门不断对实体部门产生"挤出效应"。将图10.9中所有均衡点对应的利率及两部门实际获得资金量的散点图连接起来，我们可得到图10.10中两部门分别对应的资金配置曲线。从中可以看出，越来越多的资金流入房地产、地方融资平台等扭曲部门，市场利率不断抬升，进一步削弱了实体经济发展，"产业空心化"程度逐步加深，宏观经济金融风险积累。

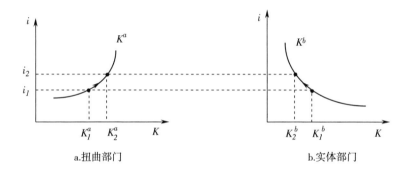

图 10.10　均衡动态下两部门实际获得资金配置的轨迹图

（三）阶段Ⅲ：泡沫破裂风险与流动性陷阱

随着扭曲部门投资及资金需求不断扩张，当利率上升到一定程度时，由于资金成本过高等原因，将可能出现购房者无力偿付利息、地方财政收入难以偿还融资平台本息的情况。此时，如果没有结构性改革政策的出台，金融风险的积聚与暴露可能使得市场出现恐慌情绪。房地产价格可能随之大幅下降，资产泡沫破裂，扭曲部门的资金需求将出现非理性地大幅下降。如图 10.11 – a 所示，其资金需求曲线从 D_1^a 大幅左移为 D_2^a，带动信贷市场的资金需求曲线从 D_1 大幅左移至 D_2，市场利率随之急剧下降①。此时，信贷市场不良贷款率的上升，金融风险进一步凸显。商业银行等为控制风险而出现"惜贷"等行为，资金供给方提供资金的意愿下降，导致资金供给处于图 10.11 – c 中非常态下的弯曲部分。当市场利率进一步下降到更低水平 i_1 时，如图 10.11 – b 所示，实体部门对应的资金需求量理应为 K_2^b，但由于对未来充满不确定性担忧，投资信心不足，无法在短时间实现规模扩张和投资增加，"产业空心化"问题不会因为利率的下降而缓解。甚至当利率下降到一定水平时，由于微观主体对经济预期悲观，有效需求不足，宏观经济反而容易掉入"流动性陷阱"。此时，整个宏观经济将呈现出实体部门"产业空心化"与扭曲部门规模急剧收缩并存的情况，从而进入金融危机和经济通缩的陷阱。

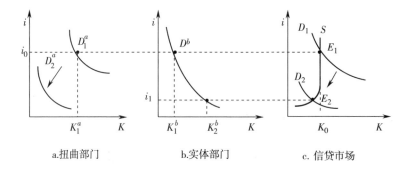

a.扭曲部门　　　　　b.实体部门　　　　　c. 信贷市场

图 10.11　泡沫破灭后的信贷市场动态

综上所述，在经济结构存在扭曲的情形下，扭曲部门的不断扩张使得信贷市场的总资金需求持续增加。随着结构扭曲程度加深，市场利率将趋于提升，资金配置源源不断地向扭曲部门转移，实体部门出

---

①　各国历史教训表明，在资产泡沫破灭过程中市场主体的行为都呈现出非常态均衡下的"非理性"特征。例如，日本在 20 世纪 80 年代股市和房价的急剧下跌，投资需求非理性地大幅下降。荷兰"郁金香泡沫"破裂中郁金香价格和资金需求也出现非理性的急剧下降。由于需求的急剧下降往往是非理性的，难以用前文中常态下的需求函数的变动来刻画，因此，本节的有关论述仅用图形定性描述为主。

现"产业空心化"趋势，扭曲部门资产泡沫积聚，直到宏观经济金融风险爆发并最终导致通缩。

四、扩张还是紧缩：结构扭曲下货币政策的"两难"

在上述经济结构扭曲等深层次矛盾存在的情况下，作为总量型政策的货币政策该如何选择呢？下面我们将结合上文的分析框架，区分不同场景进行分析。

（一）场景一：货币政策过于收紧

假设中央银行为控制扭曲部门的扩张，而采取紧缩的货币政策以降低宏观经济金融风险。如图 10.12 – c 所示，资金供给曲线从 S_0 左移至 S_1，市场均衡从 E_0 变为 E_1，市场利率上升至 i_1，尽管扭曲部门实际获得的资金配置从 K_0^a 减少至 K_1^a，但实体部门实际获得的资金配置也从 K_0^b 减少至 K_1^b。这意味着，紧缩的货币政策虽有助于抑制扭曲部门的扩张，但对实体部门的发展无疑会"雪上加霜"，有可能进一步加剧"产业空心化"趋势。

（二）场景二：货币政策过度扩张

在资金供给已经达到 K_0 这个货币政策目标所能容忍的资金量级后，若顾及实体部门的结构性"缺血"，中央银行或许可考虑采取扩张的货币政策来缓解其资金压力。如图 10.12 – c 所示，资金供给曲线从 S_0 小幅右移至 S_2，市场均衡从 E_0 变为 E_2，市场利率从 i_0 下降为 i_2，实体部门实际获得的资金配置会从 K_0^b 增加至 K_2^b。另外，扭曲部门实际获得的资金配置也从货币政策扩张前的 K_0^a 增加至 K_2^a，即扩张的货币政策同时有助于扭曲部门的扩张，增加经济泡沫和结构扭曲程度。更重要的是，由于扭曲部门的扩张是持续的，在中央银行实施了扩张的货币政策后，扭曲部门会继续扩张，需求曲线由 D_1^a 右移至 D_2^a（见图 10.12 - a），引起信贷市场总需求曲线从 D_1 右移至 D_2（见图 10.12 - c），均衡由 E_2 变为 E_3，市场利率由 i_2 上升为货币政策扩张前的 i_0，实体部门实际获得的资金配置反而由 K_2^b 减少为扩张货币政策之前的 K_0^b，扭曲部门的实际获得资金配置则由 K_1^a 增加至 K_3^a。即只要经济结构扭曲存在，扩张的货币政策对实体部门产生的配置资金增加效应，会被扭曲部门进一步扩张的挤出效应所抵消，且增加的资金供给可能将主要进入扭曲部门，促使经济金融泡沫进一步膨胀。

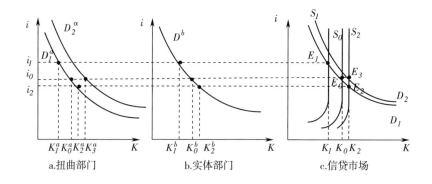

图 10.12 经济结构扭曲情形下货币政策的两难困境

（三）政策选择

通过上述场景一和场景二的分析，在结构扭曲等深层次矛盾突出的背景下，中央银行无论采取过度扩张还是过于收缩的货币政策都无法有效地解决经济结构以及信贷市场面临的问题。因此，货币政策应保持中性适度，不宜过于收紧，更不能过度扩张。要防止出现经济泡沫积聚及"产业空心化"风险，需要从供给层面采取措施，积极推进"深水区"的改革，如土地制度改革、财政体制改革，加快转变地方政府职能等，缓解经济结构扭曲，从源头上遏制扭曲部门资金需求的过度扩张。

专栏6　治标更需治本：以结构改革化解金融风险①

在经济增长预期下降的背景下，2015年以来各国上演了一场规模宏大的"金融大戏"。尽管并未发酵成2008年那样的系统性全球危机，也不能与20世纪90年代末那段存在巨大不确定性的时期（当时亚洲、俄罗斯和巴西都陷入危机，还有长期资本管理公司所引发的危机）相提并论，但世界各地的市场状况似乎正在挫伤政治抱负。希腊与欧元区的关系已演变成了一场持续数月、短期内不太可能结束的金融"肥皂剧"。目前各界对德国在欧洲主导地位的担忧达到了七十年来最强烈的程度。中国的股市如过山车般跌宕起伏，尽管（或许也可以说正是由于）实施了规模非常大的干预。同时，中国实现经济快速增长的能力存在很大挑战。在美国，由于医疗费用大幅削减，联邦政府的财政状况可以说是多年以来最健康的，但其海外领地波多黎各却面临着美国历史上最大规模的市政债违约。上述问题也各有各的成因。然而，对于金融政策制定者及其背后的政治家来说，可从这一系列危机中以汲取几点共同的教训，其中有两点尤为重要。

首先，经济法则像自然法则一样，存在且几乎不受政治意志的支配。金融危机、大衰退以及不平等程度的急剧上升，都促使人们从负面的角度对不受约束的自由市场进行重新审视。这情有可原。然而，不能据此认为，政府可以依靠指令使经济按自己意愿运行。诚然，希腊问题与其失败的经济政策有关，其财政紧缩幅度超过了其GDP的20%，导致了其经济的萧条。然而，对于一个无法自由

_____

① 该专栏摘编自哈佛大学劳伦斯·萨默斯教授：《中国和希腊"金融大戏"的启示》，载英国《金融时报》（中文版），2015－07－15。标题为笔者自行添加。

采取宽松的货币政策，或者难以实现货币贬值的经济体来说，这并不足为奇。即使政策制定者想要改变局势，他们也无能为力。市场可能会失去效率，导致价格与基本价值背离，市场也可能有时会受制于政府操纵。同样的，当无法控制债务违约时，人们就倾向于假定它不会发生。2010 年欧洲坚称希腊的债务永远不可能重组，这个明显的谬误带来了危险的后果——使债权人变得自满，让债务人积累了巨额的债务，导致后者失去了进行积极改革的动力。

其次，根本性的失衡和问题需要根本性的解决方案。在所有领域，采取渐进式的政策制定方法都极具诱惑力。渐进主义在政治上更温和；它在这个不确定的世界为未来保留了灵活性；它通常较少需要承认以往的错误；它看起来更为谨慎。然而，对于甘愿屈服于渐进主义诱惑的人来说，美国在越南的经历值得他们警醒。每一步，政策制定者所做的都足以避免灾难的降临，但都不足以让人们看到成功解决问题的前景——直到直升机从西贡大使馆离开，标志着美国的政策以失败告终。总的来说，任何财务金融问题都与两方面有关——收支不抵、信心缺失。渐进式方法可以为解决这两方面问题提供一些帮助，但作用不大；它可以推迟债务偿还日期，但无法降低债务金额；它将关于现在的决策推迟到未来进行。它始终有以下风险：无法达成可信的收支平衡方案，也不足以恢复市场信心。金融史上关于固定汇率持续时间过长、债务重组太迟，或者债务延缓时间过久的例子数不胜数，我想不起有哪个地方过快地采取了强有力的措施。头脑清晰而大胆的行动才是平息当前金融戏码的方法。让我们基于近年来的经验，抱着希望，相信这样的行动即将来临。

五、小结

本章结合我国的实际情况，试图建立一个简明的结构化分析框架，分析经济结构扭曲如何通过影响信贷市场的均衡并最终对宏观经济产生互动影响。主要结论及政策建议如下：

一是经济结构扭曲是我国信贷市场资金配置失衡以及"产业空心化"的重要原因。以地方融资平台、房地产等为代表的部门，由于存在成本扭曲、预算软约束和政府隐性担保及刚性兑付等，其投资和资金需求容易过度扩张，从而推升市场利率水平。信贷市场会因此出现逆向选择和道德风险，扭曲部门获得的资金增加，而实体部门获得的资金配置减少，产生明显的资金"挤出效应"。在此情形下，经济结构"产业空心化"趋势增强。

二是在经济结构扭曲的现实情形下，货币政策应保持中性适度，不宜过于收紧，更不能过度扩张。采取过于紧缩的货币政策虽有助于抑制扭曲部门的扩张，但不利于实体经济发展，可能会加剧"产业空心化"；如果采取过度扩张的货币政策，信贷市场因此而新增的资金供给将由于"挤出效应"而进入扭曲部门，反而会进一步固化结构性矛盾。因此，两难困境下的货币政策应保持适度稳健与中性，不宜过于收紧，更不能过度扩张。

三是应全面加快推进"深水区"的各项改革。打破目前经济结构扭曲通过信贷市场内生性导致"产业空心化"的循环，促使资金有效进入实体经济，需要加快改革步伐。完善房地产市场调控，消除房价非理性波动的制度基础。抑制地方融资平台的过度扩张，推进政府职能转变以及财税体制改革，强化国有企业的预算约束，提高投资效率，充分发挥市场在资源配置中的决定性作用。

当然，本章只是一个简化框架下的初步理论探索，下一步的定量分析仍有待加强。上述分析主要是探讨封闭经济条件下信贷市场的局部均衡，而实际上影响我国信贷市场均衡变动的原因也可能包括开放经济条件下的诸多一般均衡因素①。因此，今后有必要进一步结合国内外各种影响因素进行更加深入的动态分析，这也是未来值得研究探索的方向。

---

① 如钟正生（2013）提出的，美国退出 QE 以及我国利率市场化也可能是引起信贷市场流动性紧张和市场利率系统性抬升等的诱因。

第十一章　数量型调控转向价格型调控Ⅲ：
政府行为对经济周期的影响

　　本章我们将对影响转型期我国特殊的经济周期和景气循环因素进行研究。这实际上也是对货币政策由数量型调控转向价格型调控所面临的大环境的一个剖析。厘清我国经济周期变化的内在机理，对于理解货币政策调控及传导是很有帮助的。我们试图寻找改革开放以来决定我国宏观景气循环的基本机制和重要的影响因素。对这些问题的分析，一方面可以检验主流经济周期理论在中国的适用性和解释力；另一方面则有助于对宏观经济运行以及宏观经济调控的深入认识，更重要的是，这些工作是从一个重要侧面对转型时期经济增长特点的理论实证研究。

　　景气周期一直是宏观经济学研究的重要领域。这一理论可以被分为内生与外生两类。乘数加速数模型和货币增长周期模型是内生景气循环理论的代表。乘数加速数模型认为投资变动会引致收入与消费多倍变动，收入与消费的变化又引致投资的多倍变动，从而引起经济的扩张或收缩。Locus 的货币增长周期模型认为，在人们未预期到的情况下增加货币供应量，会引起物价上升，生产者会误认为产品价格上升，真实收入增加，从而扩大投资。一旦生产者意识到自己的预期错误，就会减少投资，经济进入衰退期。以真实经济周期模型（RBC）为代表的景气循环理论则强调外生干扰所产生的经济波动（Kydland & Prescott，1982；Long & Plosser，1983；Christiano & Eichenbaum，1992）。这一理论试图在一个瓦尔拉斯模型中解释经济周期，认为产出波动并不是围绕平滑趋势的产量波动，而是由一系列随机冲击引起的趋势自身的波动。这些波动由技术冲击和政府购买等真实扰动造成，而不是货币或其他名义扰动的结果。20 世纪 70 年代以后，经济周期的政治经济学分析兴起，经济学家则开始关注选举等政治因素对景气循环形成的影响。已有的文献对理解景气循环提供了不同的思路和入手点。理论上说，任何一种经济现象，都可能存在多种对其进行解释的内部逻辑自洽的模型。这些模型在解释现象时可能是互补的，也可能相互排斥，但重要的是能够从中找到解释力最强的模型和最重要的影响因素。如果某种理论并不能解释相应的经济现象，就应当进行修正或舍弃（林毅夫，2003）。

基于这样的思路，我们在本章中并未遵从先给出理论模型然后进行经验验证的写作过程，而是首先通过经验事实分析来选择可以解释我国景气循环的最重要因素，以此着手对景气循环的形成机制进行分析。我们的研究发现，中央政府与地方政府的行为关系对我国经济景气循环有着相当重要的影响，而产生这种影响的机制又与西方景气循环的政治经济模型有相当大的差异，同时中央政府和地方政府的行为关系对理解中国转型期的经济增长也具有重要意义。本章按照如下几部分完成上述工作：首先对解释中国景气周期的研究做简要回顾，并通过实证检验判定对我国景气循环最具影响作用的因素；在此基础上，对景气循环的形成机制及其变化进行分析；然后进一步探讨上述体制性因素对中国经济增长的福利意义；最后给出一些对策建议。

一、经济周期波动的特征事实：货币政策转型的宏观环境

我们首先通过经验检验判断我国经济景气循环的主要影响因素，并以此确定理论分析的切入角度。在做经验研究时，多数文献都使用

年度或季度 GDP 增长率的变动来观察中国经济波动（Brandt & Zhu，2000；Rawski，2002），也直接用真实 GDP 增长率的转折点作为经济周期的峰与谷（施发启，2000）。但是，使用 GDP 增长率的方法具有不足之处。因为增长率是同比数据，如果经济在前一年处于低谷时，由于基数低，后续年份的增长率即使很高也可能没有达到 GDP 趋势值。相反，如果前一年经济处于实际的高峰，后续年份的增长率可能低于增长率的平均水平，但真实 GDP 可能仍高于 GDP 趋势值（吴华，2004）。因此，本文采用根据 GDP 实际值数据计算出的产出缺口和增长率变化相结合的方法来观察经济波动。

我们利用消除趋势法估算产出缺口。消除趋势法是目前估算产出缺口的主要方法之一，它可以将现实产出分解为趋势成分与周期成分，其中趋势成分即被作为潜在产出水平。在时段选择上，我们选择了 1978～2014 年。同时将其以 2003 年为界再分为两个时段分别进行分析。之所以做这样的分段，主要是考虑到 2001 年我国加入世界贸易组织后对外开放水平明显提升，2003 年后我国经济进入了一个较长的上升周期，在更加开放的宏观背景下影响经济周期的机制可能会出现一定变化，分段检验有利于把问题剖析得更加清晰。基于这样的思路，我们首先对 1978～2003 年我国实际 GDP 值进行 ADF 检验，结果显示这一时间序列非平稳，不具有确定性的时间趋势，我们选择用消除趋势法中的 HP 滤波方法估计产出缺口。HP 滤波方法估算得到的产出缺口变化曲线如图 11.1 所示（估算中 λ 取值为 25）。

在图 11.1 中，产出缺口曲线在纵坐标 0 值以上的部分就是实际总需求大于潜在产出水平的阶段，反之则反是。容易看出，从 1997 年开始一直到 2002 年，我国一直处于实际需求小于潜在产出水平的状态，与此相伴的是经济增长持续走低与通货紧缩。2003 年后，国民经济则又开始进入正的产出缺口阶段，并且回升速度很快，从而出现较大的通货膨胀压力。这些观察都与我国宏观经济运行的实际情况相当吻合。

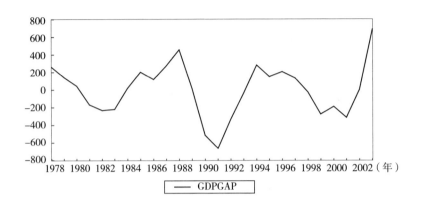

图 11.1 产出缺口的变化（1978～2003 年）

下面的问题是，图 11.1 所示的产出波动是否具有确定性的周期？还仅仅是一个纯随机波动序列？为说明这一点，我们利用自相关方法来判断产出波动的周期性。自相关是时间序列的每个序列值之间的简单相关关系，自相关系数可以有效量化序列不同时期数值间的关联程度。如果序列没有任何规律性，那么各个序列值之间不存在相关，其相关系数则与 0 不存在显著差异，相反自相关系数绝对值越接近 1，自相关程度就越高。我们首先对产出缺口序列做 3 年移动平均，目的是消除短期的随机波动（3 年以内），然后对经过平滑处理的数据进行自相关检验（检验结果见图 11.2）。

图 11.2 中虚线内的部分代表了显著性水平为 0.05 时的置信区间，如果几乎所有自相关系数都落入这一随机区间，可认为序列是纯随机的。容易看出，产出缺口序列并不是纯随机变动的，而是表现出较明显的周期变动。在滞后阶数为 4、5 和 8、9 时，自相关系数都明显超出随机区间，但方向相反，这表明我国产出波动的一个完整周期为 9 到 10 年（由于已做 3 年移动平均，3 年内的周期不再考虑）。图 11.3 表示的是 1979 年以来我国 GDP 增长率的变化情况。

在 1978～2003 年时段中，产出由下降转为明显上升的折点基本都

	Autocorrelation	Partial Correlation		AC	PAC	Q-Star	Prob
			1	0.675	0.675	12.359	0.000
			2	0.068	−0.771	12.491	0.002
			3	−0.478	−0.287	19.288	0.000
			4	−0.725	−0.203	35.666	0.000
			5	−0.632	−0.255	48.788	0.000
			6	−0.301	−0.218	51.932	0.000
			7	0.143	0.032	52.681	0.000
			8	0.492	−0.037	62.134	0.000
			9	0.558	−0.190	75.071	0.000
			10	0.294	−0.318	78.920	0.000
			11	−0.074	−0.038	79.179	0.000
			12	−0.285	0.141	83.396	0.000

图 11.2　自相关检验

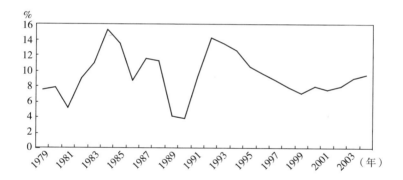

图 11.3　GDP 增长率的变化

发生在政府换届的时间，如 1982 年、1987 年、1992 年和 2002 年，只有 1997 年没有出现转折点和产出的持续回升。但 1997 年的情况比较特殊，东南亚金融危机在这一年爆发，中央政府高度重视金融风险问题，银行信贷被收紧，商业银行普遍出现"惜贷"现象，原有经济运行模式的资金来源很大程度上被切断，易纲等人（2003）甚至将此情况视为中国的"休克疗法"。由此，经济并未出现回升，反而继续下滑。除此特例之外，政府换届时间总是伴随着产出的持续快速回升。

上述发现使我们猜测我国的经济周期很可能与政府换届周期

(5年左右)有密切联系。施发启（2000）曾对我国 1953～1998 年
GDP 增长率的波动进行过自相关分析，结果也表明经济增长率的
峰或谷每隔 4 年或 5 年出现，平均为 5.2 年。张茵和万广华
（2005）的研究也发现，我国一个经济周期的持续期为 5～6 年。
显然，我国景气循环周期不同于主流经济学中主要的确定性周期，
如 Kitchin 周期（3 年）、Juglar 周期（10 年）和 Kuznets 周期
（20 年）。

政府换届时间与经济景气循环的转折点相吻合，同时每个景
气循环周期为 4～5 年（与一届政府的执政时间相符合），使我们
有理由相信，以政府行为为基础的体制性因素对我国经济景气循
环具有重要的影响作用。对一个政府在经济运行中发挥重要作用
的转型期国家，得出上述结论也是自然的。

相比较而言，一些分析中国景气循环形成机制的文献则值得商榷。
利用真实经济周期理论研究中国经济周期波动的文献不断增加。卜永
祥和靳炎（2002）曾试图利用这一理论解释中国经济波动，并得到
"技术冲击可以解释 76% 的中国经济波动"的结论。我们认为，使用
真实经济周期理论并认为技术冲击是导致中国经济波动主要原因的结
论在两方面难以成立：首先，中国的经济波动虽然是真实周期理论所
描述的随机游走状态，但并不是一个纯随机波动的时间序列，而是与
政治周期相当一致的周期循环，因此认为依赖技术冲击就可以解释大
部分经济波动的观点难以具有可信性。与成熟市场经济国家不同，作
为一个发展中国家，中国经济增长最重要的影响因素是资本，而不是
技术。而且，RBC 理论是建立在完全竞争和市场出清假设之上的，同
实际市场状况相去甚远，虽然其内部逻辑完整而严密，但在解释现实
经济运行方面并不令人信服。这一判断也受到其他文献的支持（吴华，
2004；龚刚，2004）。

更重要的是，即使依据真实经济周期模型的逻辑分析也可以发现，

对中国经济波动造成冲击的最主要因素不是技术，而正是与政府行为有关的制度和环境变量。RBC 理论的基本方法是在生产函数中引入生产率（索洛残差）的随机波动，这种波动又通过一定的刺激和传播机制引起产出等宏观经济变量的共向（Co－movement）波动。主流经济学用索洛剩余来衡量技术的作用，因此技术的随机冲击成为导致宏观经济变量波动的主要因素，但这是成熟市场经济中的状况。对于处于转型期的中国经济来说，造成索洛剩余波动的主要因素则并不是技术，而更多是制度与环境变量。为更清晰地说明这一问题，我们利用 C－D 生产函数计算了 1978～2003 年中国经济的全要素生产率，并利用 HP 滤波方法对全要素生产率的时间序列的趋势分量进行分离，得到这一时段内全要素生产率的波动曲线。图 11.4 是全要素生产率的波动与产出波动的对比，图 11.5 则是做过 3 年移动平均后的两序列对比。可以看出，全要素生产率与同期产出之间的波动相当吻合，尤其是通过移动平均滤去 3 年以下的波动之后，两者的吻合程度更高，相关系数达到 0.86。从两者的对比可以看出，用全要素生产率的波动的确可以比较好地解释产出波动。但问题在于，全要素生产率的波动并不是纯随机的，而是表现为与产出波动特点类似的确定性周期循环。因此，如果将全要素生产率主要理解为技术因素，那就意味着技术会随着政府换届等行为发生确定性的周期波动，这显然缺乏合理性。而且就我国的实际情况来看，技术进步中相当部分是通过对外购买实现的，这在很大程度上会表现为生产函数中资本存量的增加，而不是全要素生产率的上升（易纲等人，2003）。实际上，索洛剩余被定义为产出中不能被资本和劳动要素的作用所解释的部分，就中国的实际情况来看，与政府行为密切相关的制度与环境因素在其中占有重要位置。政府换届对全要素生产率的周期性影响恰好表明了政府行为在中国经济波动中的重要影响作用。因此，从真实经济周期理论的逻辑分析，我们不但不会得到技术冲击可以较好地解释中国宏观经济波动的结论，反而会进一步验证政府行为对中国宏观经济波动的重要影响作用。

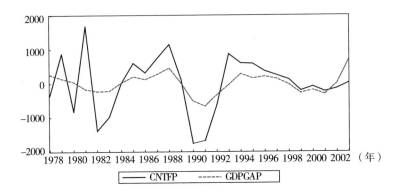

图 11.4　全要素生产率与产出波动的对比（未经过移动平均）

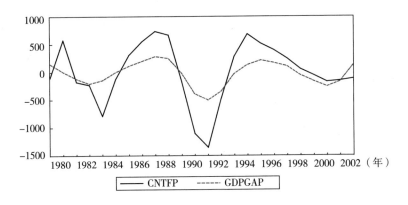

图 11.5　全要素生产率与产出波动的对比（经过三年移动平均）

卢万青等人（2002）通过对几个相关变量的格兰杰因果检验发现，固定资产投资变动引起货币供应量、居民收入与消费、物价水平等的相应变动，因此我国的经济周期属于明显的投资周期，固定资产投资而非货币因素是我国经济周期形成的主要原因。Brandt 和 Zhu（2000）也强调了投资对于经济波动的影响。这些研究表明，Locus 的货币增长周期理论并不适合用来解释中国的情况，经济周期显然不是由未预期到的货币量外生变动引起。很多研究证明（夏斌等人，2001；谢平，

2004)，目前我国货币供给并不是外生变量，在很大程度表现出内生性。企业、银行等经济主体的行为对货币供应量的影响很大，地方政府则具有一定的"迫使"中央银行增发货币的能力。从某种意义上说，货币供应量变化只是实质经济变化的果，而不是导致实质经济变化的因。因此，认为中央政府主导货币供应量的变化是导致中国经济波动原因的看法（刘霞辉，2004)，同样没有抓住事物的根本。另一方面，这些研究虽然注意到了投资在引起景气循环中的重要作用，却没有进一步分析引起投资周期性波动的更深层次的原因，这也为本章从政治经济角度进行研究留下了空白。

宋国青（2003）认为，中国宏观经济波动的基本原因是对名义利率的控制，1996 年以后真实利率和企业资本金的变动是中国增长周期的主要驱动因素。蔡辉明（2004）则在此基础上运用金融加速器理论进一步解释了中国的经济波动。这些研究注重宏观经济中的微观机制，能够说明一些问题，因为真实利率降低导致信贷增加的确是 2002 年以来我国经济回升的重要原因。但这一因素并不是最重要原因。这是因为利率下调从 1996 年就已经开始，但政策效果一直不明显，这一点被大量经验研究所证明。谢平（2004）的实证分析就表明，1996~2002 年利率变动与储蓄、消费、贷款和投资增长的相关性都不强。如宋国青（2003）指出，真实利率变化引起企业利润和偿债能力的变化，进而导致企业贷款数量波动，而企业恢复利润和偿债能力需要一定的时间，因此贷款变化在 2002 年以后才明显显示出来。但难以解释的是，这一时间为什么会与政府换届时间如此吻合？是巧合还是因为经济快速回升的主要决定因素并不是真实利率变化？事实上，对利率变化敏感性强的一些行业的影响早几年就已显示出来，例如房地产业，1998 年之后房地产投资就开始较快增长，房地产信贷快速增加。我们难以相信，利率的影响作用会在 2002 年突然放大，引致银行贷款高速增长、经济走出负的产出缺口。用真实利率变化作为解释经济波动的基本原因是不能够令人信服的。

　　另一些文献揭示了中国经济波动中的体制性因素，认为中国经济景气波动源于"一放就乱，一收就死"的循环（樊纲等人，1994；林毅夫等人，1994；杨小凯，1998）。这些研究涉及对中国经济波动的政治经济学和体制性问题的深层次分析，但是并没有将"活—乱"循环同政府换届周期相联系，没有分析这一循环与政府换届周期吻合现象的内在机制，而对这一内在机制的研究，对于理解和预测我国宏观经济运行则具有重要意义。综上所述，我们认为，对我国景气循环和宏观经济运行变化的分析应当强调体制性因素的研究，具体而言，应当分析政府行为与景气循环之间影响的基本机制及其变化情况。

　　类似地，我们进一步分析了2003年以来的情况。我们运用与上文同样的方法测算了2004~2014年的产出缺口（见图11.6）。通过观察可以看出，2013年以来经济周期波动的形态发生了一些变化，5年一个周期的现象不再明显。我们认为，这种变化与2001年我国加入世界贸易组织后面对更加开放的宏观经济格局有关。由此我国经济与经济全球化和全球市场更加深度融合，从而也与全球性的经济周期波动关联度更高，影响因素更加复杂。不过从大的趋势上看，2009年是一个转折点。2008年国际金融危机爆发，为应对危机冲击，我国出台了一揽子刺激措施，之后经济迅速回升。而在这个过程中，地方政府发挥了重要的主导和引领投资的作用，尤其是地方平台投资和债务快速上升。由此可见，虽然开放宏观格局对我国经济周期运行产生了重要影响，但政府行为对经济运行的作用仍然是相当大的。这一点与上文分析的结论也是基本一致的。

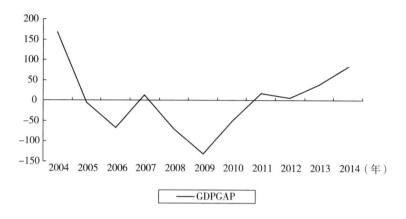

图 11.6　产出缺口的变化（2004～2014 年）

二、经济周期波动的解释：体制转轨因素

上面的分析表明，改革开放以来我国的经济波动与政府行为紧密相关，这使我们有理由相信对我国经济周期的解释不能忽视政治经济角度。但是，主流政治经济模型并不适合用于对中国情况的解释，中国的经济转轨及其独特的运行模式成为经济周期性波动的重要原因。为了说明这一点，我们从社会经济分工网络的角度进行分析。如果将整个社会经济理解为一个分工网络，那么协调这一网络运行的方式主要有三种：市场协调、计划协调与组织协调。理想的公有制计划经济模式应当采取中央集中的计划协调，中华人民共和国成立初期，我国也曾试图实现这一模式，向纯粹的公有制中央计划经济靠拢。但是，由于信息与激励等方面存在的问题，中央政府对经济的集中计划协调模式交易成本过大，效率很低，因此就必须通过放权让利的方式来降低交易成本、促进效率提高，权利下放成为一系列改革和调整的核心内容。从网络经济学的角度看，这种改革方式的实质就是缩小由中央政府协调的经济网络的规模，而增强地方政府等其他力量在协调本地

经济网络中的作用。

值得注意的是，中央集中计划协调机制调整过程可能存在两种情况：一种情况是不涉及所有权变化，即分权改革在完全公有制基础上进行，这被称为由"中央计划者主权机制"向"多元主权机制"变化（樊纲等人，1994）。在多元主权机制下，不同利益主体会由于利益竞争导致过度投资和需求膨胀，此时中央政府就需要通过上收一定权利的方式来抑制经济过快增长。因此，两种经济运行机制的交替变换成为公有制条件下经济周期性波动的根源。

另一种情况，也是更符合现实的情况是，中央集中计划放权的过程伴随着所有制的变化，民营经济在这个过程中得以发展，市场协调分工网络的功能不断加强，这被称为"经济体制转型"，或者"政府主导的市场化改革"。经济转型过程中的宏观经济波动与单纯公有制条件下的情况不同，表现出更复杂的运行机制和行为关系。

因此，我们可以分两个层次分析转轨过程中经济运行机制变化对宏观波动的影响。一是中央政府向地方政府放权让利对经济运行机制的影响；二是市场化过程中利益主体多元化进而行为多样化所产生的影响。从分工经济网络角度来看，中央政府协调向地方政府协调的分权会至少产生两方面的影响：一方面促进了地区间竞争，在竞争压力下，地方政府会倾向于发展效率高的民营企业和市场体制，从而推动市场化发展（张维迎等人，1998；朱恒鹏，2004），同时这种组织架构特点也为社会试验提供了更多的灵活性，一些改革试验可以首先在某些地区进行，而这在中央集权的垂直管理体制下是很难做到的（Qian & Xu，1993），这有利于渐进式改革的推进[①]；但另一方面，这一体制也使全国经济形成了若干相对独立的分工网络，随之可能出现的情况是，

---

① Sachs 和 Yang（2001）就指出，由于不断向地方分权，当中国开始实行改革开放的时候，相对于前苏联的计划体制，中国经济更靠近市场化的边缘，这成为中国改革选择渐进式道路而不是休克疗法的重要原因。

地方政府努力发挥协调和保护功能促进当地经济增长，一边给当地企业创造和保护市场，形成地方贸易保护，一边尽量增加投资项目，通过投资来拉动经济增长。需要注意的是，在纯粹公有制"多元计划主权"机制下，地方计划者的投资冲动主要表现在向中央多争取投资额度和金融资源分配给当地企业。但在政府主导的市场化过程中，利益主体多元化，地方政府直接投资的比重缩小，对企业和金融机构的直接控制力也逐渐减弱，此时地方政府促动投资增长就必须建立在不同经济主体"多方合谋"的基础上。由于地方政府在经济运行中仍然具有很大的影响力，因此它可以通过一系列方法来间接影响和引导其他经济主体的投资行为，实现其投资意愿。例如，地方政府可以通过压低土地价格、税收减免、出台优惠政策等方法吸引投资，以政府信誉担保方式利用银行信贷，促成政府、企业、银行之间合作的实现。一般来说，在一个政府影响力相当强的经济系统中，地方政府总是可以通过多种方式来努力实现投资意愿。

　　下面分析的是，在上述政治经济系统中，中央和地方政府之间的博弈如何使经济运行出现周期性的波动。我们假设这个系统的基本特征为以下几点：（1）中央政府和地方政府具有追求经济增长的意愿，经济增长是政府政绩和执政能力的重要体现之一。对地方官员来说，则是决定其是否得到提升的重要指标。（2）一般来说，政府换届前后的领导班子具有相对更高的经济增长目标追求，尤其是各级地方政府的新任领导人，都会将经济的更快增长作为目标。（3）对地方政府领导人来说，经济增长收益包括两个方面：一是增加投资和经济发展给地方政府带来的直接收益；二是在各地经济增长的"锦标赛"中胜出，地方领导人得到晋升所带来的收益。（4）为实现快速的经济增长，在投资、消费、出口三因素中，地方政府最容易影响的变量是投资。尤其是在有限的任期内，追求多投资是短期内促进经济增长最直接和有效的手段。

我们首先不考虑"锦标赛"收益，分析增加投资带来非晋升收益时地方政府经济增长目标的确定。假定整个经济由两个地区组成，有两个平级的地方政府 $i(i = 1,2)$。地方政府的核心目标是促进经济增长，其中主要工作是直接或间接地拉动当地投资增长。设投资量为 g_i，全社会投资总量为 $G(G = g_1 + g_2)$，单位投资带来的收益为 v，单位投资产生的成本为 c。这里的收益和成本均是广义的概念，收益包括了投资所带来的经济和就业增长、财政收入增加、地方实力增强等各种直接收益或间接收益，我们假定单位投资收益不变；成本则包括投资增长可能引起的各种直接成本或间接成本或损失，例如筹资成本，投资快速增长带来货币供给量增长导致的通货膨胀、金融风险隐患增加、影响经济平稳运行以及工业化所带来的生态破坏等，单位投资成本是全社会投资总量的递增函数，即随着总量增长投资带来的边际成本递增，有 $c'(G) > 0, c''(G) > 0$。

在这个博弈中，中央政府和地方政府都需要通过最大化自身收益来确定投资水平。地方政府的总收益函数是

$$\pi_i = g_i v - g_i c(G) \tag{11.1}$$

若 (g_1^*, g_2^*) 为纳什均衡，则某个地方政府在另一个地方政府选择 g_i^* 时，必须使式（11.1）最大化。最优化一阶条件是

$$\frac{\partial \pi_i}{\partial g_i} = v - c(G) - g_i c'(G) = 0 \tag{11.2}$$

有

$$v = c(G) + g_i c'(G)$$

可以看出，地方政府在做决策时面临两难冲突（Tradeoff），增加 1 个单位投资会带来 v 的收益，但却会因为使投资总量增加而使投资的边际成本上升。最优解满足边际收益与边际成本相等。将两个地方政府的一阶条件加总，然后再除以 2 得

$$v = c(G^*) + \frac{G^*}{2} c'(G^*) \tag{11.3}$$

其中，G^* 表示 $g_1^* + g_2^*$。比较而言，中央政府的最优投资选择是 G^{**}，其应满足

$$\max G^{**} v - G^{**} c(G^{**}) \tag{11.4}$$

其一阶条件为

$$v = c(G^{**}) + G^{**} c'(G^{**}) \tag{11.5}$$

比较式（11.3）和式（11.5），可以证明 $G^* > G^{**}$。也就是说，地方政府各自决策确定的投资总量要高于中央政府意愿的全社会最优投资量。之所以出现此情况，原因在于地方政府并不承担由于其增加投资而带来的所有成本，而是可以将其中部分成本"外部化"，由整个经济体来承担，但中央政府在决策时则必须考虑到所有的成本。例如，中央政府在确定经济增长和投资目标时，会充分考虑实施这一目标是否会造成严重的通货膨胀，但地方政府一般则不会关注这一因素。

我们用图 11.7 做进一步地说明。在图 11.7 中，假设投资的边际收益（MR）不变，是一条水平线。但由于存在外部性，地方政府投资的边际地方成本（MLC）和边际社会成本（MSC）不同，前者小于后者，地方政府考虑的只是前者，但中央政府则必须考虑全部社会成本。最优投资量根据 $MR = MC$ 的原则确定。图中存在两个均衡点，中央政府的意愿投资量为 I_C，地方政府的最优投资总量则为 I_L，显然 $I_L > I_C$，两者的差额取决于边际地方成本与边际社会成本的差异，两类成本相差越大，地方实际投资量就会越高于中央政府的意愿投资量。根据福利经济学第一定理，如果有外部性存在，那么完全竞争就不会产生帕累托最优的结果。图 11.7 中阴影部分的面积，即 $\int_{I_C}^{I_L} (MR - MLC) dI$，就是由于外部性存在而导致的社会福利损失。这样我们可以得到命题 1。

命题 1：如果地方政府与中央政府的目标函数不一致，地方政府可以将经济增长中的部分成本外部化，那么地方政府最优投资总量就会

高于中央政府的意愿投资总量，两者之差取决于地方政府可以外部化
的增长成本的大小。在存在外部性的情况下，地方政府的投资行为会
导致社会福利的损失，这包括经济过热、通货膨胀压力增大、经济系
统稳定性下降、生态破坏和自然资源过度消耗等。此时中央政府就需
要通过宏观调控来保持经济平稳增长。

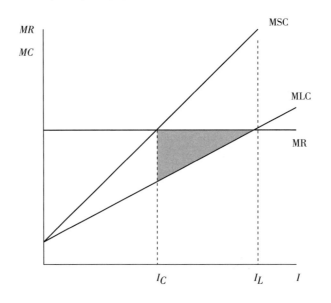

图 11.7　最优投资的差异及其福利损失

　　下面再加入对所谓"政治锦标赛"（Political Tournaments）情况的
考虑。假设任何同级地方政府官员都处于一个政治晋升博弈中。而地
方经济增长状况是考核地方官员政绩的关键指标，通过追求经济增长
速度获得政治晋升是地方官员目标函数的重要组成部分。[①] 在上面的模
型中，我们假设在两个地区中经济投资增长快的地方政府官员将获得

----

　　① Maskin、Qian 和 Xu（2000）的研究发现，在政府像联邦制国家那样按块块组织，而不是
像中央集权国家那样按条条组织的时候，指标竞争为政府官员提供的激励机制会更为有效。他们
的经验研究发现，地区性意外事件的条件方差一般比产业性意外事件的条件方差要小，因此指标
竞争用于区域性比较要优于部门之间的比较。

提升，设获得提升带来的收益为 V，此时地方政府官员的总收益为晋升收益和投资带来的直接收益之和 $V + g_i v$，未获得晋升时的收益为 $g_i v$。如果 (g_1^*, g_2^*) 是两个地方官员政治博弈的纳什均衡，则对每个官员来说，g_i^* 必须使其期望收益函数最大，即

$$\max (V + g_i v)\mathrm{Prob}(g_i > g_j^*) + g_i v \mathrm{Prob}(g_i < g_j^*) - g_i c(G) \tag{11.6}$$

$$= V\mathrm{Prob}(g_i > g_j^*) + g_i v - c(G) \tag{11.7}$$

最优化一阶条件为

$$V \frac{\partial \mathrm{Prob}(g_i > g_j^*)}{\partial g_i} + v = c'(G^{***}) \tag{11.8}$$

容易看出，加入晋升收益后，地方政府领导者的投资激励会更强。这意味着，当考虑官员之间的政治晋升因素之后，地方的投资总量比只考虑投资给地方政府带来直接收益时要更大，两者之差与晋升给地方官员带来的收益大小密切相关。这样，我们可以得到命题2。

命题2：当地方政府官员之间展开关于政治晋升的博弈后，最优投资意愿会进一步提高，高于只考虑投资对地方政府直接收益时的水平。并且，晋升的收益越高、投资对提高获得晋升概率的边际贡献越大，地方政府投资量增长的幅度就越大，与中央政府意愿投资总量的偏差也就越大。

进一步的分析可以发现，考虑政治晋升因素的地方政府行为会表现出一些更加复杂和有趣的特征。例如，在式（11.8）所展现的地方官员最优化行为中，增加投资应当具有提高其获得晋升概率的作用。但如果一项投资相对更有助于其他地区领导人的政治晋升（如一项地区间的合作项目），即投资对提高本地区领导人晋升概率的贡献小于对另一地区领导人晋升概率的作用，本地政府领导人对此项投资的激励就会降低；如果得到晋升的只能有一个人，那么本地政府领导人可能

就不会做此项投资。因此，政治晋升博弈是排斥地区间相互合作的。不仅如此，如果一项投资具有增加自身晋升概率并降低他人晋升概率的作用，即便这项投资本身效益很低甚至为负，地方仍然有做此项投资的激励。例如，A地区首先上马了一个生产项目，项目投产后其产量刚好能够满足整个经济的需求量，因此会有较好的投资回报。但是，处在晋升博弈中的其他地区领导人也会做出上马同样项目的决定。其中的原因在于，一是同样项目的增加会导致项目投产后产品供给增加，压低A地区项目的利润率，降低A地区的经济增速和财政增长。如果不这样做，A地区则会获得投资该项目能够得到的所有好处，从而成为其领导人获得晋升的有利"政绩"，而A地区官员的晋升将直接导致其他地区官员晋升机会的减少；二是从GDP统计方法看，上马一个项目，即使其未来回报率很低甚至亏损，但投资本身会使当期GDP增加，从而有利于经济增长率的提高。在由这样的地方官员支付函数构成的博弈中，重复建设与地方保护就很难避免。周黎安（2004）的研究证明了这一点。

在上述由分权形成的多级政府主导的转型经济中，由于外部性和政治晋升博弈的存在，一般来说，地方政府的最优投资总量会高于中央政府意愿的社会投资总量。此时宏观经济中会出现银行信贷、固定资产投资和货币供应量的快速增长，经济表现出"过热"特征。基于上面的分析，可以得到两点推论：

第一，在新古典的分析框架下，我们证明地方政府的最优投资选择具有负外部性，会引起福利损失，而仅仅依靠地方政府和市场力量无法消除这种损失，因此必须依赖中央政府的宏观调控措施。

第二，在以往关于投资冲动的分析中，微观企业产权不清被作为重要原因，但本文模型并未考虑企业所有制问题。这表明，即使不考虑所有制因素，民营经济在整个经济中占比较高的情况下，如果处在上面给出的地方分权框架下，地方政府对经济具有很强的影响力，那么投资过热仍然会作为博弈均衡出现。政府主导的市场化进程本身蕴含着政府主导经济周期的潜在的巨大影响力。

当政府换届后，新一届地方政府之间会展开围绕追求晋升和本地收益的"锦标赛"，其结果是社会投资增长总量超出中央政府意愿的投资增长，此时中央政府就会进行宏观调控。对于处在转型期的经济来说，中央政府调控可以从两方面进行：一是运用市场化方法，二是行政手段，一方面暂时上收地方政府的部分权利，另一方面则将地方政府完成中央调控指令情况作为政绩考核。中央宏观调控会促使经济的上升趋势发生转折，进入减速阶段。以往一段时期的经验显示，这一转折点基本出现在政府换届后 2~3 年的时段内。此后直到下次政府换届的时段，则为经济下滑阶段，从而构成一个完整的景气周期。

三、经济周期波动与可持续增长：社会福利视角

前文的分析显示，由于存在外部性，地方政府的行为将导致社会福利损失。如果从这个意义上讲，导致中国经济出现景气循环变化的机制就一定不是一个合理的和最优的制度安排。但问题并不这么简单。上述结论是在新古典框架下得到的，而新古典经济学研究的是一个非常理想的经济世界（如完全竞争、完全信息、不存在交易费用和利益冲突等），因此任何对上述理想环境的偏离（如存在外部性）都会造成对帕累托状态的偏离，都不是最优的。但是，一旦经济学脱离纯粹理性层面，进入对真实世界的解释时，就需要打破理想假设，分析具有错综复杂的利益冲突环境中的经济主体之间的相互关系及其均衡结果。由于环境的变化，这种均衡结果将不会是新古典意义上帕累托最优的，但却是现实经济中经济主体权衡两难冲突后的最优选择。现实均衡可能永远无法达到帕累托最优状态，但却可以通过调整而不断向这一状态趋近。在不同人群和不同利益冲突当中，寻求资源配置效率的改善，

正是政治经济学的主题和基本方法（汪丁丁，2004）。

政治经济学方法可以从更宽阔的视野观察我国景气循环模式中的福利变化和对经济增长的影响。在政治经济学中，外部性被理解为节省界定产权的外生交易费用与节省产权界定不清引起的内生交易费用之间的两难冲突问题（Cheung，1970，1983）。也就是说，负外部性的存在并不一定意味着社会净福利损失，而可能是人们在权衡具有此消彼长关系的两类交易费用后寻求总交易费用最低的结果。因此，对一些具有福利损失性质的事物的判断，需要分析其是否有利于整体最优状态的实现。如果不是，则需要进行相应的调整。

我国的景气循环在很大程度上由中央向地方权利下放所形成的地方与中央的特殊行为关系形成。在此架构中，地方政府行为会形成经济波动，造成社会福利损失，但也会促进经济增长：首先，地区之间的竞争有利于民营经济的发展并增加社会试验的灵活性，这一点已在前文阐述；另外，地区竞争所带来的投资冲动至少在 GDP 统计意义上带来更高的经济增长率。我们先前的研究（李斌，2004a）也表明，投资冲动和消费冲动的确是促进我国经济在 20 世纪 90 年代中期以前快速增长的重要推动力。但是随着时间推移，尤其是 20 世纪 90 年代中后期以来，上述体制在促进经济增长方面的不利影响则日益明显。投资冲动至少在以下几个方面对经济的可持续增长产生影响：首先，投资作为发展社会供给能力的基本工具，在创造社会需求方面的能力下降。一方面投资冲动引起社会供给能力的快速增长，但社会消费能力相对不足，导致整个经济出现普遍的供给过剩，有效需求不足；另一方面，资金更加向房地产等少数具有一定垄断性质的行业集中，经济中的"泡沫"性增加，金融稳定性下降。一般来说，良性的经济增长应当表现为供给创造需求、需求带动供给的自我循环、自我演进过程，但目前的经济增长高度依赖投资增长，这使经济增长的可持续性受到影响。同时，过度投资在其他领域产生的边际成本也越来越高，主要表现在对自然资源、原材料的消耗和生态破坏，我国生产的单位能耗已处在全世界较高的水平。从某种意义上说，短期经济增长可能过多预支了未来增长的潜力，这同样不利于经济的可持续发展。

我们试图在一个更宽阔的经济学视角下审视转轨期经济波动与经济增长之间的关系。在以前的文献中，杨小凯和黄有光（1993）在模型中内生了景气循环、周期失业和长期经济增长三种现象，并富有创造性地揭示了景气循环对经济增长的促进作用。他们发现，景气循环在很大程度上是由不同分工之间的协调造成的，因此分工发展、经济增长和景气循环是相伴相生的。而且，如果经济处在起飞期，由于新专业的出现会产生对耐用品的大量需求，因此会有使经济周期更加平滑的作用。但是，这一结论是对具有一般意义的市场经济而言的。就中国的情况来说，景气循环则在很大程度上与中央和地方之间的关系相联系。因此，虽然我国处于经济起飞阶段，但经济周期性的"大起大落"却表现得相对明显一些。如果说这种体制在改革开放早期对促进经济增长和改革推进具有重要意义，那么在20世纪90年代中后期以后，这一体制在促进经济增长方面的弊端就开始加速显现，或者说为促进经济增长而付出的成本不断上升。解决好这一问题，成为中国经济可持续发展的重要保证。

四、小结

本章研究的主旨在于探寻我国经济景气循环的基本形成机制，从一个角度审视经济波动与长期经济增长之间的关系及其变化。这也是中国货币政策转型的现实"土壤"。研究发现，地方政府行为构成了经济发生周期性波动的重要力量。即使公有制经济在整体经济中所占比重缩小，地方政府仍然具有相当强的力量来影响社会投资，实现其投资意愿。这一特点在 2002 年以来的多次经济上升周期中表现得就很明显。例如，2002 年和 2003 年是各级政府换届时间，在这个时点上，各级地方政府一般具有相对更强的经济增长偏好。而土地是地方政府可以运用的重要资源，一方面任何建设项目都会涉及土地利用，可以通过加快土地批租促动城市化、工业化和房地产业的发展；另一方面在目前的农地产权法律框架下，农用地转为城市用地可以大大增加地方财政收入。在此激励机制下，城市化和房地产业的发展成为拉动经济进入上升周期的重要力量。房地产是价格持续上涨的部门，利润空间较大。房地产和城市化发展带动了钢铁、水泥、电解铝等原材料的价格上涨，进而带动这些行业的投资增加，而钢铁等行业生产又引起对水、电、煤、油、金属矿等能源需求，使能源供给出现"瓶颈"现象，形成一条特殊的投资和价格传导链条。比较而言，在上述链条之外，除受农产品价格上涨影响比较明显的行业以外，其他行业产品的投资和价格变动基本都很小。国民经济表现出明显的结构性特点。这时形成的一个有趣现象是：大量一般竞争性产品特别是最终消费品基本仍处于供大于求状态，价格相对平稳。相反，一些具有垄断性的产品则表现出加速的通货膨胀态势或出现供给"瓶颈"，其中一类是处在产业链条上游的能源原材料产业；一类是一些特殊的消费品，如住房、教育、医疗等，形成一种特殊的两部门现象。此时利润大量聚集在垄断性产品部门，而大多数处在产业下游的一般竞争性行业则供给能力过剩，利润水平较低。这种现象的形成与本章关注的中央政府和地方政府的行为博弈之间的关系是，一方面，地方政府促动的地区间投资竞争可能是导致经济供给能力过剩的重要原因；另一方面，处于垄断性部门的行业则大多是政府管理和干预较多的行业。由地方政府行为促动的经济上升周期中出现的电、油、煤等能源供给不足情况，实质正是中央政府和地方政府之间目标函数不一致的外化表现。

我们之前的研究表明（李斌，2004b），在上述两部门经济结构下，货币供应量和投资增长的效果会被分解成两种效应：一是带动一般竞争部门劳动就业量和产出增加；二是会引起垄断性部门产品相对价格上升，而不仅仅是凯恩斯宏观经济模型中的扩大产出和就业这一种效应。垄断性产品相对价格上升会使竞争部门消费者实际收入下降，抑制有效需求增加，从而抑制投资对就业的吸纳作用，竞争性部门的产出增加进而也会受到影响。投资对增加竞争性部门的就业和产出的作用取决于垄断性产品的供给能力，能力越小，投资对竞争性部门的就业和产出的带动作用就越小。在一个极端情况下，当垄断性产品供给量不随价格发生变化时，投资对竞争性部门的就业和产出的带动作用会完全被垄断性产品相对价格的上升所抵消。进一步来看，如果上述情况持续存在，还会导致两个部门就业者之间收入差距的扩大，垄断性部门收入增长很快，而竞争性部门收入增长慢甚至出现收入的绝对减少。这会进一步导致社会平均消费倾向下降，加剧消费不振的局面。因此，垄断性产品价格上升与一般竞争性产品供过于求的局面会进一步强化。

　　本章的研究发现，中国改革开放以来的经济周期性波动具有深刻的政治经济学含义，中央与地方之间的关系及其演变成为影响中国景气循环的重要因素，近年来中国经济增长与运行中表现出的一些重要现象也都与上述体制性因素有关。进一步探索和解决本章所研究的体制性因素，以及与此相关的农地问题、投融资体制改革等问题，是保障中国经济可持续增长以及货币政策顺利转型的重要方面。

第五部分
量价调控与政策转型：现实策略

第十二章　货币政策策略探索 Ⅰ：
转型期的规则选择

　　前面几章我们对货币政策的量价目标选择及其转型的结构性约束进行了分析，下面几章将进一步考察货币政策的具体策略选择问题，主要涉及工具规则、预期管理、中长期利率调控以及如何应对资产价格波动等现实方面。我们先来探讨转型期货币政策规则的选择问题。货币政策规则的选择往往由各中央银行根据当时所处的特定经济金融条件而确定。从全球主要新兴市场及转型国家的实践来看，货币数量目标的吸引力不断减小，而由于金融市场不发达等诸多现实及结构性约束，完全基于价格型的货币政策调控体系又不可能一蹴而就。那么究竟应采取何种货币政策规则就成为中央银行面临的重大挑战，转型中的中国也是如此。近年来中国经济金融改革及利率市场化的进程在不断加快，但价格在资源配置方面的作用还有待增强，利率政策的传导效果也有待进一步观察，与此同时数量型工具仍在发挥重要作用。"量"和"价"相互协调以共同实现货币政策调控目标（伍戈、连飞，2016）①。应该说，科学构建适合转型时期的货币政策规则及其框架具有重要的现实意义。本章即试图在一个规范框架下探讨转型阶段货币政策框架及其工具选择问题。

---

　　①　详见伍戈、连飞：《中国货币政策转型研究——基于数量与价格混合规则的探索》，载《世界经济》，2016（3）。

一、单一规则还是混合型规则：现实挑战

一般来说，发展中国家的货币政策相对于工业化国家可能更加倚重于数量型规则。Taylor（2000）指出，新兴市场国家以基础货币数量作为操作变量的工具规则是比较合适的。然而，随着金融创新和利率市场化的加快，数量型规则开始逐步失效。夏斌和廖强（2001）较早从货币传导机制的角度分析了货币供应量目标存在的问题。Geiger（2006）进一步指出，M2 作为中介目标在中国经常出现误导，尤其是 1994~1995 年高通货膨胀时期后这一问题更加突出。Laurens & Maino（2007）研究发现，由于发生了与支付体系、金融自由化、持币机会成本相关的技术进步，1994 年以来中国的货币乘数存在明显的下降趋势，VAR 分析表明，与利率相比，货币供应量对产出并不产生短期影响。Zhang（2009）研究发现，中国的货币供应量与通货膨胀之间的相关系数从 1992~1999 年的 0.8 下降到 2000~2006 年的 0.16，而利率与通货膨胀之间的相关系数则从 0.16 增加到 0.676，这主要与中国的金融深化进程有关。

在货币数量规则存在问题逐步增多的情况下，一些学者开始着手对价格型规则的适用性进行研究。谢平和罗雄（2002）对泰勒规则进行检验后认为，中国货币政策调控基本符合泰勒规则的特征。Zhang（2009）在 DSGE 模型框架下比较了利率规则和货币供应量规则对中国经济的适用情况，发现利率规则要比货币供应量规则更优。李春吉和孟晓宏（2006）认为，中国调整名义利率的货币政策对产出和通货膨胀的影响非常有限。Laurens & Maino（2007）利用 VAR 模型发现，通货膨胀和政策利率之间存在微弱的关系，单独的利率政策在帮助实现价格稳定这一最终目标中效果并不显著。Koivu 等人（2008）认为，由于目前利率还没有在货币政策传导机制中发挥主要

作用，因此在建立中国的相关模型中过于强调短期名义利率为主的泰勒规则是不合适的。

进一步的，部分学者提出可以考虑将货币数量型规则与价格型的规则结合起来。Liu & Zhang（2010）在新凯恩斯模型中系统地比较了中国货币政策的反应函数，并对中国所使用的货币政策分析框架进行了评估。其实证结果显示，中国中央银行使用利率和货币供应量的混合型规则是合适的，这是由经济发展的特殊阶段所决定的。Mehrotra 等人（2010）根据中国的货币政策现实构建了一个 McCallum – Taylor 的混合反应函数，把基于调查的通胀预期加入到该函数，并运用 VAR 方法对其适用性进行了分析。其研究发现，中国中央银行对产出缺口的反应是逆周期的，且对通胀预期的反应也十分明显。何东、王红林（2011）通过一个新的理论模型来解释利率双轨制下的中国货币政策传导机制，描述了在不同情形下，货币政策目标如何通过各种政策工具传导至市场利率，并和信贷调控共同发挥作用。该理论模型的基本思路认为，价格管制带来的扭曲需要由数量管制来纠正（详见专栏 7）。张杰平（2012）基于开放经济的 DSGE 模型框架，对中国货币政策规则的效果进行了比较分析，实证结果表明，相对于单一的货币供应量规则或利率规则，混合型规则能够更有效地影响产出和通胀，因此中国更适合使用混合型规则。Blagrave 等人（2013）认为，中国中央银行从 2005 年起为了实现政策目标对准备金率进行了较高频率的调整，在政策操作中发挥了重要作用，他认为应把准备金率加入到基于 GPM（Global Projection Model）的货币政策分析框架之中，建立利率和准备金率相结合的混合型规则。

专栏 7　利率价格的扭曲与货币数量的纠正①

中国的货币政策已全球瞩目，但对其的理解却缺乏清晰框架。一个主要原因是中国经济仍是转型经济体，其货币政策环境和框架与发达国家相比有明显差异，这意味着理解中国货币政策不能简单套用发达国家的框架和结论。例如，中国货币政策包括多个政策目标，而且货币政策工具包括多个数量型与价格型工具，而发达国家一般依靠一两个价格型工具来实现一个货币政策目标。上述不同源于中国与发达市场经济处于不同的经济发展阶段，也意味着不同货币政策框架下货币政策传导机制及效果可能不同。与发达国家不同，很长一段时间中国货币政策的显著特点还在于利率双轨制：银行体系中的管制利率与市场决定的货币和债券市场利率并存。利率双轨制是中国从计划经济向市场经济过渡的一个组成部分，是中国渐进式改革在金融体系中的实践。过低的管制利率上限是金融压抑在许多国家的主要特征（易纲，1999）。②

过低的存款利率上限导致银行获得资金的成本被人为压低，在银行业充分竞争的情况下，低存款利率（低资金成本）致使银行贷款供给曲线右移（见图 12.1，Sl→S2）。在这种情况下，银行愿意以低于均衡利率的水平供给贷款，而企业也会产生过度的信贷需求，因为借贷成本低于其应有的水平（P2 < P1）。这样，如果没有信贷数量控制，市场会在一个低于均衡贷款利率的水平上出清（Q2，P2），企业和银行皆大欢喜，而储户蒙受损失。但问题是这样会导致市场上有太多的流动性（Q2 > Q1）而导致潜在通胀压力。

---

① 该专栏内容摘编自何东、王红林：《利率双轨制与中国货币政策实施》，载《金融研究》，2011（12）。专栏标题由笔者自行添加。

② 此外，张敬国（2014）列举了近年来中国管制利率水平过低的现实证据及其危害。

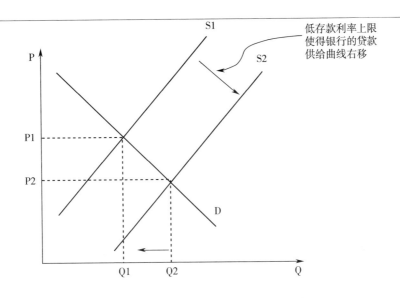

图 12.1　利率价格的扭曲与货币数量的纠正

为了解决这个问题，各种数量调控工具（存款准备金和合意信贷规模等）将贷款供给强行减少（Q2→Q1），从而防止市场因太多的流动性而导致的通胀。我们可以看出，价格工具带来的扭曲（过低的存款利率上限导致过量信贷供给与需求），须用数量工具来纠正（将信贷数量拉回至合理水平，Q1 附近）。只要存款利率上限仍然低于均衡利率水平，数量型调控措施就是限制过度信贷需求（或供给）的必需工具。

这些使得中国货币政策传导可以分为价格渠道和数量渠道，而不像发达经济体中数量和价格信号可以合二为一。例如，美联储在公开市场上通过注入或收回流动性（数量信号），将市场利率调整到其目标利率（价格信号）。中国作为一个正在向市场经济转型的经济体，其数量型调控工具的局限性也正在日益显露。例如，经济过热时，中央银行可以调控银行系统信贷数量，但市场的力量可能会将资金从银行系统引向价格更高的地方（货币与债券市场或影子银行），从而使中央银行调控效果打折扣。当然，中央银行可以将数量调控范围扩大，但市场可能会通过不断创新来逃避监管，管理成本会变得越来越高。

与数量工具的捉襟见肘相反，价格工具正变得越来越重要。然而，利率双轨制下中国价格工具的传导机制与发达国家既有相似之处，又有不同之处。相似之处来源于中国日益市场化的经济运行机制，不同之处来源于中国特有的利率双轨制和与之配套的数量管制。在这种市场与计划共存的复杂环境下，许多国内外学者对中国货币政策传导机制是否有效持怀疑态度，或者将传导机制视为一个不可知的"黑箱"，如 Qin（2005）、Geiger（2006）、Laurens & Maino（2007）、Dickinson & Liu（2007）。但无论如何，只有利率市场化才可使资本要素价格扭曲逐步得到纠正，从而提高中国经济的整体运行效率。

上述研究对我国货币政策规则进行了较好的讨论，但仍有一些领域值得深入探索：在研究视角上，多数研究往往只涉及一种单一的货币政策规则，缺乏对数量型、价格型规则以及其他规则之间的横向比较；在分析方法上，一般都仅采用 VAR 模型，且过于注重数据的挖掘，而缺少相应的经济理论基础；在模型估计上，通常采用校准或 GMM 等方法对模型中的各方程进行单独估计，没有把所有方程纳入一个完整的系统，从而可能带有较强的主观色彩，这样得到的估计结果可能难以反映现实。与国内外已有的研究相比，本章的创新性工作主要体现在：一方面，我们立足于具有严格经济理论基础的新凯恩斯框架，考虑中国的实际情况，尤其注重预期的作用，构建转型时期的数量型规则、价格型规则相结合的货币政策规则模型；另一方面，基于中国的数据采用贝叶斯方法估计结构模型，并进行不同冲击下的政策效果比较分析，即将混合规则与单一规则分别应对冲击时的脉冲响应、方差分解、福利损失结果进行比较，看哪种货币政策规则对实现货币政策目标更有效。基于上述思路，本章第二部分构建基于新凯恩斯主义的货币政策混合型规则模型框架；第三部分采用贝叶斯方法估计模型参数并对模型进行敏感性分析和适用性分析；第四部分通过脉冲响应、方差分解、福利损失分别比较混合型、数量型和价格型货币政策规则在应对经济冲击时的实际政策效果；第五部分进行小结并提出相关政策建议。

二、数量型规则与价格型规则的结合：理论框架

在上述历史文献的基础上，下文我们将根据转型中国的现实特征，有针对性地改造 Berg、Karam & Laxton（2006）的三方程新凯恩斯模型，并借鉴 Liu & Zhang（2010）的建模思想，创新性地构建同时包括货币数量型规则与价格型规则的四方程系统模型来刻画目前中国货币政策的现实。整个模型体系主要包括扩展的新凯恩斯 IS 曲线（总需求模块）、新凯恩斯 Phillips 曲线（总供给模块）、货币数量与价格相结合的混合型规则（货币政策模块）。其中，货币政策反应函数是同时包含货币数量和价格的混合规则，也就是用两个方程来综合描述中国现实的货币政策。

为了简便，假设模型包括家庭、企业和中央银行三个部门：家庭具有无限生命，目标为最大化其消费和休闲所带来的效用；企业雇佣家庭的劳动和资本来生产差异化的产品，目标为最大化其利润；中央银行根据货币政策规则执行货币政策以保持物价和产出稳定。

（一）总需求：扩展的新凯恩斯 IS 曲线

假设经济中存在生存无限期的同质家庭组成的连续统，每个家庭

试图最大化其一生期望效用①。家庭在预算约束下的最大化效用形式为

$$\max E_0 \sum_{t=0}^{\infty} \beta^t \left[(C_t - bC_{t-1})^{1-\sigma_C}/(1 - \sigma_C) + \right.$$
$$\left. (M_t/P_t)^{1-\sigma_M}/(1 - \sigma_M) - (L_t)^{1+\sigma_L}/(1 + \sigma_L) \right]$$

$$s.\,t.\ C_t + M_t/P_t + B_t/(R_t P_t) = M_{t-1}/P_t + B_{t-1}/P_t + w_t L_t + T_t$$

其中，β 为贴现因子，C_t 为即时消费，M_t 为货币存量，L_t 为劳动供给，P_t 为价格水平，b 为消费习惯程度，σ_C、σ_M 和 σ_L 分别为消费跨期替代弹性倒数、货币需求弹性倒数和劳动供给弹性倒数。B_t 为债券数量，R_t 为名义利率，w_t 为实际工资，T_t 为转移支付。

在预算约束下，家庭选择消费、债券最大化其效用，得到如下一阶最优性条件，即消费的欧拉方程：

$$\beta E_t \left\{ \left[R_t (C_{t+1} - bC_t)^{-\sigma_C} \right] / \left[\pi_{t+1} (C_t - bC_{t-1})^{-\sigma_C} \right] \right\} = 1$$

其中，$\pi_t = P_t/P_{t-1}$ 为通货膨胀率，$E_t \pi_{t+1}$ 为通货膨胀率预期。对上式进行对数线性化并引入均衡条件 $\hat{Y}_t = \hat{C}_t$（$\hat{Y}_t$ 表示产出缺口，即实际 GDP 对数与潜在 GDP 对数之差，$\hat{C}_t$ 表示家庭消费的缺口），即可得到基本的新凯恩斯 IS 曲线

$$\hat{Y}_t = b\hat{Y}_{t-1}/(1 + b) + E_t \hat{Y}_{t+1}/(1 + b) - (1 - b)(\hat{R}_t - E_t \pi_{t+1})/(1 + b)\sigma_C$$

在基本的新凯恩斯 IS 曲线里，实际产出由实际利率、上一期和预期未来的实际产出共同决定。由于发达经济体有完善的货币政策传导机制，利率和货币供应量能够彼此替换，因此传统的宏观经济模型往往只有利率（或只有货币供应量）单独进入总需求方程。但是，McCallum（2001）认为，由于货币和消费在家庭效用函数中不是独立的，因此货币可以进入产出缺口方程。Carabenciov 等人（2008）利用 GPM 模型在这方面也做了一些推进，他们在含有实际利率的 IS 曲线中加入

---

① 详见 Smets、Frank 和 Raf Wouters（2002）。

了代表货币数量的 BLT（Bank Lending Tightening）变量，用来刻画实体经济和金融部门之间的联系，从而得到扩展的 GPM 模型。此外，Liu & Zhang（2010）将货币供应量作为解释变量直接加入到总需求方程。与成熟的市场经济国家相比，由于转型中国的货币传导还有待完善，利率和货币供应量之间的相互联动作用可能并不十分明显，因此可以考虑将二者同时纳入总需求方程。综合借鉴上述研究理念，构建扩展的新凯恩斯 IS 曲线如下：

$$\hat{Y}_t = \alpha_1 E_t \hat{Y}_{t+1} + \alpha_2 \hat{Y}_{t-1} - \alpha_3 \hat{r}_{t-1} + \alpha_4 \hat{m}_{t-1} + \varepsilon_t^Y \qquad (12.1)$$

其中，$E_t \hat{Y}_{t+1}$ 为产出缺口预期；$\hat{r}_{t-1}$ 为实际利率缺口的滞后项；$\hat{m}_{t-1}$ 为实际货币增长率缺口的滞后项；α_1、α_2、$-\alpha_3$、α_4 分别为 $\hat{Y}_t$ 对 $E_t \hat{Y}_{t+1}$、$\hat{Y}_{t-1}$、$\hat{r}_{t-1}$、$\hat{m}_{t-1}$ 的反应系数；ε_t^Y 为产出缺口方程的随机扰动项。根据方程（12.1）可知：当人们对未来经济情况看好时，即预期未来的实际产出会很高时，家庭将愿意消费和投资得更多，从而刺激产出增加；当实际利率暂时较高时，家庭将增加储蓄而不是进行消费或投资，从而导致产出减少；另外，当货币供应量增加时，家庭将增加更多的消费，从而产出也会相应上升。

（二）总供给：新凯恩斯 Phillips 曲线

假设企业生产差异化的产品，对产品有一定的定价能力，并采用 Calvo（1983）型的价格设定方式：每一期有比例为 $1 - \xi_p$ 的产品生产企业随机地被选中可以最优地设定其价格水平 $P_{j,t}^*$，剩下的不能最优定价的企业则按照 $P_{j,t} = (\pi_{t-1})^{\gamma_p} P_{j,t-1}$ 经验法则设定其价格。其中，γ_p 为价格指数化程度，表示上一期通货膨胀对本期不调整产品价格的影响程度，通常 $0 \leqslant \gamma_p \leqslant 1$，本文假设 $\gamma_p = 1$，即无法最优定价的企业选择完全指数化过去的通货膨胀。

在给定产品需求的条件下，可以最优定价的企业选择最优价格水平 $P_{j,t}^{*}$ 以最大化其期望利润。企业的最优价格选择问题可以表示为

$$\max_{P_{j,t}^{*}} E_t \sum_{i=0}^{\infty} (\beta\xi_P)^i \Lambda_{t+i} (P_{j,t+i} Y_{j,t+i} - P_{t+i} mc_{t+i} Y_{j,t+i})$$

$$s.t. \ Y_{j,t+i} = (P_{j,t+i}/P_{t+i})^{-(1+\lambda_P)/\lambda_P} Y_{t+i}$$

其中，$\Lambda_{t+i} = (\lambda_{t+i}/\lambda_t) P_{t+i}$ 为随机折现因子，表示名义收入的边际价值，$\lambda_t = (C_t - bC_{t-1})^{-\sigma_c}$ 为消费的边际效用，mc_t 为企业的实际边际成本，λ_p 为价格加成，$(1+\lambda_p)/\lambda_p$ 为不同产品之间的替代弹性。

通过求解上述最优价格选择问题的一阶条件，得到企业的最优价格为

$$(P_{j,t}^{*}/P_t) E_t \sum_{i=0}^{\infty} (\beta\xi_p)^i \lambda_{t+i} \left(\frac{P_t/P_{t-1}}{P_{t+i}/P_{t+i-1}} \right) Y_{j,t+i}$$

$$= E_t \sum_{i=0}^{\infty} (\beta\xi_p)^i \lambda_{t+i} (1+\lambda_p) mc_{t+i} Y_{j,t+i}$$

上式表明，可以最优定价的企业选择的最优价格等于加权边际成本的加成。由于大多数研究采用产出缺口来取代边际成本，因此把求解的最优价格选择问题的一阶条件在零通胀稳态附近对数线性化，可得基本的新凯恩斯 Phillips 曲线：

$$\pi_t = \pi_{t-1}/(1+\beta) + \beta E_t \pi_{t+1}/(1+\beta)$$

$$+ (1-\xi_P)(1-\beta\xi_P) \hat{Y}_t/(1+\beta)\xi_P$$

相关实证研究也表明，由于企业定价中存在前瞻行为等，中国的 Phillips 曲线应该包括前瞻性因素。例如，Scheibe & Vines（2006）发现，对中国而言，带有通胀预期的 Phillips 曲线比只考虑后顾性因素的模型有更好的拟合效果。因此，本章构建的新凯恩斯 Phillips 曲线中的通货膨胀是由上一期的通货膨胀、对未来通货膨胀的预期（即包括了通货膨胀的前瞻性和后顾性因素）以及由扩展的新凯恩斯 IS 曲线中求得的实际产出缺口共同决定的：

$$\pi_t = \beta_1 E_t \pi_{t+1} + (1 - \beta_1)\pi_{t-1} + \beta_2 \hat{Y}_{t-1} + \varepsilon_t^\pi \qquad (12.2)$$

其中，β_1、β_2 分别为 π_t 对 $E_t\pi_{t+1}$、$\hat{Y}_{t-1}$ 的反应系数；ε_t^π 为通货膨胀方程的随机扰动项。根据方程（12.2）可知：当经济处于繁荣时期，即实际产出增加时，企业将扩大生产，进而增加劳动需求并相应提高工资，工资上升将导致边际成本增加，从而引起通货膨胀压力。此外，当人们预期未来通货膨胀上升时，也会提高价格水平，进一步加剧当期通货膨胀压力。

（三）货币政策：数量型调控与价格型调控相结合的混合型规则

目前我国实行的是数量型调控与价格型调控相结合的调控模式（张晓慧，2012）。基于此，混合型规则主要是将数量型调控规则和价格型调控规则有机结合，即综合使用货币数量和利率手段调节通货膨胀和产出波动，进而实现货币政策的总体目标。本章的混合型货币政策反应函数就同时包括货币数量和利率两个规则。

传统货币数量规则最主要的代表就是 Friedman（1969）的常数货币增长率规则和 McCallum（1988）的基础货币规则。本章采用货币供应量对产出缺口和通货膨胀的反应函数来刻画货币数量规则。这个规则早期源于 Taylor（1979）使用货币供应量而不是利率作为工具来估计的宏观模型。他通过最小化通货膨胀和产出缺口的损失函数得出最优货币政策，其中，货币数量工具被设定为产出缺口和通货膨胀的函数。虽然 Taylor 在 20 世纪 80 年代中期开始逐步强调利率工具的重要性，但他一直认为对于新兴市场国家而言，调控货币供应量仍是一个比较合适的货币政策工具，他建议可以把泰勒规则中利率变量修正为基础货币（Taylor，2000）。因此，关于货币数量规则和利率规则的区别不再狭义地局限为规则公式，还扩展到了操作变量方面。借鉴上述

理念以及 Sargent & Surico（2011）等的具体技术性做法，我们假设货
币数量型规则采取的是类似于泰勒规则的表达形式[①]，即

$$M_t = \gamma_1 M_{t-1} + (1 - \gamma_1)M_t^* - \gamma_2(\pi_t - \pi_t^*) - \gamma_3 \hat{Y}_t + \varepsilon_t^M \quad (12.3)$$

其中，M_t 为名义货币供给增长率；M_t^* 为名义货币供给均衡增长率；
π_t^* 为目标通货膨胀率；γ_1 是名义货币供给增长率的持久性参数；$-\gamma_2$
和 $-\gamma_3$ 分别为 M_t 对 $\pi_t - \pi_t^*$ 和 $\hat{Y}_t$ 的反应系数；ε_t^M 为货币供应量方程
的随机扰动项。根据方程（12.3）可知：对于逆周期调控的数量型货
币政策规则而言，当实际产出增长过快或通货膨胀压力过大时，中央
银行将采取措施紧缩货币供应量，从而防止经济过热以促进经济持续
平稳增长；反之则反是。

价格型规则反映的往往是名义利率与通货膨胀、产出缺口之间的
函数，即中央银行通过调整短期名义利率，使通胀和产出与其各自的
目标值偏差逐步减小，从而促使社会的总效用最大化。20 世纪 80 年代
以后，主要经济体中央银行开始强调政策的规则性和透明度，更加注
重稳定预期的作用。在有效的预期引导下，货币政策会达到事半功倍
的效果，有利于改善政策传导并提高政策的有效性。而实施价格型调
控的一个优势也在于其透明度相对更高，并有利于稳定市场预期。例
如，Haldane & Batini（1998）认为，前瞻性规则中的预期通货膨胀能
够反映未来通货膨胀路径的经济信息，从而既可以使货币政策建立一
种承诺机制，避免短视的"机会主义"倾向，又可以提高货币政策的
透明度、可信性和有效性。

McCallum & Nelson（1998）在泰勒规则模型中引入一个截距哑变

---

① Taylor（1979）和 Sargent & Surico（2011）都采用类似泰勒规则形式的货币数量规则，
该规则与传统货币数量规则的区别在于：它强调货币当局根据产出和通胀来确定货币供应量；
Friedman（1969）的常数货币增长率规则强调货币当局根据平均国民收入增长率来确定货币供应
量；McCallum（1988）的基础货币规则强调货币当局根据名义 GDP 增长目标、货币流通速度、
GDP 目标与现实的差距来确定基础货币增长率。

量，估计结果显示，该哑变量在货币政策规则中是显著的，这表明20世纪70年代和80年代的美国联邦基金利率能够对货币所包含的关于通胀和实际产出增长的信息作出反应，货币增长能够影响货币政策。随后，Mehra（2000）将货币供给增长率作为斜率哑变量引入前瞻性利率反应函数，通过对1979～1998年的季度数据实证检验后发现，货币增长在该反应函数中也是显著的。鉴于货币供应量是中国货币政策操作的中介目标，对中国泰勒规则的估计应对这一重要指标有所反映，因此应加入货币供应量变量。由于货币供应量并非像通货膨胀和经济增长那样是货币政策的最终目标，中央银行在制定当期货币政策时可能会更多地考虑前一期的货币供应量，因此我们考虑将货币供应量的滞后项加入泰勒规则。

为了更加客观地反映现实经济状况，本章在传统泰勒规则中引入预期因素和货币供应量，构造一个包含货币的前瞻性的泰勒规则形式如下：

$$R_t = \lambda_1 R_{t-1} + (1 - \lambda_1) R_t^* + \lambda_2 (E_t \pi_{t+1} - \pi_{t+1}^*) + \lambda_3 \hat{Y}_t + \lambda_4 M_{t-1} + \varepsilon_t^R$$

$$(12.4)$$

其中，R_t^* 为名义均衡利率；λ_1 为名义利率的持久性参数；λ_2、λ_3 和 λ_4 分别为 R_t 对 $(E_t \pi_{t+1} - \pi_{t+1}^*)$、$\hat{Y}_t$ 和 M_{t-1} 的反应系数；ε_t^R 为利率方程的随机扰动项。根据方程（12.4）可知：对于逆周期调控的价格型货币政策规则而言，当实际产出增长过快、预期通货膨胀压力过大或货币供应量增加过多时，中央银行将通过提高名义利率的方式，抑制经济过热以促进经济持续平稳增长。

总之，上述三大模块的运行机理可以简单概述为如图12.2所示的情形：一方面，中央银行为了确定合意的货币供应量和利率水平，分别从扩展的新凯恩斯IS曲线中获得实际产出信息、从新凯恩斯Phillips曲线中得到通货膨胀信息；另一方面，中央银行又通过调整货币供应量和利率水平，影响总需求方程及实际产出，并进一步地由总供给方程影响通货膨胀水平。因此，货币政策方程是完成整个模型系统设定的"中心"环节，其与货币供应量、利率、实际产出和通货膨胀都有密切的关联。

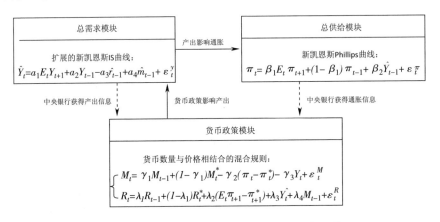

图12.2 混合型货币政策规则的基本分析框架①

三、数量型规则与价格型规则的结合：模型估计

（一）参数的贝叶斯估计

由于在小样本情况下贝叶斯估计的可信度明显高于其他估计（如

---

① 事实上，本章的模型框架中除了 4 个基本的行为方程外，还包括 3 个均衡方程：$\pi_t^* = \beta_3 \pi_{t-1}^* + \varepsilon_t^{\pi*}$、$M_t^* = \gamma_4 M_{t-1}^* + \varepsilon_t^{M*}$、$R_t^* = \lambda_5 R_{t-1}^* + \varepsilon_t^{R*}$ 和 6 个识别方程：$\hat{m}_t = m_t - m_t^*$、$m_t = M_t - \pi_{t+1}$、$m_t^* = M_t^* - \pi_{t+1}^*$、$\hat{r}_t = r_t - r_t^*$、$r_t = R_t - \pi_{t+1}$、$r_t^* = R_t^* - \pi_{t+1}^*$。其中，借鉴 Svensson（1999，2000），假设 π_t^*、M_t^*、R_t^* 均服从 AR（1）过程，β_3、γ_4、λ_5 为 AR（1）过程的系数，$\varepsilon_t^{\pi*}$、ε_t^{M*}、ε_t^{R*} 为 AR（1）过程的随机扰动项；m_t 为实际货币供应增长率，m_t^* 为实际均衡货币供给增长率，r_t 为实际利率，r_t^* 为实际均衡利率。

GMM 和极大似然估计等），下文将采用贝叶斯方法估计模型的结构参数。按照贝叶斯方法估计模型参数的规则，观测变量的个数要小于或者等于外生冲击的个数。本章建立的模型包含产出缺口冲击、通货膨胀冲击、货币供应量冲击、利率冲击等外生冲击，为了保证外生冲击能够得到良好的识别和估计，也使后续的相关分析更可靠，我们在贝叶斯估计中使用产出缺口、通货膨胀率、货币供应量增长率和利率 4 个观测变量。采用 CPI 的季度环比指数代表通货膨胀率[1]。采用 CPI 的季度定基指数将名义季度 GDP 转换为真实季度 GDP，并将真实季度 GDP 取对数后用 HP 滤波剔除长期趋势。货币供应量增长率由广义货币供应量（M2）增长率表示。利率由全国银行间市场 7 天期同业拆借利率表示[2]。上述变量均采用 X - 12 方法剔除季节波动。因为从 2001 年 1 月起国家统计局调整了 CPI 的统计口径，所以本章的样本期从 2001 年第一季度至 2014 年第四季度，共 56 个数据样本。原始数据来源于国家统计局网站、中国人民银行网站、Wind 资讯。本章运用 Dynare 4.4.2 工具箱，在 Matlab 7.8 环境中编程，完成有关模型的参数估计以及仿真分析。

在利用贝叶斯方法估计模型参数之前，需要给出待估参数的先验分布。先验分布的选取直接关系到最终估计的质量，因此必须根据参数的理论含义和取值范围以及国内外相关研究的结论来综合设定待估参数的先验分布[3]。我们参考 Liu & Zhang（2010）、Blagrave 等人（2013）、Carabenciov 等人（2008）、刘斌（2008）、中国人民银行营业

---

[1]　由于上文推导基本新凯恩斯 IS 曲线中定义 $\pi_t = P_t / P_{t-1}$ 为通货膨胀率，因此我们采用 CPI 的季度环比指数代表通货膨胀率。王彬、马文涛、刘胜会在《人民币汇率均衡与失衡：基于一般均衡框架的视角》（《世界经济》2014 年第 6 期）一文中对通货膨胀率指标也做了同样的处理。

[2]　由于中国的利率未完全市场化，因此利率选用更具市场化利率特征的银行间 7 天期同业拆借利率表示。王彬、马文涛、刘胜会（2014）对利率指标也进行了类似的选取。

[3]　对于取值范围在区间（0，1）中的参数，将其先验分布设定为贝塔分布（Beta distribution）；对于取值始终大于 0 的参数，将其先验分布设定为正态分布（Normal distribution）；对于外生冲击的标准差，将其先验分布设定为逆伽马分布（Inverted Gamma distribution）。

管理部课题组（2009）等文献，经过多次尝试和比较后选择了参数的先验分布。在对模型参数进行贝叶斯估计时，我们通过 Metropolis - Hastings 算法模拟了 20000 次，最终采取了 10000 个模拟数进行参数估计，模拟过程中使用了两条马科夫链（Markov Chains），第一条链的最终接受率（Acceptance Rate）为 32.7224%，第二条链的最终接受率为 31.9560%。两条链的最终接受率在合理区间内①，且二者的差异较小，模型的单变量和多变量的收敛性检验（Univariate Convergence Diagnostic 和 Multivariate Convergence Diagnostic）结果较好②，因此参数和模型比较稳定。表 12.1 给出了模型待估参数的先验分布以及贝叶斯估计值。

表 12.1 参数的先验分布及贝叶斯估计

参数	先验分布			后验分布		
	类型	均值	标准差	均值	置信区间	众数
α1	Normal	0.210	0.10	0.1775	0.1685	0.1842	0.1743
α2	Normal	0.470	0.10	0.4796	0.4726	0.4855	0.4763
α3	Normal	0.040	0.05	0.0421	0.0240	0.0584	0.0437
α4	Normal	0.060	0.10	0.0543	0.0459	0.0632	0.0495
β1	Beta	0.480	0.10	0.3113	0.3018	0.3238	0.3234
β2	Normal	0.200	0.05	0.1626	0.1611	0.1644	0.1618
γ1	Beta	0.880	0.10	0.9044	0.8807	0.9272	0.9183
γ2	Normal	0.060	0.10	0.0950	0.0833	0.1087	0.0919
γ3	Normal	0.160	0.10	0.1934	0.1811	0.2059	0.1887
λ1	Beta	0.670	0.10	0.6495	0.6358	0.6617	0.6414
λ2	Normal	0.370	0.10	0.3916	0.3808	0.4030	0.3868
λ3	Normal	0.060	0.05	0.0293	0.0225	0.0377	0.0319
λ4	Normal	0.850	0.10	0.7644	0.7585	0.7723	0.7637

---

① 根据主流文献的共识，马科夫链的最终接受率应该在 20% ~ 40% 比较合理。如果接受率太高，Metropolis - Hastings interactions 无法抵达分布的尾部（tails of a distribution）；如果接受率太低，Metropolis - Hastings interactions 会局限于参数分布的某个子空间。

② 由于单变量和多变量的收敛性检验图形输出较多，限于篇幅，我们没有列出。

在 IS 曲线的估计结果中，实际利率缺口的系数 $-\alpha3$ 为 -0.0421，实际货币供应量增长率缺口的系数 $\alpha4$ 为 0.0543，二者的绝对值都比较小。其原因可能在于，由于价格和工资刚性、金融市场中存在的摩擦等造成货币政策传导不畅，因此货币政策对产出的影响效果相对有限（Laxton & Scott，2000）。此外，数量型工具和价格型工具之间的效果比较可以近似表示为 $\alpha4/\alpha3 = 1.2898$，即货币供应量增长率变动增加（减少）1% 与利率变动减少（增加）1.2898% 对产出的影响效果可能是大致类似的。

在 Phillips 曲线的估计结果中，通胀预期对通货膨胀的影响系数 $\beta1$ 为 0.3113，从而证明了在中国前瞻性 Phillips 曲线的存在性，这也符合新凯恩斯主义的基本分析框架；产出缺口滞后项对通货膨胀的影响系数 $\beta2$ 为 0.1626，表明通货膨胀受产出缺口的影响存在滞后性，即上一期的产出缺口增加 1 个单位将导致即期通货膨胀上升 0.1626 个单位。

在货币政策方程的估计结果中，货币供应量平滑系数 $\gamma1$ 的估计值在 0.9 以上，说明货币供应量具有很强的连贯性，即货币当局调整货币供应量存在明显的平滑行为，他们并不是将货币供应量一步调整至目标值，而是一个逐步调整过程，这使公众能有较充分的反应时间来逐步适应中央银行的操作，从而有助于宏观经济的平稳发展。货币供应量对通货膨胀和产出缺口的反应系数 $-\gamma2$ 和 $-\gamma3$ 分别为 -0.0950 和 -0.1934，其符号也符合预期，即表明货币数量调控是为了促使通货膨胀向其目标值回归，并较好地促进实际产出持续平稳增长。利率平滑系数 $\lambda1$ 的估计值大于 0.6，说明利率政策也强调持续性，即中央银行倾向于通过缓慢调整短期利率，建立一个短期利率的变化路径，以此引导公众预期并提升政策效果。利率水平对通胀预期和产出缺口的反应系数 $\lambda2$ 和 $\lambda3$ 分别为 0.3916 和 0.0293，从而证实了利率政策对通胀和产出进行了积极反应，并且名义利率的调整不是取决于已经实现的或"事后"的通胀，而是取决于根据"事先"可获得信息而做出的对未来的通胀预期。利率对货币供应量增长率的反应系数 $\lambda 4$ 为 0.7644，说明利率对货币供应量增长率的变化产生同向变化，这与我国一度存在的货币被动派生有关。国际收支大额双顺差格局下，外汇占款的增加必然引起货币供应量的增加，公开市场操作和存款准备金率调整能够起到部分对冲的作用，向市场释放回收流动性的信号，从而引起货币市场同业拆借利率的同向变化。

（二）模型的敏感性分析

下面我们通过敏感性分析考察模型构件对于分析中国货币政策混合规则的相对重要性，以便在应用模型进行货币政策分析时抓住建立模型的关键要素。为此，在敏感性分析时依次显著地减小并固定上述模型构件参数的取值，然后依次估计其余参数的后验均值和相应的边缘数据密度，通过与基准模型的边缘数据密度相比较来判断该参数及其对应模型构件的相对重要性，若对边缘数据密度影响较大则该模型构件越重要。表 12.2 依次列出了显著减小并固定一种参数后模型的边缘数据密度与其余参数的后验均值。

表 12.2　模型的敏感性分析

	基准模型	$\gamma_1 = 0.01$	$\gamma_2 = 0.01$	$\gamma_3 = 0.01$	$\lambda_1 = 0.01$	$\lambda_2 = 0.01$	$\lambda_3 = 0.01$	$\lambda_4 = 0.01$
边缘数据密度	-134.96	-259.18	-287.13	-241.30	-222.35	-266.42	-236.11	-205.15
α_1	0.1775	0.3177	0.0215	0.2555	0.1492	0.3528	0.3453	0.2785
α_2	0.4796	0.4138	0.5774	0.4471	0.5094	0.3298	0.3437	0.1169
α_3	0.0421	0.0381	0.0051	0.0082	0.0025	0.0179	0.0123	0.0177
α_4	0.0543	0.2267	0.0121	0.0339	0.0780	0.0066	0.0016	0.0154
β_1	0.3113	0.3854	0.3968	0.3042	0.2808	0.3033	0.3393	0.4283
β_2	0.1626	0.0174	0.0175	0.0925	0.0175	0.0175	0.0175	0.1596
γ_1	0.9044	0.0100	0.9826	0.9935	0.9863	0.9894	0.7291	0.9475
γ_2	0.0950	0.0062	0.0100	0.1123	0.0196	0.0985	0.0150	0.0064
γ_3	0.1934	0.2649	0.1119	0.0100	0.1814	0.4820	0.0244	0.1369

续表

	基准模型	$\gamma_1 = 0.01$	$\gamma_2 = 0.01$	$\gamma_3 = 0.01$	$\lambda_1 = 0.01$	$\lambda_2 = 0.01$	$\lambda_3 = 0.01$	$\lambda_4 = 0.01$
λ_1	0.6495	0.8210	0.6706	0.5626	0.0100	0.3944	0.3324	0.9204
λ_2	0.3916	0.5691	0.2206	0.3434	0.5375	0.0100	0.4713	0.2950
λ_3	0.0293	0.0190	0.0614	0.0221	0.1125	0.0092	0.0100	0.0569
λ_4	0.7644	0.6968	0.5079	0.5627	0.3448	0.7930	0.7047	0.0100

总体上看，在显著地减小并固定某个结构参数后，估计的模型边缘数据密度值都有不同程度的减小，说明在分析货币政策混合规则的模型中引入相应的模型要素对于理解中国货币政策混合规则有其必要性。尤其是通过比较模型的边缘数据密度可知，货币供应量和利率对通货膨胀的反应系数 γ_2 和 λ_2 是最为重要的模型要素：将参数 γ_2 降低到 0.01 后，模型的边缘数据密度下降为 −287.13，与基准模型相比降低了 152.17，估计结果受到较大影响的参数有 α_3，其后验均值由 0.0421 降低为 0.0051；将参数 λ_2 减小为 0.01，模型的边缘数据密度损失了 131.46，α_4 的后验均值由 0.0543 减少为 0.0066。这印证了中国中央银行的货币政策目标更主要的是保持物价稳定。其余要素对于基准模型的后验边缘数据密度的贡献相对要小，但也会导致边缘数据密度显著地减小，因而在本章的模型中也是十分必要的[①]。

（三）模型的适用性分析

为了评价上述模型体系可否用来分析中国货币政策的混合规则，我们根据估计模型和实际数据的二阶矩的比较，来考察该模型对经济现实的刻画能力。如果模型模拟的二阶矩与实际经济较为匹配，那么

---

① 把参数 γ_1、γ_3、λ_1、λ_3 和 λ_4 分别减小到 0.01 后，模型的边缘数据密度分别显著降低 124.22、106.34、87.39、101.15 和 70.19，γ_2、α_3、α_3、α_4 和 γ_2 的后验均值分别从 0.0950、0.0421、0.0421、0.0543 和 0.0950 下降为 0.0062、0.0082、0.0025、0.0016 和 0.0064。

可以认为模型能够在某种程度上描述现实经济。本章主要比较变量之间的标准差、一阶自回归系数、与产出相关系数，其中，它们分别用来度量变量的波动性大小、波动持续性、顺周期性与否及强弱。为此，我们对模型的内生变量 $\hat{y}$、π、M 和 R 仿真了时间序列为 200 期的 100 个样本，然后计算样本的各二阶矩，结果如表 12.3 所示。

表 12.3　　　　　　　　　　　模型经济与实际经济的二阶矩

变量	模型经济			实际经济		
	标准差	一阶自回归系数	与 $\hat{Y}$ 相关系数	标准差	一阶自回归系数	与 $\hat{Y}$ 相关系数
$\hat{Y}$	0.0143	0.5262	1.0000	0.0116	0.5128	1.0000
π	0.0560	0.5521	0.6411	0.0583	0.5461	0.6304
M	0.0312	0.8469	0.5051	0.0327	0.8269	0.5138
R	0.0413	0.7017	-0.4539	0.0565	0.6953	-0.4268

根据混合型货币政策规则下模型经济与实际经济的比较可以看出，模型经济预测的变量的二阶矩与实际经济比较接近：模型仿真数据的标准差与实际数据相差不大，模型的一阶自回归系数、与产出相关系数的方向和大小与实际经济数据都是较为匹配的。因此，模型经济预测变量的波动性与实际经济基本一致；模型经济预测的变量大多具有较高黏持性的特征与实际经济相同；模型经济预测的结果与实际经济一样是顺周期的。总之，模型和实际数据的二阶矩的比较情况为本章所构建模型的适用性提供了充分的支持证据，模型对实际数据具有较强的解释力，较好地拟合了中国的经济现实，从而表明了上述新凯恩斯模型体系对经济现实刻画的合理性。因此，我们可以用它来分析货币政策混合规则在中国的政策效果。

四、数量型规则、价格型规则与混合型规则：政策效果比较

下面我们将根据上一节所估计的模型进行政策效果对比分析，具体探讨究竟哪种货币政策规则（混合型规则、货币数量型规则或价格型规则）对中国的宏观经济调控更加有效。

（一）脉冲响应分析

我们运用脉冲响应方法分别考察经济冲击（如产出缺口冲击、通货膨胀冲击）对产出缺口和通货膨胀的影响，即增加 1 个百分点的外生冲击，产出缺口和通货膨胀在三种不同的货币政策规则下的脉冲响应情况。

图 12.3（a）给出了产出缺口增加 1 个百分点的冲击时，在三种货币政策规则下产出缺口的各自反应情况。在正的产出缺口冲击下（即当经济面临上行压力的时候），产出缺口在三种货币政策规则作用下都有不同程度的变动，其中混合型规则下产出缺口的波动相对较小且恢复到均衡状态的速度最快，因此混合型规则相对更有效。具体的，在混合型规则下，1% 的正向产出缺口冲击直接导致产出缺口立即上升到最高点，即在冲击发生的当期达到最大响应，随后产出缺口迅速下降，直到经过第 7 期后下降到最低点，然后再逐渐上升，并"惯性"地恢复到稳态。从经济学意义上讲，正向产出缺口冲击（如正向消费偏好冲击）会使消费者将更多的收入用于消费而减少实际货币余额需求①，从而促进产出增加，产出缺口也随之上升。为了防止经济过热，中央

---

① 具体的，在家庭的跨期预算约束条件中包括了消费和实际货币余额需求，模型中二者具有相互替代关系。

银行采取逆周期的混合型货币政策规则（即减少货币供给量且同时调高利率）来进行宏观调控，一方面通过降低货币发行直接减少居民的财富拥有量，抑制居民的消费需求；另一方面通过提高利率增加居民的投资成本，间接抑制居民的投资需求。在这种综合性调控措施下，经济过热的局面得到有效控制，进而使得产出较快回归到稳定状态。

图12.3（b）给出了产出缺口增加1个百分点的冲击时，在三种货币政策规则下通货膨胀的各自反应情况。在正的产出缺口冲击下，通货膨胀在三种货币政策规则下都有不同程度的变动，其中混合型规则下通货膨胀的波动相对较小，因此混合型规则似乎更有效。具体的，在混合型规则下，1%的正向产出缺口冲击导致通货膨胀立即上升，在第4期左右达到最高点，随后下降逐渐恢复到稳态值。从经济学意义上讲，正向产出缺口冲击（如正向消费偏好冲击）增加了消费需求，从而引致通货膨胀偏离原来稳态上升并逐渐达到高位。为了缓解通货膨胀压力，货币当局采取逆周期的混合型规则（即紧缩货币供给量并调高利率）来进行宏观调控，一方面通过提高存款准备金率直接冻结银行体系过剩流动性，通过缩减银行体系超额存款准备金，降低货币乘数，进而影响金融机构信贷资金供应能力，调控货币信贷总量；另一方面通过调高利率，增加融资成本，从而引导金融机构和各类经济主体的货币信贷合理增长，调节和稳定通货膨胀预期，为促进货币信贷合理增长创造有利条件。在这种综合性调控措施下，通货膨胀逐渐下降并最终回归稳定状态。

图12.4（a）给出了通货膨胀率增加1个百分点的冲击时，在三种货币政策规则下产出缺口分别反应的情况。在正的通货膨胀冲击下（即当通胀压力上升的时候），产出缺口在三种货币政策规则下都有不同程度的变动，其中在混合型规则下产出缺口的波动相对较小，因此混合型规则的宏观政策效果显得更有效。在混合型规则下，产出缺口受到1%的正向通货膨胀冲击后立即下降，在第7期左右达到最低点，

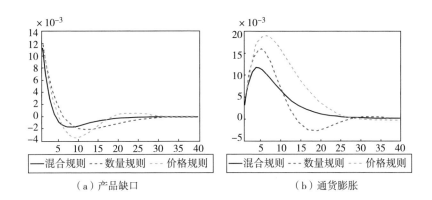

（a）产品缺口　　　　　　　　　（b）通货膨胀

图 12.3　三种货币政策规则下产出缺口和通货膨胀对产出缺口冲击的脉冲响应

然后慢慢上升，一段时期后逐步回到均衡处。从经济学意义上讲，正向通货膨胀冲击（如正向价格加成冲击）会使厂商的生产成本增加，从而投资减少并带动产出下降，产出缺口下降。此时若货币当局采取逆周期的混合型规则（即紧缩货币供给量和调高利率）来进行宏观调控，通货膨胀将显著下降，且使得生产成本降低，促进投资增加，从而带动产出最终回归稳定状态。

　　图 12.4（b）给出了通货膨胀率增加 1 个百分点的冲击时，在三种货币政策规则下通货膨胀分别反应的情况。在正的通货膨胀冲击下（即当通胀压力上升的时候），通货膨胀在三种货币政策规则下都有不同程度的变动，类似地，其中混合型规则下通货膨胀的波动相对较小，因此混合型规则显得更加有效。具体的，在混合型规则下，1% 的正向通货膨胀冲击直接导致通货膨胀立即上升到最高点，即在冲击发生的当期达到最大响应，随后通货膨胀迅速下降，然后再逐渐惯性恢复稳态。从经济学意义上讲，正向通货膨胀冲击（如正向价格加成冲击）提高了厂商生产成本和社会价格总水平，对通货膨胀有推动作用。为了缓解通胀压力，货币当局采取逆周期的混合型规则（即同时紧缩货币供应量和调高利率）来进行宏观调控，通货膨胀将显著下降，并逐

步回归稳定状态。

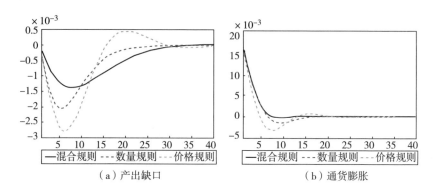

（a）产出缺口　　　　　　　　（b）通货膨胀

图 12.4　三种货币政策规则下产出缺口和通货膨胀对通货膨胀冲击的脉冲响应

综上所述，通过比较三种货币政策规则下产出缺口冲击和通货膨胀冲击所引起产出缺口和通货膨胀的变化，可以看到实施混合型规则能更好地熨平宏观经济波动。也就是说，在经济转型阶段，使用任何一种单一的货币政策规则都不能取得最优的效果，而实施混合型规则可能是较好的现实选择。目前中国金融市场仍不十分发达，利率市场化尚未最终完成，同时金融创新还在不断深化，货币政策传导机制还不十分畅通。在此背景下，单一的数量型规则或价格型规则所产生的效果可能难以充分发挥。通过数量型工具调节金融机构流动性状况，同时通过价格型工具调节社会融资成本及资金供求情况，这种"量"和"价"两种手段的综合运用可以有效地弥补单一规则的不足，从而使宏观政策调控更加有效。

（二）方差分解分析

由于本章模型中加入了多种宏观经济冲击，因此分析各种冲击对宏观经济变量的相对影响对于货币政策决策显得尤为必要，且可以帮助我们进一步分析混合型规则的政策效果。下面将三种货币政策规则下外生冲击（产出冲击、通胀冲击、货币冲击、利率冲击）对主要宏观经济变量（产出、通胀）波动的影响进行分解。表12.4展示了各宏观经济变量的方差分解结果，它是基于估计的参数进行模拟得到的，用于解析各种冲击的相对重要性。

表12.4　　　　　三种货币政策规则下变量的方差分解结果　　　　单位：%

	混合型规则		数量型规则		价格型规则	
	产出	通胀	产出	通胀	产出	通胀
产出冲击	74.67	41.25	77.26	45.14	78.43	46.68
通胀冲击	10.36	35.40	12.22	37.80	13.45	38.47
货币冲击	9.35	18.70	6.84	14.64	4.47	12.34
利率冲击	5.62	4.65	3.68	2.42	3.65	2.51

总体来看，无论是采用混合型规则，还是采用单一的数量型规则或价格型规则，产出缺口冲击、通货膨胀冲击、货币供应量冲击和利率冲击都是中国宏观经济波动的重要来源。其中，产出缺口冲击是产出波动的最主要原因，它对产出波动的解释力达到了70%以上，而通货膨胀冲击、货币供应量冲击和利率冲击仅能解释不足30%的产出波动；导致通货膨胀的最主要原因包括产出缺口冲击和通货膨胀冲击，它们对通货膨胀的解释力总计达到了70%以上，而货币供应量冲击和利率冲击总计仅解释了不足30%的通货膨胀变动。

进一步来看，在混合型规则下，产出缺口冲击是引致经济波动的主要因素，它对产出波动的解释力甚至达到了74.67%；通货膨胀冲击对经济波动的解释力仅次于产出缺口冲击，特别是体现在其对通货膨胀的解释力上，它解释了超过30%的通货膨胀；货币供应量冲击对经济波动的解释力相对较小，它对产出波动和通货膨胀的解释力分别为9.35%、18.70%；利率冲击对经济波动的解释力最低，它仅解释了产出波动的5.62%和通货膨胀的4.65%。与产出缺口冲击和通货膨胀冲击相比，货币供应量冲击和利率冲击的解释力虽然较小，但它们仍然是经济波动不可忽视的因素，且二者在混合型规则下所引起的宏观经济变量的相对变化比单一规则下大。与单一规则（数量型规则或价格型规则）相比，混合型规则下产出缺口冲击和通货膨胀冲击对主要宏观经济变量波动的相对解释力均有所降低，这说明混合型规则对熨平宏观经济波动的效果更大。

（三）福利损失分析

进一步的，我们将在最优货币政策理论框架下[①]分析不同货币政策规则对社会福利损失函数的影响，即采用福利分析方法研究混合型规则是否更适用于当前中国实际。根据上文的模型估计结果，我们将计算中国货币政策的福利损失，据此比较混合型规则、数量型规则和价格型规则调控的有效性。Woodford（2003）证明了中央银行损失函数的多期表达式与社会福利目标函数的一致性，即在二阶近似的范围内损失函数最小化也是社会福利目标函数最大化。货币当局制定货币政策时必须具有前瞻性，考虑当期货币政策对目标变量未来的影响。本章借鉴 Woodford（1999）及刘斌（2004）关于货币政策的损失函数的表达形式：$L = E_t \sum_{i=0}^{\infty} \beta^i (\pi_{t+i}^2 + \lambda \hat{Y}_{t+i}^2)$。假定中央银行与家庭有相同的时间偏好 β。λ 代表中央银行对于产出缺口和通货膨胀的关注程度[②]：λ 值越大，中央银行在面对稳定产出与通胀的政策权衡时，更多地倾向于减小产出的波动；反之，则更多地倾向于减小通胀的波动。一般的，λ 分为（0，1）、1、（1，∞）三个区间。为了简便，在此 λ 分别取 0.5、1 和 2，并根据福利损失函数计算在不同货币政策规则下外生冲

---

① 从某种程度来看，最优的货币政策规则是能够使外生冲击导致的福利损失最小化的货币政策规则。

② 在货币政策分析中，通常假定目标权重 λ 是外生的，由中央银行的主观偏好所决定，不同文献对该权重的取值明显不同。

击（产出冲击、通胀冲击、货币冲击、利率冲击）导致的社会福利损失情况，结果如表 12.5 所示。①

表 12.5 三种货币政策规则下福利损失函数的结果比较

	混合型规则			数量型规则			价格型规则		
	$\lambda = 0.5$	$\lambda = 1$	$\lambda = 2$	$\lambda = 0.5$	$\lambda = 1$	$\lambda = 2$	$\lambda = 0.5$	$\lambda = 1$	$\lambda = 2$
产出冲击	0.1415	0.1475	0.1597	0.1824	0.1887	0.2013	0.2065	0.2125	0.2243
通胀冲击	0.0559	0.0582	0.0630	0.0745	0.0771	0.0822	0.0857	0.0882	0.0931
货币冲击	0.0277	0.0285	0.0301	0.0320	0.0331	0.0353	0.0342	0.0357	0.0386
利率冲击	0.0091	0.0094	0.0100	0.0102	0.0105	0.0110	0.0125	0.0131	0.0141
加　总	0.2342	0.2436	0.2628	0.2991	0.3094	0.3298	0.3389	0.3495	0.3701

在三种货币政策规则下，随着中央银行给予产出的权重 λ 从 0.5 增大到 1 和 2，即逐渐更倾向于稳定产出，各种外生冲击都会导致社会福利损失随之上升，这再一次印证了中国中央银行在"稳增长"和"防通胀"两个目标之间进行权衡时更倾向于后者。我们将着重讨论 λ 为 0.5 时（即更倾向于控制通胀）的福利损失情况。当采取混合型规则、数量型规则、价格型规则时，产出缺口冲击导致的福利损失分别为 0.1415、0.1824、0.2065，这表明单一的数量型规则或价格型规则下产出缺口冲击导致的福利损失相应较大，而且数量型规则下的福利损失要小于价格型规则，混合型规则相对具有更高的效率，在稳定产出和控制通胀的政策权衡上比单一规则具有更大的优势，有效地减少了福利损失，实现了社会福利的改善，从而为宏观经济调控提供更理想的参考依据。

与此类似，实施混合型规则可以使通货膨胀冲击、货币供应量冲击和利率冲击带来的福利损失相对较小，而数量型规则或价格型规则

---

① 有关福利损失函数的度量在国际上尚无定论，因此本章计算的福利损失也可能与其他度量方法不尽相同。

下三种冲击造成的福利损失较大。同时，与货币政策冲击相比，产出缺口冲击和通货膨胀冲击导致的福利损失相对偏高。另外，当全部四种外生冲击同时发生时，与数量型规则和价格型规则相比，采用混合型规则会使外生冲击导致的福利损失之和从 0.2991 和 0.3389 下降到 0.2342，因此货币政策混合型规则能够比单一的数量型规则或价格型规则更好地减小福利损失，即在经济转型阶段，采用数量和价格相混合的货币政策规则对改善社会福利的效果似乎更明显。

专栏8　人口老龄化和货币政策

在全球人口老龄化的大趋势下，各国的宏观经济金融环境随之发生了越来越多的深刻变化，货币政策正面临着诸多新的挑战。特别是在转型中的中国，老龄化的趋势之明显、作用速度之快、程度之剧烈都是值得我们高度关注的[1]。原本是"慢变量"的人口因素，但近年来在中国却呈现出"快变量"的现实特征。此外，我国的人口老龄化与经济社会发展不同步，呈现出明显的"未富先老"的特征[2]。关于人口老龄化与货币政策的关系，学术界存在着许多

---

[1]　从国际经验来看，65 岁及其以上人口从 7% 上升到 14% 所需要的时间是法国为 115 年，瑞典为 85 年，美国为 66 年，英国为 45 年，而中国要达到这一比例，只需要 25 年左右（World Bank，2012）。中国快速的老龄化可能主要缘于其过去人口政策的扭曲以及调整政策的滞后。具体的，20 世纪 80 年代初计划生育政策的全面严格实施使得生育率急剧下降，老龄人口的增速要明显快于年轻人口的增速，但人口结构发生迅速转变的同时有关人口政策的调整却显得十分滞后。

[2]　与许多国家的发展路径不同，中国的老龄化是在经济尚不发达的条件下发生的。日本、韩国与中国台湾在达到美国人均收入 1/5 水平时，65 岁以上老年人口占总人口的比例仅为 4% ~ 5%，而中国现阶段的老龄化比例就已经是这些国家和地区当时的两倍了（王丰，2013）。

争议，但也形成了诸多共识（伍戈、曾庆同，2015）①。具体来看：

一是从货币政策调控目标之一的经济增长来看，老龄化对其影响可能主要是负面的（Johnson，2000）。这是由于在老龄化的社会里，劳动力人口数量与资本存量的下降趋势及其对经济增长的负面作用是显而易见的。但由于各国老年人受教育程度、科技创新能力等都存在差异，老龄化对于全要素生产率的影响仍存在着一定的争议。尽管如此，对于老龄化进程较快、教育程度相对较低的发展中国家而言，全要素生产力的促进作用往往难以抵消因总劳动人口和资本存量下降对潜在经济增速所带来的负面冲击（Trichet，2007）。

二是关于人口老龄化是否会对货币政策的通货膨胀目标产生影响，这仍存在许多争议。人口老龄化可能引发劳动力供不应求的现象，从而导致工资的上升，但劳动力成本的上升是否会对物价产生系统性的影响仍存在不确定性。无论如何，大部分研究都认同，人口老龄化可能使得菲利普斯曲线更加扁平化（Bean，2004）。也就是说，老年社会对通胀目标的容忍度有所降低的同时，控制通胀的成本及需要牺牲的经济增速代价却在不断上升，货币政策可能面临着更加艰难的促增长与控通胀之间的权衡（彭文生，2013）。

三是从货币政策的传导渠道来看，不同的传导机制在老龄化背景下会产生不一样的效果（Imam，2013）。具体的：由于老年人大多是债权人而无须大量借贷，因此与年轻社会相比，老年社会对利率的敏感性相对降低，利率传导途径的有效性可能减弱；由于拥有较多抵押品的老年人从外部融资的成本相对低，信贷价格（也包括数量）变化对其影响相对较小，信贷传导途径的有效性也可能减弱；由于老年人更趋向于规避风险且投资理念倾向于保守，货币政

①　详见伍戈、曾庆同：《人口老龄化和货币政策：争议与共识》，载《国际经济评论》，2015（4）。

策相对难以通过引导微观主体的风险偏好来影响实体经济，因此风险承担渠道的有效性可能减弱（Borio & Zhu，2008）；但是，由于老年人作为债权人拥有更多资产，老龄化会提高财富效应的相对重要性，货币政策的财富效应途径的有效性可能增强（Miles，2002）。

总之，对于我国而言，"未富先老"以及迅速老龄化的特殊背景使得我国货币政策的操作环境与其他国家有着明显区别。随着老龄化程度的日益加深，使得我们不得不容忍一个更低的经济增速。因此应实施更加稳健的货币政策，慎用大规模刺激性政策来过度拉动经济，避免成本推动和需求拉动相互强化导致的螺旋式价格上涨（伍戈、李斌，2013）[①]，并防止资产价格泡沫的滋生和潜在金融风险的集聚。此外，要加强货币政策与其他政策工具协调配合。老龄化本身带来的社会和经济问题是全方位的，总需求管理政策须与其他结构性改革及其总供给政策协调配合，以共同应对人口老龄化的挑战，具体包括：建立健全社保及养老体制、调整完善人口与计划生育政策、合理引导产业结构调整以及大力发展金融要素市场等。

五、小结

本章主要在如下几方面尝试将中国货币政策转型的研究向前推进：首先，我们充分考虑中国的实际情况，立足新凯恩斯框架构建转型时期数量和价格相结合的混合型货币政策规则模型；之后，用贝叶斯方法估计结构模型，并根据中国的现实情况进行政策效果对比分析，在同样的经济冲击下，将混合型规则与单一的数量型规则或价格型规则的脉冲反应、方差分解和福利损失结果进行比较。实证分析表明：在

[①] 伍戈、李斌：《成本冲击、通胀容忍度与宏观政策》，北京：中国金融出版社，2013。

经济转型阶段，中央银行实施货币政策混合型规则要优于单一的数量型规则或价格型规则，混合型规则能够更好地熨平宏观经济波动，并且对改善社会福利的效果更明显，这可能是转型期中国的较好现实选择。

相应的，我们可得出以下几点政策启示，或对中国货币政策的转型有一定的借鉴意义：首先，现阶段我国应综合运用货币数量、利率等多种货币政策工具，不断丰富和优化政策组合，以有效实现宏观调控政策的效果。其次，在转型期应积极准备和创造条件，继续深化利率市场化改革，加快和完善银行同业拆借利率市场以及基准利率体系等建设。最后，货币当局应采取多种形式、运用多种手段增加与公众交流沟通，增强货币政策的透明度，更好引导市场预期，提高货币政策的有效性。值得一提的是，宏观经济中许多结构性的变化（人口老龄化等）也可能对货币政策的目标与传导等产生复杂的影响（见专栏8）。此外，本章对货币政策混合型规则的讨论是基于封闭经济条件下进行的，未来如何将汇率以及国际资本流动等因素引入到有关模型中可能是我们需要进一步研究的方向。

第十三章　货币政策策略探索 II：为什么预期是重要的

　　货币政策传导的有效性以及货币市场的平稳运行在很大程度上取决于市场预期是否稳定。下面，我们将以货币市场为例，重点探讨预期在货币政策中的作用。众所周知，货币市场作为金融市场的重要组成部分，是整个金融体系运行的枢纽[①]。中央银行实行间接调控必须建立在一个发达的货币市场基础之上（姜波克、陆前进，1999）[②]，成熟稳定的货币市场不仅有利于提高金融机构等微观主体的资金使用效率，同时也有利于货币政策的执行和传导。然而，现实经济中由于存在各种各样的不确定性，货币市场会受到来自多方面的冲击。货币市场的高度竞争性以及交易产品的高度流动性决定了金融机构可以根据市场预期变化迅速调整流动性头寸水平。为有效缓解货币市场波动，越来越多的中央银行选择参考一定的政策规则来调控货币市场[③]。为深入分析预期的重要性，本章尝试将其引入传统货币市场的供给需求框架，以此为基础剖析政策规则与相机抉择下市场主体的行为差异，进而比较两种政策安排下货币市场的运行状况（伍戈、陈得文，2015）[④]。与

---

　　① 理论上，货币市场主要指融资期限在 1 年以内的短期资金市场。现实中，货币市场主要指银行间市场。

　　② 姜波克、陆前进：《开放经济下的货币市场调控》，上海：复旦大学出版社，1999。

　　③ 本章中的货币市场规则是指中央银行在货币市场设定一定的利率操作目标和方法，并遵循该目标和方法调控市场流动性。与传统意义上的货币政策规则相比，货币市场规则的概念相对微观与具体。

　　④ 详见伍戈、陈得文：《为什么预期稳定是重要的？——兼议货币市场上的规则与相机抉择政策》，载《金融监管研究》，2015（5）。

已有的文献侧重于复杂的微观主体行为分析相比，本章的分析框架相对简洁，但或许能更明晰地揭示预期影响下货币市场运行的机理。

一、预期、规则和相机抉择：一般性认识

早在预期理论形成之前，货币政策规则与相机抉择之争就一直存在着。但由于缺乏成熟理论的支撑，早期关于规则与相机抉择的争论主要侧重于从逻辑分析的角度论证两者的优劣。Simons（1936）认为，对于以自由企业为主的社会体系而言，有法律效力且稳定的货币政策规则具有至高无上的重要性[①]。Friedman（1968，1991）指出[②]，由于存在长期可变的时滞效应，相机抉择不仅起不到稳定经济的作用，甚至会成为经济不稳定的根源[③]。相机抉择的政策操作容易受到政治压力和公众意见左右，导致货币政策不稳定[④]。然而，凯恩斯主义者认为，既定的政策规则无法预测出所有的扰动，因此不能对外来冲击作出有效反应，容易造成短期内经济的巨大波动；而相机抉择显然可以保持中央银行的灵活性，以便应对各种外来冲击，缓解经济波动。

20 世纪 70 年代末，Lucas（1976）[⑤]、Sargent（1976）[⑥] 等经济学家掀起的理性预期革命进一步拓展了规则与相机抉择之争。他们认为，由于预期在经济生活中的重要性和复杂性，预测某一相机抉择的政策效果将是非常困难的。Kydland & Prescott（1977）在考虑理性预期的

---

① 参见钱小安：《货币政策规则》，北京：商务印书馆，2002。

② M. Friedman. *The Role of Monetary Policy*, American Economic Review, 1968（58）：1 – 17.

③ 米尔顿·弗里德曼：《货币稳定方案》，上海：上海人民出版社，1991。

④ 伍戈：《货币政策的规则与相机抉择：金融危机改变了什么？》，工作论文，2011。

⑤ R. Jr. Lucas. *Econometric Policy Evaluation：A Critique*, Carnegie – Rochester Conference Series on Public Policy, 1976（1）：19 – 46.

⑥ T. Sargent, N. Wallace. *Rational Expectations and the Theory of Economic Policy*, Journal of Monetary Economics, 1976（84）：207 – 237.

基础上，证明了与政策规则相比，相机抉择会产生时间上的不一致，即公众对未来政策预期会影响价格和工资，进而影响社会福利①。至此，关于规则与相机抉择的争论主要集中在考虑预期因素的情形下时间不一致性问题。Barro & Gordon（1983）在上述研究基础上，构建了一期博弈模型，进一步揭示了货币政策的时间不一致问题②；Gerhard（2001）基于重复博弈分析范式证明了在一定的惩罚机制下，稳定且可信的政策声誉有利于形成稳定的社会预期，避免相机抉择的福利损失③。理性预期客观上降低了相机抉择政策成功的概率（Mishkin，2010）④，因为相机抉择下政策目标的频繁转变会出现时间不一致性和政策不可预期性，导致公众对中央银行可信度的下降。而政策规则可以提高政策透明度，规避政治影响，减少政策失误，创造出更可信的政策预期，进而更好地促进价格稳定和经济增长。

当然，政策规则并不是一成不变的，随着经济金融环境的变化，政策规则也应当适时调整以重塑市场预期。Flood & Garber（1983）通过将预期因素引入相关模型，证明了只要模型中某些重要变量不变，货币当局就无须调整政策规则，而当这些变量发生变化时，则应该采取另一项规则⑤；Flood & Isard（1989）进一步揭示，正常情况下货币当局应当遵从规则，而在遭受较大的外部冲击时应采取相机抉择政策操作⑥；李扬和彭兴韵（2005）指出，在货币政策操作中，美联储实际

---

① F. Kydland, E. Prescott. *Rules Rather than Discretion：The Inconsistency of Optimal Plans*, Journal of Political Economy, 1977（6）：473–491.

② R. Barro, D. Gordon. *Rules, Discretion and Reputation in A Model of Monetary Policy*, Journal of Monetary Economics, 1983（7）：101–121.

③ 格哈德·伊宁：《货币政策理论：博弈论方法导论》，北京：社会科学文献出版社，2002。

④ 详见米什金（2011）。

⑤ P. Flood, M. Garber. *A Model of Stochastic Process Switching*. Econometrical, 1983（51）：537–51.

⑥ P. Flood, P. Isard. *Monetary Policy Strategies*. IMF Staff Papers, 1989, 36（3）：612–32.

上遵循着在通常情况下按照规则行事，而在意外情况下采取相机抉择的策略①。

相比预期因素影响下货币政策规则与相机抉择的讨论，货币市场的相关研究更多地集中在市场有效性与市场波动的内在机理探讨上，往往缺乏对市场预期、规则与相机抉择之间内在逻辑的分析。一般来说，货币市场短期波动明显，更容易受到市场预期的影响，而规则性的政策有利于形成稳定的市场预期，从而避免金融机构预期紊乱对货币市场的扰动。正如 Bartolini、Brttola & Prati（2002）所揭示的，货币市场利率波动很大程度上取决于中央银行是否完全盯住利率目标，所以利率波动的原因并非仅仅是已有研究普遍认为的市场不完全问题，而可能与货币政策操作框架有关②。

二、预期在量价调控中的作用：规则与相机抉择比较

（一）基本分析框架

1. 流动性的供给

一般地，货币市场的流动性供给（L^s）主要受到中央银行政策操作、外汇占款、财政性存款等因素的综合影响③。为了使问题简化，假设 L^s 与货币市场利率没有直接的关联，流动性供给曲线为一条垂直线

---

① 李扬、彭兴韵：《解析美联储的利率政策及其货币政策理念》，载《国际金融研究》，2005（2）：25－34。

② L. Bartolini, G. Bertola, A. Parti. *Day－to－Day Monetary Policy and the Volatility of the Federal Funds Interest Rate.* Journal of Money, Credit and Banking, 2002（34）：137－159.

③ 具体的，根据货币当局资产负债表可得到：基础货币＝外汇占款＋对金融机构贷款＋各类证券及投资＋其他净资产－财政存款－中央银行债券。从该简化式可以看出，外汇占款、财政性存款、货币当局政策操作等都会影响基础货币及流动性供给。详见伍戈：《中国货币供给的结构分析：1999～2009》，载《财贸经济》，2010（11）。

（如图 13.1 中 S_0 曲线）。外汇占款、财政性存款取决于经济金融运行、季节性因素等动态变化，这会对货币市场流动性供给产生不确定性的影响。尽管如此，中央银行对流动性调节往往具有主导权，通过公开市场操作等政策工具主动调节流动性供给，进而达到稳定货币市场以及传导货币政策的目的。

2. 流动性的需求

货币市场的流动性需求往往可以划分为交易性需求和预防性需求[①]，即

$$L^D = L_T^D + L_P^D \tag{13.1}$$

其中，L^D 为流动性总需求，L_T^D 为交易性需求，L_P^D 为预防性需求。

交易性需求主要用于满足日常支付清算等正常性资金要求，属于刚性需求。日常支付清算等需求越多，则市场交易性需求越大，即 $L_T^D = L_T^D(\tau)$，其中 τ 为满足正常支付清算等要求的资金需求率。在正常时期，交易性需求保持相对稳定。

预防性需求主要指为应对可能出现的负面冲击[②]，金融机构会持有一部分额外的流动性作为缓冲，以避免隔夜透支的高额罚息（Furfine，2000）[③]。持有这部分流动性会增加金融机构的机会成本，即利率越高，预防性需求就越小，这决定了流动性需求曲线向右下方倾斜的形状（如图 13.1 中 D_0 曲线）。一般来说，金融机构会根据流动性供给预期来调整需求的持有量，如果市场预期未来流动性供给稳定，则预防性

---

① 从流动性用途的角度来看，货币市场流动性主要包括满足日常交易和预防突发性情况两类。详细论述可参考 Furfine（2000），Ashcraft、McAndrews & Skeie（2008）以及孙国峰（2014）等人的研究。

② 已有的研究往往将货币市场冲击划分为总量冲击（Aggregate Shocks）和异质性冲击（Idiosyncratic Shocks），其中总量冲击是指流动性总量的变化对市场流动性供给需求的影响；异质性冲击是指金融机构之间流动性分布变化对市场流动性供需均衡的影响。关于两者的详细论述可参见 Bhattacharya（1987）和 Freixas（2011）等的相关研究。本章中的负面冲击主要是指总量冲击。

③ C. Furfine. *Interbank Payments and the Daily Federal Funds Rate*. Journal of Monetary Economics, 2000（46）：535 – 553.

需求将不会发生明显变化，但是一旦市场预期发生变化，预防性需求有可能会急剧增加①。例如，Ashcraft，McAndrews & Skeie（2008）研究 2007~2008 年美国银行间市场交易时发现，理性的金融机构会持有一定的预防性流动性以避免外部冲击的不利影响，而且随着市场条件的变化，金融机构会适时调整预防性流动性持有量②。所以，金融机构预防性需求可表示为 $L_P^D = L_P^D(r, L_E^S)$，其中 r 为货币市场利率，L_E^S 为金融机构对流动性的预期供给。

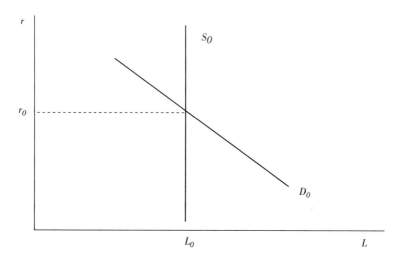

图 13.1　货币市场流动性的供需均衡

综合上述交易性需求和预防性需求的描述，货币市场流动性需求可进一步表示为

$$L^D = L_T^D + L_P^D = L^D(\overset{-}{\underset{+}{\tau}}, \overset{-}{\underset{-}{r}}, \overset{-}{L_E^S}) \tag{13.2}$$

---

① 事实上，大额实时交易系统的建立以及交易品种创新为金融机构尽可能少地持有预防性需求提供了便利和可能，但同时也增加了预防性需求对流动性预期的敏感性。一旦流动性预期值发生急剧变化，预防性需求将有可能出现大幅波动。

② A. Ashcraft, J. McAndrews, D. Skeie. *Precautionary Reserve and the Interbank Market*. Federal Reserve Bank of New York Staff Reports, 2008, No. 370.

为了使问题简化，我们假设 τ 和 L_E^S 为外生变量，用上划线表示；字母下方的正（负）号分别表示该变量与流动性需求 L_D 的正（负）相关性。

3. 货币市场的均衡

当流动性供给等于需求（即 $L^S = L^D$）时，货币市场实现出清与均衡（见图 13.1），即

$$L^S = L^D(\overset{-}{\tau}, r, \overline{L}_E^S) \tag{13.3}$$

理想状态下，中央银行可以根据市场变化准确调节货币市场流动性，金融机构则可以根据中央银行的流动性调节幅度合理安排交易性和预防性需求，流动性供给和需求可保持稳定的均衡状态，货币市场利率也保持稳定[1]。然而在现实情况下，由于不确定性因素的存在，一方面，中央银行难以准确判断银行体系流动性需求进而准确调节流动性供给，例如，Hamilton（1996）等的研究表明中央银行在判断银行流动性需求时经常发生偏差[2]；另一方面，金融机构也难以准确预测市场流动性供给状况，一旦遭受外部冲击，可能大幅增加预防性需求，从而引起市场剧烈波动。Friedman（1963）[3] 和 Morrison（1966）[4] 的研究表明，冲击发生后金融机构会根据实际冲击逐步调整流动性需求和冲击的预期，中央银行如何影响市场预期可能是决定货币市场走势的关键因素之一。

---

[1] 根据 Campbell（1987）的鞅假说，在信息完全的假设下货币市场利率将保持不变或出现可以预期的波动；在信息不完全的假设下货币市场利率的波动较为显著。

[2] J. Hamilton. *The Daily Market for Federal Funds*. Journal of Political Economy, 1996（104）: 26–56.

[3] M. Friedman, A. J. Schwartz. *A Monetary History of the United States*, 1867—1960. Princeton University Press, 1963.

[4] G. Morrison. *Liquidity Preferences of Commercial Banks*. University of Chicago Press, 1966.

（二）规则与相机抉择政策的效果比较

为简化分析，假定货币市场的负面冲击主要来自流动性供给方面（如外汇占款下降、财政性存款增加等），且假定货币市场交易性需求相对稳定，流动性需求主要受到预防性需求的影响[①]。

情景一：中央银行采取相机抉择的策略。

受到负面外部冲击后，货币市场供给曲线由 S_0 向左移动至 S_1（见图13.2）。由于中央银行的相机抉择，金融机构对流动性预期供给 L_E^S 减少，预防性需求将随之增加，推动需求曲线由 D_0 向右移动至 D_1，此时的市场利率 r_1 显然高于冲击前的利率 r_0。此后为缓解利率上升及稳定市场，中央银行将适应性地增加流动性供给，推动供给曲线由 S_1 向右移动至 S_0。但是，由于金融机构无法准确预知中央银行在后续调节中是否继续保持 L_0 的供给规模，预防性需求可能保持不变甚至更高，

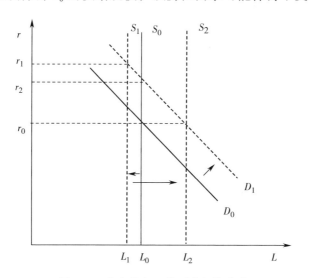

图13.2　相机抉择下货币市场的波动

---

① Frost（1971）指出，冲击导致的流动性需求变化是银行预防性心理的体现。

使得需求曲线维持在 D_1 或更高位，均衡利率 r_2 仍然高于 r_0，如果中央银行想在短时间内将市场利率恢复到 r_0，需要继续增加流动性供给。这意味着如果中央银行想引导利率下行，需要提供更大规模的流动性供给，例如为达到利率 r_0，中央银行需要将流动性供给增加到至少 L_2 的规模。由此可见，中央银行选择相机抉择政策时，市场利率将大幅波动，同时对流动性数量的需求也有所增加。

情景二：中央银行事先明确政策规则或名义锚（如利率目标）。

如果中央银行事先明确了货币市场利率目标，并承诺利率超出目标范围时会进行干预。即外部冲击下供给曲线向左移动至 S_1 时（见图 13.3），金融机构预知到中央银行可能会采取行动以维持原有利率水平，流动性供给的预期值 L_E^S 保持不变[①]，预防性需求也不会发生明显

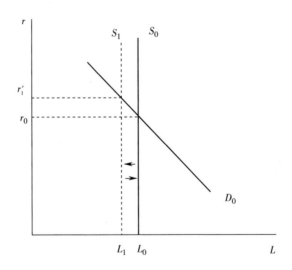

图 13.3　政策规则下货币市场的波动

① Woodford（2001，2010）强调，一定的模型约束下，如果中央银行承诺某种规则，公众无理由预期货币政策会系统性地偏离规则，即使这种规则改变，只要构建原则不变且能得到经验分析的支持，公众仍会维持对货币政策的预期。

变化，流动性需求曲线仍然保持 D_0 不变。随着中央银行的流动性注入，市场利率将逐步向目标利率调整。需要强调的是，预防性需求的稳定是金融机构根据中央银行对规则的承诺作出的理性预期，一旦中央银行放弃了承诺，金融机构原有的理性预期被打破，预防性需求将出现变化，需求曲线也将随之移动，货币市场波动将明显加剧。因此中央银行在给定货币市场规则的同时，应注重可信度，强化金融机构对其维持货币市场规则的信心，稳定市场预期（Freixas，2011）[①]。

比较来看，基于规则下的货币市场调控明显优于相机抉择[②]。相机抉择下，利率在 $[r_0, r_1]$ 范围内大幅波动，冲击发生后要使利率回落到 r_0，中央银行至少需要向市场额外增加 $L_2 - L_0$ 的流动性供给；在规则下，利率在 $[r_0, r_1']$ 之间小幅波动，中央银行仅需提供与冲击相对等甚至更少的流动性即可将市场利率维持在 r_0。[③]

专栏9　利率是由中央银行最终决定吗[④]

现今世界各国的利率，无论短期长期都异常低。低利率不是短期的反常，而是长期趋势中的一部分。如果你在街上问，"利率为什么这么低？"他很可能会说是美联储在保持低利率。狭义来说，这没有错。确实是美联储在设定短期基准利率。美联储的政策也是

[①]　X. Freixas, A. Martin, D. Skeie. Bank Liquidity, Interbank Markets and Monetary Policy. The Review of Financial Studies, 2011, 24（8）：2656 – 2692.

[②]　以上讨论主要针对负面外部冲击，当货币市场受到正面冲击时我们也可得到类似结论。

[③]　上述分析主要是基于货币市场有效的前提下讨论，是货币市场短期运行的一般性情况。当外部冲击导致货币市场失效时，如金融危机的爆发，货币市场供给、需求曲线可能并不满足上述关系。详细论述可参考 Allen, Carletti & Gale（2009）和 Viral, Acharya & Yorulmazer（2012）等关于危机期间货币市场的相关研究。

[④]　该专栏内容摘编自美联储前主席伯南克2015年3月30日发表的博客《利率为什么这么低？》，由《华尔街见闻》翻译（http：//wallstreetcn.com）。专栏标题由笔者自行添加。

长期通胀率及通胀预期的主要决定因素，而通胀趋势影响利率。但对经济最重要的是实际利率或通胀调整后利率（市场利率或名义利率减去通胀率）。实际利率才是对资本决策最有实质性影响的。美联储影响实际的回报率，尤其是长期实际利率的能力是间接且有限的。短期内，实际利率受广泛的经济因素所影响，包括经济前景——这些是不受美联储所控制的。

为了理解其原因，有必要介绍均衡实际利率（有时也称为 Wicksellian 利率，以 19 世纪末 20 世纪初的瑞典经济学家 Knut Wicksell 的名字命名）的概念。均衡利率是在产出缺口为零和充分就业条件下的自然利率。很多因素会影响均衡利率，而均衡利率会在不同时期改变。在一个迅速增长的动态经济体里，我们预计均衡利率会高，在其他所有条件等同的情况下，这反映了投资的高回报。在一个缓慢增长或陷入衰退的经济体里，均衡实际利率低的可能性更大，因为投资机会不多且回报不高。政府开支及税收政策也会影响均衡实际利率：高额赤字会趋向于增加均衡实际利率（同样地，其他所有条件等同的情况下），因为政府贷款使私人投资的可用资金减少。

如果美联储希望产出缺口为零且劳动市场饱和（当然希望），那么它的任务就是使用它对市场利率的影响力，将其推近均衡利率的水平，或更现实一些——它对均衡利率的最好估计，因为均衡利率并不是可以直接观察到的。如果美联储试图将市场利率保持在与均衡利率相比过高的水平，经济发展会变慢（可能陷入衰退），由于当贷款的成本高于回报时，资本投资和其他长期消费（如耐用消费品）就丧失了吸引力。相似地，如果美联储将市场利率相对均衡利率压得过低，经济发展最终会超速，引发通货膨胀——另一种不可持久且不受欢迎的情况。底线是，经济情况而不是美联储最终决定存款者和投资者的实际回报率。美联储影响市场利率，但不是以一种不受限制的方式；只要它的目标是经济健康，那么它必须将市场利率引向隐藏的均衡利率的水准。

这些听起来很像教科书，但对这些概念的误解导致了一些对美联储的糊涂批评。我是美联储主席的时候，不止一位立法者指控我和美联储制定政策的公开市场委员会的同事们"把老人们扔下公共汽车"（指任老人们自生自灭，把成就建立在老人们的痛苦之上），这是一位参议员的原话。立法者们当时关心的是已退休人士只靠存款来生存，而低利率意味着他们只有非常低的收入回报。

我也很关心退休老人们。但如果目标是让退休老人享受高实际回报，那么美联储在不正确的时间点提前加息恰恰是最糟糕的选择。在过去几年疲软（但复苏）的经济条件下，所有的迹象都表明均衡实际利率是异常低的，可能甚至是负值。美联储提前加息很可能会在短时间内造成经济减速从而导致资本投资回报降低，经济减速会迫使美联储再次降息。这并不是假设的场景：近年，某些重要央行曾经提早加息，而后被每况愈下的经济环境所迫降息回到原点。最终，提高存款者回报最好的办法事实上就是做美联储所做的：保持低利率（与低均衡利率更接近），这样经济可以更快复苏到能产出健康投资回报的水平。

另一个经常听到的、与此类似的批评是，美联储通过将利率保持在"人为的低水平"扰乱了金融市场以及投资决策。其实，美联储无法抽身而退地把利率交给"市场"来控制。美联储的动作决定货币供给量从而决定短期利率；它只能把短期利率定在一个水平。那么该是什么水平？对美联储来说最佳的策略是将利率定在中期对经济发展最有利的水平，即（目前很低的）均衡利率。从头到尾都没有什么人工的成分！当然，关于一个特定时间段均衡利率实际上是多少的争论是合理的，这也是每一次会议上美联储政策制定者都会辩论的话题。但这一争论似乎并不是批评的源头。经济状况而不是美联储，最终决定了可持续的实际回报。这也解释了为何发达国家的实际利率都很低，不止美国。

三、预期管理的实践：成熟与转型市场的差异

如上所言，政策规则主要承担着引导市场预期的作用，货币市场的平稳运行更多依赖于稳定预期下机构主体间自我调整。进一步地看，实践中究竟选择何种政策规则来引导市场预期是各国中央银行面临的重要现实问题。[①]

（一）成熟市场中规则的运用：有效管理市场预期

纵观国际经验，许多发达经济体中央银行都构建了利率走廊，承诺利率突破该区间时进行干预（见图13.4）。目前，利率走廊机制已被欧洲、加拿大、新西兰、澳大利亚、印度等中央银行用作预期管理的有效手段，并取得了较好的政策效果[②]。由于经济金融发展程度及制度条件不同，该规则的具体操作方式也存在着差异，但这并不影响其基本的运作机制。

---

① 美联储前主席伯南克（2015）在其博客中所提到的"我偶然观察发现，货币政策98%是靠说的，2%才靠做的。通过声明来重塑市场对未来政策变化的预期这一能力是美联储握有的最强大的工具。"

② 尽管如此，事实上很少有中央银行能保持货币市场利率完全固定不变。例如，最初法兰西银行要求拆借利率在一天内完全保持不变，并为了维持利率不变而提供资金支持。该利率是根据每一交易日结束时银行系统头寸情况来确定的，并不能随时反映市场供求的变动情况。1986年以后，这种固定利率方式就被废除了，此后同业拆借利率可在一定范围内浮动（曹煦，2002）。

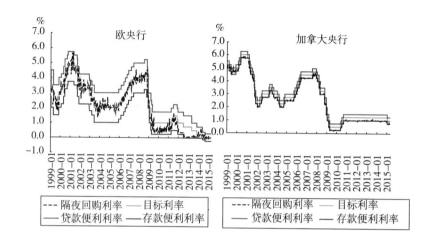

来源：根据 Wind 数据整理绘制。

图 13.4　利率走廊系统下货币市场走势[①]

在利率走廊机制下，中央银行一般会公布一个利率区间 $[r_d, r]$，并给出了何时干预货币市场的政策安排。此时，供给曲线分别由利率

---

①　欧央行利率走廊机制：1999 年欧洲货币联盟成立之后，欧央行在货币政策操作上采用利率走廊调控模式，把向商业银行提供抵押贷款的融资利率作为利率走廊的上限（一般比目标利率高 1 个百分点），商业银行在中央银行的准备金存款利率作为下限（一般比目标利率低 1 个百分点）。正常情况下欧央行设定的利率区间上下限相差 2 个百分点左右。危机后为配合量化宽松政策，欧央行利率区间上下限差值逐步调整为目前的 0.5 个百分点左右。如此设定相当有效，实践中市场利率很少突破利率走廊的上下限。

加拿大中央银行利率走廊机制：加拿大央行规定商业银行必须在日末交易清算时保持账户平衡（实时电子清算系统（LVST）以及零准备金制度有利于账户日末平衡），当日末清算出现透支时，则必须从中央银行贷款以进行弥补，而出现多余的流动性时，则自动存入中央银行账户。商业银行在中央银行账户上的超额准备金存款可以获得利息，该利率一般低于中央银行的目标利率 25 个基点；商业银行在流动性不足时，可向中央银行进行借贷，该利率一般高于中央银行的目标利率 25 个基点。加拿大中央银行利率区间相对较窄，上下限相差 0.5 个百分点左右，实践中市场利率都能被稳定地控制在该区间内。

下限、利率区间以及利率上限三段不同的流动性供给曲线组成①（见图 13.5）。在明确的规则下，金融机构容易判断出中央银行何时将会采取何种行动，从而有利于市场利率的稳定。面临外部冲击时，只要中央银行遵守承诺，市场流动性供给预期就不会发生明显变化，市场利率可以逐步调整至原有水平。所以，利率走廊系统下为应对市场利率对目标利率的偏离，中央银行甚至并不必然要通过公开市场操作进行数量调整（Woodford，2001）②。事实上，欧央行、加拿大央行等实施走廊系统以后明显减少了对货币市场的直接干预，更多的是通过与市场沟通交流、引导市场预期来实现货币政策意图。

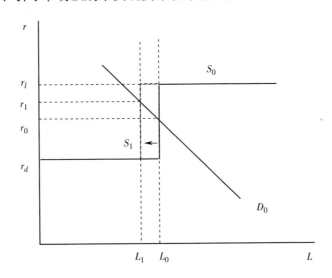

图 13.5 成熟市场中利率走廊的调控机理

---

① 现实中，利率下限主要是金融机构在中央银行的准备金存款利率，金融机构的超额储备可以此利率存在中央银行；利率上限主要指货币市场上金融机构从中央银行获取贷款的最高利率水平，金融机构可以此利率从中央银行获取"无限"的流动性支持。

② M. Woodford. *Monetary Policy in the Information Economy*. NBER Working Paper 8674, 2001.

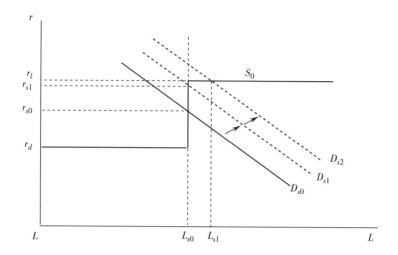

图 13.6　转型市场中利率走廊的调控机理

专栏10　中央银行透明度的选择[①]

美联储公开市场委员会虽然尚未公开通胀报告，但会在决策后立即发布声明和举行新闻发布会，并在尽可能短的时间内公布每位官员的投票、预测及辩论情况，五年后会发布所有相关会议记录。中央银行的透明度应该多高呢？信息一经内部产生后，披露的成本几乎为零；而另一方面，承诺、公告经济信息以及提供未来货币政策的前瞻性指引，所带来的益处却很大（Woodford，2005；Blinder，2008）。此外，要求公共部门对公众公开透明也是民主社会的合法权利。因此，这个问题应该被反向提出：中央银行是否有充分的理由不向社会公开其所掌握的所有信息？

---

① 该专栏内容节选自 Ricardo Reis. *Central Bank Design*，NBER Working Paper，No. 19187，2013，后发表在 *Journal of Economic Perspectives* 第 27 卷第 4 期（2013 年秋季）关于"纪念美联储创立 100 周年"论文专辑中。标题由笔者自行添加。

不向社会公布其监管银行的私密信息是有一定合理性的。另外，在作出货币政策决策后不过早公布政策决策的所有细节，有助于进行更加深入的内部讨论。上述两点是公开透明原则的少数例外，违反这一原则和过度执行这一原则都同样存在风险。

更大的顾虑是中央银行的公告是否会造成公众对政策的误解。相关文献证明，认知上的限制会导致公众对公共信息的误读。如果中央银行公开太多不一致的信息，或在其成为相关信息之前就过早公布，或公布了与政策目标并不太相关的变量信息，这些信息都可能会造成私人部门对政策的误解并对经济产生不良影响（Reis，2011；Eusepi & Preston，2010；Gaballo，2013）。此外，过多的公共信号可能会导致经济主体忽略私有部门信息，降低价格体系效率，并造成公众预期对噪音信号的过度反应（Morris & Shin，2002，2005；Amador & Weill，2010）。尽管有文献用模型从理论上阐述了为什么较少信息可能会提高社会福利，但至今在实践中还没有展示出令人信服的结果（Roca，2006），在数量上并不重大（Svensson，2006），实证方面也不显著（Crowe，2010）。模型可以证明的是，比公开较少信息更好的方法是优化公告的形式和时间。上述告诫也适用于国家统计机构，为应对这些问题，他们应更加努力地工作以提供清晰有益的信息，而非简单地愚民。

（二）转型市场中规则的探索：预期管理与软预算约束的"冲突"

近年来，我国货币市场波动一度明显加大。中央银行也在借鉴利率走廊经验，探索建立适合转型市场特点的货币政策调控模式。由于我国市场化改革仍未完成，预算软约束等在一些领域仍然存在（林毅夫等，2004）[1]，金融机构面对的可能是一个需求"过度"且存在隐性担保的信贷需求市场，运用货币市场政策规则仍存在一些约束。具体来看，软预算约束下金融机构对货币市场流动性需求可能不仅包括交易性需求和预防性需求，同时还可能包括"借短贷长"等资金需求，我们将这部分需求定义为投机性需求（L_S^D）[2]。此时流动性需求函数可进一步扩展表示为

$$L^D = L_T^D + L_P^D + L_S^D = L^D (\overset{-}{\tau}, r, \varphi, \overset{-}{L}_E^S) \qquad (13.4)$$

其中，φ 表示投机性需求中不受利率影响的"刚性"流动性需求。

在软预算约束下，因为存在投机性需求，流动性需求总量会相对增加。即使利率有所上升，但由于市场主体的利率敏感性不足，流动性需求意愿依然较强，需求曲线由 D_{s0} 向右移动至 D_{s1}（见图 13.6）。在走廊系统等货币市场规则下，随着利率的进一步上升，中央银行为履行政策承诺会不断增加流动性供给，这反而会进一步激发金融机构信贷投放冲动，投机性需求进一步增加，需求曲线继续由 D_{s1} 右移至 D_{s2}，最终可能形成"金融机构不断扩大投机性需求——中央银行不断增加流动性供给"的恶性循环。尤其是在利率触及上限时，中央银行甚至可能需要"无限"提供流动性，这可能进一步助长金融机构的道德风险并加剧经济结构性矛盾。

四、小结

基于货币市场流动性供给—需求简明框架，本章系统比较了中央

---

[1] 林毅夫、刘明兴、章奇：《政策性负担与企业的软预算约束：来自中国的实证研究》，载《管理世界》，2004（8）。

[2] 与凯恩斯投机性需求理论不同，此处货币市场上的投机性需求并不直接投资于股票、债券等金融产品，而是指金融机构从货币市场获取短期资金以满足因过度放贷或追求风险资产项目等导致的流动性不足。在成熟的金融市场中，预算硬约束以及严格的金融监管措施限制了市场过度投资，所以金融机构投机性需求规模较小且保持稳定。

银行相机抉择与政策规则两种策略下，货币市场主体行为差异与利率
波动的关系。研究表明，预期是影响货币市场运行的重要因素。在相
机抉择的政策框架下，受到负面冲击影响后，预防性需求增加，市场
利率明显上升。此后随着中央银行的干预，市场利率会逐步回落，但
由于市场预期的不稳定，需要注入更大规模的流动性以维持原有利率
水平；而在政策规则下，由于中央银行的政策承诺，冲击不会轻易改
变市场对流动性供给预期的判断，预防性需求变化不大，冲击发生后
市场利率虽小幅上升，但因为中央银行的承诺及规则操作，市场利率
会逐步向目标值逼近。但值得一提的是，软预算约束下的货币市场则
可能存在着"刚性"的投机性需求，政策规则下的流动性供应机制反
而可能会强化金融机构的投机性需求，形成"投机性需求增加—中央
银行流动性注入"的恶性循环，因此中央银行需要协调好利率价格调
控与流动性数量管理之间的平衡。

综上所述，我们提出以下几点政策建议：一是应加快破除软预算
约束机制。这将有利于消除市场主体过度投资行为，减少货币市场上
的投机。二是应尽早确立货币市场规则。在有效的货币市场中，政策
规则对于稳定市场预期具有极其重要的锚定作用。目前大多数国家选
择的利率走廊调控模式可以充分发挥市场主体的自我调整功能，避免
中央银行过度、频繁操作对货币市场的不利影响，从而更好地实现了
货币政策意图。三是加强中央银行与货币市场主体之间的沟通。货币
市场规则的效果在很大程度上取决于货币政策的可信度。传统预期管
理强调中央银行应该"怎么做"和"做什么"，而现代预期管理理论
则突出"怎么说"和"说什么"，这意味着沟通发挥着重要的作用，
预期管理和沟通运用得好可以达到"不战而屈人之兵"的高境界，显
著提高货币政策的有效性。

第十四章　货币政策策略探索Ⅲ：是否应调控中长期利率

近三十多年以来，全球各主要经济体中央银行实施货币政策操作的通行做法是调控收益率曲线中的短期利率，即货币政策通过短期利率传导至中长期利率从而进一步影响总支出①。短期利率的变化是否能顺利通过金融市场传导至收益率曲线的中长端，是价格型调控成功与否的重要条件。当然，调控短期利率也受到一些质疑。国际金融危机以来，全球各主要经济体中央银行采取的"扭曲操作"事实上也强化了对中长期利率的调控。当世界经济逐步走出危机恢复常态后，危机中所使用的非常规货币政策对于未来的货币政策框架有何影响，尤其是中长期利率调整是否应在常规时期继续使用，是值得深入思考的问题（伍戈、王苏阳，2015）②。近年来（尤其是2013年以来），我国中央银行进行了一系列货币政策工具的创新，其中也包括对中期利率调节的尝试。本章将在传统利率调控理论的基础上，梳理并阐述了有关中长期利率调控的历史以及利弊争议，并试图给出一些政策建议。

---

① 目前，各界对于短期利率、中期利率和长期利率期限似乎并没有明确的划分。短期利率大多指的是隔夜利率，也有部分中央银行将7天期和14天期的票据品种作为短期利率操作。而长期调控的期限通常在5年及以上。为了分析方便，本章中的短期利率定义为隔夜至1个月以下，中期为1个月至5年，长期为5年及以上。

② 伍戈、王苏阳：《货币政策是否应调控中长期利率》，载《金融发展评论》，2015（4）。

一、短期与中长期利率的联系：传统理念

为深入理解中长期利率调控问题，我们从利率期限结构的讨论开始[1]。期限溢价理论认为，对于投资者而言，不同期限债券可以部分替代，通常情况下投资者倾向于持有期限较短的债券。只有在能获得一定的补偿（即存在一个正的期限溢价）时投资者才愿意持有中长期债券。因此，中长期债券的利率水平是短期利率、预期短期利率的平均值以及随债券供求状况变化的期限溢价这三个部分的总和，即从 t 时刻起 n 年期的中长期利率可以表达为[2]

$$i_{t,n} = \frac{1}{n}\left(i_{t,1} + \sum_{j=1}^{n-1} i_{t+j,1}^e\right) + TP_{t,n} \qquad (14.1)$$

其中，$i_{t,n}$ 表示从 t 时刻起 n 年期的利率，上标为 e 的变量表示在 t 时刻的预期值，$TP_{t,n}$ 表示从 t 时刻起 n 年期的期限溢价。通常情形下，期限溢价会随着期限 n 的增加而增加（见图 14.1）。

根据期限溢价理论，中长期利率由短期利率、未来短期利率的预期路径以及期限溢价三部分组成。因此，调节短期利率会直接引致中长期利率的同方向变化。此外，短期利率的变动可能会在同方向上影响未来利率的预期，从而进一步推动中长期利率的同方向变动[3]。但现实中，经济金融环境及期限溢价的变化可能导致中长期利率变化并使货币政策传导变得更加复杂。例如：短期利率向中长期利率的传导可能是有限的，甚至被"隔断"；货币政策的利率传导渠道与其他传导渠

---

① 期限结构反映了票据到期期限对于收益率的影响，解释利率期限结构主要有三种理论：理性预期理论、市场分割理论和期限溢价理论。我们认为，理性预期理论和市场分割理论的假设比较绝对，而期限溢价理论更加折衷且贴近市场的现实。因此，本章侧重以期限溢价理论来分析有关问题。

② 详见米什金：《货币金融学》（中文版第 9 版），北京：中国人民大学出版社，2011。

③ 米什金（2010）指出，短期利率的上升会提高人们对未来短期利率的预期。

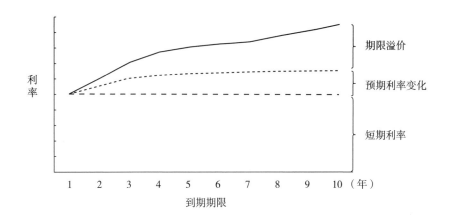

图 14.1　利率期限结构图

道存在一定程度的分割，可能削弱短期利率调控的效果；零利率下限以及日益复杂的监管政策也可能降低短期利率向中长期的传导效率。这些复杂的现实因素使得各界都在思考中央银行未来货币政策的发展方向。下文将结合国际史实，对中长期利率调控的争议进行具体剖析。

二、中长期利率的调控：国际实践

历史上，美联储大致有过三次较为明显的中长期利率调控时期，分别是：1942～1951 年为政府提供低利率融资环境的阶段；1961 年为阻止资本外流的扭曲操作阶段；2008 年以来应对国际金融危机采取量化宽松政策阶段。

（一）1942～1951 年：为政府筹措军费提供低利率融资环境[①]

1942 年，为了让财政部在债券市场上以较低的利率筹措军费，美

---

① 根据 Kuttner（2006）的相关内容整理，详见 Kuttner, K.. *Can Central Banks Target Bond Prices?*, NBER Working Paper, No. 12454, 2006.

联储在国债收益率曲线的多个期限上设置了利率上限①。例如，美联储
将 90 天的国库券收益率上限设置为 0.375%，1 年期、7~9 年期以及
更长期限的国债收益率上限分别设定为 0.875%、2% 以及 2.5%。表面
上看，直接锚定中长期利率在短期内具有一定的可行性，即宣布长期
利率上限相当于给债券捆绑了看跌期权，其执行价是收益率上限所对
应的债券价格（Kuttner，2006）②。捆绑的看跌期权增加了债券的内在
价值，从而推高了债券价格。但设置的利率上限必须符合市场对未来
利率的预期才能发挥理想的效果，当宏观经济基本面将短期利率的预
期推高时，利率上限就容易受到市场的攻击，使得中央银行的调控成
本上升。事实上，美联储被迫多次进行大量与市场反向的操作以维持
利率上限，直到 1951 年才结束了该项政策③。

（二）1961 年：为阻止资本外流而进行扭曲操作

1961 年，由于越南战争造成美国财政赤字不断扩大，国际收支情
况随之急剧恶化，资本出现了大量外流。对此，美联储开始了扭曲操
作，试图通过提高短期利率来阻止短期资本外流，同时尽量减少长期
利率上升（甚至是降低长期利率），以促进经济发展并维持充分就业。
当时，美联储公开宣布了购买不同期限中长期债券的计划，包括一些
到期日超过 5 年的债券。据《总统经济报告》④ 披露，美联储在 1961
年购买了 26 亿美元到期日 1 年以上的政府债券，并在投资账户中购买

---

① 有关内容亦可详见本书第四章美联储历史的部分内容。

② 中央银行的收益率上限对应着债券价格的下限，价格下行风险被锁定，同时债券投资人
可以享受债券价格上涨的资本利得。因此，债券投资人相当于通过中央银行的利率上限政策获得
了一份看跌期权。详见 Kuttner（2006）。

③ 1951 年 3 月，美联储与财政部签订了《一致协议》，结束了美联储为财政部在债券市场
以较低利率融资的义务，并为美联储执行独立的货币政策打下了基础。

④ *Economic Report of the President.* 1961，1965，www. whitehouse. gov.

了未公开数量的长期债券。Ross（1966）认为①，上述扭曲操作客观上抑制了经济活动，其原因在于：短期支出对利率的弹性大于长期支出的弹性，即短期利率提高所减少的投资大于长期利率降低所增加的投资，进而造成总投资的减少。根据其测算，此项政策的确阻止了资本外流并吸引了 1.54 亿美元的资本流入，但同时却减少了 600 亿美元的GNP，这样的政策效果很难说是成功的。Kuttner（2006）也认为②，1961 年的扭曲操作是不成功的，这也是美联储调控中长期利率以求实现其明确宣布的宏观经济目标的一次尝试。

（三）2008 年以来：应对国际金融危机而实施扭曲操作刺激经济

2008 年国际金融危机爆发之后，美联储迅速下调联邦基金利率以刺激经济，连续 10 次降息将联邦基金利率由 5.25% 降至 0 ~ 0.25%。短期利率触及零利率下限后，已没有更多的下调空间。美联储开始了量化宽松的货币政策，从金融市场直接购买大量的长期资产，试图为金融市场提供流动性的同时降低长期收益率。目前来看，量化宽松的政策效果还有待进一步观察。但不可否认的是，截至 2015 年，美国经济相对较快地呈现出复苏迹象，这或许与美联储的非常规货币政策有关联。

三、中长期利率的调控：若干争议

（一）支持对中长期利率进行调控的理由

在各国中央银行利率调控的实践过程中，学术界也对中长期利率

---

① Ross, M. *Operation Twist*: *A Mistaken Policy?*, Journal of Political Economy, 195 – 199, Vol. 74, No. 2, 1966.

② Kuttner, K.. *Can Central Banks Target Bond Prices?*, NBER Working Paper, No. 12454, 2006.

调控进行了一些理论研究和学术讨论，但目前并无一个完整的分析框架或比较一致的共识。通过大量的文献梳理，我们发现，支持中长期利率调控的理由大致可以归结为以下四个方面：

第一，中长期利率与总需求的联系更加紧密，调控中长期利率将更加有效地调节总需求进而影响整个宏观经济。Mankiw & Summers 等人（1984）指出[1]，货币当局可以控制短期利率，但总需求主要依赖于长期利率。他们认为，根据 Clarida 和 Friedman 的 IS – LM 模型，长期利率进入了 IS 曲线方程，而短期利率进入了 LM 方程，而真正影响投资的是长期利率。Taylor（1995）指出[2]，中长期利率更加显著地影响总需求，在研究货币政策时至少需要考虑短期利率、长期利率以及汇率这三个变量。IMF 经济学家 Bayoumi 等人（2014）也认为[3]，长期利率与总需求的相关性更强，因此调控长期利率也是可行的方法。

第二，调控中长期利率可以避免期限溢价的影响，有效增加利率政策的传导效率。短期利率调控中一个很大的争议在于，短期利率对于中长期利率的直接影响可能是有限的，而未来利率的预期路径和期限溢价却可能成为影响中长期利率的主导因素，甚至会"隔断"短期利率向中长期利率的传导。Thornton（2012）指出[4]，20 世纪 80 年代后期，当 FOMC 开始将联邦基金利率由以前的操作目标转变为政策目标时，长短期利率之间的关系就发生了结构性变化，即联邦基金利率变化对中长期利率中未来利率预期部分的影响逐渐弱化，利率从短期

[1]　Mankiw, N., Summers, L., and L. Weiss. *Do Long – Term Interest Rates Overreact to Short – Term Interest Rates*? Brookings Papers on Economic Activity, Vol. No. 1, 1984.

[2]　Taylor, J.. *The Monetary Transmission Mechanism: An Empirical Framework*, The Journal of Economic Perspective, Vol. 9, No. 4, 11 – 26, 1995.

[3]　Bayoumi, T., Dell'Ariccia, G., Habermeier, K., Mancini – Griffoli, T., Valencia, F.. *Monetary Policy in the New Normal*, IMF Staff Discussion Notes, No. 14/3, 2014.

[4]　Thornton, D.. *Greenspan's Conundrum and the Fed's Ability to Affect Long – term Yields*, Federal Reserve Bank of St. Louis Working Paper, 2012 – 36A, 2012.

到中长期的传导已经被阻断。Kim & Orphanides（2005）[1]，Rosenberg（2007）[2]，Rudebusch、Swanson & Wu（2006）[3]，Bernanke、Reinhart & Sack（2004）[4] 等经济学家们在使用仿射模型进行长期利率分解后发现，影响中长期利率的其他因素（例如通胀预期、期限溢价等）的趋势性变化掩盖了长短期利率关系的结构性变化。由于中长期利率是由短期利率、未来利率的预期路径以及期限溢价这三个部分组成的，中央银行可以相应地通过流动性管理调控短期利率、通过前瞻性指引来引导未来利率的预期路径[5]，以及通过调控中长期利率来间接调控期限溢价。Carlstrom、Fuerst & Paustian（2014）指出[6]，调节中长期利率可以促进经济的发展。他们认为，采取在泰勒规则下以期限溢价为操作目标的货币政策，可以在很大程度上消除来自不同期限市场分割所造成的扭曲，增强短期利率传导的效率，设置期限溢价上限可以有效降低中长期利率，刺激投资并促进经济的发展。

第三，合理的长期利率水平有利于金融稳定，相对平坦的收益率曲线有利于促进资金进入实体经济并控制商业银行的信贷规模。Turner

[1]　Kim, D. and Orphanides, A.. *Term Structure Estimation with Survey Data on Interest Rate Forecasts*, Board of Governors of the Federal Reserve, Finance and Economics Discussion Series, 2005 – 48, 2005.

[2]　Rosenburg, J.. *Interpreting the Decline in Long – Term Interest Rates*, Internal memo, Board of Governors of the Federal Reserve, 2007.

[3]　Rudebusch, G., Swanson, E., and Wu, T., *The Bond Yield "Conundrum" from a Macro – Finance Perspective*, Monetary and Economic Studies, Special Edition, December, Bank of Japan, 83 – 109, 2006.

[4]　Bernanke, B., Reinhart V., and Sack B. *Monetary Policy Alternatives at the Zero Bound: An Empirical Assessment*, Brookings Papers on Economic Activity, 1 – 78, 2004.

[5]　Eggerstsson 和 Woodford 指出，央行的前瞻性指引是非常重要的货币政策工具，特别是在零利率下限的困境下更能发挥作用。当然，现实中关于前瞻性指引的效果仍存在争议。详见 Eggerstsson, Woodford. *The Zero Bound on Interest Rates and Optimal Monetary Policy*, Brooking Papers on Economic Activity, 2003: 1, pp. 139 – 211, 2003.

[6]　Carlstrom, C., Fuerst, T., Paustian, M. *Targeting Long Rates in a Model with Segmented Markets*, Social Science Electronic Publishing, 2014.

（2014）指出①，政府债券的长期利率提供了基础的贴现率，是其他长期资产定价的核心要素。当长期利率"过低"时，长期资产的价格就会"过高"。过高的资产市场价格可以使借款人提供更高价值的抵押品，不利于金融稳定。此外，一条相对平坦的收益率曲线，即收益率曲线的短期利率较高、长短期利差较小，会降低期限转换和套利的利润。在此情形下，由于盈利机会减少，部分金融市场的套利资金会流入实体经济，增加可贷资金，有效促进经济发展；另外，由于融资成本接近短期利率而投资收益接近长期利率，商业银行在利差较小时会更加谨慎地权衡风险和收益。基于以上原因，收益率曲线的管理应该作为宏观审慎工具箱中的重要工具之一。

第四，调控中长期利率有利于克服中央银行在短期政策利率降为零下限之后政策工具缺失的困境。此次国际金融危机以来，零利率或负利率的环境使得资金盈余方拆出资金的意愿减弱，而日益复杂的监管政策则限制了金融机构资产负债表的扩张。因此，金融机构借入资金的能力受到削弱，金融市场的摩擦增大、零利率下限以及日益复杂的监管政策降低了短期利率向中长期的传导效率。伯南克（2002）在《确保不让通缩发生在这里》②的演讲中指出，如果短期利率已经下调至零并且经济面临通缩的风险，那么美联储可以公开宣布某些中长期国债的收益率上限，并通过在相应的期限和价格上无限制地购买国债以保证收益率上限的有效性。Bayoumi 等人（2014）③也指出，在短期利率仍有下调空间时，应该优先考虑调控短期利率；但在短期利率没有下调空间或短期利率无法传导至中长期时，可以考虑使用中长期利率调控。

---

① Turner, P., *The Exit from Non – Conventional Monetary Policy*：*What Challenges*? BIS Working Papers, No. 448, 2014.

② Bernanke, B., *Deflation*：*Making Sure "it" doesn't Happen here*, Remarks before the National E-conomists Club, Washington, D. C., November 21, 2002.

③ Bayoumi, T., Dell'Ariccia, G., Habermeier, K., Mancini – Griffoli, T., Valencia, F, *Monetary Policy in the New Normal*, IMF Staff Discussion Notes, No. 14/3, 2014.

（二）不宜对中长期利率进行调控的理由

第一，设定中长期目标利率容易引发市场的套利行为，导致短期利率巨大波动。从期限溢价理论可以知道，短期利率的变动对于中长期利率水平的直接影响是较小的；反之，假设未来利率预期以及期限溢价不变，中长期利率的变动则会对短期利率造成巨大的影响[①]。根据Woodford（2005）的测算[②]，如果美联储将票面利率5%到期日为10年的国债收益率下调1个基点，那么该债券的价格将在单日上升0.08%，折算为年化收益率约为30%。投资者可以通过在隔夜拆借市场借入资金，买入10年期国债并享受资本利得的方法进行跨期套利。为了完全消除隔夜拆借与购买10年期国债之间的套利机会，隔夜拆借的成本需要与国债单日收益相等，即年化的隔夜利率必须上升约30%。如此极端的短期利率波动是金融市场以及货币政策制定者都不希望看到的。历史上，当英格兰银行设定两周回购利率为政策利率时，其超短期利率就曾出现过大幅度的波动（Tucker，2004）[③]。

第二，调控中长期利率容易引发财政赤字货币化的嫌疑，不利于实体经济和金融体系的稳健发展。Bayoumi（2014）指出[④]，市场可能将中央银行公开承诺在一定的价格水平购买长期债券的行为理解为中央银行已经将货币政策从属于为财政低息融资，市场会认为中央银行

[①]　根据期限溢价理论，$i_{t,n} = \dfrac{1}{n}(i_{t,1} + \sum_{j=1}^{n-1} i^e_{t=j,1}) + TP_{t,n}$，在未来利率预期和期限溢价不变的情况下，短期利率$i_{t,1}$对长期利率$i_{t,n}$的直接影响只有其变动的$1/n$，但是长期利率$i_{t,n}$对短期利率$i_{t,1}$的直接影响却是其变动的$n$倍。因此，长期利率的变动会造成短期利率的大幅度波动。

[②]　Woodford, M., *Comment on "Using a Long - Term Interest Rate as the Monetary Policy Instrument"*, Journal of Monetary Economics, 2005, 52, 5, 881 - 887.

[③]　Tucker, P., *Managing the Central Bank's Balance Sheet: Where Monetary Policy Meets Financial Stability*, lecture given in London on July 28, 2004, available at www. bankofengland. co. uk.

[④]　Bayoumi, T., Dell'Ariccia, G., Habermeier, K., Mancini - Griffoli, T., Valencia, F, *Monetary Policy in the New Normal*, IMF Staff Discussion Notes, No. 14/3, 2014.

受到了政治压力而降低主权债务利率。中央银行在市场购买主权债务时向金融市场投放了货币，可能会推高通货膨胀。进一步的，通货膨胀的上升又会降低财政部门支付的实际利息和本金，造成公共债务实际价值的下降。这样的预期会给市场不良的负向反馈，有引发财政赤字货币化的嫌疑，不利于经济发展和金融稳定。

专栏 11　财政赤字货币化的问题[①]

如果政府用征税或向公众借款的方法来增加开支，那么，较高的政府开支将不会招致货币增长率加快，因而也就不会带来通货膨胀（弗里德曼，2006）。在这两种情况下，政府开支增多，而公众开支减少。然而，从政治上说，增税是一种不得人心的做法。我们许多人欢迎政府增加开支，但很少有人欢迎增加税赋。政府向公众借款也是一种政治上不得人心的做法，它会引发人们对逐渐增加的政府债务的抵制，并使私人储蓄从投资转向为政府赤字提供资金。

政府增加开支唯一的其他途径，就是增加货币数量。美国政府可以做到这一点，它可以让美国财政部，即政府的这一部门，向政府的另一个部门，即美国联邦储备体系出售公债。关于联邦储备体系究竟是一家政府机构，还是一家私人机构，存在非常多的困惑。这种困惑引出了一大堆具有"奇思妙想"的引人瞩目的文章。联邦储备体系的理事会由 7 名成员组成，所有这 7 名成员都需经总统提名并由参议院同意任命的。很明显，这是一个政府机构。困惑的出现是因为 12 家联邦储备银行是联邦特许股份公司，每家银行都有

---

① 该专栏内容摘编自米尔顿·弗里德曼：《货币的祸害——货币史片段》，北京：商务印书馆，2006。标题由笔者自行添加。

自己的股东、董事和总裁。每家银行的股东都是储备银行所在地区的成员银行，他们有权选举9名董事中的6名。余下的3名董事则由联邦理事会任命。每家成员银行都需要购买等同于其资本和净资产的3%的股票额。因此，名义上，联邦储备银行由私人拥有。

联储体系要么用新印刷出来的联邦储备券来支付公债，要么在自己的账簿上为美国财政部记入一笔存款，以此支付公债。于是，财政部可以用这笔现金，或是用可以向联邦储备体系提取现钱的支票来偿付账款。当这笔新增加的高能货币被其最初的接收人存入商业银行时，这笔钱就成为了商业银行的储备，并成为可以更大量地增加货币数量的基础。从法律上讲，财政部能够直接出售给联邦储备体系的债券数额是有限制的。但人们轻易就能绕开这一限制：即财政部将债券出售给公众，联邦储备体系又从公众那里购买债券。其效果与直接出售的效果相同，只不过联邦储备体系是通过中介将债券集中起来——这一付款过程就是一个"烟幕"。

用增加货币数量的方法资助政府开支，从政治上说，对于总统和国会议员，这通常是最富有吸引力的办法。他们能借此增加政府开支，并给他们的支持者和选民们一些"甜头"，而且他们无须为了这笔开支而征收新的赋税，也无须为此向公众借款。用增加货币数量的方法为政府开支融资，看起来就像在变魔术，像是在凭空变出东西来。举一个简单的例子，政府要建造一条道路，但用新印制出来的联邦储备券支付筑路的费用。表面上看起来好像大家都得到了好处，筑路工人得到了工资，他们可以用这笔工资购买食物、衣服以及住房。这期间没有人缴纳了更多的税赋，但在以前没有路的地方却出现了一条道路。是谁真正为这条道路付了钱呢？

答案是，所有手上持有货币的人都为这条道路付了钱。新印制出来的货币因为被用来招收工人筑路，而不是用来雇用工人从事其他生产性活动，可能致使物价上涨。新增加的货币进入了流通过程，从筑路工人手中转到了他们向之购物的卖主手中，又通过这些卖主转到了其他人手中，如此等等，从而使物价的上涨得到了维持。高涨的物价意味着，人们原来手上持有的钱，现在只能买到比原来少的东西了。为了手上持有的一定的数量钱能够买到与原来所能购买的一样多的东西，人们将不得不节省开支，用自己收入的一部分来抵补这个差额。这笔新印制出来的货币等于是对货币总额征收的一笔税赋。新印制的联邦储备券事实上是付给这笔税赋的收据。与这笔税款相对应的实物是用来筑路的资源所能另外生产的商品和服务。那些为了维持原有货币购买力而节省开支的人们，放弃了这些商品和服务，因而使政府能够把这些资源用于筑路。

第三，调控中长期利率无法改进政策利率与市场利率之间的相对分割，难以有效调节实体经济的融资成本。货币政策传统的利率传导渠道与其他传导渠道（信贷渠道、资产价格渠道等）往往存在一定程度的分割，这客观上会削弱利率调控的效果。具体的，债券市场和信贷市场之间的价格传导不灵敏，使得中央银行的政策利率难以有效调节信贷市场的利率。此外，中央银行调节的流动性也可能部分被汇率以及资产价格等传导渠道吸收，使得货币政策对实体经济的影响相对有限。Gambacorta、Illes & Lombardi（2014）发现[①]，政策利率和借贷

---

① 详见 Gambacorta, L., Illes, A., and Lombardi, M., *Has the Transimission of Policy Rates to Lending Rates been Impaired by the Global Financial Crisis?*, BIS Working Papers, No. 447, 2014；Illes, A., and Lombardi, M., Mizen P., *Why did Bank Lending Rates Diverge from Policy Rates after the Financial Crisis?*, BIS Working Papers, No. 486, 2015.

利率的长期关系在国际金融危机期间出现了结构性的变化，由于贷款风险溢价的提高和银行放贷意愿的降低，政策利率与借贷利率之间的利差有所扩大（见专栏 12）。也就是说，中央银行的货币政策在不同经济时期对于市场利率的影响是有差异的，但并没有足够的研究和实证结果表明，调控中长期利率有利于改善和消除这种差异。Stiglitz（2015）指出[①]，美联储的量化宽松政策（含中长期利率调控）对实体经济影响较为有限，流动性大部分被美元贬值、资产价格上涨等渠道吸收，且对增加信贷供给几乎没有帮助。因此，中央银行调控中长期利率未必能够充分影响到信贷利率以及信贷供给的数量。

专栏 12　危机影响了政策利率向借贷利率传导吗[②]

为应对 2008 年国际金融危机及随后的经济衰退，主要发达经济体中央银行将政策利率下调到零值附近，并采取非常规货币政策操作以刺激经济增长。这些操作成功地将政府债券利率保持在较低的水平。但是居民和非金融企业的借贷活动仍然低迷，因此有观点认为宽松的货币政策没有传导到居民和企业的借贷成本上。图 14.2 给出了各国政策利率和借贷利率的变化情况，尽管危机期间随着政策利率的下调，非金融企业借贷利率也有下降，但是借贷利率和政策利率的利差在经济出现衰退后反而有所上扬。

为深入分析这一问题，Gambacorta、Illes & Lombardi（2014）采用协整方程检验政策利率和借贷利率的长期关系，并作出了两个

---

① 详见斯蒂格利茨（Stiglitz）在中国人民银行行内学术报告会上的发言，《中国经济新常态下的货币政策》，2015 年 3 月 23 日。

② 该专栏内容摘编自：Leonardo Gambacorta, Anamaria Illes, Marco J Lombardi. *Has the Transmission of Policy Rates to Lending Rates been Impaired by the Global Financial Crisis?* BIS Working Papers, No. 477, December 2014.

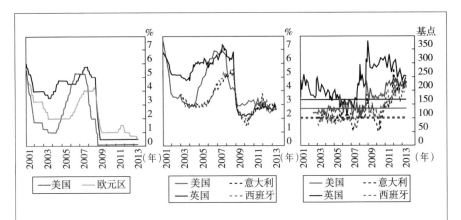

注：左图为美国和欧元区政策利率；中图为美国、意大利、英国和西班牙非金融企业借贷利率；右图为政策利率与借贷利率的利差。

图 14.2　政策利率和非金融企业借贷利率的变化

新贡献：一是检验了自雷曼兄弟公司破产以来标准的协整方程参数是否出现了结构性变化；二是引入了借款者和贷款者的风险指标（即非金融企业的不良贷款率和银行的信贷违约互换利差指标），这有助于解释政策利率和借贷利率长期关系的结构性变化。其实证结果表明，2008 年 9 月以来借贷利率与政策利率的长期关系存在结构性变化。这种利差的扩大可能源于两方面的原因：一方面，国际金融危机爆发以来，随着经济形势快速恶化，银行会要求借款者支付更高的利率以覆盖违约风险。这种风险在非金融企业不良贷款率的变化上有所体现，雷曼兄弟公司破产事件后，多国均出现不良贷款率急剧上升的现象；另一方面，银行的资产负债表受到资产价值缩水和融资压力增加的严重影响，需要进行修复，这影响了银行提供贷款的能力和意愿。根据欧元区银行借贷调查，危机前贷款供应持续扩张，但是在 2007 年信贷风险暴露之后贷款数量出现显著下降，借贷利率与政策利率之间利差有所扩大，利率传导因此也受到影响。

第四，中长期利率包含的信息量十分丰富，中央银行难以有效估计市场对中长期利率调控的反应，甚至反而可能加大调控难度。由于中长期利率中包含的信息量较大，市场和中央银行对中长期利率调控都不十分熟悉。Turner（2014）指出①，由于货币政策的信号效应，实践中几乎不可能量化市场对中央银行在中长期债券市场公开操作会作出怎样的反应。如果中央银行选择忽略市场的反应，其货币政策的效果就会受到影响，进而增加中央银行在中长期调控的操作成本和难度。Woodford（2014）指出②，与其通过中长期利率调控改变未来利率的预期路径，不如中央银行直接对未来的短期政策利率做出承诺，即公布中央银行在未来决定短期政策利率的方法。这样不仅可以让市场避免适应中长期利率调控的学习成本，还可以尽可能避免中央银行人为扭曲市场的嫌疑。

表 14.1　　　　　　　　关于中长期利率调控的主要争议

支持中长期利率调控的理由	反对中长期利率调控的理由
1. 更有效地调节总需求进而影响宏观经济。	1. 易引发市场套利，导致短期利率剧烈波动。
2. 避免期限溢价影响，增加利率传导效率。	2. 易引发财政赤字货币化的嫌疑，不利于经济和金融的发展。
3. 有利于金融稳定，促进资金进入实体经济并调节信贷规模。	3. 难以改进政策利率和市场利率之间的联系。
4. 克服中央银行在零利率下限后政策工具缺失的困境。	4. 中央银行难以估计干预长期利率可能引致的市场反应，甚至反而增加调控难度。

① Turner, P., *The Exit from Non-Conventional Monetary Policy: What Challenges?*, BIS Working Papers, No. 448, 2014.

② Woodford, M., *Comment on "Using a Long-Term Interest Rate as the Monetary Policy Instrument"*, Journal of Monetary Economics, 52, 5, 2005.

四、小结

综上所述，中央银行是否应调控中长期利率仍存争议。支持中长期利率调控的观点主要认为：中长期利率与总需求相关性更强，有利于金融稳定和信贷的调节，增加了利率在期限结构上的传导效率，可以克服零利率下限、进一步为市场提供流动性等。反对的观点则认为中长期利率调控会引发短期利率的巨大波动，加剧引发财政赤字货币化的担忧，难以改善货币政策传导渠道的分割，难以估计市场对中长期利率调控的反应等。正如 Bayoumi 等人（2014）所指出的[1]，现阶段的确可以考虑和研究将中长期利率纳入货币政策工具，但目前仍缺乏足够多的理论和实证研究来证明中长期利率调控的利大于弊，一些操作的细节问题也有待进一步思考和完善。

目前，我国的货币政策框架正处于从数量型为主向价格型为主的逐步转型期。由于现阶段我国金融市场的深度和广度相对有限，利率的期限结构仍不够完善。在这样的条件下，传统的货币政策工具可能难以完全适应"新常态"下的货币调控任务。近年来，人民银行设立了常备借贷便利（SLF）和中期借贷便利（MLF）等创新型货币政策工具，以抵押或质押等方式向金融机构提供中期流动性。这些是将货币政策从短期传导至中期并进一步增强宏观调控效果的有益探索。下一步，应进一步加强金融市场建设，完善和丰富各类金融产品，培育完整的基准收益率曲线体系，促进货币政策能够更有效地传导到金融市场。

---

[1] Bayoumi, T., Dell'Ariccia, G., Habermeier, K., Mancini-Griffoli, T., Valencia, F., *Monetary Policy in the New Normal*, IMF Staff Discussion Notes No. 14/3, 2014.

第十五章　货币政策策略探索 IV：
如何应对资产价格波动

在过去相当长的时间里，资本市场对实体经济的影响比较有限，商业银行的信贷渠道是中央银行货币政策传导的主要渠道。20 世纪以来，资本市场的规模日益扩大，资本市场的资源配置、产权交易、风险定价等功能对现代经济生活的影响越来越大。随着资本市场在国民经济中的重要性不断提高，资产价格与货币政策的关系日益紧密，传统的货币政策目标与操作体系面临越来越多的挑战（伍戈，2003）[①]。历史经验表明，资产价格往往有可能对实体经济产生巨大的影响，资产价格由膨胀到崩溃的急剧变化很可能引发长时间的经济衰退和通货紧缩。20 世纪 20 年代的美国和 90 年代的日本经济就是两个十分典型的例子。通过对这些历史事件的回顾，我们不由地会思考：货币当局是否应该事前去阻止资产泡沫破裂，还是在事后采取一些措施？一个相伴随的问题便是，中央银行是否应该把资产价格当做货币政策的重要决策变量？这些问题都十分具有挑战性，经济学家们似乎并没有达成一致意见（伍戈，2007）[②]。美联储前主席格林斯潘也曾多次表示出他对股市价值高估的关注，这种关注是否已经转化为政策上的行动或者仅仅是言语上的？换言之，美联储是否对股市保持中立？这些问题都值得我们仔细研究考察。

---

① 伍戈：《货币政策调控与资产价格》，载《经济学消息报》，2003 年 8 月 15 日。
② 伍戈：《货币政策与资产价格：经典理论、美联储实践及现实思考》，载《南开经济研究》，2007（4）。

一、资产价格在货币政策中的若干作用

资产价格通常可以通过两种方式影响货币政策：资产价格既可以传导货币政策，也可以是货币当局所使用信息中的一部分。具体来看：

（一）货币政策可以通过资产价格渠道进行传导

尽管货币当局往往通过利率等传统渠道来影响实体经济，但不少研究表明，资产价格也会对货币政策的传导起重要作用。以下我们着重以股市为例，对货币政策的资产价格传导机制进行分析。一般而言，股市往往容易受到货币政策的影响，并且会将其影响传导到整个经济体系。理论上，货币政策的股市传导机制包括以下几种典型渠道：企业的投资效应、企业的资产负债表效应、居民的流动性效应以及居民的财富效应等（Mishkin，2001）[①]。

1. 企业的投资效应

托宾的 q 理论（托宾，1969）提出了股票价格如何影响实体经济的重要机制。该理论定义"q 值"是指企业市值除以资本重置成本的比值。如果 q 值较高，则意味着企业的市值比其资本的重置成本相对要高，于是公司可以发行少量的股票就能买到大量相对便宜的新投资商品，最终引致整个投资支出的相应增加。

托宾 q 理论揭示了股票价格与投资支出的内在联系。但是货币政策是如何影响股票价格的呢？简单地说，扩张的货币政策降低了利率，这使得股票的吸引力增强，致使股票需求增加，股价上涨。将这些事

---

① 参见 Frederic S. Mishkin. The Transmission Mechanism and the Role of Asset Price in Monetary Policy，NBER Working Paper No. 8617，2001.

实与高股价导致高投资支出的 q 理论相结合，我们可以得到如下货币政策的传导机制：

$$M\uparrow \Rightarrow P_s\uparrow \Rightarrow q\uparrow \Rightarrow I\uparrow \Rightarrow y\uparrow$$

其中，$M\uparrow$ 表示扩张的货币政策，它将导致股价的上升（$P_s\uparrow$），然后使 q 值增大（$q\uparrow$），从而刺激投资增加（$I\uparrow$），最终引起总需求的扩张以及产出的增加（$Y\uparrow$）。

得到以上机制的另一种思路是，企业不仅通过债券融资，而且还通过发行权益（普通股）来融资。当股价上升时，企业融资显得十分便宜，因为它所发行的每一股都能带来较多的资金。于是股价的上升导致投资支出的增加。因此，该机制的另一表达式为扩张的货币政策（$M\uparrow$）引起股价上涨（$P_s\uparrow$），降低了融资成本（$c\downarrow$），所以引起投资和产出的上升（$I\uparrow$，$Y\uparrow$）。也就是

$$M\uparrow \Rightarrow P_s\uparrow \Rightarrow c\downarrow \Rightarrow I\uparrow \Rightarrow Y\uparrow$$

2. 企业的资产负债表效应

信贷市场上信息不对称问题的出现为货币政策的股票价格传导提供了另一条途径，该机制往往被称做"信贷观点"，又被称做"资产负债表效应"。

货币政策能通过以下机制影响企业的资产负债表以及总支出：扩张的货币政策（$M\uparrow$）将引起股价的上涨（$P_s\uparrow$），这会增加企业的净市值（$NW\uparrow$），企业的抵押品增多，这使得企业的道德风险将减少，促使银行的放贷增加（$L\uparrow$）。较高的借贷会引起投资支出的增加（$I\uparrow$）和总支出（$Y\uparrow$）的增加。这些便形成了以下所示的货币政策的资产负债表传导机制：

$$M\uparrow \Rightarrow P_s\uparrow \Rightarrow NW\uparrow \Rightarrow L\uparrow \Rightarrow I\uparrow \Rightarrow Y\uparrow$$

3. 居民的流动性效应

另一种传导途径是考虑资产流动性对居民资产负债表的影响。该

观点认为，居民的资产负债表效应是通过消费者的消费愿望而不是贷款人的贷款意愿来起作用的。生活耐用品和住宅都是流动性很低的资产。如果遇上收入上的冲击，消费者必须卖掉他们的耐用品或住房以获得收入。他们可能会因贱价出售而遭受较大的损失。相反，如果消费者持有金融资产（比如银行存款、股票或债券），他们将很容易地迅速按其全部市价出售以获得现金。

消费者的资产平衡表受到他们对未来陷入财务危机可能性估计的重要影响。当消费者拥有大量流动性强且超过其负债的金融资产时，他们会认为其陷入家庭金融困境的概率较低，他们更愿意去购买耐用品或住房。更具体地说，当股价上升时，消费者拥有的金融资产的价值也随之上升，耐用品的消费支出也会增多，因为此时消费者已经持有了较多的安全金融资产，未来遭遇家庭财务危机的概率也较小。这样就形成了另一种货币政策的传导机制：

$$M\uparrow \Rightarrow P_s\uparrow \Rightarrow 金融资产\uparrow \Rightarrow 陷入财务危机的可能性\downarrow$$
$$\Rightarrow C_d\uparrow, H\uparrow \Rightarrow Y\uparrow$$

其中，C_d 表示的是耐用消费品的消费，H 表示住宅消费。

4. 居民的财富效应

还有一种典型的传导渠道是通过居民的财富效应而实现的。莫迪利安尼的生命周期模型表明，消费者的消费水平是由其整个生命期内所拥有的资源所决定的。消费者的终生资源的一个重要组成部分是他们的金融财富，比如普通股。于是，扩张的货币政策引起股票价格的上涨后将促使居民的财富增加，因此增加了消费者资源，从而引发消费的增加。这样就形成了如下传导机制：

$$M\uparrow \Rightarrow P_s\uparrow \Rightarrow W\uparrow \Rightarrow C\uparrow \Rightarrow Y\uparrow$$

其中，$W\uparrow$ 和 $C\uparrow$ 分别表示居民财富和消费的增加。研究表明，该传导机制在美国是十分明显的（Lettau，2001）。Steinde（2007）认为，近年来美国的财富积累一直在迅速增加，这是房屋价值和股票市场强劲所致。短期内，资本升值已取代储蓄成为资本积累的主要来源①。

　　从以上的分析可以看到，货币政策不仅仅通过利率等环节传导，还可以通过资产价格途径传导，这就为货币当局为什么应关注资产价格提供了理论依据。既然资产价格是货币政策传导中的重要因素，那么货币当局究竟应如何将资产价格波动纳入到决策视野中来以及如何应对资产价格的波动，这是我们后续将讨论的话题。

（二）资产价格可能包含许多重要的宏观经济信息

　　不少学者认为，资产价格应是货币政策反应函数的一个因素（Vickers，1999）。曾经提出过著名的现金交易方程式的美国经济学家欧文·费雪，在其1911年出版的《货币的购买力》一书中就主张货币政策制定者应致力于稳定既包含生产、消费和服务价格，同时又包含债券、股票等金融资产价格的广义价格指数。

　　Goodhart & Hoffman（1999）估计了将资产价格纳入通胀预期模型中的潜在好处。通过比较带有资产价格和没有资产价格的通胀预期模型，他们得出结论认为，资产价格（尤其是住宅价格）是一种有用的通胀指标。Goodhart 建议中央银行应当用更广泛的价格测度方法。如果资产价格确实可靠地预计了未来的消费价格通胀状况，则该种新的测度方法将有利于提高宏观调控的业绩。Goodhart 的理论是建立在 Alchian & Klein（1973）通胀测度研究的理论之上：Alchian 认为由于资产价格代表了未来追索权以及现今消费的当前货币价格，准确的通胀测度方法理应包含资产价格。同时，他们认为资产价格包含着一些通胀的信息。Woodford（1994）则强调内生性问题，也就是说，资产价格本身也反映了对未来货币政策的一种预期。Filardo（2001）也认为，

---

① 详见 Charles Steinde. *Household Saving and Wealth Accumulation in the U. S.* BIS Irving Fisher Committee. 2007，No. 25。

资产价格本身包含着诸如通胀、产出等有用信息。

Bernanke & Gertler（2000）认为，中央银行需要把通胀率控制在既不过高也不过低的水平上，以防止高通胀及通货紧缩的出现。但是，这并不意味着中央银行无须对股价等金融资产价格的变化作出反应。如果当前的股价等金融资产价格变动暗示了宏观经济明显存在通货膨胀或通货紧缩的压力，进而危及长期价格稳定目标时，中央银行就应对此及时作出政策反应。因此，他们建议，在长期价格稳定的总体目标约束内，中央银行可以采取灵活盯住通胀率的操作策略，尤其是在短期内，中央银行要把价格稳定与金融稳定这两个互为辅助、彼此兼容的目标有机地结合在一起。

Mishkin（2001）和 Gertler（1998）认为，中央银行并不一定能区分资产泡沫是否存在，在这一方面，中央银行并不比私人机构及市场更具有任何信息上的优势。IMF（2000）认为，由于资产市场非常依赖于信息，并且一般而言，资产市场比其他商品和劳动力市场更具有竞争性，因此，货币当局应特别谨慎地对资本市场作出判断。从已有的研究文献来看，多数学者和政策制定者都认为中央银行应当关注资产价格对总需求的影响。

二、货币政策对资产价格的反应：经典分析框架

下面，我们借鉴 Bordo & Jeanne（2002）的经典分析框架来分析货币当局在资产价格膨胀时所面临的困境：主动的货币政策（Proactive）与被动的货币政策（Reactive）[1]。具体来说，一方面，如果对资产价格的膨胀不采取行动，则有可能会引发今后价格的猛跌并引致信用危

---

[1] 参见 Michael D. Bordo and Olivier Jeanne, *Boom – Busts in Asset Price*, *Economics Instability, and Monetary Policy*, NBER Working Paper No. 8966, 2002。

机，因此事前紧缩的货币政策可以看做是对信用与金融危机的防范或一种"保险"措施；然而另一方面，这种"保险"并不是免费的，事前紧缩的货币政策意味着即期的低产出与低通胀。理论上，最优的货币政策取决于其中成本与收益的比较。

（一）理论模型

对于资产价格的膨胀—崩溃周期而言，一个规律性的事实似乎是，资产价格的急跌往往会引起经济增长率的下降（甚至负增长），并有可能引发银行业等一系列问题。对于这一现象，目前已有许多方面的解释，但是它们都没有对资产价格本身的作用给予高度重视。事实上，私人部门在资产价格上升的阶段往往积累了大量负债，当资产价格急跌时，贷款抵押品价值开始急剧缩水，从而造成企业融资能力下降、社会总产出下降甚至是引发信用危机。

货币政策能以两种方式对这一情况进行反应。第一种称为"被动方法"，即货币当局观察资产价格的崩溃是否会发生，如果确实发生了，货币当局再采取行动。这一种行动方案与传统的货币政策规则，如泰勒规则相一致，这是一种事后的调节。如果有必要的话，货币当局将以最后贷款人的身份注入流动资产，放松货币政策以稳定金融系统（Bernanke & Gertler，2000）。

第二种方式是主动的事前方法应对资产价格的波动。货币当局将在资产价格超过既定标准范围时采取紧缩政策。但关键的问题在于货币当局应在何种情况下采取这种方法。以下的分析是基于一个简化的宏观经济模型。私人部门力图使自己的效用函数达到最优，存在短期的菲利普斯曲线。货币政策主要通过基于企业的资产负债表（含抵押品）渠道传导。抵押品的价格由预期的长期生产率来决定。

该简化模型有两个阶段 $t = 0, 1$。阶段 0 是问题的形成时期（债务不断累积）。在阶段 1，长期的生产率水平开始显现出来，资产市场可能崩溃或不崩溃，这取决于未来生产率变化的本质。即如果长期生产率水平低于预期，则资产的价格将下降，从而也减少了企业进一步借贷的抵押基础。如果抵押品的价格远远低于企业的债务负担，则资产市场将崩溃，进而引起信用危机，导致实体经济的倒退。值得注意的是，这个动态过程是由长期生产率的信息来推动的，并且资产市场的繁荣或崩溃不是由货币政策的扩张或收缩引起的。

1. 简化模型

简化模型的基本方程式如下所示：

$$
\begin{cases}
y_t = m_t - p_t & (15.1) \\
y_t - \alpha p_t + \varepsilon_t & (15.2) \\
y_0 = -\sigma r & (15.3)
\end{cases}
$$

其中，y_t 是 t 时的产出，m_t 为货币供应量，p_t 是价格水平，r 是阶段 0 与阶段 1 之间的真实利率。除了 r 外，所有的变量都采用对数形式。

前两个方程分别描述了总需求和总供给。由于名义工资是粘性的，因此总供给随着名义价格水平的上涨而上升。第三个方程表明初始阶段的产出与真实利率水平负相关。这个方程是建立在微观基础模型中的消费欧拉方程之上的。该模型与传统的宏观经济模型的重要区别在于"供给冲击"，即 ε_t。在传统的模型中，供给冲击是一种外生的技术性冲击。而这里的供给冲击就不完全是外生的，因为它的传导取决于企业的负债和资产的价格，而这两个变量是会受到货币政策影响的。货币政策可以事前（在阶段 0）影响债务的累积。

供给冲击 ε_t 来源于公司信用危机的发生。为了使问题简化，我们假定信用危机仅在阶段 1 发生：

$$
\begin{cases}
\varepsilon_0 = 0 & \\
\varepsilon_1 = 0 & \text{如果没有信用危机} \\
\varepsilon_1 = -v & \text{如果存在信用危机}
\end{cases}
$$

在微观基础的模型中，信用危机的发生取决于两个变量：公司的债务负担和抵押品的价格。企业在阶段 0 时发行 D 数量的债务，必须在阶段 1 偿付 $(1+r)D$。另外，一些企业必须在阶段 1 得到新的信贷去为流动资本融资。如果它们不能得到这些信贷将影响其生产，从而减少总供给。在阶段 1，企业能否得到新的信贷取决于它们的抵押品价值。由于必须经过重新的债务协商问题，企业的债务不能超过它们抵押品的价值。用 Q_1 代表阶段 1 抵押品的真实价值，γ 表示企业需要的新信贷，并且只有当 $(1+r)D+\gamma \leqslant Q_1$ 时，企业才能得到这些新信贷。当这个条件没有满足时，信用危机就会发生（式 15.4），也就是说，如果企业的抵押品价值低于其债务负担时，信用危机就发生了。

$$Q_1 < (1+r)D+\gamma \tag{15.4}$$

2. 货币政策与金融脆弱性

货币政策会对引起阶段 1 信用危机的两个关键变量产生影响。第一，货币政策在事后（阶段 1）的扩张会增加抵押品的价格，这是货币政策事后的信用传导途径。第二，更有意思的是，货币政策事前（阶段 0）的紧缩将减少公司债务 D 的积累量。这是货币政策事前的信用传导途径。实际上，抑制企业的债务负担是主动型货币政策的目的。为了使问题简化，我们认为货币政策对事后的抵押品价格的影响是外生的。

经济陷入信用危机的概率也就是测度金融脆弱性。我们把该概率表示为 u，则有

$$u = Pr[Q1 < (1+r)D+\gamma] \tag{15.5}$$

信用危机发生的概率随着事后债务负担 $(1+r)D$ 的增加而增加。另外，企业在阶段 0 的借款数量 D 是 r 的减函数。货币政策在阶段 0 的紧缩（增加 r）将减少信用危机发生的概率，债务负担 $(1+r)D$ 也随之减少。也就是说，企业的借款量对于利率的弹性应当小于 -1。因此，我们可以得到如下表达式：

$$(1 + r)D = E_0(Q_1) - (1 + r)K \qquad (15.6)$$

其中，K 是企业的权益水平。债务负担值与抵押品的预期价格呈正相关，与利率呈负相关。因此，信用危机发生的概率与事前利率呈负相关：

$$\frac{\partial u}{\partial r} < 0 \qquad (15.7)$$

这个结论对于我们的分析十分重要：事前（阶段 0）的紧缩货币政策将减少阶段 1 信用危机发生的概率。紧缩的货币政策减少了企业的债务累积，这使得企业更能应对由于抵押品价格波动而造成的负面影响。

3. 被动型与主动型的货币政策

主动型的货币政策就是事前就采取措施以避免事后（阶段 1）的信用危机，而被动型的货币政策就是仅仅在信用危机发生后才采取措施。主动型货币政策往往会在阶段 0 的产出水平和阶段 1 的信用危机风险之间进行权衡。信用危机的风险可以通过事前货币政策的紧缩而减少，但是货币政策紧缩也会降低阶段 0 的产出值与物价水平。与被动型货币政策相比，主动型货币政策是由阶段 0 的产出、价格等政策目标与阶段 1 的信用危机风险这两者的成本收益相比较而决定的。

$$y_0 = -\sigma r \qquad (15.8)$$

$$p_0 = -\sigma r/\alpha \qquad (15.9)$$

为了研究这种权衡比较关系，我们赋予货币当局一个跨期的目标函数。我们假定政府试图使下列损失函数达到最小值，即

$$L = \sum_{t=0,1} (p_t^2 + wy_t^2) \qquad (15.10)$$

4. 非传统的泰勒规则

假定在第二阶段，抵押品的价格可能出现两个值：一个较高值 Q_H，我们认为这时的经济状况是"新的经济"；一个较低的值 Q_L，我们把这时的经济状况看成是"旧的经济"。从阶段 0 来看，"新的经

济"发生的概率其实是经济主体们对经济乐观的一种看法，我们用 P_{NE} 表示。那么，$P_{OE} = 1 - P_{NE}$ 就是"旧的经济"发生的概率。

"旧的经济"的发生往往与资产价格的下降和信用危机相伴相随。根据式（15.4），如果 $Q_L < (1+r)D + \gamma$，信用危机就会发生。将 D 用式（15.6）替代，并且注意到 $E_0(Q_1) = P_{NE}Q_H + (1 - P_{NE})Q_L$，$Q_H$ 和 Q_L 分别表示新、旧两种经济情况下的抵押品的价格，于是信用危机发生的条件可以写成

$$K(1 + r) < \gamma + P_{NE} \cdot (Q_H - Q_L) \tag{15.11}$$

当私人微观经济主体对"新的经济"更加乐观时（即 P_{NE} 较大），企业将会借更多的钱，信用危机发生的可能性会更大。资产价格在新旧经济两种情况下的差异越大时，信用危机也越容易发生。

货币当局可以通过将第一阶段的利率设定在下式所示的水平，而使信用危机发生的概率限定在 0 的水平：

$$1 + r = \frac{\gamma + P_{NE} \cdot (Q_H - Q_L)}{K} \tag{15.12}$$

这表明，货币当局可以通过提高 r 的紧缩政策来控制不断上升的"新的经济"出现的期望值（即 P_{NE} 的增加）。注意这里与传统规则（如泰勒规则）的区别：传统的规则往往要求货币当局对当前或预期的宏观变量（如产出缺口或通胀率）进行反应。而上面的规则表明，货币当局应当对资产市场未来的发展进行反应。

但是，我们并不清楚货币当局是否会将信用危机发生的概率减少至零。这要求真实利率足够的高。因此必然存在一个临界值 $\bar{r}$，在该值以上，货币当局宁愿承受信用危机的风险并且在事后进行反应，这便是被动型的货币政策。

如果采取被动型的货币政策，货币当局可以将第一阶段损失降为零，但是却承受着第二阶段信用危机发生的危险。在后一阶段，货币当局在 $y_2 = \alpha p_2 - v$ 的约束下，力图使损失函数 $p_2^2 + wy_2^2$ 最小。最优

解为 $p_2 = w\alpha v/(1 + w\alpha^2)$，$y_2 = -v/(1 + w\alpha^2)$，损失值等于 $\dfrac{wv^2}{1 + w\alpha^2}$。

跨期损失值等于信用危机发生的概率 P_{OE} 乘以信用危机发生时的损失值：

$$L_{被动} = P_{OE} \frac{wv^2}{1 + w\alpha^2} \tag{15.13}$$

相反，如果货币当局为了避免信用危机而提升利率至式（15.13）的水平，那么，阶段 1 的产出与价格将低于目标值。于是有 $y_1 = -\sigma r$，$p_1 = -\sigma r/\alpha$，所以货币当局将损失：

$$L_{主动} = (1 + w\alpha^2)\left(\frac{\sigma r}{\alpha}\right)^2 \tag{15.14}$$

如果 $L_{主动} < L_{被动}$，货币当局将会采取积极型货币政策。通过进一步的运算可以证明，如果积极型货币政策所要求的利率不是太高，采取积极型货币政策是有利的。

由此可以看出，货币当局准备事先阻止信用危机发生所要求的最高利率值与信用危机发生的概率 P_{OE}、信用危机发生时的产出成本之间呈正相关，与产出的利率敏感性 σ 呈负相关。

$$r \leqslant \bar{r} \equiv \frac{\alpha}{\sigma} \frac{v}{1 + w\alpha^2} \sqrt{wP_{OE}} \tag{15.15}$$

图 15.1 描绘了最优的货币政策取决于私人部门预期的乐观程度。它表明利率 r、产出 y_0、价格水平 P_0 以及信贷水平 D 是如何由"新的经济"出现的概率（P_{NE}）所决定。

图 15.1 是按照以下典型参数值描画出来的[①]：

$$Q_H = 100，Q_L = 75，K = 75，\gamma = 200/3，\alpha = 1/2,$$
$$\sigma = 1/4，w = 1/2，v = 10\%$$

---

① 图 15.1 中，横坐标为"新的经济"出现的概率 P_{NE}，纵坐标从上至下的四条曲线分别为信贷水平 D、利率 r、产出 y_0 和价格水平 P_0 的变化率。

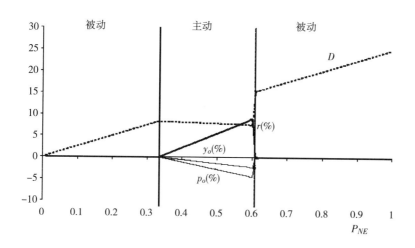

图 15.1　最优的货币政策取决于私人部门预期的乐观程度

"旧的经济"中抵押品的价格比"新的经济"中的抵押品的价格低 25%，信用危机将引致 10% 的产出下降，产出关于利率的弹性为 0.25（即利率上升 1% 将引致产出下降 0.25%）。

随着私人部门对经济乐观预期的增加，整个经济经历了三个不同的阶段。首先，如果 P_{NE} 较低（如低于 33%），企业的借贷较少，"旧的经济"并不会引发信用危机。在这种情况下，货币当局采取被动的货币政策，因为这时没有必要采取积极行动。如果 P_{NE} 的值处于中间状态（如位于 33% 至 60% 之间），货币当局会采取主动的货币政策来紧缩货币。最后，如果 P_{NE} 值较大，尽管此时存在经济陷入信用危机的风险，但是货币当局会转向被动型政策。这其中的原因在于，如果"新的经济"出现的概率确实很大，未来货币当局将按照一般的货币规则来提高实际利率来抑制经济过热，而没有必要事前提高利率。主动的货币政策会由于信用危机发生的可能性很小而显得收益很小。总之，主动的货币政策支配着"市场繁荣"的中间阶段。

这个模型表明了主动的货币政策的潜在好处与局限。在某些情况下，主动的货币政策是最优的，它通过牺牲当期产出量，来减少未来抵押品价值可能缩水而引致的信用危机。但是在其他情况下，货币当局最好还是接受信用危机的风险（即采取被动的货币政策）。货币当局最优的货币政策取决于宏观经济变量以及私人部门的非线性预期，而不是一些简单的规则（如泰勒公式）。

5. 非理性繁荣

最后必须指出的是，我们分析的假定是认为资产价格是没有偏离其基本值的。但事实上，资产泡沫往往是存在的。

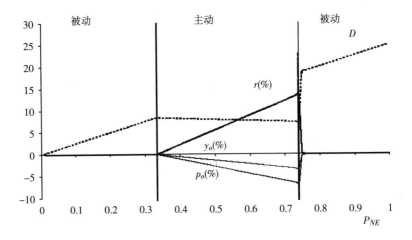

图 15.2　非理性繁荣条件下的最优货币政策

如果资产泡沫存在，非理性的预期可以用阶段 0 时私人部门过于乐观的"新的经济"发生的概率来表示。假定企业在阶段 0 时根据大于真实 P_{NE} 的 P'_{NE} 来进行借款。图 15.2 表明，最优的货币政策将是私人部门预期（由 P'_{NE} 来测度）的函数。其他参数与图 15.1 相同。主动的货币政策所要求的真实利率与以前恰好保持一致，因为该值是由市场而不是由中央银行所能决定的。但是主动的货币政策被确定在比以前更高的市场乐观预期上，因此，非理性的繁荣扩大了主动的货币政策的执行范围。

（二）基本结论

上述经典理论分析框架表明，资产价格的膨胀—崩溃将可能造成经济整体产出值的下降。在特定的条件下（给定的参数值），货币政策有必要事前采取紧缩措施，限制私人信贷规模，从而缓解资产价格的膨胀以防止信用危机。但是，当前较普遍的观点却是倾向于采取被动的货币政策，即在资产价格崩溃之后再来对付其崩溃的后果。当前一些发达国家的货币政策往往是根据泰勒规则来制定的，即将政策工具集中在通胀实际值与预期值的偏差和产出缺口上，而只在信用危机发生后再给经济注入流动性资金。尽管上文的模型是高度抽象的，但是我们却从中发现最优的货币政策最终由具体的经济条件决定，如私人部门的信心与预期等。

三、货币政策对资产价格的反应：美联储的现实选择

美联储前主席格林斯潘曾多次在演讲中强调，股价的高涨将造成经济的不平衡，并对经济的长期增长造成威胁。那么，我们很自然地要问：美联储的这种关注是否已经融入到了当时的货币政策决策中？还是这仅仅是格林斯潘个人对资产价格膨胀的一种担忧，并没有反映到积极的货币政策中去？Hayford & Malliaris（2002）以美国为例[①]，分析了其货币政策是否受到了当时高企的股指的影响，这种分析方法对我们有着重要的现实借鉴意义。具体的，可用两种不同的方法来回答该问题，即美联储的货币政策是否对股市保持中立：第一种方法就是比较资产价格波动周期中（从 1987 年至 2001 年）联邦基金利率的变

---

① 详见 Marc D. Hayford and A. G. *Malliaris*, *Monetary Policy and the Stock Market*, Economics Seminar at the University of Northern Illinois, 2002。

动与股市市值、失业率、GDP 缺口以及通胀之间的典型事实关系；第二种方法就是引入各种股市价值的测度方法来对泰勒规则进行扩展。

（一）典型事实的证据

我们可以使用两种方法来测度股市市值（标准普尔 500）的方法：P/e 比率（价格—收益比）和内部股权收益法。其中，P/e 法是一种更为常规的测度方法。Shen（2000）研究发现高的价格—收益比往往会导致令人失望的股票业绩，只有当 P/e 比率等于一个恰当的经风险调整的收益率的倒数时，股市才被正确地估值。人们一般都将 P/e 比率与历史平均水平进行比较。如果 P/e 比率高于历史平均水平，则往往被认为是目前的股市价值被高估了。

内部收益法的计算来源于"戈登方程式"（Gordon，1962）。股票价格被看成是未来收益按照某个收益率（政府长期债券利率加上股权溢价）折现而成的期望净现值。假设名义收益按照一个固定比率 g 增长，并且长期政府债券利率和股权收益不变，则股票价格为

$$P_t = \frac{E_t(1 + g_t)}{i_t + p_t - g_t}$$

这里 P_t 指股票价格，E_t 指股权收益，g_t 为收益增长率，由上式可得内部收益率：

$$P = (1 + g)\frac{E_t}{P_t} - i + g$$

或者以实际形式：

$$P = (1 + rg_t)(1 + \pi_t)\frac{E_t}{P_t} - i + rg_t + \pi_t + rg_t \times \pi_t$$

为了计算内部股权收益率，我们使用潜在的真实 GDP 增长率来表示 rg，π 表示最近的通货膨胀率，用标准普尔 500 价格—收益比的倒数作为 E/P，用 10 年国库券的利率作为 i。

　　图 15.3 比较了两种股市价值的测度方法。标准普尔 500 的 P/e 比率（1948 ~ 1993 年）均值约为 14。因此根据历史的标准，如果 P/e 比率超过 14，就意味着潜在的市场价值高估。内部权益收益率（1960 ~ 1993 年）的历史平均值为 8%，如果内部权益收益率低于该值就意味着价值被高估了。上述两种测度都表明在 1987 年股市崩溃之前股市价值被高估了。另外，1996 ~ 2000 年的股市价值也被高估了。

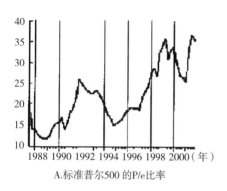
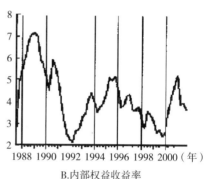

A.标准普尔500 的P/e比率　　　　　　B.内部权益收益率

图 15.3　股市价值的评估方法

　　下面，将进一步地通过一些基本事实来说明，美联储从 1987 年起就倾向于接受股市价值高估的事实。这种观察结果其实与美联储的价格稳定目标（资产价格除外）相一致。图 15.4 列出了 1987 ~ 2001 年几个主要经济指标。其中，框图 A 显示了联邦基金名义利率的轨迹。

　　在图 15.4 所示的时间段内，存在三个货币紧缩的阶段：第一个紧缩阶段是在 1968 ~ 1989 年，框图 B 显示了 GDP 平减指数在不断上涨，框图 C 表明失业率低于自然失业率，框图 D 表明产出高于潜在的水平；第二个阶段的紧缩时期是从 1994 年 2 月至 1995 年 2 月。这个时期数据似乎表明美联储有可能为了抑制金融泡沫而采取紧缩货币政策的，但从当时美联储货币政策委员会的一些会议记录中来看，其紧缩货币的主要目的是试图控制潜在的通胀压力；最后一个货币紧缩的阶

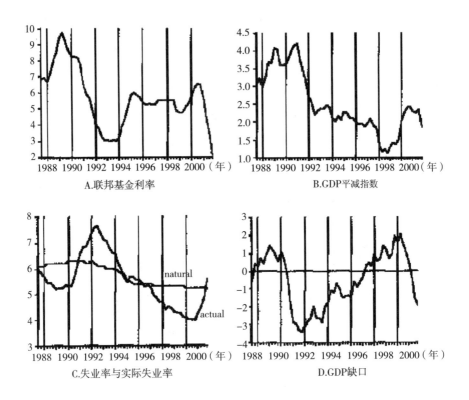

A.联邦基金利率 B.GDP平减指数 C.失业率与实际失业率 D.GDP缺口

图 15.4 美联储倾向于接受股市价值高估的典型事实

段是从 1999 年 6 月至 2000 年 12 月。两种股市估值方法都表明股市市值在该阶段的初始时期是被高估了。随着通货膨胀的缓和，自然失业率与实际失业率之间的缺口以及 GDP 缺口都表明存在着过剩的需求。而这时美联储可能也考虑到了股市，但更有可能是为了预防潜在通货膨胀的压力而采取紧缩货币政策。

从 1987 年 10 月开始，美联储在三个历史阶段放松或者保持名义联邦基金利率不变：第一个阶段是从 1989 年 6 月到 1993 年，利率先是下降然后在 1993 年几乎全年保持不变。在这个阶段 P/e 比率有上升的趋势，以 13 开始直到约 23 结束，同时权益收益率在不断下降；第二个阶段的放松或保持联邦基金利率不变是从 1995 年 7 月至 1999 年 6

月，在这个阶段 P/e 比率从 17 上升到 30，权益收益率呈现下降趋势。格林斯潘的谈话表明他从 1996 年 12 月末时开始关注股市了；货币政策放松的第三个阶段是在 2001 年。在这个阶段美联储很明显地对经济的下滑（产出缺口的减少，失业率的上升）作出了反应，2001 年 P/e 比率先降后升。前两个货币政策放松的阶段加速了股市市值的上涨，并且可以看出美联储接纳了股市潜在价值高估的事实。

（二）泰勒规则的证据

泰勒（1993）提出了一个简单的货币政策公式：

$$i_t = \pi_t + r^* + \alpha_1(\pi_t - \pi^*) + \alpha_2 y_t \tag{15.16}$$

其中，i_t 表示当前的名义联邦基金利率，π_t 是当前和先前三个季度的平均通胀率（由 GDP 平减指数测度），r^* 是长期均衡的真实联邦基金利率，π^* 是目标通胀率，y_t 是产出缺口，即 100 ×（真实 GDP − 潜在 GDP）/潜在 GDP。泰勒规则表明，美联储往往根据目标通胀率和真实 GDP 等于潜在 GDP 目标来设定联邦基金利率。货币政策是"稳定"的，例如，当 $\alpha_1 > 0$ 时，则可通过增加真实联邦基金利率来抵消通货膨胀的增加。

为了检验货币政策与股票市场之间的实证关系，可以对泰勒规则进行扩充：

$$i_t = \pi_t + r^* + \alpha_1(\pi_t - \pi^*) + \alpha_2 y_t + \alpha_3(\rho_t - \rho^*) \tag{15.17}$$

其中，ρ_t 可以是股市的价格收益比例或者是内部权益率，ρ^* 是它的目标值。如果 ρ_t 是价格收益比例并且它高于目标值，那么货币政策将增加联邦基金利率以减少泡沫，于是 $\alpha_3 > 0$，但是，如果货币政策促进股市泡沫的产生，则 $\alpha_3 < 0$。如果用另一种方法，即 ρ_t 是内部权益收益率，并且它低于目标值，货币政策就会通过增加联邦基金利率以减少预计的泡沫，于是 $\alpha_3 < 0$。但是如果货币政策纵容股市泡沫，则 $\alpha_3 > 0$。

在估计方程（15.16）或方程（15.17）时，我们选取1987年至2001年的季度数据。另外，一个重要的问题是用什么来测度过多的总需求。我们可以采用失业率与自然失业率之间的缺口或者GDP缺口。通货膨胀用GDP平减指数的增长率来表示。下面，我们用静态和动态两种方法来估计一下扩充后的泰勒规则：

1. 静态方法

式（15.17）可以写成如下形式：

$$i_t^* = C_1 + C_2\pi_t + C_3y_t + C_4p_t \qquad (15.18)$$

这里：

$$C_1 = r^* - \alpha_1\pi^* - \alpha_3p^*$$

$$C_2 = 1 + \alpha_1 > 1(如果货币政策是稳定的)$$

$$C_3 = \alpha_2$$

$$C_4 = \alpha_3$$

根据该式进行回归可得，联邦基金利率和股市的价值高估呈负相关。也就是说，美联储并没有挤压投机泡沫，而是给予了极大程度的容忍。这与上文中通过基本事实方法得出的结论相一致。

2. 动态方法

根据Judd等人（1998）的方法，可将名义联邦基金利率目标写成如下形式（包含股票市场目标）：

$$i_t = \pi_t + r^* + \alpha_1(\pi_t - \pi^*) + \alpha_2y_t + \alpha_3(\rho_t - \rho^*) \qquad (15.19)$$

联邦基金利率的实际变动为

$$\Delta i_t = \gamma_1(i_t^* - i_t - 1) + \gamma_2\Delta i_{t-1} \qquad (15.20)$$

其中，γ_1表示将实际联邦基金利率调整至目标值的速度。如果调整是即时的，则γ_1为无穷大。将方程（15.19）和方程（15.20）联立可得：

$$\Delta i_t = \gamma_1[\pi_t + r^* + \alpha_1(\pi_t - \pi^*) + \alpha_2y_t$$
$$+ \alpha_3(p_t - p^*) - i_{t-1}] + \gamma_2\Delta i_{t-1}$$

由此可得回归方程为

$$\Delta i_t = c_1 + c_2 \Delta i_{t-1} + c_3 \left[c_4 \pi_t + c_5 y_t + c_6 p_t - i_{t-1} \right] \qquad (15.21)$$

经过回归可以得到与静态方法类似的结果，即联邦基金利率和股市的价值高估呈负相关关系。这个结论没有支持格林斯潘已经系统地对股市投机泡沫进行干预的假设。相反，这表明美联储对 20 世纪 90 年代中后期股市的高涨（甚至是泡沫）采取了纵容的态度。

通过上文实证方法我们考察了在过去的几年中，美联储货币政策是否受到较高的股市价值的影响。我们避开了规范的研究方法，而用一个现实的眼光来分析是否存在实证证据表明美联储已经使用货币政策去稳定股市价格。我们使用了两种不同的方法来回答这个问题：第一，比较了 1987～2001 年联邦基金利率的变动和股市价值，失业率、GDP 缺口以及通货膨胀状况。第二，运用扩充的泰勒规则，加入了股市价值的测度，并考察股市价值对联邦基金利率的影响。通过对扩充后的泰勒规则进行回归分析，可以看到，美联储并没有在股市价值高于基本面估计时去使用联邦基金利率阻止这种高估。相反，美联储似乎默许了这种高估。

格林斯潘在 1996 年 12 月之后不断地谈到股市，也许是想寻找另一种政策工具去影响股市，使之朝基本面相一致的方向发展。联邦基金利率主要是根据通货膨胀以及总需求状况而设定的，至少到目前为止还没有单单为了阻止潜在的股市价值高估而提高利率的证据[1]。格林斯潘除了言语上提到了股市的"非理性繁荣"外[2]，并没有真正地试

---

[1]　以上数据仅仅取到上一轮资产价格高涨的结束时刻（2001 年）。随着更多数据的得到，还可以用类似的方法来进一步考察美联储是否在后来改变他们的策略。

[2]　1996 年 12 月 5 日，当时的美联储主席格林斯潘在论述有关中央银行在民主社会中的作用时，首次使用了著名的"非理性繁荣"这一措辞，引发了一场资产价格在货币政策决策中的角色的争论。他对"非理性繁荣"措辞的运用显得非常微妙。他表示，"持续的低通胀降低了风险并因此应导致更高的资产价格，但是我们如何知道：非理性繁荣不恰当地抬高了资产价格会导致无法预料到的、长期的紧缩——就像十多年前日本发生的那样。"

图去立即纠正股市的价值高估。路透社的一篇文章就此打了个比喻，"格林斯潘就像一位家长，他虽然严厉警告中学生不要纵饮狂欢，但并没有打断宴会，而是一直站在一旁等待，以在欢宴落幕时做一名清醒的司机，送他们回家。"①

专栏13　货币政策如何未雨绸缪：金融稳定的重要性②

此次国际金融危机之前，中央银行的传统思维是，货币稳定和金融稳定在本质上是互补的。通过锚定预期，维持价格稳定有助于促进宏观经济的稳定。随之而来的宏观经济波动下降应该有助于减少金融不稳定。如今有一种倾向性观点认为：将关注价格稳定性作为货币政策的最主要目标存在致命缺陷，未意识到在一些情况下它不利于金融稳定。在危机之前的若干年里，商品市场和服务市场的发展非常平稳，资产市场也保持稳定。特别是在很多发达经济体，伴随着资产价格（包括房地产）的上涨，金融体系的信贷迅猛扩张。即便实体经济没有相应的过快增长，资产市场仍呈现出繁荣景象。对于一些人来讲，虽然相对较低的利率对于维持物价水平是必需的，但可能会鼓励激进的逐利行为，从而对信贷市场和资产价格的繁荣起到推动作用。虽然该指责有真实的部分，但我认为将货币政策视为唯一的或者说最重要的危机诱因是不对的。许多因素同时发酵才能形成猛药。

---

① 详见保罗·克鲁格曼：《萧条经济学的回归》，北京：中信出版社，2012。克鲁格曼在该书中指出，格林斯潘创下了一个历任美联储主席绝无仅有的纪录：在他的任期内，美国市场上发生了两场大规模的资产泡沫，先是股市泡沫，后是房市泡沫。与股市崩溃的副作用相比，房价下跌带来的副作用对美国金融体系产生了更严重的冲击，以致于美国金融体系难以抵挡这种冲击。克鲁格曼还进一步认为，人们直到格林斯潘卸任后才发觉，他其实是多么失败。

② 该专栏摘编自英格兰银行副行长查尔斯·比恩（Charles Bean）2014年5月在伦敦经济学院发表的演讲。详见查尔斯·比恩：《货币政策的未来》，载《比较》，2015（1）。标题由笔者自行添加。

但过去几年的经历确实说明，货币政策应该更多地考虑金融稳定问题。国际金融危机之前，国际清算银行的比尔·怀特等经济学家认为，在杠杆率积累过度并且（或者）资产价格不合理的情况下，中央银行应该"逆风而行"，将利率维持在高于为维护短期价格问题所必要的利率水平。就像为限制产出波动中央银行愿意接受暂时偏离通货膨胀目标一样，中央银行也应为缓解信贷周期而愿意接受暂时的目标偏离。实质上，如果能因此而减少资产价格破坏程度和降低信贷危机的规模及频率，接受稍许的短期产出和通货膨胀波动是值得的。该观点与很多中央银行家的观点相反，特别是时任美联储主席艾伦·格林斯潘，他对用先发制人的货币政策处理金融失衡的可行性持质疑态度。他认为，货币政策应关注事后效果，最小化后续负面影响——所谓的"清理"方法（Cleaning Approach）。

"逆风而行"的逻辑在理论上是站得住脚的，但问题的关键所在是，适度的货币紧缩能否有效地减弱已经形成的信贷繁荣。事后看来，危机之前的政策利率过低并维持了过长时间，尤其是美国。而实证分析表明，大幅度提高政策利率才能对信贷扩张速度产生有意义的影响。为阻止未来金融调整可能导致的风险而有意识地诱发衰退，只有勇敢的中央银行行长才能做到这一点。

这就是人们对其他政策工具感兴趣的原因，宏观审慎政策更适合抑制危险的金融失衡和保持金融稳定。为实现价格稳定和金融稳定的目标，我们真的需要其他一个或一系列工具，来配合货币政策。有几种潜在的宏观审慎工具可用来应对周期性风险，大体上可以分为两类：一类用来增加金融体系的稳健性，另一类用来抑制杠杆率累积。另外，有些措施针对性更强，有效措施影响更宽泛一些。

关于宏观审慎工具，首先想到的例子就是《巴塞尔协议Ⅲ》确立的逆周期资本要求。它要求银行在信贷繁荣阶段持有额外的高质量吸收损失能力，在随后的下行阶段可用于吸收损失，从而增强了银行稳健性。由于这样做提高了银行资金的边际成本，逆周期资本要求有助于阻止杠杆率累积。提高风险最高的特定行业的资本要求，不仅会增加银行的稳健性，而且会鼓励人们选择发放更安全的贷款，这种做法具有事前特征。最后，有些工具直接与借款行为相关，例如设定贷款/收入比和抵押率（贷款/价值）上限，以及限制银行资产组合中高风险贷款/收入比和抵押率的贷款份额，新西兰储备银行最近就推出了这种措施。通过对高风险贷款的直接限制，这些工具先发制人的特征更加明显。重要的是，虽然货币政策较为适合处理由工资低迷和价格调整诱发的问题，良好的宏观审慎政策则能更有针对性地处理特定金融市场失灵问题，比如风险的低估。

然而，这种运用货币政策工具实现价格稳定、运用宏观审慎政策工具实现金融稳定的观点可能过分乐观。相对于利率变化的影响而言，我们在运用宏观审慎政策方面的经验却少得可怜。并且，市场参与者总会想方设法规避约束，如将业务转移至监管范围之外。美联储理事斯特恩曾指出，货币政策并非解决金融稳定问题的利器，但是它确实有"无孔不入"的优点。所以，在金融稳定风险出现的初期，货币政策很可能是用来对付它的唯一武器。在这种情况下，我们又回到了从前：为降低前行路上更严重事情的发生概率，货币政策制定者应自觉地"逆风而行"，超调短期通胀目标。

这种思想现已体现在英国货币政策委员会规则中，用于确定每年的目标。该规则明确指出："保持通货膨胀处于目标值的努力可能加剧金融失衡，为此金融政策委员会需要判断是否存在潜在的金融稳定风险。金融政策委员会的宏观审慎政策是应对这种风险的第一道防线，并且在这种情况下，货币政策委员会可以暂时偏离通货膨胀目标。"该规则要求货币政策委员会应考虑金融政策委员会的行动，反之亦然。

四、小结

（一）关注资产价格波动包含的货币政策所需的经济信息

对资产价格合理水平的判定在世界范围内都是难题。尤其在新兴市场国家，其资本市场仍处于转型与发展阶段，资产价格的波动性相对更强，其合理水平更是难以判断的。因此，货币政策操作不应过度追随资产价格，资产价格变化也不宜成为影响货币政策的决定性因素。对货币政策而言，着眼点仍应是对实体经济运行状况、货币需求量以及市场利率等指标的综合分析判断。尽管如此，资产价格波动的背后隐藏着许多货币政策决策所需的重要信息。例如，资产价格的不断上扬可能使货币的流动性增强，引起货币供应数量及结构（如 M1/M2）的波动①，使得资金需求大量从生产领域转向非生产领域。在这种情况下，货币政策的效果可能更多地为资产市场所"吸收"，实体经济部门所受到的实际影响相对较弱。如何综合考虑一般物价指数与资产价格之间的关系，这是货币政策值得进一步关注的问题。

在许多国家尤其是发达国家，证券价格指数往往是宏观经济的"晴雨表"。在我国现阶段，我们似乎尚未发现这种较强的相关性。但可以看到的是，目前证券市场对宏观经济中的种种现象是相当敏感的，经济社会中的任何一点"风吹草动"甚至都可能在证券价格波动中得以体现。有理由相信，随着我国市场经济的不断完善以及直接融资规模的日益扩大，资产价格波动与宏观经济变量之间的相关性将逐步增强，资产价格可以提供越来越多的有关市场预期和市场风险态度等重

---

① 王新华（2007）研究表明，资本市场活跃导致社会资金流动性增强（M1 和 M2 的同比增速之差上升）。

要信息。因此，对于中央银行来说，深入理解资产价格波动的决定因素并研究其中所包含的有用信息将变得更加重要。

（二）资产价格对货币政策的挑战还在于其对金融稳定的影响

以上 Bordo & Jeanne 的经典模型框架表明，在金融市场比较完善的国家，资产价格的膨胀—崩溃将可能造成经济整体产出的下降。相对银行业的规模而言，我国证券等直接融资市场的规模相对较小，股票等资产价格的财富效应及资产负债表效应还不十分明显[1]，其在货币政策传导中的作用仍不十分突出。当前，资产价格对我国货币政策的挑战重点可能还在于其波动是否会影响金融机构行为以及整个金融体系的稳健[2]，从而间接地影响着货币政策的效果。国际经验表明，如果一个国家拥有更加健康的金融市场，资产价格突然下降所造成的负面冲击可能会相对小些，如 2002 年的美国；如果一国的金融体系存在脆弱性，泡沫破灭则可能引发严重的长期经济衰退，如 20 世纪 90 年代的日本。此外，如果资产价格泡沫的产生主要是由于货币条件变动以外的因素，比如，银行资本充足率不高或监管法规不严格，那么，政府需要做的事情应是着手解决金融监管等问题。

（三）坚持市场化取向以促进资产价格的理性回归

从各国的经验来看，资产价格泡沫一般源自"非理性繁荣"预期、技术进步和金融自由化等多种因素，宽松货币条件与资产价格泡沫之间的联系也有些复杂。实证研究表明（Posen，2006）[3]：（1）在资产价格上涨时，货币条件并不一定必然是宽松的；（2）资产价格上升通

---

[1]　参见郭峰等（2005）的计量研究结果。

[2]　2015 年发生在中国的股市大幅波动就是一个典型例子。

[3]　Adam S. Posen（王宇译）：《中央银行为何不能挤破泡沫？》，载《国际经济评论》，2006 (6)。

常需要宽松的货币条件，但货币宽松或流动性过剩并不是资产价格膨胀的唯一和充分条件。就经合组织（OECD）各国的案例来看，在 20 世纪最后 30 年的多个货币政策宽松期内，都没有出现房地产价格大幅上涨或股票市场价格持续上升。但 IMF（2008）的一项反事实研究（Counter－factual）表明①，如果次贷危机前美联储不实行低利率的政策，房地产价格泡沫将得到一定程度的抑制。

　　资产价格波动以及资本市场发展有其自身的规律。尽管资产价格与预期等诸多因素有关，但是实体经济中的价格往往是各类资产定价的现实基础，市场定价机制的完善无疑将有利于资产价格的理性回归。过低的生产要素价格及其风险溢价扭曲不能反映真实的价值水平，容易促成过度投资并滋生投机泡沫。目前我国宏观经济与资产市场中出现的一些矛盾或问题，可能并不是由于"市场失灵"造成的，或许正相反，是市场化的进程尚未彻底完成的结果（伍戈，2003）②。相应地，应该进行及时的宏观政策调整和深入的经济体制改革，减少价格信号的"失灵"，更大程度地发挥市场在资源配置中的决定性作用。值得一提的是，在开放经济的条件下，资金流入、汇率与资产价格的上涨之间往往存在着关联性③。因此，如何在"不可能三角"中进行适当权衡且协调推进有关改革也是我国决策者面临的重要挑战。与此同时，有必要继续完善国际收支和跨境资金流动监测体系，进一步改进跨境资本流动管理等，营造有利于促进国内资产价格理性回归的外部环境。

---

　　①　IMF. *Housing Finance and Housing as a Transmission Channel for Monetary Policy*. World Economic Outlook, April. 2008.

　　②　伍戈（Wu, Ge）. *The Failures in the Financial Market：Market Failures vs. Government Failures*, Journal of Academy of Business and Economics, Volume 1, 2003.

　　③　魏红欣：《IMF 官员提示亚洲金融风险》，载《国际金融报》，2007－05－18。

第六部分

货币政策与内外均衡：开放经济视角

第十六章　开放经济下的货币政策Ⅰ：多目标与多工具

2008 年国际金融危机爆发以来，各界开始对宏观经济政策进行反思，尤其是对危机前货币政策普遍的单一目标和单一工具框架提出了质疑（Blanchard，2010）。危机前国际社会一般认为，稳定的低通货膨胀率有利于各项经济活动，因此也被作为货币政策的首要的甚至是唯一的任务。但事实证明，稳定的通货膨胀是宏观经济持续健康发展的必要条件，但不一定是充分条件。危机前，货币政策越来越集中于短期利率这单一工具，各界也普遍认为，中央银行只需要影响短期利率，其他利率和价格都将随之调整。事实上，此次国际金融危机的教训告诉我们，利率似乎不再是充分的政策工具。因此，政策制定者如果要实现经济持续稳定的增长，必须在稳定消费者价格的同时还需要另外有所作为，而可供使用的工具也可能不仅仅局限于政策利率（伍戈、刘琨，2015）。①

与发达国家以及市场化程度较高的许多新兴市场国家不同的是，中国货币政策的目标是多元化的，需要统筹考虑物价、就业、增长以及国际收支等目标之间的关系（周小川，2013）。这种多目标制可能与当前中国从计划经济向市场经济的体制转轨有关，同时由于长期面临国际收支双顺差格局，国内流动性被动投放较多，这使中央银行不得不关注国际收支等问题。在金融宏观调控的工具选择上，目前中国采

---

① 详见伍戈、刘琨：《探寻中国货币政策的规则体系：多目标与多工具》，载《国际金融研究》，2015（1）。

用了数量型调控、价格型调控以及宏观审慎政策等相结合的调控模式（如图 16.1 所示）。尽管如此，国内外学者往往机械地运用泰勒规则等单一规则对中国的货币政策进行检验，很少有人对中国现实的"多目标、多工具"货币政策框架以及规则体系进行系统分析和实证检验。本章试图结合中国的现实情况，弥补该领域研究的空白和不足。

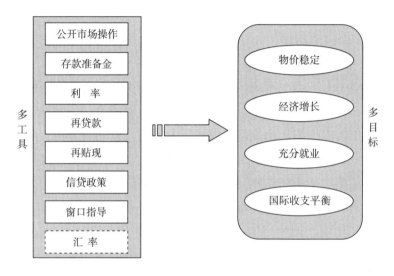

来源：笔者根据中国人民银行网站和张晓慧（2012）等资料整理。

图 16.1　中国货币政策的基本框架：多目标与多工具[①]

一、开放经济下的多目标与多工具：内外均衡的框架

此次国际金融危机之前，货币政策目标的单一化特征十分明显。

---

①　值得一提的是，张晓慧（2012）并没有把汇率纳入货币政策工具范畴，而认为其与货币政策的传导渠道有关。对此，各界仍存在一些争议。该问题涉及汇率体制等问题，鉴于中国目前实行的是以市场供求为基础、参考一篮子货币进行调节、有管理的浮动汇率体制，中央银行仍然在汇率价格形成中发挥一定作用，因此现阶段我们倾向于将其纳入工具范畴。但随着人民币汇率形成机制改革的推进，汇率灵活性进一步增强，未来再可作商榷。

特别的，在高增长、低通胀的"大缓和"（Great Moderation）的全球宏观经济背景下，通胀目标制获得越来越多的支持。过去传统的观点认为，成功的通胀目标制要求汇率高度灵活，用政策利率稳定通胀并允许汇率自由浮动。他们的逻辑认为，如果通胀与其他货币政策目标共存，那么不同目标之间的矛盾必然无法避免。是否允许汇率自由浮动，甚至被很多人当做一块"试金石"，用于测试一国是否真正致力于实行通胀目标制并以此实现较低且稳定通胀水平的公信力（Masson 等人，1997）。尽管如此，新兴市场经济体的实践表明，即使在通胀目标制度下，严重的资产负债表错配意味着不能任由汇率大幅偏离中期均衡水平，而本轮危机也再一次从正面强化了这一观点（Ostry, Ghosh & Chamon，2012）。其实，在通胀目标制下，对这种变化作出反应要比忽略汇率的做法能产生更好的经济效果（Stone 等，2009）。

如果政策制定者关心汇率，那么会有比严格的通胀目标加上浮动汇率更好的选择吗？答案是肯定的。事实上，有不少学术研究发现，实行通胀目标制的新兴市场经济体通常将汇率（隐含地）包括在其利率反应函数（如泰勒规则）中，如 Monhanty & Klau（2005）以及 Aizenman 等人（2011）。在教科书所描述的通胀目标制框架下，汇率只有在其影响通胀预期的情况下才能影响中央银行的利率。但更加贴近现实的做法是，需要认识汇率在新兴市场经济体框架下的重要性，并在通胀目标制的框架中给汇率留出实施空间。Garcia 等（2011）就介绍了一个混合通胀目标制。其模拟结果显示，对于那些金融稳健的发达经济体，将汇率直接纳入政策反应函数的意义不大，但对于金融较为脆弱的新兴市场经济体，将汇率纳入其中在一定限度内是有意义的。Benes 等人（2012）将外汇对冲干预作为与泰勒规则并列的一种补充工具，并认为它能通过金融部门投资组合的资产负债表效应来影响经济，这开启了政策制定者在"双目标、双工具"体制下进行操作的可能性。

如果政策制定者有多重目标（实际上一定有），同时中央银行拥有多种工具（实际上可能有），那么通常动用整套工具是有道理的①。Gregorio（2009）认为，应使用利率实现通胀目标，并运用对冲干预实现汇率目标。具体的，应降低政策利率来应对负的需求冲击，但是无须运用利率应对资本流动冲击；在资本流入产生升值压力或负需求冲击产生贬值压力时，采用汇率干预。Ostry，Ghosh & Chamon（2012）考察了新兴市场经济体运用政策利率和外汇干预这两种政策工具，来保持低通胀并防止汇率大幅偏离中期均衡水平的情况。他们认为，由于新兴市场经济体众所周知的结构性特点，如果有两种政策工具（政策利率和外汇干预）可供选择，那么需要兼而用之以同时达到价格稳定和实现汇率目标。只要外汇干预服从于保持低通胀的目标，则将更容易达到宏观稳定（即低产出缺口、低通胀以及在均衡水平保持稳定的实际汇率）。中央银行无须在是否采用外汇干预上犹豫不决，因为外汇干预完全可以与通胀目标保持一致。Blanchard，Ariccia & Mauro（2013）认为，将汇率纳入中央银行政策目标组合中，需考虑可行性和可取性两个问题。关于可行性问题，对于金融市场高度全球化的经济体而言，中央银行很可能无法盯住汇率。其原因是资本流动会对利差立即作出反应，央行的对冲干预很可能无效。但对有着更大金融摩擦及市场分割程度更高的经济体而言，中央银行可以将汇率作为政策目标。这时，可考虑建立一个扩大的通胀目标管理框架，其中政策利率用于稳通胀，外汇干预则用于稳汇率。关于可取性问题，当汇率变动反映了经济基本面变化时，干预不可取，且从多边角度来看，也很可能无法接受。

以谢平、罗雄（2002）和陆军、钟丹（2003）等为代表的国内学者对单一泰勒规则在中国货币政策中的适用性进行了检验，但他们大

---

① 关于实现多个政策目标的工具问题，最早可能要追溯到第一位诺贝尔经济学奖获得者丁伯根（J. Tinbergen）。他认为，要实现 N 个独立的政策目标，至少需要相互独立的 N 种有效的政策工具，即"丁伯根原则"。

都忽略中国宏观经济内外失衡的基本特征以及汇率的作用。事实上，从中国的实践来看，货币政策长期受到宏观经济内外失衡的困扰。1994 年之后，国际收支"双顺差"格局出现，尤其是 2001 年我国加入世界贸易组织以后，经常项目顺差显著扩大，成为国际收支顺差的主要来源。在这种宏观背景下，中国货币政策的自主性和有效性受到资本流入和外汇占款较快增长的挑战。周小川（2013）认为，对中国这样的大经济体而言，外部不平衡是由国内外多种因素所致，国内主要原因包括储蓄率过高、消费内需不足等结构性问题，不能单一依靠汇率工具，因此，总体上选择了以扩大内需的一揽子结构性政策和汇率政策共同承担的战略来实现经济结构的再调整和优化。我们认为，研究该阶段中国的货币政策，不能脱离内外失衡的宏观背景和经济转型的显著特征，不能忽视中国货币政策框架"多目标和多工具"的基本事实。基于此，有必要构建开放经济下中国货币政策的反应函数及其规则体系。

　　开放经济下运用政策搭配以实现内外均衡是一个非常复杂的问题（姜波克，1999）。为探索中国的现实情况，我们借助开放经济下宏观经济政策的经典框架——斯旺图进行分析①。如图 16.2 所示，在该斯旺图中，纵轴代表支出转换政策，如名义汇率（采用直接标价法，上升表示本币贬值）；横轴代表支出增减政策，如货币或财政政策。IB 曲线代表实现内部均衡（充分就业与价格稳定）的支出转换政策（汇率）与支出增减政策（货币或财政政策）的组合。该线向右下方倾斜，因为本币贬值和扩张性的货币或财政政策都将引起总支出增加，所以

---

　　① 1953 年，斯旺（Swan，T.）撰写的《依赖型经济中的经济控制》一文分析了经济政策的搭配问题，斯旺图的思想当时就被提出来了。1955 年，斯旺在提交给澳大利亚和新西兰科学进步协会大会（ANZAAS）的论文《国际收支长期问题》中，以内外均衡斯旺图这一清晰形式对其思想进行了拓展。A. M. C. Waterman 在 1960 年发表的《关于斯旺图的几个脚注——依赖型经济是如何依赖的》论文中明确提出斯旺图这一名称，并进行了进一步发展。

本币贬值要和紧缩性的支出增减政策相组合才能保持内部平衡。IB 曲
线的右上方表示国内经济过热，存在通胀压力，左下方表示国内经济
趋冷，存在失业压力。EB 曲线代表实现外部均衡的支出转换政策（汇
率）与支出增减政策（货币或财政政策）的组合。假定外部均衡就是
经常账户平衡。该线向左上方倾斜，因为本币贬值有助于提高国际竞
争力从而增加经常账户顺差，而扩张性的支出增减政策增加了国内支
出从而增加经常账户逆差，因此本币贬值需要与扩张性的支出增减政
策相组合才能保持外部均衡。EB 曲线的左上方表示经常账户顺差，右
下方表示逆差。

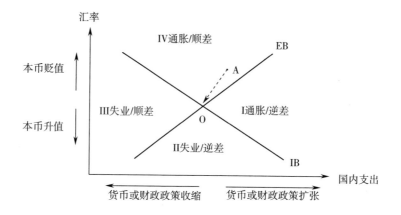

图16.2 宏观经济的内外均衡与政策搭配

　　IB 和 EB 曲线将图形分成四个区间，它们分别代表了内部失衡和
外部失衡的不同情况。例如，在区间 IV 的 A 点，内部通胀与外部顺差
并存。IB 和 EB 曲线交点 O 表示经济同时实现内外均衡。当该开放经
济处于失衡状态 A 点时，为了促进经济向均衡点 O 的移动，就应加强
政策搭配：一方面紧缩国内货币或财政等支出增减政策促进内部均衡；
另一方面，通过本币升值这种支出转换政策促进外部均衡。从中国的
实际来看，宏观经济长期以来处于经常账户顺差的状态（即处于 EB 曲

线的左上方）。对此，应根据经常项目主要是贸易平衡状况来把握对汇率浮动的管理（胡晓炼，2010）①。2005 年人民币汇率形成机制改革以来，人民币汇率大体呈现出升值走势，这与斯旺图中应对外部失衡的理论政策取向是基本一致。因此，在开放经济的条件下，宏观政策应对内外均衡状况作出反应，这种反应可能不是单一的规则（如泰勒规则）所能刻画的。下文我们将结合上述理论分析框架，分别定量测度中国货币政策对于内部均衡和外部均衡的反应函数，两者共同构成了区别于单一泰勒规则的中国货币政策规则体系。然后，再进一步考察内外均衡之间的相互联系。

二、货币政策对内部均衡状况的反应

长期以来，我国以货币供应量作为货币政策调控的中介目标（张晓慧，2012）。但随着金融市场的发展和金融创新的加快，货币供给量的信号显示意义有所下降，作为中介目标的货币供应量指标与最终目标的相关性也在降低（伍戈、李斌，2012）②。而市场利率作为中介目标的作用却在不断加强：一方面，市场利率对各种货币政策工具以及金融市场波动的反应更加明显和迅速（李斌，2014）③；另一方面，市场利

---

① 具体的，胡晓炼（2010）认为，中国有管理的浮动汇率制度包括三个方面的内容：一是以市场供求为基础的汇率浮动，发挥汇率的价格信号作用；二是根据经常项目主要是贸易平衡状况动态调节汇率浮动幅度，发挥"有管理"的优势；三是参考一篮子货币，即从一篮子货币的角度看汇率，不片面地关注人民币与某个单一货币的双边汇率。来源：中国人民银行网站，2010 年 7 月 22 日。

② 伍戈、李斌（2012）分析了 2010 年下半年以来中国货币与通胀的同步关系出现趋势性背离的现象。归纳起来，主要有三类解释视角：一是商业银行表外以及理财业务的视角；二是货币流通速度变化的视角；三是非货币因素（供给冲击），尤其是劳动力供给冲击的分析视角。

③ 李斌（2014）考察了中央银行政策工具对市场化利率的影响和引导能力。其回归显示，存款准备金率、中央银行票据利率以及存款基准利率均对货币市场利率有显著影响。

率变化和货币供应量增速之间的负相关性也更加显著（见图 16.3），说明利率可能已经包含了越来越多的货币供应量等方面的信息。

来源：笔者根据 Wind 数据整理绘制。

图 16.3　中国市场利率与货币供应量增速走势比较

鉴于此，我们尝试以传统泰勒规则为基础构建我国货币政策对内部均衡的反应函数，假设中央银行主要基于通胀和经济增长形势判断内部均衡状况（鉴于就业与增长两目标的方向基本一致，因此就业信息隐含在经济增长中，本节不再单独考虑），并综合使用公开市场操作、存款准备金、基准利率等货币政策工具，调节银行间市场流动性及市场利率，最终促进内部均衡。

根据我国具体情况，对各个备选变量我们都采用了不同类型数据用以筛选和试验：市场利率选择了具有代表性的 3 个月期 SHIBOR、7 天期回购利率和 3 个月期回购利率（见图 16.4）[①]，为减少季节波动

---

① 我国市场利率很多，包括中央银行票据利率、正回购利率、上海银行间同业拆放利率（SHIBOR）、银行间市场回购利率等，各品种、各期限利率水平各不相同，但总体走势基本相似，根据市场使用习惯及成交量等总体考虑，3 个月期 SHIBOR、7 天期回购利率和 3 个月期回购利率具有较强的代表性。

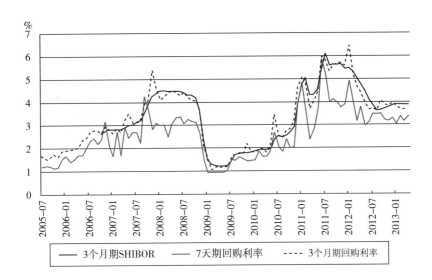

图 16.4 2005 年汇改以来中国有代表性的市场利率走势

性，也同时使用了经季节调整后的数据；通胀指标选择 CPI 同比增速和剔除食品后的 CPI 同比增速；在产出指标上，不仅选择了用 GDP 同比增速计算的产出缺口[①]，为提高数据频度，还同时采用月度工业增加值[②]及发电量[③]作为月度产出的替代计算产出缺口；为反映利率粘性，我们考虑引入利率的滞后一期项；为剔除国际金融危机的影响，我们

---

① 产出缺口（GDP_ GAP）采用实际 GDP 同比增速对其趋势值之差计算得到。其中，趋势值采用 HP 滤波法计算，lambda 选取 1600。使用工业增加值及发电量计算产出缺口的方法相同，因为是月度数据，lambda 设为 14400。

② 我国公布的工业增加值（AVI）1~2 月份数据往往有遗缺，对此我们使用线性差值进行替代处理。

③ 发电量（GC）是我国主要工业生产指标，对经济具有较强的前瞻性，经常被用来作为我国经济增长的预测指标。例如，花旗银行编制的衡量我国经济增长的"克强指数"所包含的三个主要指标中，发电量占有最大的权重（40%）。用发电量计算的产出缺口和用工业增加值计算的产出缺口变化一致，拟合效果还更好。

还尝试增加反映国际金融危机冲击的虚拟变量[①]。我们用 2005 年 7 月至 2013 年 4 月的数据进行回归尝试[②]，对比了选取不同数据类型的多个回归方程结果（见表 16.1）[③]。

综合考虑系数显著性及整体估计效果等统计指标，最终结果表明，表 16.1 中的方程 7 拟合度相对较好，利率的滞后一期项、剔除食品后的 CPI 同比增速、工业增加值缺口和金融危机虚拟变量对经季节调整后的 3 个月 SHIBOR 利率的解释度（R^2）达到 96.5%。因此，可确定货币政策对内部均衡的反应函数形式如下：

$$SHIBOR\_3M\_SA_t = C_1 SHIBOR\_3M\_SA_{t-1} + C_2 CPI\_C\_YOY_t$$
$$+ C_3 AVI\_GAP_t + C_4 DUMMY_t + C_4 \qquad (16.1)$$

其中，$SHIBOR\_3M\_SA_t$ 为 t 期经季节调整后的 3 个月 SHIBOR 利率，$CPI\_C\_YOY_t$ 为 t 期剔除食品后的 CPI 同比增速，AVI_GAP_t 为用工业增加值同比增速计算的产出缺口。

具体的，从表 16.1 中方程 7 的结果来看：我国 CPI（剔除食品）同比增速每提高 1 个百分点，SHIBOR 利率（3 个月期）提高 0.094 个百分点；我国工业增加值同比增速每高出潜在水平 1 个百分点，将推动 SHIBOR 利率（3 个月期）提高 0.028 个百分点；在国际金融危机期间，SHIBOR 利率（3 个月期）平均比非国际金融危机时低 0.207 个百分点。该结果表明，货币当局综合使用公开市场操作、存款准备金、基准利率等货币政策工具，调节银行间市场流动性及市场利率，对通胀与增长等内部均衡目标进行了积极反应。

---

① 具体的，月度数据的金融危机虚拟变量（DUMMY）在 2008 年 7 月至 2010 年 5 月为 1，其他时候为 0。季度数据的国际金融危机虚拟变量在 2008 年第三季度至 2010 年第二季度为 1，其他时候为 0。

② 由于数据可得性，对产出变量选用 GDP 数据的方程只能使用季度数据，样本期为 2005 年第三季度至 2013 年第一季度。

③ 表 16.1 仅列举了其中具有代表性的 7 个方程。当然，还有其他形式，但结果并不如意，本节未一一列举。

表 16.1　　　　　　　　　　货币政策对内部均衡的反应函数

	方程 1	方程 2	方程 3	方程 4	方程 5	方程 6	方程 7
被解释变量	REPO_3M_SA	REPO_7D_SA	SHIBOR_3M	SHIBOR_3M_SA			
样本期	2005 – 08—2013 – 04	2005 – 08—2013 – 04	2006 – 11—2013 – 04	2007Q1—2013Q1	2006 – 11—2013 – 04	2006 – 11—2013 – 04	2006 – 11—2013 – 04
样本数	93	93	78	25	78	78	78
解释变量							
被解释变量滞后一期项	0.842 *** (0.044)	0.666 *** (0.072)	0.853 *** (0.039)	0.628 *** (0.118)	0.867 *** (0.034)	0.846 *** (0.036)	0.851 *** (0.036)
通胀变量							
CPI_YOY					0.035 * (0.019)		
CPI_C_YOY	0.115 * (0.060)	0.208 *** (0.079)	0.097 ** (0.045)	0.311 ** (0.121)		0.106 ** (0.041)	0.094 ** (0.041)
产出变量							
GDP_GAP				0.083 (0.074)			
AVI_GAP	0.033 * (0.017)	0.007 (0.023)	0.035 *** (0.013)		0.024 * (0.013)		0.028 ** (0.012)
GC_GAP						0.007 * (0.004)	
DUMMY	– 0.130 (0.122)	– 0.100 (0.171)	– 0.177 * (0.094)	– 0.372 (0.292)	– 0.247 *** (0.083)	– 0.223 ** (0.087)	– 0.207 *** (0.086)
C	0.445 *** (0.131)	0.673 *** (0.180)	0.465 *** (0.125)	1.079 ** (0.415)	0.434 *** (0.114)	0.496 *** (0.118)	0.490 *** (0.116)
R^2	0.917	0.752	0.959	0.902	0.965	0.964	0.965

注：REPO_3M、REPO_7D、SHIBOR_3M 分别为 3 个月期回购利率、7 天期回购利率、3 个月期 SHIBOR，加后缀_SA 为经季节调整后数据；CPI_YOY、CPI_C_YOY 分别为 CPI 同比增速、剔除食品后的 CPI 同比增速；GDP_GAP、AVI_GAP、GC_GAP 分别是以 GDP、工业增加值、发电量同比增速计算的产出缺口。括号内数值为相应回归系数的标准差；*** 、** 、* 分别表示在 99%、95%、90% 的置信度下拒绝系数显著为零的 t 检验零假设。

三、货币政策对外部均衡状况的反应

基于上述内外均衡的分析框架，除了内部均衡的反应函数，货币
当局主要基于国际收支尤其是经常账户等状况判断外部均衡状况，并
使用汇率政策调节外部失衡。根据我国的具体现实，下面我们对各个
备选变量都采用了不同形式的代表性数据进行筛选和尝试，以最终形
成最优的反应函数。具体的：汇率变量包括人民币对美元双边汇率、
名义有效汇率和实际有效汇率，我们不仅选用名义值，还选用变化率
进行尝试；国际收支变量包括出口、贸易顺差、经常账户、外汇占款
等，不仅使用绝对金额，还根据数据特点，使用同比增速或占 GDP 比
例等；由于近年来人民币汇率升值具有趋势性，我们同时引入时间趋

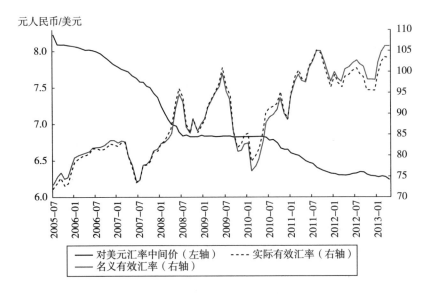

来源：路透、BIS。

图 16.5　2005 年汇改以来人民币对美元双边汇率及有效汇率

势变量①；考虑到国际金融危机的潜在影响，我们还尝试引入了国际金融危机虚拟变量。

我们用2005年7月至2013年4月的数据进行了大量实证测试②，对比了选取不同数据类型的多个回归方程结果（见表16.2)③。

表 16.2　　　　　　　　　货币政策对外部均衡的反应函数

	被解释变量：人民币对美元汇率中间价均值					
	2005 年 7 月至 2013 年 4 月月度数据(94 个样本)		2005 年第三季度至 2013 年第一季度的季度数据（31 个样本）			
	方程 1	方程 2	方程 3	方程 4	方程 5	方程 6
外部均衡变量						
TB（−1）	− 0.0003 * (0.000)					
EXPORT_D12		0.416 *** (0.100)				
CA_GDP（−1）			− 3.197 ** (1.290)		− 2.636 ** (1.055)	
PFP_GDP（−1）				− 3.958 * (2.315)	− 3.821 ** (1.850)	
T	− 0.022 *** (0.001)	− 0.021 *** (0.001)	− 0.075 *** (0.005)	− 0.071 *** (0.005)	− 0.071 *** (0.004)	− 0.073 *** (0.004)

① 从人民币对美元双边汇率的走势来看，在样本期内，人民币对美元汇率几乎呈升值态势（除国际金融危机期间略有停止外）。因此，我们假设货币当局采取"有顺差即升值"的简单策略，因此引入时间趋势变量 T。当然，这有待下文回归结果的验证。

② 我们尽量使用月度数据以增加样本量。此外，季度数据样本期为 2005 年第三季度至 2013 年第一季度。

③ 表 16.2 仅列举了其中具有代表性的 6 个方程，当然还有其他形式，但结果都没有表 16.2 好，因此不再一一列举。

续表

	被解释变量：人民币对美元汇率中间价均值					
	2005 年 7 月至 2013 年 4 月月度数据(94 个样本)		2005 年第三季度至 2013 年第一季度的季度数据（31 个样本）			
	方程 1	方程 2	方程 3	方程 4	方程 5	方程 6
DUMMY					− 0. 227 *** (0. 056)	− 0. 213 *** (0. 054)
C	10. 876 *** (0. 116)	10. 657 *** (0. 115)	11. 249 *** (0. 321)	11. 296 *** (0. 257)	11. 296 *** (0. 257)	11. 464 *** (0. 266)
R^2	0.927	0.936	0.939	0.926	0.954	0.961

注：TB、EXPORT_D12，CA_GDP、PFP_GDP、T、DUMMY 分别为贸易顺差、出口同比增速、经常账户占 GDP 比重、外汇占款占 GDP 比重、时间趋势变量、国际金融危机虚拟变量；括号内数值为相应回归系数的标准差；*** 、** 、* 分别表示在 99%、95%、90% 的置信度下拒绝系数显著为零的 t 检验零假设。

综合考虑系数显著性及整体估计效果等统计指标，最终结果显示，表 16.2 中的方程 6 拟合度相对较好，前一期经常账户占 GDP 比重、时间趋势变量和国际金融危机虚拟变量对人民币对美元汇率中间价的解释度（R^2）达到 96.1%。因此，可确定货币政策对外部均衡的反应函数方程式如下：

$$EXM_t = C_1 CA\_ GDP_{t-1} + C_2 t + C_3 DUMMY_t + C_4 \qquad (16.2)$$

其中，EXM_t 为 t 期人民币对美元汇率中间价平均值，$CA\_ GDP_t$ 为 t 期我国经常账户净额占 GDP 比重。

从表 16.2 中方程 6 的结果来看：我国经常账户占 GDP 比重每提高 1 个百分点，下季人民币对美元汇率中间价将升值 0.026 元/美元。在目前我国仍保持国际收支顺差情况下，人民币对美元汇率中间价每季度趋势性地升值 0.073 元/美元。此外，引入国际金融危机的虚拟变量也能增加回归方程的解释度。由此可见，中国货币政策对外部失衡的反应也是积极和显著的。[①]

专栏14　经常账户失衡的结构性原因

造成一国经常账户失衡的结构性原因究竟有哪些？不同的学者提出了许多不同角度的诠释。在国际贸易的数理经济研究领域，分析重点往往集中在价格弹性上（伍戈，2006）[②]。以美国为例，关于其经常账户失衡的原因，1969年经济学家豪斯克（Houthakker）和麦奇（Magee）认为[③]，如果美国和外国的国民收入都增长10%，美国的进口将增加15%，但出口只会增长10%。并且，美国对外国产品的偏好还在不断增加。这种统计关系后来被人们称做"豪斯克—麦奇收入不对称效应"（Houthakker - Magee Income Effect），即"H—M效应"。具体而言，一国的进口方程式可以采取以下简单形式：

$$\log M_{it} = A_{0i} + A_{1i}\log Y_{it} + A_{2i}\log(PM_{it}/WPI_{it}) + u_{it} \quad (16.3)$$

其中，M_{it}是i国在t年的进口，Y_{it}是i国的GNP指数，PM_{it}是i国的进口价格指数，WPI_{it}是i国的零售价格指数，u_{it}是误差项；A_{1i}和A_{2i}分别是进口的收入弹性和价格弹性。

出口方程式可以采取以下简单形式：

---

① 随着人民币汇率改革的演变尤其是中间价形成机制的变化，未来值得进一步考察我国货币政策对外部失衡的反应程度。

② 详见伍戈：《豪斯克—麦奇不对称效应与经常账户失衡的结构成因》，载《世界经济》，2006（1）。

③ 参见 Houthakker, H. S. and Magee, Stephen P., *Income and Price Elasticities in World Trade*, The Review of Economics and Statistics, Vol. 51, No. 2, May, 1969.

$$\log X_{jt} = B_{0j} + B_{1j} \log YW_{jt} + B_{2j}(PX_{jt}/PXW_{jt}) + v_{jt} \quad (16.4)$$

其中，X_{jt} 是 j 国在 t 年的进口，YW_{jt} 是除 j 国以外的 26 个进口国的 GNP 指数（以 1958 年各国占 j 国整个出口的份额加权而成），PX_{jt} 是 j 国的出口价格指数，PXW_{jt} 是 26 个出口国的出口价格指数，v_{jt} 是误差项；使用 PXW_{jt} 作为 PX_{jt} 的除数意味着方程（16.4）反映了不同进口供应国之间的竞争，而不是进口和本地产出之间的竞争。B_{1j} 和 B_{2j} 分别是出口的收入弹性和价格弹性。

对上述进出口方程式进行回归表明，即使所有的国家经济增长率和通货膨胀率都相同，各国的贸易余额仍有可能由于进出口收入弹性之间的差异而出现长期的改善或恶化。对于美国而言，其经济增长引致的进口增加大于外国经济增长引致的出口增加。美国的进口收入弹性是出口收入弹性的 1.5 倍，即美国每增加 1 美元的出口就伴随着 1.5 美元的进口。

"H—M 效应"被提出的初期，许多经济学家认为这只不过是一种不规则的短期现象。可是，40 多年后的今天，我们看到该现象依然存在。其引起大家关注的原因在于，它准确地预测到了美国贸易恶化的趋势[1]。近年来，对 H—M 效应进行实证研究的文献也大量涌现，其计量分析结果都基本一致，即美国的进口收入弹性要显著地大于美国出口的外国收入弹性[2]。对于这种不对称性的存在，

① 美联储前主席格林斯潘将"H—M 效应"作为美国贸易余额下降的重要原因（Greenspan, 2003）；美国前财长萨莫斯则认为，"H—M 效应"与美国经常账户逆差密切相关（Summers, 2004）。英国《经济学家》杂志（2003）将"H—M 效应"作为导致美国贸易及经常账户赤字的首要原因。国际经济学家克鲁格曼甚至认为，"'H—M 效应'是当今经济学领域最重要的实证检验结果之一"（Krugman, 2004）。

② 参见 Brook, Anne-Marie, Sedillot, Franck, and Ollivaud, Patrice. *Channels for Narrowing the US Current Account Deficit and Impications for Other Economies*, OECD Working Paper, 2004 (13).

目前国际上有许多不同角度的解释，包括移民效应、供给效应、生产在全球的重新配置等。具体地：

第一种解释是从人口统计学的角度来分析该不对称现象。移民们往往会保持对他们以前国家产品的偏好。移民们往以前国家汇款的行为也将导致经常账户逆差的产生。事实上，如果将移民所占人口比例纳入解释变量，美国的进口收入弹性将显著减少（Marquez，2002）。从历史数据我们可以看到，美国的进口和移民之间存在着一定的相关关系。20世纪的前半段时期，美国的进口占其GDP的比例与在美国国外出生的人口比例都呈现出下降的趋势，而"二战"后该趋势正好相反。并且，这种相关性在地理分布上也存在着一定的对应关系。事实上，在美国，1970~1995年来自亚洲的进口比例与来自亚洲的移民比例几乎同步增加；与此同时，来自欧洲的进口比例和来自欧洲的移民比例几乎同步减少；来自北美的进口比例和来自北美的移民比例变化都相对较小，在趋势上也基本保持同步。

第二种解释则强调美国的动态贸易伙伴（例如亚洲国家）在出口方面的供给效应。这一观点是由克鲁格曼（Krugman，1989）使用两国模型推导出来的。他认为，经济相对高增长的国家能生产出更多、更好的出口商品，这反过来会增加外国对这些国家商品的需求，也就是会增加外国的进口需求弹性。因此，经济相对高增长的国家其出口收入弹性较大，进口收入弹性较低。而经济低增长的国家则反之。这就是所谓的"45度规则"。对于该规则的解释，克鲁格曼认为，工业化国家之间的贸易大部分并没有明显反映它们的比较优势，世界各国对它们产品的需求呈下降趋势。而相反的是，对于那些利用自身不同层次规模经济优势的发展中国家，随着其经济的快速增长能不断扩大产出的范围，并能在本国货币不需要进行贬值的情况下增加其在世界市场中的份额。①

还有其他一些因素也能帮助解释美国进出口弹性的不对称现象。这包括生产在全球范围内的重新配置、垂直整合以及国际市场准入条件的改善。事实上，实证检验可以证明这些因素的存在。培恩和威克林（Pain & Wakelin, 1997）用扩展的出口需求模型考察了产品的生产地点和一国贸易之间的关系。通过实证检验证明，一国出口量的多少受产品生产地变化的影响是十分显著的。对于美国而言，其对外直接投资增加1%将导致其出口在世界市场中的份额减少0.25%。② 并且这种关系还将随着贸易与资本的自由化而更加显著。培恩和威尔森（Pain & Welsum, 2004）进一步研究了美国对外直接投资与服务业出口的关系。他们认为，从长期的总量来看，对外直接投资与服务业出口之间并不是互补或替代的，都会随着需求的增加和技术创新的发展而不断增长。但在其他条件不变的条件下，两者会由于对外直接投资目的地及服务业出口类别的原因而呈现出负相关的特点。

四、货币政策与内外均衡的相互关联

理论上，上述内部均衡和外部均衡的方程式是应该相互关联的，

---

① 易武（Yi, 2004）采用跨期经常账户模型扩展了上述克鲁格曼模型，并使用了35个国家的数据证明了"45度规则"的存在性。另外，奥布斯菲尔德等（Obstfeld, 2004）也强调了供给方面的效应，他还同时反驳了"外国经济增长将有助于改善美国贸易状况"的传统观点，认为只有在外国经济的发展相对集中在不可贸易品领域时，外国的经济增长才有可能拉动美国出口贸易的增长；而外国在可贸易品领域的经济增长将很可能会恶化美国的经常账户。经济相对高增长国家的这种供给效应，对于美国进口弹性的影响是相当显著的。另外根据盖伦（Gagnon, 2003）的估算，该效应占到美国进口收入弹性的一半左右。在假定本国居民对进口商品类别的偏好相同的前提下，如果去掉供给效应，那么"无偏"的美国进口收入弹性将小于1。

② 参见 Pain & Wakelin（1998）。

因为无论是利率平价理论还是蒙代尔不可能三角理论都告诉我们，利率和汇率两者之间并不是孤立的。现实政策实践中，外部失衡程度及其汇率调整方式确实也可能与国内流动性和利率调整相互影响。因此，我们不排除将内外均衡方程进行融合的可能性，例如，Svensson（1999，2000）等就将汇率直接纳入泰勒规则进行探索。基于此，结合中国数据，下面我们对内外均衡进行一些融合的初步尝试：即在已经建立的货币政策对内部均衡反应函数式（16.1）的基础上，对其右侧进一步引入各种类型的汇率变量，考察引进汇率项是否能改善该反应函数的有效性。结果表明（见表16.3），无论引入双边汇率还是名义有效汇率和实际有效汇率，无论是汇率绝对水平还是变化率，汇率项的显著水平均不高（t检验未通过），有时甚至还削弱了其他变量的显著性[①]。

表 16.3　　　　　　　　含有汇率的货币政策反应函数

	方程 1	方程 2	方程 3	方程 4	方程 5	方程 6	方程 7
加入汇率项名称	无	对美元双边汇率	NEER	REER	对美元双边汇率变化率	NEER变化率	REER变化率
SHIBOR_3M_SA（-1）	0.851 ***	0.851 ***	0.841 ***	0.841 ***	0.846 ***	0.851 ***	0.851 ***
	(0.036)	(0.038)	(0.038)	(0.038)	(0.035)	(0.036)	(0.036)
CPI_C_YOY	0.094 **	0.093 **	0.095 **	0.094 **	0.095 **	0.094 **	0.094 **
	(0.041)	(0.042)	(0.041)	(0.041)	(0.041)	(0.042)	(0.042)
AVI_GAP	0.028 **	0.028 **	0.031 **	0.031 **	0.023 *	0.028 **	0.028 **
	(0.012)	(0.012)	(0.013)	(0.012)	(0.012)	(0.012)	(0.012)

[①]　表16.3中方程1为我们前述的最优泰勒规则方程，方程2~7分别在方程1的解释变量中增加对美元双边汇率、名义有效汇率、实际有效汇率、对美元双边汇率变化率、名义有效汇率变化率、实际有效汇率变化率，仅有方程5的汇率项在90%的置信度下拒绝系数显著为零的t检验零假设，其余均不通过t检验甚至使得其他变量系数的显著性减弱。

续表

	方程 1	方程 2	方程 3	方程 4	方程 5	方程 6	方程 7
汇率项		- 0. 004	0. 003	0. 004	13. 818 *	- 0. 127	- 0. 061
		(0. 072)	(0. 004)	(0. 004)	(8. 278)	(0. 968)	(0. 946)
DUMMY	- 0. 207 **	- 0. 209 **	- 0. 200 **	- 0. 205 ***	- 0. 170	- 0. 209 **	- 0. 208 **
	(0. 086)	(0. 089)	(0. 087)	(0. 086)	(0. 088)	(0. 087)	(0. 087)
C	0. 490 ***	0. 522	0. 242	0. 199	0. 453 ***	0. 492 ***	0. 491 ***
	(0. 116)	(0. 550)	(0. 341)	(0. 351)	(0. 116)	(0. 117)	(0. 117)
R^2	0. 965	0. 965	0. 966	0. 966	0. 967	0. 965	0. 965

注：括号内数值为相应回归系数的标准差； *** 、 ** 、 * 分别表示在 99% 、95% 、90% 的
置信度下拒绝系数显著为零的 t 检验零假设。

对上述融入内外均衡关联的反应函数进行检验的效果并不十分理
想，但分别基于内部均衡和外部均衡的反应函数在计量上却十分显
著。这似乎表明，现阶段内外均衡的反应函数具有相对独立的特征，
即尽管近年来中国国内通胀—失业形势经历了多个周期阶段，但由于
外部失衡的持续存在，作为支出转换政策的人民币汇率基本处于升
值通道，因此分别基于内部均衡和外部均衡的货币政策反应函数能
更好地刻画当前中国的现实。我们认为，这与当前中国存在资本管
制、利率汇率没有完全市场化有关，因为传统的利率平价、不可能
三角理论都是建立在相对简化的假设情境之下[1]。例如，传统的不可
能三角理论认为，资本自由流动、独立的货币政策和汇率稳定这三项
目标不可能同时实现。但实际上，我国不处于三角中的极端情形（即
所谓角点解），而是处于较中间的状态：随着资本管制逐步放开、汇率

---

[1] Ostry, Ghosh & Chamon （2012） 认为，有关外汇干预在新兴市场经济体是否有效的证据
是好坏参半的，但其有效性一定高于其在发达经济体中的作用。实际上，很多新兴市场经济体选
择对冲干预本身就证明它们相信外汇干预是有效的。

灵活性逐步增强等（见图 16.6），中国的政策决策者们正不断找寻其中适合国情的动态最优解（易纲、汤弦，2001）。展望未来，鉴于中国结构失衡调整的长期性，货币政策多目标与多工具的规则体系短期内应当不会改变①。尽管如此，随着利率汇率市场化以及资本项目可兑换进程的推进，中国经济将朝着不可能三角的角点解演进，开放经济下利率与汇率等的相互关系将更加紧密。未来有必要结合中国实际数据，进一步探索内外均衡之间的相互关联，并建立更加系统性的定量方程。

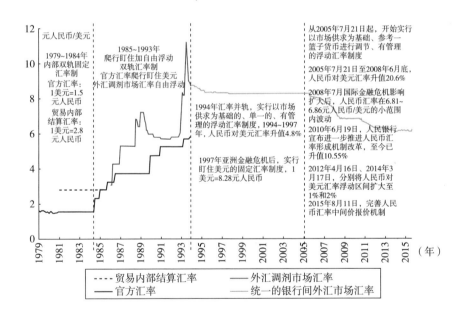

来源：根据中国人民银行、中国外汇交易中心网站等资料整理绘制。

图 16.6　人民币汇率形成机制改革的历史沿革图

---

① 周小川（2013）认为，即使全球经济逐步回归常态，中国还是会用多重目标制。不过，低通胀的权重将更加高于其他三个目标。

五、小结

近年来，大量的理论文献以及发展中国家的政策实践都表明，与全球化趋势和开放经济特征相匹配，各国货币政策的目标和工具表现出多元化特征。由此，货币政策工具的组合搭配显得尤其重要。在此宏观背景下，本章结合现实国情，对中国"多目标、多工具"的货币政策框架以及规则体系进行了系统分析和实证检验。基于样本期的研究表明，在外部持续失衡的背景下，单一的反应函数难以全面、客观地反映中国货币政策的现实。现阶段，分别基于内部均衡和外部均衡的货币政策反应函数能较充分地刻画转型中国的特征。尽管在理论和现实中，内外均衡之间必然存在着有机联系或不断融合，但在目前我们的计量检验结果中还显得不十分紧密，有待进一步观察。展望未来，随着经济结构改革深化以及金融体系市场化程度提高，我国货币政策规则（体系）将趋近不可能三角的角点解，即资本项目更加开放、汇率更加灵活、货币政策的自主性更强。开放宏观经济框架是分析我国货币政策等问题的基本工具，基于内外均衡的货币政策反应函数也值得我们未来进一步探索和验证。

第十七章 开放经济下的货币政策 II：三元悖论还是二元悖论

　　随着全球金融一体化程度不断加深，国际金融市场正逐渐成为一个联系密切、不可分割的整体。在这一大背景下，影响货币政策效果的新因素和新机制更加复杂，以"三元悖论"[①] 为代表的传统开放经济分析框架正面临新的情况。尤其值得一提的是，近期 Rey（2013）提出了所谓"二元悖论"的新观点，认为资本的自由流动与一国货币政策的自主有效性不可兼得，而与其采取何种汇率制度无关。这无疑向经典的"三元悖论"理论框架提出了挑战。

　　事实上，"二元悖论"是根据当前经济现象提出的直观判断，但其背后的经济学机理并未被详细阐明（伍戈、陆简，2015）[②]。根据传统的"三元悖论"框架，在资本自由流动的条件下，实施固定汇率制的国家（固定汇率制国家）的货币政策无法保持自主有效，而实施浮动汇率制的国家（浮动汇率制国家）的货币政策可以保持自主有效[③]。其基本逻辑是：固定汇率制国家不得不被动地吞吐基础货币来稳定汇

---

　　① "三元悖论"理论的思想由来已久，早期的经济学家凯恩斯（1930）、米德（1951）均提出，若要保证货币政策有效，固定汇率制度和资本自由流动或不能同时拥有。之后，Mundell（1961，1963）和 Krugman（1998）进一步提出了"蒙代尔三角"理论和"不可能三角"。Obstfeld（1997）将此称为"三元悖论"（Trilemma），即认为资本自由流动、固定汇率、货币政策独立性三者至多只能择其二。

　　② 详见伍戈、陆简：《"二元悖论"还是"三元悖论"？——全球金融一体化下货币政策的有效性》，工作论文，2015。

　　③ 本章所称的货币政策自主有效性主要是指货币政策能主动且系统性地影响实体经济运行，并最终有效地影响产出。

率，这导致其的货币供给丧失主动性；而浮动汇率制国家没有稳定汇率的"负担"，货币政策可以保持相对有效。可见，"二元悖论"与"三元悖论"的根本分歧存在于"浮动汇率制国家是否能保持货币政策有效性"这一问题上。如果我们能从理论上解答"为什么浮动汇率制国家的货币政策无法保持有效性"这个问题，也就从本质上阐明了"二元悖论"的经济学机理。

本章试图弥补国内外有关研究领域的空白，对"二元悖论"提出一个逻辑自洽的理论假说，并采取实证方法进行验证。本章的大致结构安排为：首先，梳理浮动汇率制与货币政策有效性关系的相关研究文献；然后，创新性地构建融入全球金融一体化因素的蒙代尔—弗莱明模型，并通过该模型提出一个诠释"二元悖论"经济学机理的理论假说；接着，建立面板数据的实证模型对该假说进行量化验证；最后得出有关基本结论与政策建议。

一、三元悖论还是二元悖论：开放经济下货币政策的有效性

如上文所言，在开放经济的条件下，如果浮动汇率制国家也难以保持货币政策的自主有效，那么这其实表明"三元悖论"的失效，同时也证明了"二元悖论"存在的可能性。具体的，Obstfeld（2015）总结了主要经济体影响新兴市场国家货币政策的三条渠道：一是利率联系渠道。即由跨国套利行为引起的国与国之间的直接利率联系，表现为利率平价条件；二是外币信贷渠道。一国银行如果较多地参与了全球美元借贷活动，那么美国货币政策和金融发展状况的变化将会对其资产负债表和借贷活动产生较大冲击；三是金融周期渠道，即金融周期通过风险溢价变化产生的跨国传递效应。投资者风险厌恶程度的下降会同时降低美国国内外的风险溢价，从而产生跨国溢出效应。正是

由于这三条渠道的存在，对"浮动汇率制度下可以实现货币政策自主有效"这一传统结论的质疑也主要集中于以下三个相关方面：

第一，肮脏浮动论。该观点认为，现实世界中不存在中央银行完全不加干预的"清洁浮动"汇率制度。利率平价条件意味着，浮动汇率制国家虽然可以通过汇率变动来"隔绝"利率的传导。但由于汇率的过度波动可能会影响实体经济稳定，中央银行完全放任汇率浮动的行为面临着许多现实压力。例如，Dornbush（1976）认为，汇率超调会造成国内外资源配置不当和外汇市场上的过度投机，中央银行不得不去干预汇率的过度波动，从而牺牲独立的货币政策。Calvo & Reinhart（2002）认为，由于汇率稳定对国际贸易和国际投资有重要的积极作用，发展中和新兴市场国家即使明确宣称实行浮动汇率，但实践中也往往进行干预，即表现为"害怕浮动"。Rahman（2003）指出，即使是被公认为实行浮动汇率制的日本，仅2003年干预外汇市场时就买入了1500亿美元。Obstfeld（2015）认为，尽管浮动汇率制国家中央银行能够自主设定政策利率水平，但是为避免汇率升值影响本国出口竞争力，往往也会干预外汇市场，致使美国货币政策向该国传导。孙华好（2004）认为，实践中，浮动汇率制国家的货币政策并不能真正弃外部因素不顾而"享受"理论上的独立。

第二，货币替代论。该理论认为，浮动汇率制国家失去货币政策独立性的原因是由于货币替代的存在。Miles（1978）认为，在浮动汇率制度下，如果一国的大部分居民和企业持有分散化的货币资产组合，则国外货币政策的变动会导致本国居民和企业对本外币的相对需求发生变化，进而对持有的现金余额币种结构进行调整，从而引发资金的跨国流动，最终使得本国货币政策丧失独立性。Bergstrand & Bundt（1990）运用协整方法实证分析了货币替代对美国货币政策独立性的影响。其研究发现，从长期来看，货币替代是影响货币政策独立性的一个重要因素。邓乐平（2002）将这一理论应用于中国后认为，由于货币替代的存在，随着外币实际余额的初始存量与外币需求弹性的增大，中国货币政策的独立性也大大减弱。伍戈、顾及（2014）建议在必要时可考虑将外币存款等要素纳入广义货币需求的范围，从而更准确地衡量实际货币需求。

第三，金融周期论。该理论认为，浮动汇率制不能隔绝金融周期的影响，因此浮动汇率制国家难以确保货币政策的自主独立性。Bekaert、Hoerova & Duca（2013）发现，各国实际利率与作为金融周期表征的全球避险情绪有很强的相关性。Rey（2013）认为，不管一国实行何种汇率制度，其资本流动、资产价格和国内信贷增长都与全球性因素高度相关。Goldberg（2013）的研究表明，国外银行借贷资金的大量流入会降低本国利率设定等货币政策的独立性。Obstfeld（2015）认为，金融周期会通过风险溢价的变化产生跨国传递效应，影响国内融资条件，其研究还进一步发现，各国的长期利率有很强的相关性，汇率制度差异的宏观影响没有充分表现出来。

总的来看，上述三种理论中，肮脏浮动论、货币替代论其实并未从本质上颠覆"三元悖论"的逻辑。金融周期论目前存在一些实证证据的支持，但遗憾的是仍缺乏规范的经济学理论解释。本章将创新性地构建融入全球金融一体化因素的蒙代尔—弗莱明模型，同时引入金融周期论的关键变量，通过模型推导得出关于"二元悖论"成因的一个理论假说，并试图对该假说进行实证检验。

二、二元悖论的理论假说：蒙代尔—弗莱明模型的修正

（一）模型的基本框架

在全球金融一体化的背景下，各种信息可迅速地在国际金融市场

之间传播，任何一个市场的波动或恐慌也都有可能瞬间冲击全球市场，并可能影响着各国货币政策的实施效果。下面将着手构建融入全球金融一体化因素的新蒙代尔—弗莱明模型框架。具体的，我们将全球避险情绪因素纳入传统的蒙代尔—弗莱明模型，创新性地建立模型如下：

IS 曲线： $Y = C(Y - T) + I(r) + G + X(e) - M(Y, e)$ （17.1）

LM 曲线：$L(Y, r) = M_s$ （17.2）

BP 曲线：$X(e) - M(Y, e) + K(r, \rho) = 0$ （17.3）

上述模型中，IS 曲线与 LM 曲线均与传统的蒙代尔—弗莱明模型无明显差异。具体的，IS 曲线式（17.1）表示产品市场均衡时利率 r 与国民收入 Y 的关系。其中，C 代表消费，Y 为国民收入，T 为税收；I 代表投资，r 为国内利率；G 代表政府支出；$X(e) - M(Y, e)$ 代表净出口，e 为实际汇率。LM 曲线式（17.2）表示货币市场均衡时利率 r 与国民收入 Y 的关系。其中，$L(Y, r)$ 代表货币需求，M_s 代表货币供给。此外，由传统的 IS - LM 模型可知，IS 曲线和 LM 曲线满足如下一系列条件：[①]

$$0 < C'(1 - T') < 1, \ I' < 0, \ X' > 0, \ M_y > 0,$$
$$M_e < 0, \ L_y > 0, \ L_r < 0 \qquad (17.4)$$

一般的，BP 曲线表示国际收支平衡时利率 r 与国民收入 Y 的关系。值得特别说明的是，当投资者选择持有何种资产时，除了考虑其预期收益率，往往还会考虑该资产的风险情况。Krugman & Obstfeld（2010）在利率平价条件中加入风险溢价 ρ 来讨论资产不完全替代情况下外汇市场的均衡。本章参考这种研究方法，创新性地在资本净流出函数中

---

① $C'(1 - T')$ 为消费 C 对国民收入 Y 的导数；I' 为投资 I 对利率 r 的导数；X' 为出口 X 对实际汇率 e 的导数；M_y 为进口 M 对国民收入 Y 的偏导数；M_e 为进口 M 对实际汇率 e 的偏导数；L_y 为货币需求 L 对国民收入 Y 的偏导数；L_r 为货币需求 L 对利率 r 的偏导数。

引入全球风险因素，于是资本净流出函数由传统的 $K(r) = \sigma(r_w - r)$ 演变为 $K(r, \rho) = \sigma(r_w - r - \rho)$ 的新形式[①]，即只有当外币债券预期收益率 r_w 高于本币债券预期收益率 r 的部分超过风险溢价 ρ 时，人们才会投资外币债券。反之，当利率 r 或风险溢价 ρ 增大时均会导致资金净流入。于是，我们对传统的 BP 曲线创新性修正如式（17.3）所示，其中，$X(e) - M(Y, e)$ 代表经常项下的资金净流入，$K(r, \rho)$ 为资本净流出函数。

（二）模型的推导分析

为了考察全球金融一体化因素对一国货币政策有效性的影响，我们对上述融入了全球避险情绪因素的新蒙代尔—弗莱明模型进行分析。方程组（17.1）至方程组（17.3）的雅可比行列式为[②]

$$|J| = \begin{vmatrix} 1 - C'(1 - T') + M_y & -I' & M_e - X' \\ L_y & L_r & 0 \\ -M_y & K_r & X' - M_e \end{vmatrix}$$

$$= (M_e - X')\{L_y(K_r - I') + L_r[C'(1 - T') - 1]\} \quad (17.5)$$

进一步的，对联立方程组进行微分，并写成矩阵形式：

$$\begin{bmatrix} 1 - C'(1 - T') + M_y & -I' & M_e - X' \\ L_y & L_r & 0 \\ -M_y & K_r & X' - M_e \end{bmatrix} \begin{bmatrix} dy^* \\ dr^* \\ de^* \end{bmatrix} = \begin{bmatrix} dG_0 \\ dM_s \\ -K_\rho d\rho \end{bmatrix}$$

$$(17.6)$$

---

① 在传统的蒙代尔—弗莱明模型中，资本净流出函数为 $K(r) = \sigma(r_w - r)$，其中，σ 为大于 0 的常数。该函数的含义是，投资者会在本币债券和外币债券（这里的"债券"泛指生息资产）之间进行选择，当外币债券预期收益率 r_w 大于本币债券收益率 r 时，选择购买外币债券，资金净流出；当 r_w 小于 r 时，选择购买本币债券，资金净流入；当 $r = r_w$ 时，资本流动达到均衡。

② 雅可比行列式是在函数都连续可微（即偏导数都连续）的前提下，函数组微分形式下系数矩阵的行列式。常用于求解联立线性方程组中各变量的偏导数。

采用克莱姆法则，我们可以分别得到以下有关产出 y 对货币供应量 M_s 以及对风险溢价 ρ 的比较静态导数：

$$\frac{\partial y^*}{\partial M_s} = \frac{\begin{vmatrix} 0 & -I' & M_e - X' \\ 1 & L_r & 0 \\ 0 & K_r & X' - M_e \end{vmatrix}}{|J|}$$

$$= \frac{K_r - I'}{L_y(K_r - I') + L_r[C'(1 - T') - 1]} \tag{17.7}$$

$$\frac{\partial y^*}{\partial \rho} = \frac{\begin{vmatrix} 0 & -I' & M_e - X' \\ 0 & L_r & 0 \\ -K_\rho & K_r & X' - M_e \end{vmatrix}}{|J|}$$

$$= \frac{K_\rho L_r(M_e - X')}{(M_e - X')\{L_y(K_r - I') + L_r[C'(1 - T') - 1]\}} \tag{17.8}$$

其中，y^* 表示系统重新达到均衡状态时的均衡产出。因此，以上式 (17.7)、式 (17.8) 的经济学含义分别是货币供给 M_s 和风险溢价 ρ 每增加 1 个单位所引致的均衡产出的增量。

进一步的，我们有

$$\mathrm{d}y^* = \frac{\partial y^*}{\partial M_s}\mathrm{d}M_s + \frac{\partial y^*}{\partial \rho}\mathrm{d}\rho \tag{17.9}$$

将式 (17.7)、式 (17.8) 代入式 (17.9) 整理后可得

$$当 \frac{\mathrm{d}\rho}{\mathrm{d}M_s} = \frac{-(K_r - I')}{K_\rho L_r} 时，\ \mathrm{d}y^* = 0 \tag{17.10}$$

$$当 \frac{\mathrm{d}\rho}{\mathrm{d}M_s} > \frac{-(K_r - I')}{K_\rho L_r} 时，\ \mathrm{d}y^* < 0 \tag{17.11}$$

$$当 \frac{\mathrm{d}\rho}{\mathrm{d}M_s} < \frac{-(K_r - I')}{K_\rho L_r} 时，\ \mathrm{d}y^* > 0 \tag{17.12}$$

也就是说，当风险溢价与货币供给增量的比值达到甚至大于临界值 $\dfrac{-(K_r - I')}{K_\rho L_r}$ 时，货币政策对产出的影响将被完全削弱［如式（17.10）和式（17.11）所示］。低于该临界值，增加货币供给仍能引致产出的一定增加，货币政策仍然保持有效性［如式（17.12）所示］。接下来，我们将在上述推导的基础上，进一步区分"资本完全自由流动"、"资本不完全自由流动"、"资本完全不流动"的三种情况来分别讨论浮动汇率制国家是否能保持货币政策有效性的问题。

场景1：资本完全自由流动

此时，我们有 $K_r = +\infty$，$K_\rho = +\infty$，同时根据模型约束条件式（17.4），由式（17.7）、式（17.8）推导可得到

$$\frac{\partial y^*}{\partial M_s} > 0, \; \frac{\partial y^*}{\partial \rho} < 0 \tag{17.13}$$

即当其他外生变量保持不变时，产出将随货币供给增加而增加，随风险溢价增加而减少。从经典的 $r - y$ 平面图上看，上述结论更加一目了然。如图17.1所示，纵轴表示利率，横轴表示产出。在资本完全

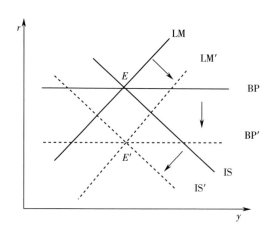

图17.1　资本完全自由流动条件下，货币政策可能完全失效

自由流动的情况下，BP 曲线为 $r = r_w - \rho$，即表现为 $r-y$ 平面上的一水平直线。假设最初 IS、LM、BP 曲线在 E 点达到均衡。货币供给 M_s 增加时，LM 曲线将右移，造成利率下降，进而产出增加；但此时如果风险溢价 ρ 同时上升，势必阻碍资本流出，货币供给扩张对产出的影响因此被削弱。随着 BP 曲线的下移，IS 曲线的左移，最后在 E' 点重新达到均衡。与 E 点相比，产出没有明显改变。也就是说，当风险溢价与货币供给增量的比值达到临界值时，如式（17.10）或式（17.11）的情形，货币政策的产出效应可能完全被抵消。

场景 2：资本不完全自由流动

此时，我们有 $K_r > 0$，$K_\rho > 0$，同时根据模型约束条件式（17.4），由式（17.7）、式（17.8）推导可知：

$$\frac{\partial y^*}{\partial M_s} > 0, \quad \frac{\partial y^*}{\partial \rho} < 0 \qquad (17.14)$$

因此，可以得到与资本完全自由流动条件下类似的结论：产出仍然随货币供给的增加而增加，随风险溢价的增加而减少。特别的，当风险溢价与货币供给增量的比值达到甚至大于临界值 $\dfrac{-(K_r - I')}{K_\rho L_r}$ 时，货币政策对产出的影响将被完全削弱，如式（17.10）或式（17.11）的情形。低于该临界值，增加货币供给仍将促进产出增加，货币政策保持一定程度的扩张效果，如式（17.12）的情形。

在资本不完全自由流动的情况下（见图 17.2），BP 曲线为 $r-y$ 平面上一条向右上方倾斜的直线。假设最初 IS、LM、BP 曲线在 E 点达到均衡。货币供给 M_s 增加时，LM 曲线将右移，造成利率下降与产出增加；但此时如果风险溢价 ρ 同时上升，势必阻碍资本流出，货币供给扩张对产出的影响将被削弱。随着 BP 曲线下移，IS 曲线左移，最后在 E' 点重新达到均衡，与 E 点相比，均衡产出有所扩张但程度有限。

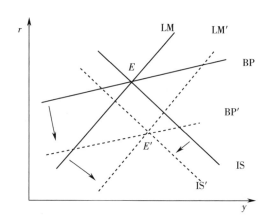

图 17.2　资本不完全自由流动条件下，货币政策的效果有所削弱

场景 3：资本完全不自由流动

此时，我们有 $K_r = 0$，$K_\rho = 0$，同时根据模型约束条件式（17.4），由式（17.7）、式（17.8）推导可知：

$$\frac{\partial y^*}{\partial M_s} > 0,\ \frac{\partial y^*}{\partial \rho} = 0 \qquad (17.15)$$

即产出仍然随货币供给增加而增加，但不会随风险溢价的变化而变化。因此，货币政策对产出的影响不会被削弱。如图 17.3 所示，在资本完全不流动的情况下，BP 曲线为 $r-y$ 平面上一垂直线。假设最初 IS、LM、BP 曲线在 E 点达到均衡。随着货币供给 M_s 的扩张，LM 曲线右移，引发利率下降，从而产出增加。产出增加继续引致进口增加及本币贬值，从而 BP 曲线、IS 曲线右移，直至三条曲线在 E' 点相交，产品市场、货币市场与外汇市场重新达到均衡。与 E 点相比，E' 的产出显著增加了。也就是说，资本完全不自由流动的情况下，货币政策能保持有效性。

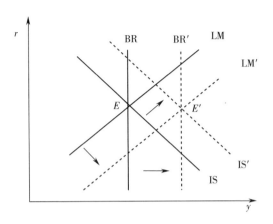

图 17.3 资本完全不自由流动条件下，货币政策保持有效

（三）假说的提出

值得强调的是，上述场景 1～3 的分析中我们均未限定汇率制度。也就是说，不论一国采取的是固定汇率制度还是浮动汇率制度，上述讨论的有关结论都是成立的。相应地，我们可以得到"二元悖论"成因的一个假说：在全球金融一体化的背景下，全球风险溢价（避险情绪）的上升可能削弱浮动汇率国家（除资本流动完全管制的国家外）扩张性货币政策的效果。极端地，当全球避险情绪导致的风险溢价与货币供给增量的比值达到甚至超过临界值 $\dfrac{-(K_r - I')}{K_\rho L_r}$ 时，货币政策甚至可能完全失效。

若上述假说成立，那么在满足一定条件时，"三元悖论"就转变为"二元悖论"（见表 17.1）。具体地讲：如果不考虑全球金融一体化因素（避险情绪），传统的"三元悖论"依然成立，即资本自由流动、固定汇率制度、货币政策的有效性三者至多只能择其二。如果考虑全球金融一体化因素（避险情绪），但避险情绪较弱时（低于临界值），"三元悖论"总体依然成立，不过由于受到避险情绪的影响，货币政策的有效性可能会有所削弱；但当避险情绪较强时（高于临界值），货币政策的有效性甚至可能完全丧失，即不论采用何种汇率制度，资本自由流动和货币政策有效性都不可兼得，这时就表现出"二元悖论"的规律特征。可见，在全球金融一体化不断深化的时代，"三元悖论"或"二元悖论"都不是绝对的，在一定条件下可相互转化。

表 17.1 　　　　　　　　　　　　三元悖论与二元悖论

情形	规律		表现形式
不考虑全球金融一体化因素（避险情绪）	三元悖论		资本自由流动、固定汇率制度、货币政策的有效性三者至多只能择其二
考虑全球金融一体化因素（避险情绪）	当避险情绪较弱时（低于临界值）	三元悖论	资本自由流动、固定汇率制度、货币政策的有效性三者至多只能择其二（但由于受避险情绪的影响，此时货币政策的有效性有所削弱）
	当避险情绪较强时（高于临界值）	二元悖论	不论采用何种汇率制度，资本自由流动和货币政策的有效性都不可兼得（由于受较强避险情绪影响，此时货币政策的有效性可能完全丧失）

来源：笔者自行归纳整理。

三、二元悖论的实证检验：金融一体化因素的影响

（一）实证设计

下面旨在验证上文提出的理论假说，即浮动汇率制国家①的货币政

---

① 除资本流动完全管制的国家外。

策自主有效性可能会受到全球避险情绪的影响而被削弱。对此，我们构建如下固定效应的变截距面板数据模型[①]：

$$y_{j,t} = \beta_0 + \sum_{i=1}^{R} \beta_i^y y_{j,t-i} + \sum_{i=0}^{S} \beta_i^m m_{j,t-i} + u_{j,t} \qquad (17.16)$$

其中，$y_{j,t}$ 是 j 国第 t 期的产出增长率（以 GDP 增速表示），$m_{j,t}$ 代表 j 国第 t 期货币供给增长率（以 M2 增速表示），β_i 为待估计参数，$u_{j,t}$ 为 j 国第 t 期的扰动项，R、S 分别为产出增长率和货币供给增长率的最大滞后期数。等式右边产出增长率的滞后项作为控制变量。为了考察全球一体化因素对一国货币政策实施效果的影响，我们对货币供给的系数做如下创新性设定：

$$\beta_i^m = \theta_i^m + \theta_i^{vix} VIX_{t-i} \qquad (17.17)$$

其中，VIX_t 代表时期 t 的 VIX 指数[②]。该指数又称"恐慌指数"，数值越高，表明投资者预期资本市场未来风险上升，投资行为会越保守。我们以该指数作为全球性避险情绪的代理变量。θ_i^m、θ_i^{vix} 为待估参数。将方程（17.17）代入方程（17.16）可得

$$y_{j,t} = \beta_0 + \sum_{i=1}^{R} \beta_i^y y_{j,t-i} + \sum_{i=0}^{S} (\theta_i^m + \theta_i^{vix} VIX_{t-i}) m_{j,t-i} + u_{j,t}$$

$$(17.18)$$

如果上文的理论假说成立，那么当期 VIX 指数与货币供给增长率交叉项 $VIX_t\, m_{j,t}$ 的系数 θ_0^{vix} 应该为负数，即表示当期全球避险情绪削弱了当期货币供给增加对当期产出的影响。如果 VIX 指数与货币供给增长率滞后项的交叉项系数 θ_1^{vix}、θ_2^{vix}、$\theta_3^{vix}\cdots$ 为负数，则进一步表明全球避险情绪不仅会削弱当期货币政策对当期产出的影响，而且会削弱往期货币政策对当期产出的影响。

---

① 经 Hausman 检验，固定效应模型比随机效应模型更合适。

② VIX 指数（CBOT Volatility Index），由芝加哥期权交易所于 1993 年推出，该指数是根据标准普尔 500 指数期权隐含波动率加权平均后计算得到。

（二）样本选择与数据处理

为实证检验上文的假说，我们还需要对浮动汇率和资本流动因素加以控制。为了控制浮动汇率这一因素，我们直接选取浮动汇率制国家作为样本，从而起到类似"受控实验"的效果。IMF 在每年的《汇率安排与汇率限制年度报告》中对各国的汇率制度进行了评估及分类①。本章初选了 2002 年到 2013 年②均被 IMF 列为"浮动"及"自由浮动"③的 40 个国家作为浮动汇率国家的典型代表，但去除报告期内数据残缺过多的 13 个国家，并去除作为主要大国经济体的美国，最后我们得到 26 个样本国家（地区）：澳大利亚、巴西、加拿大、智利、哥伦比亚、捷克、危地马拉、冰岛、印度、日本、韩国、毛里求斯、墨西哥、蒙古、新西兰、挪威、秘鲁、菲律宾、波兰、南非、瑞典、瑞士、泰国、土耳其、英国、欧元区④。其中，澳大利亚、加拿大、智利、日本、波兰、瑞典、英国等 7 个国家在 2002 年至 2013 年间均被 IMF 评估为"自由浮动"（2009 年以前均为"独立浮动"）国家。整个样本涵盖了亚洲、非洲、欧洲、美洲各大洲的主要浮动汇率制国家，具有较强的代表性。此外，要检验上文假说，还需排除资本完全不流动的情况。根据 IMF 的调查，上述 26 个样本国家均未实行完全的资本管制⑤，因此基本符合假说的前提条件。为了最大可能增加样本容量，我们选取季度数据。

---

① 1999 年至 2008 年类别设置具体为无法定独立货币的汇率安排、货币局制度、传统的钉住汇率安排、水平带钉、爬行钉住、爬行带、不事先公布干预方式的管理浮动、独立浮动等八类。2009 年做过一次修订，2009 年至今类别设置为无法定独立货币的汇率安排、货币局制度、传统的钉住汇率安排、稳定化安排（类似钉住）、水平带钉住、爬行钉住、类似爬行、浮动、自由浮动等九类。

② 由于欧元于 2002 年正式启动，所以相应地本节选择的样本区间为 2002 年到 2013 年。

③ 2009 年以前为"不事先公布干预方式的管理浮动制度"及"独立浮动"。

④ 欧元区货币政策由欧央行统一制定，故本文将其看成一个整体地区。

⑤ 详见 IMF《汇率安排与汇率限制年度报告》（*Annual Report on Exchange Arrangements and Exchange Restrictions*）。

下面实证研究涉及的宏观经济变量主要包括 GDP 增长率（y）、M2 增长率（m）以及 VIX 指数（VIX）等。其中，y 和 m 均为包含 26 个截面主体的面板数据集，VIX 是一个时间序列①。数据均取自国际货币基金组织 IFS 数据库。我们首先对数据进行单位根检验，其中，对 y 和 m 采用面板单位根检验，对 VIX 进行普通的 ADF 检验。各变量检验结果如表 17.2 所示：

表 17.2　　　　　　　　　　　单位根检验

检验方法	y		m		VIX	
	统计量	P 值	统计量	P 值	统计量	P 值
LLC	−3.63	0.0001	−17.38	0.0000		
IPS	−8.92	0.0000	−18.11	0.0000		
Fisher – ADF	191.68	0.0000	458.37	0.0000		
Fisher – PP	168.12	0.0000	811.12	0.0000		
ADF					−2.691	0.0832

可以看到，面板数据集 y 与 m 的四项检验均显著，因此拒绝原假设，即认为各截面序列不存在同质单位根②或异质单位根③，均为平稳序列。VIX 在 10% 的置信水平下拒绝原假设，序列不存在单位根，也是平稳的。因此，本章的计量模型应该不存在"谬误回归"的问题。

（三）实证结果分析

我们对模型式（17.18）进行实证检验，着重考察 VIX 指数与货币供给交叉项对产出的作用，有关实证结果体现在表 17.3 中。

---

① 我们选取每日收盘价的季度平均值。
② LLC 方法用于检验是否存在同质单位根，其原假设为各截面序列均有一个同质单位根。
③ IPS、Fisher – ADF、Fisher – PP 方法用于检验是否存在异质单位根。其原假设为各截面序列都含有（不同）单位根。

表 17.3 实证检验结果

	1	2	3	4
C	0.7515 *** (0.0741)	0.8322 *** (0.0778)	0.8971 *** (0.0847)	0.7906 *** (0.1042)
y_{t-1}	0.7793 *** (0.0174)	0.7511 *** (0.0174)	0.7359 *** (0.0183)	0.7309 *** (0.0221)
$m_{j,\,t}$	0.1390 *** (0.0223)	0.1145 *** (0.0220)	0.1184 *** (0.0223)	0.0935 *** (0.0169)
$VIX_t\, m_{j,\,t}$	– 0.0066 *** (0.0008)	– 0.0053 *** (0.0007)	– 0.0055 *** (0.0008)	– 0.0039 *** (0.0006)
$m_{j,\,t-1}$		0.1327 *** (0.0222)	0.1285 *** (0.0225)	0.1074 *** (0.0176)
$VIX_{t-1}\, m_{j,\,t-1}$		– 0.0061 *** (0.0007)	– 0.0058 *** (0.0008)	– 0.0038 *** (0.0006)
$m_{j,\,t-2}$			0.0530 ** (0.0228)	0.0676 *** (0.0172)
$VIX_{t-2}\, m_{j,\,t-2}$			– 0.0031 *** (0.0008)	– 0.0028 *** (0.0006)
样本量	1167	1162	1134	762
$\overline{R^2}$	0.7619	0.7691	0.7756	0.7568

注：括号内数值为标准误差；＊、＊＊、＊＊＊分别表示在10%、5%、1%的置信水平下显著。

表 17.3 中 1～3 列的模型分别表明了全球避险情绪对当期、滞后 1 期、滞后 2 期货币政策效果的削弱作用（以 M2 增长率作为货币供给的代理变量）。第 4 列的模型则以 M1 增长率作为货币供给的代理变量。观察上述实证结果，我们可以看到货币供给增长率系数均为正，体现了货币供给对产出的正向作用。货币供给增长率与 VIX 指数交叉项的系数均为负，且在 1% 的置信水平下显著（仅第 3 列模型的 $m_{j,\,t-2}$ 项在

5% 置信水平下显著）。实证结果很好地支持了上文的理论假说，即全球避险情绪确实对当期以及滞后期货币政策效果有显著的削弱作用。

更具体的，以第 3 列的模型为例，从系数上看，当期货币供给增长率 $m_{j,t}$ 的系数为 0.1184，当期交叉项 $VIX_t m_{j,t}$ 的系数为 -0.0055。也就是说，只有当 VIX 指数低于临界值 21.52 时，当期货币政策才对当期产出具有正向作用，呈现出货币政策有效性；当 VIX 指数达到及高于 21.52 时，当期货币政策对当期产出的影响被完全削弱，货币政策完全失效。类似地，滞后 1 期货币供给 $m_{j,t-1}$ 的系数为 0.1285，滞后 1 期交叉项 $VIX_{t-1} m_{j,t-1}$ 的系数为 -0.0058，当滞后 1 期 VIX 指数达到临界值 22.15 时，滞后 1 期的货币政策对当期产出的影响失效；滞后 2 期货币供给 $m_{j,t-2}$ 的系数为 0.053，滞后 2 期交叉项 $VIX_{t-1} m_{j,t-2}$ 的系数为 -0.0031，当滞后 2 期 VIX 指数达到临界值 17.09 时，滞后 2 期货币政策对当期的产出影响完全消失。

（四）稳健性检验

为保证实证结果的稳健性，我们可以通过变换样本范围，对上述回归结果进行进一步的稳健性检验。具体来说，为了加强假说检验结果的说服力，在表 17.4 中，第 1 列所示的模型选取 2002 年至 2013 年间均被 IMF 评估为"自由浮动"的澳大利亚、加拿大、智利、日本、波兰、瑞典、英国等 7 个国家作为样本重复上文实证检验，检验发现当期、滞后 1 期、滞后 2 期交叉项的回归系数依然高度显著为负，且回归系数变大了，这说明对于这些自由浮动汇率国家来说，全球避险情绪对当期以及滞后期货币政策效果的削弱作用更强。

表 17.4 的第 2 ~ 5 列所示的模型将样本进一步区分为亚洲和澳洲、欧洲、美洲和非洲四组，分别考察实证结果在各洲子样本中是否稳健。其中，亚洲和澳洲样本包括印度、日本、韩国、蒙古、新西兰、菲律宾、泰国、土耳其、澳大利亚等 9 国，欧洲样本包括捷克、冰岛、挪

威、波兰、瑞典、瑞士、英国、欧元区等 8 个国家（地区），美洲样本包括巴西、加拿大、智利、哥伦比亚、危地马拉、墨西哥、秘鲁等 7 国，非洲样本包括毛里求斯、南非两个国家。检验发现，当期、滞后期货币供给增长率的系数均为正，货币供给增长率与 VIX 指数交叉项的系数均为负，符号均符合预期。除非洲外，各州交叉项系数均在 1% 的显著性水平下高度显著，进一步说明了实证结果的稳健性。

表 17.4 稳健性检验

国家	自由浮动国家	亚洲和澳洲	欧洲	美洲	非洲
C	0.7816 ***	1.2636 ***	0.4718 ***	1.5772 ***	0.8832 ***
	(0.0847)	(0.2158)	(0.1014)	(0.2515)	(0.2678)
y_{t-1}	0.7885 ***	0.6808 ***	0.7877 ***	0.6610 ***	0.7665 ***
	(0.0307)	(0.0382)	(0.0283)	(0.0473)	(0.0800)
$m_{j,t}$	0.2066 ***	0.0792 *	0.1300 ***	0.0928 ***	0.1057
	(0.0576)	(0.0462)	(0.0338)	(0.0273)	(0.1081)
$VIX_t \, m_{j,t}$	− 0.0097 ***	− 0.0053 ***	− 0.0056 ***	− 0.0032 ***	− 0.0028
	(0.0018)	(0.0019)	(0.0010)	(0.0011)	(0.0041)
$m_{j,t-1}$	0.1124 **	0.1035 **	0.1339 ***	0.1391 ***	0.2068 **
	(0.0572)	(0.0456)	(0.0340)	(0.0303)	(0.1102)
$VIX_{t-1} \, m_{j,t-1}$	− 0.0067 ***	− 0.0052 ***	− 0.0053 ***	− 0.0047 ***	− 0.0114 ***
	(0.0019)	(0.0019)	(0.0011)	(0.0011)	(0.0043)
$m_{j,t-2}$	− 0.0401	0.0476	0.0065	0.0994 ***	0.0830
	(0.0576)	(0.0466)	(0.0349)	(0.0283)	(0.1123)
$VIX_{t-2} \, m_{j,t-2}$	− 0.0018	− 0.0007	− 0.0016	− 0.0039 ***	− 0.0061
	(0.0019)	(0.0019)	(0.0011)	(0.0011)	(0.0046)
样本量	365	362	345	207	84
$\overline{R}^2$	0.8111	0.6823	0.8072	0.6388	0.7409

注：括号内数值为标准误差；*、**、*** 分别表示在 10%、5%、1% 的置信水平下显著。

综上所述，上述实证结果强有力地支持了我们提出的理论假说，即金融全球化因素（避险情绪）可能削弱浮动汇率国家的货币政策有效性。特别的，当全球避险情绪导致的风险溢价与货币供给增量的比值达到临界值时，货币扩张对产出将不会产生显著影响。在这一机制的作用下，浮动汇率国家货币政策的效果受到金融全球化因素的影响，呈现出"二元悖论"的新特征。

专栏 15　新兴市场国家为何越来越多地退出浮动汇率制[①]

汇率制度选择往往是新兴市场中央银行面临的难题（IMF，2014）。传统智慧（特别是 20 世纪 90 年代末新兴市场危机之后）往往倾向于两种极端的"处方"：一是选择浮动汇率制度；二是选择硬钉住汇率制度（如货币联盟、美元化或货币局制度）。传统智慧认为，上述"处方"以外的所谓中间汇率制度（如常规钉住、区间浮动、爬行安排和有管理浮动）会使各国更易受到危机影响。然而，近期在国际金融危机过程中一些欧洲新兴市场和欧元区经济体的经历却表明，硬钉住的汇率制可能会使一国更容易出现增长下滑和痛苦的经常账户逆转，硬钉住"处方"的安全性似乎不太可靠。浮动汇率制的"处方"也有让人困惑的地方。一个经常被忽视的问题是：什么是"安全"的浮动？即浮动汇率制和风险较大的中间汇率制的界限究竟在哪里？尽管在金融市场动荡或极端事件期间偶尔外汇干预的行为，并不必然意味着浮动汇率制转向中间汇率制，但仍存在着汇率管制多少就算过多等现实难题。

事实上，根据 IMF 对实际汇率体制的分类，20 世纪 90 年代末亚洲金融危机以后开始的"挖空中间"趋势（即放弃中间汇率制度

[①]　该专栏的部分内容摘自 IMF. World Economic Outlook. April, 2014.

而转向自由浮动），在 2004 年前后则出现了明显逆转，越来越多的
新兴市场开始从自由浮动汇率制度转到事实上有管理的浮动，采取
中间汇率制度的比例呈不断上升（见图 17.4）。现实中，为何大多
数新兴市场经济体会加大对汇率的干预呢？在国际金融危机爆发
前，导致该趋势的原因可能是由于资本流入的激增，各国担心本币
过度升值会削弱其出口竞争力，因此采取干预措施抑制升值。在危
机期间，由于这些经济体又面临资本流入急剧减少压力（甚至资本
外流），为了稳定本币币值信心而采取外汇干预措施。总之，为了
避免汇率波动对竞争力或资产负债表的影响，各新兴市场国家普遍
倾向于对其汇率实行一些管理。

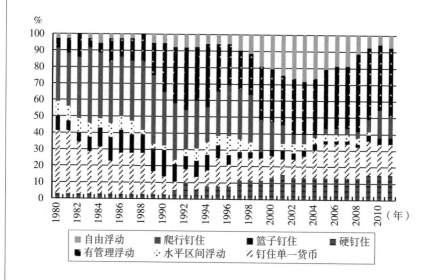

图 17.4 新兴市场汇率制度演进的分布

　　一旦中央银行选择对汇率进行干预，仅仅建议其保持汇率灵活
性以及尽量减少干预可能都不足以防止危机，而是应区分"安全"
和"有风险"的管理浮动。但在"安全"和"有风险"的中间汇率

体制之间并没有简单的分界线，而是由各种因素的复杂交融决定的，其中包括该国的金融脆弱性以及该货币是否被高估等。例如，在中间汇率体制下，当实际汇率被高估时发生银行业或货币危机的概率约为没有被高估时的 7 倍，但如果此时国内信贷也迅速增长，那么该国发生危机的可能性要进一步加大许多。此外，如果实际汇率被高估，那么旨在防止进一步高估的干预能减少危机的风险，但旨在继续捍卫被高估的汇率的干预措施则会使汇率体制更加脆弱。当然，是否有其他工具（如宏观审慎措施或资本管制）来降低金融风险也是重要的。

四、小结

基于上述理论分析和实证研究，我们可以得出以下基本结论和政策建议：

金融全球化可能会削弱浮动汇率制国家货币政策的实施效果。具体的，当全球避险情绪导致的风险溢价效应与新增货币供给的比值达到或超出某一临界值时，货币扩张对产出的影响可能会被完全抵消；若低于该临界值，货币政策保持有效性，但有效程度仍会受到风险溢价的影响。在这一机制的作用下，一国货币政策的实施效果随金融全球化因素变化而变化，从而体现出"二元悖论"的特征。

可见，金融全球化的发展使本来局限于一些中心国家（如美国）的情绪与恐慌能够迅速传播到全球其他国际金融市场。避险情绪导致全球风险溢价的同步变化，阻碍了利差对汇率的调节作用，从而削弱浮动汇率制国家货币政策的有效性。可以预见，随着未来全球金融市场的进一步融合，各国货币政策或将呈现出与全球避险情绪越来越高的相关性，即使是浮动汇率制国家，其货币政策的自主有效性降低也可能会逐渐成为常态。

然而，"二元悖论"并非无条件成立，而是在全球避险情绪强于货币供给的影响时才会出现。因此在进行开放经济宏观政策选择时，也不应简单地否认传统"三元悖论"框架，而过分强调"二元悖论"。应该具体问题具体分析：即使在金融全球化的背景下，汇率制度的选择也并非无关紧要，资本项目可兑换也并不必然降低本国货币政策的自主有效性，开放经济的现实情形是复杂而多变的。我们应密切关注全球避险情绪的变化，建立相关监测指标和体系，必要时可考虑将其纳入货币政策分析框架，从而为实现更有效的货币政策提供支持。

第十八章　开放经济下的货币政策Ⅲ：资本流动的宏观审慎管理

　　作为本书的最后一章，让我们回归中央银行创建的最初起点。要知道，历史上建立中央银行的初衷是为了减少金融恐慌的影响范围、维护金融体系的稳定，其实这也是货币政策能否有效传导的关键。伯南克（2014）坦言[①]，在"二战"后的大部分时期，由于事态相对稳定，金融危机主要发生在新兴市场国家，而不是发达国家，很多中央银行开始将金融稳定政策视做货币政策的附属，其重要性并未被认可。尽管有些中央银行对其确实有所关注，但是并没有投入太多的资源。显然易见的是，基于国际金融危机期间所发生的以及到目前为止我们仍能感受到的后果，保持金融稳定与保持货币政策和经济稳定显得同等重要。在中国，货币政策在关注价格稳定的同时，历来也十分关注金融稳定（周小川，2013）[②]。

　　2008年国际金融危机以来，各界开始反思传统宏观经济与金融监管政策在应对系统性风险方面的缺陷，"宏观审慎"的概念逐步引起了广泛关注。2011年，金融稳定理事会（FSB）、国际货币基金组织（IMF）和国际清算银行（BIS）在提交给G20峰会的报告中对宏观审慎政策进行了明晰界定，即"宏观审慎政策是指以防范系统性金融风险为目标，以运用审慎工具为手段，而且以必要的治理架构为支撑的

---

① 伯南克：《金融的本质：伯南克四讲美联储》，北京：中信出版社，2014。
② 周小川：《新世纪以来中国货币政策的主要特点》，载《中国金融》，2013（2）。

相关政策"。可见，系统性风险是宏观审慎管理所关注的核心，但目前各界对系统性风险的本质、运行过程、形成条件等仍缺乏完整的、深入的认识（伍戈、严仕锋，2015）[1]。值得一提的是，开放经济下跨境资本流动的风险管理与政策应对就更加复杂。例如，克鲁格曼（2012）指出，金融全球化的危险性超出了我们的预料，必须努力思考如何应对金融全球化[2]。因此，我们有必要在梳理系统性风险与宏观审慎管理有关基本认识的基础上，对开放经济条件下跨境资本流动的宏观审慎管理进行一些探讨。

一、系统性风险与宏观审慎管理：基本认识

（一）系统性风险的内涵与表现形式

一般来讲，系统性风险是指经济金融体系内可能引发全局性动荡或危机的风险。系统性风险发生的概率往往小于单个微观主体出现风险的概率，但系统性风险暴露后的损失却远大于单个微观主体的损失。系统性风险并非个体风险的加总，而是来源于三个方面：个体风险、个体行为之间的关系、不同金融市场之间的风险联结。后两者仅显现于系统层面。因此，微观审慎管理不能有效应对系统性风险，它主要针对个体风险，却难以应对个体行为之间以及各金融市场之间关系所致的系统层面风险。

近年来，越来越多的研究从正反馈[3]（顺周期性）角度去理解和

---

[1]　伍戈、严仕锋：《跨境资本流动的宏观审慎管理探索：基于对系统性风险的基本认识》，载《新金融》，2015（10）。

[2]　详见保罗·克鲁格曼：《萧条经济学的回归》，北京：中信出版社，2012。

[3]　"正反馈"原为控制论科学术语，指系统输出信号返回输入端，且与输入信号方向一致，扩大了系统振荡，导致系统失稳，后被广泛运用于自然、经济、社会科学等领域，用来描述系统的自我强化型发展。

分析系统性风险问题。例如，Bnmnermeier & Sannikov（2013）认为，外部冲击发生后，重要经济金融变量在时间维度上呈现出相互强化、自我实现的螺旋式上升（下降），主要表现为实体经济和金融体系内相互联结的两个正反馈循环过程（见图 18.1）。具体来看，实体经济的正反馈循环过程包括市场价格上涨（下跌）→企业预期盈利增加（减少）→投资/投机需求上升（降低）→价格进一步上涨（下跌）；金融体系的正反馈循环则包括市场价格上涨（下跌）→企业预期盈利与资产价值增加（减少）、融资条件改善（恶化）→银行增加（减少）信贷投放→投资/投机需求上升（下降）→价格进一步上涨（下跌）。此外，在空间维度上，上述自我强化机制还通过风险的横向联结实现跨部门、跨市场、跨地区的扩散。①

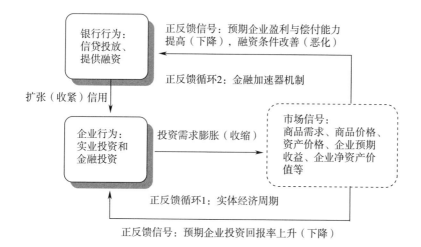

来源：根据 Christiano（2010）等文献自行整理绘制。

图 18.1 系统性风险的表现形式：正反馈循环

---

① 国内的一些研究，如周小川（2010）、陈平（2014）、廖岷（2014）等也指出系统性风险的正反馈特征。

（二）系统性风险的形成机理

传统经济学认为，市场的价格、供需数量一般在均衡状态附近小幅、随机波动。在外部冲击下，若市场价格高于均衡价格，则需求将相应减少，供给将增加，供大于求的市场力量会使得价格重新回落至均衡点；若价格低于均衡价格，则市场出现供不应求，促使价格回升至均衡点。这就是经济金融体系自我纠正、维护稳定的负反馈机制（见图18.2）。

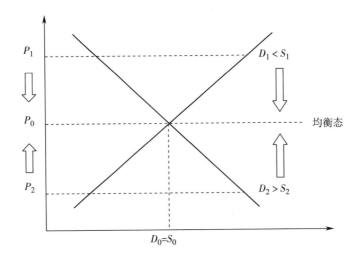

来源：笔者自行整理绘制。

图18.2 趋向均衡的负反馈机制（非系统性风险情形）

然而，Shiller（2008）、Kindleberger（2014）等人认为，微观个体的非理性情绪对系统性风险形成过程中的行为趋同化起到重要作用。当价格等重要经济信号持续上升（下降）时，多数个体对其未来一定时期内保持这种走势的预期会逐渐提高。同时，受信息搜集和认识能力限制，个体会选择观察其他人的行为来作为自身决策的依据。当周边越来越多人采取相同行为以获利或避险时，微观个体在盲目乐观或恐慌情绪影响下，其预期、风险偏好以及决策行为均会向大众趋同，即所谓的"羊群效应"。

在大量微观个体的投机和过度投资行为作用下，价格—供需呈现自我强化型的持续上升（下降），此时价格信号与供需机制出现扭曲（见图18.3）。价格上涨时总需求可能不断超过总供给，价格下降时总需求持续小于总供给，市场难以自行纠正回到均衡状态。在宏观、中观、微观三个不同层面间的复杂作用下，系统性风险不断积累甚至集中爆发。具体如下：

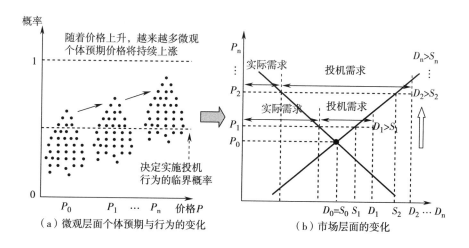

来源：笔者自行整理绘制。

图18.3　远离均衡的正反馈机制（系统性风险情形）

（1）系统性风险的积累过程。首先，外部冲击使得价格偏离均衡而上升，若此时宏观货币政策与金融监管政策较宽松，那么少数风险偏好较强的个体会进一步预期价格继续上涨的概率较高，投机活动有利可图，于是借入资金进行投机。投机活动可能使得市场出现总需求大于总供给的情形，价格再次上行。然后，受价格连续上涨和第一批投机者获利的影响，更多的微观主体预期价格将继续上涨并加入投机活动，产生更多投机需求和融资需求，推动价格进一步上行。对商业银行而言，价格上涨使企业预期盈利能力、净资产/可抵押资产的市场价值上升，融资条件出现虚幻的改善，银行愿意更多地向企业发放信贷（Bernanke，Gertler & Gilchrist，1999）。此时，越来越多的微观个体出现高度趋同的乐观预期，加入投机/过度投资行为，信贷投放也越来越多，市场的价格、需求与信贷相互强化的正反馈环形成。

在上述过程中，系统性风险头寸不断积累。"系统性风险头寸"是系统性风险积累的量化表现，可用于衡量系统性风险大小及变化。最终危机爆发的能量和破坏性大小取决于前期累积的系统性风险头寸总额（剔除已采取风险对冲措施的头寸）。历史实践表明，各种经济金融危机中，市场参与者和金融体系两大部门不断积累系统性风险头寸是一个普遍规律。危机爆发前的演进过程中，投机/投资者会持有越来越多的风险资产，银行也会不断增加信贷风险敞口。

（2）系统性风险的爆发过程。随着价格持续上涨，市场总需求中的投机需求不断增加，真实需求则不断缩减。在金融领域，市场整体的真实信贷杠杆不断上升，大量融资被用于投机与过度投资。值得注意的是，此时名义杠杆倍数可能会小于真实杠杆[1]，其他许多类似的金融财务指标也会因顺周期原因低估或掩盖了个体与系统性风险，这无疑给借贷双方、监管者发出了错误信号，经济金融体系不断趋向更加不稳定的需求结构和高债务杠杆状态。

事实证明，上述不稳定状态无法长期维系，高风险下一旦出现宏观基本面及政策的些许变化、部分投资者的信心下降以及各种外部冲击凸显等，"明斯基时刻"[2] 会最终到来（Minsky，1974）。此时，当价

---

[1] Kindleberger & Aliber（2014）认为，在美国次贷风险积累阶段，投资者的名义杠杆甚至可能不升反降，因为资产价格的快速上升使其净财富名义价值的增长快于负债增长。

[2] "明斯基时刻"是描述风险积累达到临界点后资产价值崩溃的时刻，表明了市场繁荣与衰退之间的转折点。

格出现略微下降时，微观个体投机的期望收益将迅速变化，相关需求大幅缩减。同时，企业净资产价值、预期盈利与偿付能力显著下降，在供过于求的压力下，市场价格进一步快速滑落。微观个体之间和金融市场之间相互传染的恐慌情绪加剧了甩卖资产、收紧信用和"市场踩踏"，系统性风险随之爆发。

（三）系统性风险的应对：宏观审慎管理的基本思路

综上可见，系统性风险表现为重要经济金融变量的自我强化并远离均衡，最终导致自我强化型崩塌；其实质是经济金融体系内集体性趋同行为引发的失控的正反馈效应（或顺周期性）与风险跨部门传染效应的叠加，引发系统大幅振荡。系统性风险往往是在宏观、中观与微观三个层面的相互作用中产生的[1]：宏观层面宽松的政策为系统性风险的形成提供了孕育环境[2]；中观层面相互联结的金融市场"涌现"[3]出正反馈效应和跨部门的风险传染；微观层面个体的集体性趋同行为则是形成中观层面效应的基础，并反过来受到中观层面效应的进一步驱动和影响。

宏观审慎管理的基本思路是从不同层面采取措施应对系统性风险，防止经济金融体系内形成失控的不良正反馈循环和跨市场风险传染，限制系统性风险头寸积累。一般地，宏观审慎管理的重点对象是银行体系和金融市场。在宏观审慎管理的典型工具方面（见表18.1），当前各国的宏观审慎工具体系往往以《巴塞尔协议Ⅲ》为基础，包括逆周期资本缓冲、动态贷款损失拨备、系统性重要银行的额外资本监管

---

① 系统具有等级结构性，高层面结构不是低层面要素的简单相加，而是具有低层面要素所没有的性质。详见 Bertalanffy（1968）。

② 刘鹤（2012）比较了20世纪"大萧条"和本轮次贷危机，认为两次全球性危机均与宽松货币政策密切相关；Kindleberger & Aliber（2014）指出资产泡沫本质上是信贷扩张的必然结果。

③ "涌现"原为系统论科学术语，是指低层面的微观活动导致高层面出现新的秩序或结构。

表 18.1　　　　　　　　　　　宏观审慎管理工具的基本分类

	类别	具体工具	典型国家
1	逆周期资本缓冲和动态拨备	逆周期资本缓冲	英国、加拿大等
		动态拨备	西班牙、墨西哥等
		逆周期风险权重	德国、英国等
		杠杆比率	德国等
2	针对特定行业的逆周期措施	针对房地产市场的贷款价值比（LTV）和债务收入比（DTI）	新加坡、韩国等
		保证金要求	加拿大、法国等
3	宏观审慎的流动性要求	针对外汇风险的措施	墨西哥、韩国等
		准备金要求	韩国等
4	跨部门工具	系统重要性机构（SIFI）额外资本要求	美国、德国等
		大风险敞口原则	比利时、意大利等
		中央对手方（CCPs）的使用	德国、荷兰等

来源：根据国际清算银行以及各国中央银行等资料整理，详见伍戈、李斌（2012）。[1]

要求等。宏观审慎管理范围包括房地产市场、场外衍生产品等可能引发系统性风险的领域。在系统性风险监测预警方面，目前国外主流做法是建立涵盖宏观—中观—微观层面的经济金融监测指标体系，如亚洲开发银行的 MPIs[2] 等。指标类型主要为低频的宏观经济金融指标、银行/企业资产负债数据指标以及高频的金融市场数据指标等。此外，压力测试也被美联储等用于系统性风险评估。

二、跨境资本流动的宏观审慎管理：国际实践

在金融全球化的背景下，跨境资本流动同样存在引发系统性风险

---

[1] 伍戈、李斌：《宏观审慎管理与货币信用的关联：因由中国情境》，载《改革》，2012（6）。

[2] MPIs 即亚洲开发银行的"宏观审慎监管指标集"。

的因素特征。特定条件下跨境资本流动也会形成正反馈循环和跨部门风险传染，成为实体经济顺周期性与金融加速器的一部分。历史上的多次经济金融危机中，跨境资本流动都起到重要作用①，如诱发 1997 年亚洲金融危机、推动 2008 年美国次贷危机的风险扩散等。Kindle-berger & Aliber（2014）考察了 1720 年至 2008 年世界范围内上百次经济金融危机后指出，资产泡沫和经济过热驱动了跨境资本的流入，持续的流入又进一步推动资产价格膨胀和过度投资。这种循环延续到明斯基时刻，此后经济下行前景和资产价格下跌预期开始驱动资本流出，加剧本币贬值和信用收缩，引发投资和资产价格循环式下跌，资本流动的系统性风险积累—爆发过程见图 18.4。

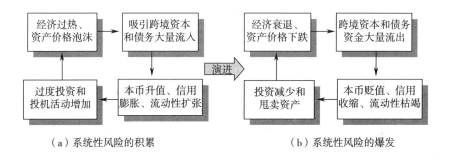

（a）系统性风险的积累　　　　　　　　（b）系统性风险的爆发

来源：根据 Kindleberger（2014）等文献整理。

图 18.4　资本流动的系统性风险积累—爆发过程

20 世纪 90 年代末开始，在多次金融危机的影响下，国际社会对资本流动管理的主流态度由完全放任，逐渐过渡到在必要情况下可对资本流动实施管理。特别是 2008 年国际金融危机后，对资本流动实行宏观审慎管理已逐渐形成了一些共识。但从全球范围来看，各国针对跨境资本流动宏观审慎管理的实践时间并不长，目前仍处于不断摸索与

---

① 许欣欣等（2014）在考察 115 个经济体的面板数据后认为，净资本流入激增会在随后一年中将银行危机发生概率提高 1.5 倍至 4 倍。

改进的阶段。在具体政策工具方面，自美国学者早期提出"托宾税"①的思想后，近年来各国政策制定者逐渐发展出无息准备金等"类托宾税"系列工具，资本流动宏观审慎管理的国际实践见表18.2。

表18.2　　　　　　资本流动宏观审慎管理的国际实践

政策工具	国家	主要内容	政策效果评价
金融交易税	巴西	为应对危机后资本流入压力，2009年至2012年对证券投资、固定收益投资、短期外债等的外汇兑换环节征收2%～6%的外汇交易税，税率和适用范围随宏观风险的变化而调整。	增加税收对控制本币升值效果显著，但后续减少税收以缓解本币贬值的作用很小。
无息准备金	智利、西班牙	为抑制通胀和资本流入压力，智利1991年至1998年要求短期外债、具有投机性质的贸易信贷、FDI等缴交20%～30%的准备金，缴交比例和适用范围随短期资本流动的形势变化而调整；西班牙为缓解资本流出压力，对本币净卖出头寸征收100%、期限1年的准备金。	智利：对降低短期资本流入比例、帮助抑制通胀起到较好作用，但并未消除资本流入带来的本币升值压力。西班牙：未能完全阻止本币贬值。
宏观审慎稳定特别费	韩国	为应对资本流入压力，2011年开始对国内和国外银行持有非核心类外币负债征收0.2%以下的宏观审慎稳定特别费，宏观风险加大时可提高费率。	在一定时期内可控制短期外债和投机性证券投资，但市场会设法找到规避管理的途径，可能削弱政策管理的效果。
外汇衍生品头寸限制	韩国	为应对危机后资本流入压力，2010年要求国内银行持有的外汇衍生品头寸不得高于上月末权益资本金的50%，外资银行不得高于250%，风险增大后持续下调。	
累进特别费	马来西亚	为应对亚洲金融危机后的资本流出压力，1999年对证券投资流出的外汇兑换环节征收特别费，费率与投资期限成反比。	该措施替代了先前的资本管制，增强了投资者信心，但对资本流出的限制效果难以识别。

来源：根据OECD秘书处（2015）、唐娅萍（2014）等文献整理。

---

① 1972年，托宾建议对所有与货币兑换有关的国内证券和外汇即期交易征收税率统一的国际税。

　　由此可见，目前国际上针对资本流动的宏观审慎管理主要是通过征收额外税费（准备金）、实行延长汇兑时间、比例与总量限制等手段，在特定情况下逆周期地增加跨境资本流动的阻力。我们认为，这些审慎措施对抑制资本流动的过度波动和风险头寸的积累能起到一定作用，但似乎难以从根本上防范资本流动系统性风险的形成。究其原因，可能是目前人们对资本流动领域系统性风险的实质内涵、形成机理仍然缺乏深刻认知，国外政策实践仅是从部分环节出发控制风险，尚未形成一套完整和成熟的做法。

专栏16　资本项目可兑换与资本流动管理

　　在亚洲金融危机之前，作为"华盛顿共识"主要支持者的IMF并不主张对资本流动进行管理。但亚洲金融危机尤其是此次国际金融危机之后，IMF态度似乎发生了明显转变[1]，转而认为对资本流动进行必要管理是合理的。其中一个重要原因是，经济、金融全球化的背景下，新兴市场国家面临着资本频繁流动的巨大挑战，影响了国内金融稳定和宏观调控的效果。部分新兴市场国家如巴西等国对短期投机性资本流入征收"托宾税"，IMF对此逐步认同。实际上，在资本账户开放的同时根据需要施加一些资本管理措施是比较普遍的，并不局限于此次危机期间（伍戈、温军伟，2013）[2]。

　　目前国际上关于资本项目可兑换并没有十分明确的标准，资本项目可兑换并不排除必要的管理。实际上，即使在非特殊情况下，宣布资本账户可兑换的国家也都会或多或少地保留一些管理手段，

---

① IMF. *The Liberalization and Management of Capital Flows: An Institutional View*. Nov. , 2012.

② 详见伍戈、温军伟：《破解资本账户开放迷思——与张明博士商榷》，载《金融发展评论》，2013（9）。

比如反恐融资、反洗钱、防止过度利用避税天堂等方面的管理。可见，资本项目可兑换本来就是一个有弹性和调整空间的制度安排，这为各国根据各自国情有针对性地实施资本项目可兑换预留了空间，有助于各国统筹安排、协调推进。国际上对资本账户开放在实践上和认识上的发展变化，无疑有利于我国更加稳妥审慎地推进这一目标。

近年来，随着我国对外开放和金融创新的不断深化，以行政审批、登记等方式为主的资本管制手段，越来越不适应形势发展需要，也不利于全面监测和管控资本跨境流动风险。Prasad、Rumbaugh和王庆（2005）指出[1]，在实践中资本管制的效力正在下降。盛松成等（2012）[2]也指出，至少存在三种逃避或规避管制的途径，即非法逃避管制、通过经常账户逃避管制、通过其他资本账户逃避管制。德国等国家的经验教训也表明，现实中资本管制的效果可能是十分有限的[3]。在这种背景下，转变管理方式，使隐性资本流动"显性化"，同时建立健全跨境资本流动的监测体系和宏观审慎管理框架，将更有利于妥善管理和应对潜在风险。

具体的，在稳步推进资本账户开放的同时，应及时建立健全风险防控体系：一是以全面监测作为管理跨境资本流动的基础。建立健全相关监测体系，实现资本跨境流动便利化和收集有效信息的统

---

① Eswar Prasad、Thomas Rumbaugh、王庆：《中国的资本账户开放与灵活汇率制度会不会本末倒置》，载《国际经济评论》，2005（7－8）。

② 中国人民银行调查统计司：《我国加快资本账户开放的条件基本成熟》，载《中国金融》，2012（5）。

③ 20世纪60年代末开始，德国通过资本管制阻碍资本的大幅流入，但效果不理想。据Koffergesch估计，1973年跨境非法实物交易和海外非法借贷分别达40亿德国马克和70亿德国马克，合计占同期德国GDP的1.2%，高于其经常账户顺差规模（同期经常账户顺差/GDP比例约为1%）。

一，既不妨碍多数正常经济活动，又能掌握资金流入流出和兑换的信息，以便应对可能出现的风险。二是建立健全宏观审慎政策框架。通过宏观审慎政策工具调节短期资本流动，特别是实现外债管理从传统的审批和规模管理转向宏观审慎管理，以负债率和币种匹配为核心，合理调控外债总规模，防止出现过大的币种错配。三是加强对短期投机性资本流动，特别是金融衍生产品交易监管。在鼓励合理创新的同时，限制或禁止与实体经济严重脱节的复杂金融衍生产品，坚持金融创新为实体经济服务的原则要求，同时按照最新的国际标准推动场外金融衍生产品市场的监管改革。四是保持和加强反洗钱和反恐融资方面的管理，保持对非法资金跨境流动的高压政策，同时防止过度利用避税天堂；五是在紧急情况下采取临时性管理措施。如果发生金融或经济震荡，可对资本流动采取临时性管理措施。特殊情况下甚至可酌情考虑出台"类托宾税"等政策，防止短期资本大进大出的不利冲击。

三、跨境资本流动的宏观审慎管理：中国探索

过去相当长的一段时间，我国对跨境资本流动的管理是以传统的行政审批和总量控制为主。近年来，随着我国资本项目可兑换进程的稳步推进，上述传统模式正在加速转变。例如，在外债管理等方面，我国正在进行宏观审慎管理的多项试点[1]，其基本思路是将微观个体的外债总量控制改为以资本或净资产为基础的比例自律，并研究通过逆

---

[1]　例如，2015 年 2 月，人民银行上海总部发布《中国（上海）自由贸易试验区分账核算业务境外融资与跨境资金流动宏观审慎管理实施细则（试行）》（银总部发〔2015〕8 号）；同月，外汇局下发《关于在部分地区进行外债宏观审慎管理试点的批复》（汇复〔2015〕57 号），在北京中关村、深圳前海和江苏张家港三个地区进行试点。

周期参数等对该比例进行动态调整。2015 年 9 月，为抑制当时外汇市场过度波动等，人民银行要求对开展代客远期售汇业务的金融机构收取外汇风险准备金。应该说，这些改革和措施在关注系统性风险和探索审慎管理方面进行了有益尝试。

与防范系统性风险的一般性原则一致，我们认为，资本流动的宏观审慎管理也应从宏观、中观、微观多个层面采取综合措施，防范资本流动各环节的正反馈效应及其对境内的冲击。对于我国而言，建议未来可以从日常管理、危机应对和长效机制等多个维度，优化宏观审慎管理，为国内宏观金融调控与经济体制改革营造良好的外部环境。

一是在日常管理过程中，应加强资本流动系统性风险的多层面监控和管理。宏观层面，应着眼于资本流动的驱动力角度，全面评估是否可能引发的风险暴露，防范政策不审慎导致过多信贷资金流向跨境、跨币种的投机行为，强化宏观政策协调。中观层面，应重点监控非居民和居民持有的资产"卖出头寸"[1] 存量、变化及其在境内经济金融体系中的比重，以衡量系统性风险大小，掌握资本流动潜在的冲击能量。微观层面，应监控资本流动个体是否出现大范围的单边预期或非理性情绪，防范由此引发的集体性趋同行为，如集体抛售资产等。未来一段时期，我国将面临国内潜在经济增速放缓、国际上美联储加息等诸多挑战，各主要金融资产的内外价差可能随之发生较大改变，必将直接影响资本流向，应未雨绸缪做好预案。

二是在危机应对过程中，应根据资本流动的反馈类型采取不同措施。应防范正反馈式甩卖资产和货币而引发的资本流出入失控，尤其要防止资本大幅流动→本币汇率、外债头寸→国内信用和货币供

---

① 例如，在跨境资本流动大幅流出的时期，系统性风险头寸可体现为"人民币卖出头寸"，即非居民或居民持有的、当风险爆发时可抛售、兑换的人民币资产余额。人民币卖出头寸对境内金融市场、外汇市场等构成潜在的抛压。

应量→国内资产价格形成同涨同跌、连锁式的正反馈效应。当资本流动已出现严重的正反馈效应时，应果断采取审慎措施逆向增加资本流出入环节的阻力，减少系统性风险头寸积累。危机状态下，可启动应急机制减少抛售行为等，缓解恐慌性集体行动，为进一步援救措施争取时间。与此同时，危机时应充分考虑各市场之间的风险关联，建立资本流动与境内外经济金融体系间的风险隔离机制。值得一提的是，短期内以境内外利差、汇差、税差等为动机的少量套利型资本流动，或者一些能量较小、持续性不强的外部冲击，可由市场价格涨跌进行自行纠正[①]，因为这基本属于负反馈机制。只要不引发大范围预期变化，此类资本流动往往逐渐减弱，不会形成正反馈效应和系统性风险，对此宏观当局可密切关注但一般不必过度干预市场。

三是从长效机制来看，防范资本流动系统性风险的根本保障是境内经济金融体系的健康运行和宏观当局良好的调控监管能力。因此，应进一步扩大境内金融市场的广度与深度，使其对跨境资本流动的承受能力更强，不易受短期资本流动冲击；应完善市场的层次结构，推进市场参与者的多样化，完备市场风险对冲工具。另外，充分借鉴他国成熟的政策经验，进一步研究完善宏观审慎管理工具，提升管理部门的宏观调控与金融监管能力也是十分重要的。最后值得一提的是，当前国际货币体系正发生着深刻的变化，未来究竟是美元继续独大，还是多种货币共同发挥作用，人民币可能发挥什么作用等，这些都是影响我国政策选择以及国际资金流向的重要因素，值得我们未来进一步探索。

---

① 如 2012 年下半年至 2014 年初，我国曾出现较多套利资本流入，高峰时境内人民币贷款利率与香港美元贷款利率之间曾出现 3 个至 4 个百分点的无风险套利空间，但后来套利行为将境内外利差逐渐拉平，套利资本流入随之减少。

专栏 17　国际货币体系探索："新怀特计划"
与"新凯恩斯计划"

此次全球性的金融危机促使我们进一步反思现有的国际货币体系，探索理想货币体系的构架，思考未来转型路径的可行性。基于历史上的争论，并结合现阶段国际经济金融的现实，我们依然可以沿着两个思路展开探索（吴晓灵、伍戈，2014；伍戈、曹红钢，2014）[①]：一是借鉴怀特计划的思路（暂且称之为"新怀特计划"），二是借鉴凯恩斯计划的思路（暂且称之为"新凯恩斯计划"）。其大致思路与区别如下：

1. 国际货币体系的选择：主权货币本位还是超主权货币本位？

从 18 世纪的英镑本位制开始，国际货币体系始终是以主权货币充当国际储备货币。这种安排有其方便管理的优点，同样也存在货币发行缺乏国际约束等不足，进而可能危害到国际货币体系的整体稳定。解决这个问题的方向大致有两个："新怀特计划"主张继续在主权货币充当国际储备货币的基础上对货币发行施加国际约束；"新凯恩斯计划"的思路则是创设超主权货币作为国际储备货币。对于"新怀特计划"，最近的例子就是考虑用 G20 曾提出的一些互评估指标来约束主要储备货币发行国的货币发行。但这涉及一国经济主权的让渡和国际间的政策协调，面临的现实困难和挑战仍不少。对于"新凯恩斯计划"，许多学者和机构都作了类似研究，如伯恩斯坦计划、特里芬计划等。事实上，1968 年 IMF 对 SDR（特别提款权）的创设和分配在一定程度上部分借鉴了凯恩斯当初的设想。

[①]　该专栏内容节选自吴晓灵、伍戈：《"新怀特计划"还是"新凯恩斯计划"——如何构建稳定与有效的国际货币体系》，载《探索与争鸣》，2014（8）；伍戈、曹红钢：《关于布雷顿森林体系和国际货币体系改革》，工作论文，2014 年 5 月。

2. 货币锚的选择："外生锚"还是"内生锚"？

当前美元本位的货币体系下，美联储以美国经济状况（通胀和就业）为"锚"发行国际储备货币（美元），因此，从国际储备货币发行机制来讲，这是一个相对全球经济而言"外生"的货币锚，它不以全球经贸状况为参照。按照"新怀特计划"，在延续美元本位的前提下，为保持币值的稳定，对美联储货币发行进行适当约束是必要的。约束的方式可以是寻求一个具有自身独立价值的"商品锚"，也可以构造基于美国经济状况的指标来约束货币发行。但无论采用哪种形式，"新怀特计划"中的货币锚始终具有外生性。按照"新凯恩斯计划"的思路，货币锚必须与全球经贸发展及其交易相称，即具有与全球经贸发展相适应的内生性。当初凯恩斯设想的全球贸易规模作为货币锚具有一定的合理性。鉴于当前国际资本流动已大大超越了贸易结算需求，与此相应地，必须选择更宽泛的经济指标作为货币发行的锚。例如，可以考虑选择"经济指数篮子"，将反映全球通胀和经济增长状况的代表性指标纳入其中。

3. 特里芬悖论：延续还是破解？

讨论国际货币体系就不能不提及"特里芬悖论"。特里芬悖论在本质上是稳定币值和流动性供给之间的矛盾。导致特里芬悖论的根本原因是储备货币发行与全球经贸发展脱节，致使稳定币值和流动性供给两者不可兼顾。从这个意义上，只要"新怀特计划"不放弃主权货币本位，特里芬悖论也必将是其挥之不去的"难题"。相反地，"新凯恩斯计划"继承了凯恩斯关于超主权货币的理念，有可能破解这个悖论。

4. 市场选择还是人为设计？

人为设计出来的机制能否保证比通过市场自由选择出来的机制更具有效率？马克思在论述货币时说过："金银天然不是货币，但货币天然是金银。"这从一个侧面说明了在确定货币材质时市场竞争所起的作用。哈耶克在《货币的非国家化》中集中论述了市场竞争在货币发行中的作用，他主张废除政府对货币发行的垄断权，允许私人部门自由发行不同的货币，而市场竞争的力量足以制约货币滥发的冲动，保持稳定、有效的货币体系。因此，在未来国际货币体系构建中，如何看待市场选择和人为设计的关系是值得深思的问题。

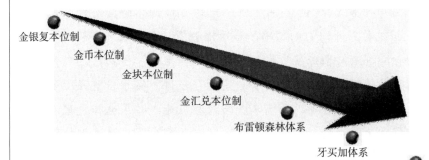

金银复本位制
金币本位制
金块本位制
金汇兑本位制
布雷顿森林体系
牙买加体系
未来：施加约束的主权货币或某种超主权货币体系？

图18.5 国际货币体系的历史演进

综观上述"新凯恩斯计划"和"新怀特计划"，在经济合理性上，无疑前者具有一定优势，在体系架构上也更稳定、更有弹性。但受路径依赖和制度变迁成本的影响，"新怀特计划"似乎更具现实可行性，未来的国际货币体系的优化路径很可能仍是在美元本位的基础上对其货币发行施加一定制约，并对国际收支调节机制进行一定程度的完善。

四、小结

系统性风险是威胁现代经济金融体系稳定的重要因素。本章试图揭示系统性风险的实质特征，指出系统性风险是经济金融体系内失控的正反馈效应与跨部门风险传染的叠加。同时，系统性风险头寸在市场参与者和金融体系两大部门中不断积累是风险发展阶段的普遍现象。我们完整描述了系统性风险积累—爆发的过程，并从宏观政策—中观市场机制—微观个体的趋同性行为三个层面剖析了系统性风险的形成条件。

宏观审慎管理的基本思路是从不同层面采取措施应对系统性风险，防止经济金融体系内形成失控的不良正反馈循环和跨市场风险传染，限制系统性风险头寸积累。在全球金融一体化的背景下，跨境资本流动同样存在引发系统性风险的因素特征。特定条件下跨境资本流动也会形成正反馈循环和跨部门风险传染，成为实体经济顺周期性与金融加速器的一部分。结合国际上资本流动宏观审慎管理的实践，我们认为，未来我国应以从日常管理、危机应对和长效机制等多个维度，不断优化资本流动的宏观审慎管理，为国内宏观金融调控与经济持续健康发展营造良好的外部环境。

第七部分

基本结论和政策建议

　　理论上讲，对货币问题的理解和分析可以有两套基本框架：一套基于数量，核心是讨论货币供给与需求问题，关注货币"从哪里来"和"到哪里去"；另一套则基于价格，核心是讨论利率及其传导。在现实的货币政策调控中，我们始终难以绕开以数量为目标还是以价格为目标、运用数量型工具还是价格型工具这些基本的问题。对一个货币经济研究者来说，应当尽可能熟悉这两套框架，比较两套框架及其转型问题，研究数量型调控与价格型调控的利弊比较、是否和如何推动从数量型调控为主向价格型调控为主转变。正是基于上述问题，我们通过逐层设问、层层剥茧的办法不断将研究引向深化，建立起一个理解货币数量与价格以及数量型向价格型调控转型的基本框架。具体的，我们的研究发现：

　　一是货币政策的数量和价格目标往往难以得兼。理论上，如果选择了盯住利率目标，货币数量的波动性势必增加，反之，利率的波动性势必较大。在实践操作中，许多国家货币政策以数量型为目标时，其货币市场利率的波动性普遍较大。当其向价格型目标过渡后，其货币市场利率波动性往往有较大幅度的下降，这从一个侧面也印证了有关理论分析的结论。某种程度来说，2013 年发生在我国的所谓"钱荒"实际上是"量"和"价"矛盾强化的一种外在表现。当然，在过去银行体系流动性总体偏多的情况下，量价之间的矛盾实际上是不显著的，中央银行对数量目标的调控并不必然表现为利率等价格变量的相应变化。剖析中国式"钱荒"和当时市场利率的急剧波动，不仅是理解诸多货币金融理论的一个切入点，也是分析近年来我国宏观经济金融领域一系列重要变化的一把"钥匙"，还是分析货币政策框架转型的一个很好的引子。正因为如此，我们把"钱荒"和市场利率波动加大的现象作为本书研究的逻辑起点。

　　二是当中央银行获得主动供给和调节流动性的地位时，就必须回答一个新的问题，这就是货币政策应以货币的数量还是以价格作为目标，即货币政策模式的选择问题。更具体的，中央银行需要对到底是维持利率稳定还是维护货币总量稳定（容忍利率波动）进行选择。如果中央银行的目标是促进产出波动的最小化，那么中央银行就需要选择那种产出波动（方差）更小一些的。如 Poole（1970）所言，当不确定性（随机冲击）主要来自总需求和商品市场，那么选择货币供应量作为中介目标较为合适；若不确定性主要来自货币市场，那么选择利率作为中介目标较为合适。或者说，若货币需求不稳定，难以准确预测，那么通过稳定利率并容忍货币总量波动，就可以较大程度地提高产出的稳定性。结合中国的时间序列数据，我们发现，基于 Poole 视角的数量型调控框架总体上要优于价格型调控框架，但随着时间推移，这种优越性已经显著减弱。特别的，在金融创新不断深化的 2011 年以来的一段时间，数量型调控相比较于价格型调控的优越性已经明显减少，基于 Poole 模型的价格型调控框架已经呈现出优于数量型调控框架的特征。当然，我们仍有必要在今后更长的时间段内对此加以考察与检验。

三是利率已成为我国经济转型中不容忽视的变量。利率与宏观经济许多重要变量之间日益呈现出较强的规律性特征，中央银行引导和调节市场利率的能力也在增强。从某种意义上讲，目前我国已经初步形成了较为敏感和有效的市场化利率体系和传导机制。这些都为进一步推进利率市场化改革创造了有利条件。具体来说，我国市场利率调整基本符合类似泰勒规则的模式，主要关注物价和产出变化；此外，我们还对利率市场化的影响进行了初步的量化和情景分析。从测算结果看，至少到目前为止，商业银行表现出了较强的转嫁成本的能力。利率市场化可能会引致一定程度的社会融资成本上升，但影响相对有限。现实中存在诸如总需求放缓、储蓄率较高等抑制利率上升的因素。利率市场化改革不排除有一定的阵痛期，可能有一个"先抑后扬"的过程，但最终有利于促进商业银行改善经营，并提升整个社会的资源配置效率。

　　四是直接融资与金融创新的发展加速了货币政策框架从数量型向价格型调控方式的转变。近年来，随着资本市场发展以及金融创新的不断深化，我国直接融资相对间接融资的比例总体有所提升，金融脱媒现象日益明显。从国际经验和历史文献来看，金融脱媒的变化对各国货币政策传导机制的影响十分复杂，难以得到普适性的结论。结合中国的有关数据，我们在定量测度金融脱媒程度的基础上，分别考察了封闭经济和开放经济条件下后顾性新凯恩斯 IS 曲线。实证结果发现，引入金融脱媒因素显著增强了中国 IS 曲线中名义利率对产出缺口的弹性，金融脱媒促使货币政策的利率传导机制更加有效。该结论有着深刻的现实意义和重要的政策含义：一方面，我国直接融资和金融脱媒的迅速发展，使得实际产出对资金要素价格的变化更加敏感，这有利于发挥利率的资源配置作用。发展直接融资等除了可以有效地分散市场风险之外，还有助于提升整个经济体系的运行效率。另一方面，也说明金融脱媒将加速促进中国货币政策从数量型向价格型调控方式的转变，因此现阶段的货币政策应该更加密切关注经济中融资结构的变化，强化对其对政策传导机制特别是利率传导效果的影响研究。

　　五是深层次的结构扭曲对我国货币政策的转型发展形成了诸多制约与挑战。基于上市公司数据的研究发现，我国企业呈现出较普遍的过度投资特征，国有企业相对更容易发生投资过度行为。过度投资企业相对非过度投资企业而言，投资对利率变动敏感程度更低，且过度投资企业的投资与利率变动甚至还会呈现出"非理性"的正向关系，这佐证了我国企业投资对利率变动的敏感程度有限（尤其是过度投资企业），货币政策利率传导机制不畅通可能也与此有关。应加快深化国有企业改革，硬化企业的预算约束。减少政府对企业经营的干预，阻断政府直接补助企业、干预银行信贷等不合理途径，减少企业预算软约束预期，增强其投资对资金成本的敏感性。同时，应转变通过简单扩大投资拉动经济增长的理念，过度的总需求刺激政策在短期内也许可以带来经济"繁荣",但其潜在危害在中长期必然显现出来。因此制定总需求扩张政策时要从长计议,切实提升投资效率。特别的,在经济结构调整的过程中,货币政策宜保持审慎和稳健,为经济转型创造中性适度的货币金融环境。

六是现实经济中存在的"两部门"结构性特征使得货币数量与利率价格的动态变化更趋复杂。2008 年国际金融危机爆发以来,地方融资平台与房地产业一度较快扩张而制造业等实体经济却出现"产业空心化"以及"融资难、融资贵"等复杂现象。对此,我们创新性地建立了一个简明的分析框架,将信贷市场的资金需求方分为具有不同特征的以地方融资平台等为代表的"扭曲部门"和以制造业为代表的"实体部门",分析经济结构扭曲如何通过影响信贷市场均衡并最终对宏观经济产生互动影响。我们发现,结构扭曲是信贷市场资金配置失衡以及"产业空心化"的根本原因。由于存在成本扭曲、预算软约束和政府隐性担保及刚性兑付等,扭曲部门投资和资金需求容易持续扩张,从而对市场利率水平抬升起到显著的推动作用。随着结构扭曲程度的加剧,信贷市场不断出现逆向选择和道德风险,扭曲部门对实体部门产生明显的资金"挤出效应"。此时如果无实质性经济结构改革政策的出台,信贷市场上的扭曲程度可能不断加剧,直至泡沫破灭和金融风险完全暴露,宏观经济可能随之出现通缩,甚至掉入"流动性陷阱"。应全面加快推进"深水区"的各项经济体制改革,打破"产业空心化"的恶性循环,货币政策的占优策略应该是保持中性适度,促使资金有效进入实体经济。

七是货币政策规则的选择往往是各中央银行根据其当时特定经济金融环境来确定的。从各主要新兴市场及转型国家的实践来看,货币数量目标的吸引力已不断减小,但由于金融市场不发达等结构性原因,完全基于价格型的货币政策调控体系又不可能一蹴而就。那么究竟应采取何种货币政策规则就成为了这些中央银行面临的重大现实挑战,转型中的中国也是如此。虽然近年来我国经济金融改革及利率市场化的进程在不断加快，但数量型工具仍在发挥重要作用，这就使得"量"和"价"相互协调以共同实现货币政策调控目标成为现实可能，即在经济转型时期实施以货币数量工具和利率价格工具兼顾的货币政策混合型工具规则。我们的实证分析表明，在经济转型阶段，实施货币政策混合型工具规则要优于单一的数量型规则或价格型规则，混合型规则能够更好地熨平宏观经济波动，并且对改善社会福利的效果更明显。政策制定者在利用货币数量工具的同时，也同时使用利率价格工具调节经济，能更好地实现货币政策的最终目标。

八是货币政策传导的有效性以及货币市场运行状况在很大程度上取决于市场预期是否稳定。现代预期管理理论突出强调中央银行"怎么说"和"说什么"，沟通发挥着重要作用，从而达到"不战而屈人之兵"的效果，提高货币政策传导的有效性。基于货币市场流动性的供给需求框架，我们系统比较了中央银行相机抉择与政策规则两种策略下，市场行为差异与货币市场利率波动的关系。研究表明，预期是影响货币市场波动的重要因素。在相机抉择的政策框架下，受到负面冲击影响后，预防性需求增加，市场利率明显上升。此后随着中央银行的干预，利率会逐步回落，但由于市场预期的不稳定，需要注入更大规模的流动性以维持原有利率水平。而在政策规则下，由于有中央银行的政策承诺，冲击不会轻易改变市场对流动性供给预期的判断，预防性需求变化不大，冲击发生后利率虽小幅上升，但之后会逐步向目标值逼近。值得一提的是，软预算约束下的货币市场则可能存在着"刚性"的投机性需求，政策规则下的流动性提供机制反而可能会强化金融机构的投机性需求，形成"投机性需求不断增加—中央银行流动性不断注入"的恶性循环，因此转型经济中的中央银行更需要协调好利率价格调控与流动性数量管理之间的平衡。

九是探讨了货币政策是否应直接调控中长期利率问题。经典货币政策操作的通行做法是调控收益率曲线中的短期利率。但现实中也有一些争论。特别是此次国际金融危机以来，各主要经济体中央银行的"扭曲操作"事实上强化了对中长期利率的调控。当世界经济逐步走出危机恢复常态后，危机中所使用中长期利率调整工具是否应在常规时期使用，这些都值得深入思考。支持中长期利率调控的观点认为，中长期利率与总需求相关性更强，有利于金融稳定和信贷调节，增加了利率在期限结构上的传导效率，可以克服中央银行的零利率下限并进一步为市场提供流动性。反对的观点则认为，中长期利率调控会引发短期利率的巨大波动，加剧引发财政赤字货币化的担忧，难以改善货币政策传导渠道的分割，也难以估计市场对中长期利率调控的反应。目前我国金融市场的深度和广度相对有限，利率的期限结构仍不够完善。在这样的现实条件下，传统的货币政策工具可能难以完全适应"新常态"下的调控任务。近年来，人民银行丰富和补充了常备借贷便利（SLF）和中期借贷便利（MLF）等货币政策工具，以抵押或质押等方式向金融机构提供中期流动性，是疏通货币政策传导并进一步增强宏观调控效果的有益探索。

十是随着资本市场在国民经济中的重要性不断提高，资产价格与货币政策的关系日益紧密。货币当局是否应该事前去阻止资产泡沫破裂，还是在事后采取一些措施，这些至今仍困扰着各国的中央银行。从理论来看，如果对资产价格的膨胀不采取行动，则有可能会引发未来价格波动，同时造成信用危机或金融危机。因此事前的紧缩政策可以看做是对危机的防范或一种"保险"措施。然而，这种"保险"并不是免费的，紧缩的货币政策意味着即期的低产出与低通胀。最优的货币政策取决于其中成本与收益比较。从美联储格林斯潘主席任期内美国两场大规模的资产泡沫来看，美联储除了言语上提到了股市的"非理性繁荣"外，并没有真正地试图去纠正资产价格高估。我们认为，货币政策操作不应过度追随资产价格，资产价格变化也不宜成为影响货币政策的决定性因素。对货币政策而言，着眼点仍应是对实体经济运行状况、货币需求量以及市场利率等指标的综合分析判断。尽管如此，资产价格波动的背后隐藏着许多货币政策决策所需的重要信息，值得密切关注。资产价格对货币政策的挑战还在于其对金融稳定的影响。如果导致资产泡沫的原因来自货币条件以外的因素，如银行资本充足水平或监管等，就需要着手去解决金融监管等问题。

十一是此次国际金融危机爆发以来，各界对危机前货币政策普遍的单一目标和单一工具框架提出了质疑。近年来的大量理论文献以及发展中国家政策实践都表明，针对全球化趋势和开放经济特点，货币政策的目标和工具可能不是唯一的，货币政策工具的组合搭配显得尤其重要。我们结合现实国情，对我国"多目标、多工具"的货币政策框架以及规则体系进行了系统分析和实证检验。我们尝试以传统的泰勒规则为基础构建我国货币政策对内部均衡的反应函数，结果表明，货币当局综合使用公开市场操作、存款准备金、基准利率等货币政策工具调节银行间市场流动性及市场利率，对通胀与增长等内部均衡目标进行了积极反应。除了内部均衡的反应函数，实证结果还表明，我国货币当局主要基于国际收支尤其是经常账户状况判断外部均衡状况，并使用汇率政策调节外部失衡，货币政策对外部失衡的反应也是积极和显著的，现阶段分别基于内部和外部均衡的货币政策反应函数能较充分地刻画转型中国的现实特征。不过，同时融入内外均衡关联的货币政策反应函数的检验效果却不十分理想，这可能与存在资本管制、利率汇率没完全市场化等有关。展望未来，随着市场化进程的推进，我国货币政策的规则（体系）将趋近"不可能三角"的角点解，即资本项目更加开放、汇率更加灵活、货币政策的自主性更强。

十二是随着全球金融一体化的程度不断加深，影响货币政策实施效果的新因素和新机制更趋复杂，以"三元悖论"为代表的传统开放经济分析框架面临新的挑战。近期 Rey（2013）提出了所谓"二元悖论"的新观点，认为资本的自由流动与一国货币政策的有效性不可兼得，而与其采取何种汇率制度无关。"二元悖论"与"三元悖论"的根本分歧存在于"浮动汇率国家是否能保持货币政策的有效性"这一问题上。如果我们能从理论上解答"为什么浮动汇率国家的货币政策无法保持有效性"问题，也就从本质上阐明了"二元悖论"的经济学机理。我们的实证研究表明，金融全球化会削弱浮动汇率制国家货币政策的效果。当全球避险情绪导致的风险溢价与货币供给增量的比值达到或超过临界值时，货币扩张对产出的影响可能被完全抵消；若低于该临界值，货币政策仍保持有效，但有效程度受到风险溢价的影响。在这一机制的作用下，一国货币政策的实施效果随金融全球化因素变化而变化，从而体现出"二元悖论"的特征。金融全球化使本来局限于一些中心国家（如美国）的恐慌情绪能够迅速传播到国际金融市场。避险情绪导致全球风险溢价的同步变化，阻碍了利差对汇率的调节作用，从而削弱浮动汇率国家货币政策的有效性。

十三是中央银行建立的初衷是减少金融恐慌的影响、维护金融体系的稳定，其实这也是货币政策能否有效传导的重要前提。开放经济下的风险管理与政策应对更加复杂。在梳理系统性风险与宏观审慎管理基本认识的基础上，我们试图对开放经济下跨境资本流动的宏观审慎管理进行探讨。我们认为，系统性风险是威胁现代经济金融体系稳定的重要因素，其实质是经济金融体系内失控的正反馈效应与跨部门风险传染的叠加。同时，系统性风险头寸在市场参与者和金融体系两大部门中不断积累是风险发展阶段的普遍现象。我们完整描述了系统性风险积累—爆发的过程，并从宏观政策—中观市场机制—微观个体的趋同性行为三个层面剖析了系统性风险的形成条件。宏观审慎管理的基本思路是从不同层面采取措施应对系统性风险，防止经济金融体系内形成失控的不良正反馈循环和跨市场风险传染，限制系统性风险头寸积累。在金融全球化的背景下，跨境资本流动同样存在引发系统性风险的可能。特定条件下跨境资本流动也可能形成正反馈循环和跨部门风险传染，导致实体经济顺周期性波动与金融加速器效应。结合国际上对资本流动实施宏观审慎管理的实践，建议未来应以从日常管理、危机应对和长效机制等多个维度，优化针对资本流动的宏观审慎管理，促进经济金融稳健运行。

参考文献

［1］Aizenman, Joshua, Chinn, Menzie and Ito, Hiro. *Assessing the E-merging Global Financial Architecture*: *Measuring the Trilemma's Configuration over Time*. NBER Working Paper, No. 14533, 2008.

［2］Allen F. , E. Carletti, D. Gale. *Interbank Market Liquidity and Central Bank Intervention*. Journal of Monetary Economics, 2009 (56).

［3］Ashcraft A. , J. McAndrews, D. Skeie. *Precautionary Reserve and the Interbank Market*. Federal Reserve Bank of New York Staff Reports, 2008, No. 370.

［4］Auerbach, A. J. , L. j. Kotlikoff, R. P. Hageman and G. Nicoletti. *The Economic Dynamics of an Ageing Population*: *The Case of Four OECD Countries*. OECD Department of Economics and Statistics Working Paper, 62. 1989.

［5］Ball, L. . *Policy Rules for Open Economy in Monetary Policy Rules*, Taylor, J. (ed), NBER, 127 – 156. Chicago: University of Chicago Press, 1999.

［6］Banco Central do Brasil. *Inflation Report*, December 2013.

［7］Banco de Mexico. *Monetary Policy Implementation through an Operational Interest Rate Target*. Implementing Monetary Policy through an Operating Interest Rate Target, www. banxico. org. mx.

［8］Barro, R. *The Stock Market and Investment*. Review of Financial Studies, 3, 1990.

［9］ Bartolini L. , G. Bertola, A. Parti. *Day – to – Day Monetary Poli-cy and the Volatility of the Federal Funds Interest Rate*. Journal of Money, Credit and Banking, 2002 (34).

［10］ Batini, N. and Haldane A. *Forward – Looking Rules for Monetar-y Policy*. Bank of England Working Paper, Vol. 91, 1999.

［11］ Bayoumi, T. , Dell' Ariccia, G. , Habermeier, K. , Mancini – Griffoli, T. , Valencia, F. *Monetary Policy in the New Normal*. IMF Staff Discussion Notes, No. 14/3, 2014.

［12］ BBC. *Compulsory Retirement Age at 65 Fully Abolished*, 2011, http: //www. bbc. co. uk/news/.

［13］ Bean, Charles. *Global Demographic Change: Some Implications for Central Banks*. Bank of England, 2004.

［14］ Benes, Jaromir, A. , Berg, R. Portillo and Vavra, D. *Modeling Sterilized Interventions and Balance Sheet Effects of Monetary Policy*. IMF Working Paper, forthcoming, 2012.

［15］ Beraert, Greet, Marie Hoerova, Marco Lo Duca. *Risk, Uncer-tainty and Monetary Policy*. NBER Working Paper, 2010.

［16］ Berg, Andrew, Philippe Karam, and Douglas Laxton. *A Practical Model – Based Approach to Monetary Policy Analysis—Overview*. IMF Working Paper, WP/06/80, 2006.

［17］ Berg, Andrew, Philippe Karam, and Douglas Laxton. *Practical Model – Based Monetary Policy Analysis—a How – to Guide*. IMF Working Pa-per, WP/06/81, 2006.

［18］ Bernanke, B. and M. Gertler. *Monetary Policy and Asset Prices Volatility*. Economic Review, Fed of Kansas, 1999.

［19］ Bernanke, B. Deflation: *Making Sure "it" doesn't Happen here*. Remarks before the National Economists Club, Washington, D. C. , November 21, 2002.

[20] Bernanke, B. and Gertler, M. *Inside the Black Box: The Credit Channel of Monetary Policy Transmission.* The Journal of Economic Perspectives, 9: 4, 1995.

[21] Bernanke, B. *Why are Interest Rates so Low?*. http: // www. brookings. edu/bolgs/ben – bernanke, 2015/03/ 30.

[22] Bernanke, B. , Reinhart V. , and Sack B. *Monetary Policy Alternatives at the Zero Bound: An Empirical Assessment.* Brookings Papers on Economic Activity, 1 – 78, 2004.

[23] Bernanke, B. and Blinder, Alan S. *Credit, Money, and Aggregate Demand.* American Economic Review, 1988, 78 (2).

[24] Betty C. Daniel. *The International Transmission of Economic Disturbances under Flexible Exchange Rates.* International Economic Review, 1981 (22).

[25] Bhattacharya, S. , D. Gale. *Preference Shocks, Liquidity, and Central Bank Policy.* In New Approaches to Monetary Economics, ed. W. Barnett and K. Singleton, Cambridge, Cambridge University Press, 1987: 69 – 88.

[26] Blagrave, Patrick, Peter Elliott, Roberto Garcia – Saltos, Douglas Hostland, Douglas Laxton, and Fan Zhang. *Adding China to the Global Projection Model.* IMF Working Paper, 2013, WP/13/256.

[27] Blanchard, Oliver, and C. Kahn. *The Solution of Linear Difference Models under Rational Expectations.* Econometrica, 1980, 48.

[28] Blanchard, Olivier, Dell' Ariccia, Giovanni and Mauro, Paolo. *Rethinking Macro Policy II: Getting Granular.* IMF Staff Discussion Note, April 15, 2013.

[29] Blanchard, Olivier, Dell' Ariccia, Giovanni and Mauro, Paolo.

Rethinking Macroeconomic Policy. IMF Staff Position Note, February 12, 2010.

[30] Bloom, David E., Canning, David and Fink, Gunther. *Implications of Population Aging for Economic Growth*. Program on the Global Demography of Aging Working Paper, No. 64, 2011.

[31] Bofinger, Peter. *Monetary Policy: Goals, Institutions, Strategies, and Instruments*. Oxford University Press, 2001.

[32] Boivin, J., Kiley, M. T. and Mishikin, F. S. *How Has the Monetary Transmission Mechanism Evolved Over Time?*. Finance and Economic Discussion Series, Federal Reserve Board, 2010.

[33] Bonham, Carl and Wiemer, Calla. *Chinese Saving Dynamics: The Impact of GDP Growth and the Dependent Share*. The Economic Research Organization Working Paper, University of Hawaii, No. 2010 – 11R, 2012.

[34] Bordo, Michael D. and Olivier Jeanne. *Boom – Busts in Asset Price, Economics Instability, and Monetary Policy*. NBER Working Paper No. 8966, 2002.

[35] Borio, Claudio and Haibin Zhu. Capital Regulation, *Risk – Taking and Monetary Policy: A Missing Link in the Transmission Mechanism?*. Journal of Financial Stability, 2012 (8).

[36] Borio, Claudio E. V. *The Implementation of Monetary Policy in Industrial Countries: A Survey*. BIS Economic Papers No. 47, 1997.

[37] Borio, Glaudio and Piti Disyatat. *Global Imbalances and the Financial Crisis: Link or No Link?*. BIS Working Paper, 2011.

[38] Bosworth, B., B. Burtless and J. Sabelhaus. *The Decline in Saving: Some Microeconomic Evidence"*. Brookings Papers on Economic Activity, pp. 183 – 241, 1991.

[39] Brandt, L. and Zhu, X.. *Redistribution in a Decentralized Econ-*

omy: *Growth and Inflation in China under Reform.* Journal of Political Economy, Vol. 108, No. 2: 422 – 439, 2000.

[40] Branson, William H. *Monetarist and Keynesian Models of the Transmission of Inflation.* The Economic Review, 1975 (65).

[41] Brook, Anne – Marie, Sédellot, Franck, Ollivaud, Patrice. *Channels for Narrowing the US Current Account Deficit and Implications for Other Economics.* Economics Department Working Papers, No. 390, OECD, 2004.

[42] Brumberg and Modigliani. *Utility Analysis and the Consumption Function.* the Collected Papers of Franco Modigliani, Volume 6, MIT Press, 1954.

[43] Burdekin, R. C. K., and Siklos, P. L. *What has Driven Chinese Monetary Policy since* 1990? . Investigating the People's Bank's Policy Rule, Journal of International Money and Finance, 27, 2008.

[44] Burtless, Gary. *The Impact of Population Aging and Delayed Retirement on Workforce Productivity.* Center for Retirement Research at Boston College, 2013.

[45] Calvo, G. *Staggered Prices in a Utility Maximizing Framework.* Journal of monetary Economics, 1983, 12.

[46] Calvo, Guillermo A. , Leonardo Leiderman, and Carmen Reinhart. *Capital Flows to Developing Countries in the* 1990s: *Causes and Effects.* Journal of Economic Perspectives, 1996 (10).

[47] Carabenciov, Ioan, Igor Ermolaev, Charles Freedman, Michel Juillard, Ondra Kamenik, Dmitry Korshunov, Douglas Laxton, and Jared Laxton. *A Small Quarterly Multi – Country Projection Model.* IMF Working Paper, 2008, WP/08/279.

[48] Carlstrom, C. , Fuerst, T. , Paustian, M. *Targeting Long Rates*

in a Model with Segmented Markets. Social Science Electronic Publishing, 2014.

［49］ Casas, F. R. . *The Case of Floating Exchange Rates.* The CanadianJournal of Economics, 1977 (10).

［50］ Cetorelli, Nicola, Linda S. Goldberg. *Banking Globalization and Monetary Transmission.* Journal of Finance, 2012 (67).

［51］ Charles Steinde. *Household Saving and Wealth Accumulation in the U. S. .* BIS Irving Fisher Committee, No. 25, 2007.

［52］ Chow, G. and Li, K. . *China's Economic Growth:* 1952 – 2010. Economic Development and Cultural Change, 247 – 256, 2002.

［53］ Clarida, R. , J. , Gali and M. Gertler. *Monetary Policy Rule and Macroeconomic Stability: Evidence and Some Theory.* Quarterly Journal of Economics, 1998, 115 (1): 147 – 180.

［54］ Cline, William R. *United States External Adjustment and the World Economy.* Institute for International Economics, Washington D. C. , 1989.

［55］ Corsetti, Giancarlo, Pesenti, Paolo. *Stability, Asymmetry, and Discontinuity: The Launch of European Monetary Union.* Brookings Papers on Economic Activity, 2, 1999.

［56］ Devereux M, F Schiantarelli. *Investment, Financial Factors, and Cash Flow: Evidence from U. K. Panel Data.* In R Glenn Hubbard, ed. Asymmetric Information, Corporate Finance, and Investment, Chicago: University of Chicago Press, 279 – 306, 1990.

［57］ Devereux, Michael B. , James Yetman. *Globalization, Pass – through and the Optimal Policy Response to Exchange Rates.* BIS Working Paper, 2014.

［58］ Dewatripont, Mathias, Maskin, Eric. *Credit and Efficiency in*

Centralized and Decentralized Economies. Review of Economic Studies, 62, 541 – 555, 1995.

[59] Disyatat, Piti. *Global Imbalances and the Financial Crisis: Link or no Link?*. BIS Working Papers, 2011.

[60] Dornbusch, Rudiger. *Exchange Rate Expectations and Monetary Policy.* Journal of International Economics, 1976 (6).

[61] Dornbusch, Rudiger. *Exchange Rates and Interdependence.* IMF Working Paper, 1983.

[62] Dornbusch, Rudiger. *Expectations and Exchange Rate Dynamics.* Journal of Political Economics, 1976 (84): 1161 – 1176.

[63] Dornbusch, Rudiger. *The Theory of Flexible Exchange Rate Regimes and Macroeconomic Policy.* The Scandinavian Journal of Economics, 1976 (6).

[64] Drehmann, M. , C. Borio, and K. Tsatsaronis. *Anchoring Countercyclical Capital Buffers: The Role of Credit Aggregates.* International Journal of Central Banking, 2011 (7).

[65] Dueker, M. , Fischer, A. M. *Inflation Targeting in a Small Open Economy: Empirical Results for Switzerland.* Journal of Monetary Economics, 37, 89 – 103, 1996.

[66] Duyne, Carl van. *Imperfect Foresight and the Insulation Properties of a Flexible Exchange Rate.* The Scandinavian Journal of Economics, 1980 (32).

[67] Eggerstsson and Woodford. *The Zero Bound on Interest Rates and Optimal Monetary Policy.* Brookings Papers on Economic Activity, 2003 (1).

[68] Eichengreen, Barry. *Capital Account Liberalization: What do the Cross Country Studies Tell Us?*. World Bank Economic Review, 2002 (15).

［69］ Eichengreen, Barry. *Renminbi Internationalization: Tempest in a Teapot?*. Asian Development Review, Vol. 30, No. 1, 2013.

［70］ Estrella, Auturo. *Securitization and the Efficacy of Monetary Policy*. FRBNY Economic Policy Review, 2002.

［71］ Fazzar, I S. , G. Hubbard, B. Peterson. *Financing Constraints and Corporate Investment*. Brookings Papers on Economic Activity, （1）: 141 – 195, 1988.

［72］ Flood P. , M. Garber. *A Model of Stochastic Process Switching*. Econometrics, 1983 （51）: 537 – 551.

［73］ Flood, Robert P, Nancy Peregrim Marion. *The Transmission of Disturbances under Alternative Exchange – Rate Regimes with Optimal Indexing*. The Quarterly Journal of Economics, 1982 （93）.

［74］ Freixas X. , A. Martin, D. Skeie. *Bank Liquidity, Interbank Markets, and Monetary Policy*. The Review of Financial Studies, 2011, 24 （8）.

［75］ Frenkel, Jacob A. *A Monetary Approach to the Exchange Rate: Doctrinal Aspects and Empirical Evidence*. The Scandinavian Journal of Economics, 1976 （6）.

［76］ Friedman M. *Factors Affecting the Level of Interest Rates*. Money Supply, Money Demand, and Macroeconomic Models, 1972.

［77］ Friedman M. *The Role of Monetary Policy*. American Economic Review, 1968 （58）.

［78］ Friedman M. , A. J. Schwartz. *A Monetary History of the United States*. 1867 – 1960. Princeton University Press, 1963.

［79］Friedman, M. Schwartz, A. J. . *Money and Business Cycles*. Review of Economics and Statistics, 45, 1963.

［80］ Friedman, M. *The Rise and Fall of Monetary Growth Targets as*

Guidelines for U. S. Monetary Policy. NBER Working Paper, 54 – 65, 1996.

[81] Friedman, M.. *The Optimum Quantity of Money.* In the Optimum Quantity of Money and Other Essays, Chicago: Aldine, 1969.

[82] Frost P. *Banks' Demand for Excess Reserves.* Journal of Political Economy, 1971, 79 (4): 805 – 825.

[83] Fujiwara, I. and Teranishi, Y. *A Dynamic New Keynesian Life – Cycle Model: Societal Aging, Demographics, and Monetary Policy.* Journal of Economic Dynamics & Control, 2008 (32).

[84] Furfine C. *Interbank Payments and the Daily Federal Funds Rate.* Journal of Monetary Economics, 2000 (46): 535 – 553.

[85] Gagnon, Joseph E. *Long – Run Supply Effects and the Elasticities Approach to Trade.* International Finance Discussion Papers, Board of Governors of the Federal Reserve System No. 754, 2003.

[86] Gambacorta, Leonardo, Anamaria Illes, Marco J Lombardi. *Has the Transmission of Policy Rates to Lending Rates been impaired by the Global Financial Crisis?*. BIS Working Papers, No. 477, December 2014.

[87] Garcia, Carlos, Restrepo, Jorge and Roger, Scott. *How Much Should Inflation Targeters Care About the Exchange Rate?*. Journal of International Money and Finance, Vol. 30, 2011.

[88] Geiger, M. MonetaryPolicy in China (1994 – 2004): *Targets, Instruments and Their Effectiveness.* Wurzburg Economic Papers, Vol. 68, 2006.

[89] Goodhart, Charles & Boris Hofmann. *The is Curve and the Transmission of Monetary Policy: Is there a Puzzle?*. FMG Special Papers sp150, Financial Markets Group, 2003.

[90] Goodhart, Charles. *Monetary Relationship: A View from Thread-*

needle Street, *Monetary Economics.* Volume I, Reserve Bank of Australia, 1975.

[91] Gourinchas, Pierre – Olivier, and Maurice Obstfeld. *Stories of the Twentieth Century for the Twenty – First.* American Economic Journal: Macroeconomics, 2012 (4).

[92] GOV. UK. *Retirement Age.* https://www. gov. uk/retirement – age, 2013.

[93] Greenspan, Alan. *Fed Chair Sees Trade Deficit Risk.* CBS News, Nov. 19, 2004, Washington.

[94] Greenspan, Alan. *Remarks at the 15th Anniversary Conference of the Center for Economic Policy Research.* Stanford University, Mimeo, September 5, 1997.

[95] Gregorio, José De. *Monetary Policy and Financial Stability – An Emerging Markets Perspective.* Presentation at the Brookings Institution, 17 September 2009.

[96] Griswold, Daniel. *Bad News on the Trade Deficit Often Means Good News on the Economy.* Free Trade Bulletin, No. 14, Center for Trade Policy Studies, Cato Institute, 2005.

[97] Guo, Kai and Papa N'Diaye. *Determinants of China's Private Consumption: An International Perspective.* IMF Working Paper, WP/10/93, 2010.

[98] Hamilton J. *The Daily Market for Federal Funds.* Journal of Political Economy, 1996 (104): 26 – 56.

[99] Hamilton, J. D. *Time Series Analysis.* Princeton University Press, 1994.

[100] Harvey, Campbell and Christian Lundblad. *Does Financial Liberalization Spur Growth?*. Journal of Financial Economics, 2005 (77).

［101］Hayford, Marc D. and A. G. Malliaris, *Monetary Policy and the Stock Market*. Economics Seminar at the University of Northern Illinois, 2002.

［102］Head, A. and Kumar. A. *Price Dispersion, Inflation and Welfare*. International Economics Review, Vol. 46, 2005.

［103］Hester, Donald D. *The Evolution of Monetary Policy and Banking in the US*. Germany: Springer, 2008.

［104］Hicks, J. R. *Mr. Keynes and the "Classics"*. Econometrica, Vol. 5, No. 2, 1937.

［105］Honohan, Patrick. *How Interest Rates Changed under Financial Liberalization: A Cross - Country Review*. Policy Research Working Paper, 2313, The World Bank, April, 2000.

［106］Hooper, Peter, Johnson, Karen and Marquez, Jaime. *Trade Elasticities for G - 7 Countries*. International Finance Discussion Papers, No. 609, Board of Governors of the Federal Reserve System, 1998.

［107］Houthakker, H. S. and Magee Stephen P. *Income and Price Elasticities in World Trade*. Review of Economics and Statistics, Vol. 51, No. 2, 1969.

［108］Hubbard, R. G.. *Capital Market Imperfections and Investment*. Journal of Economic Literature, 1998, 36, 193 - 225.

［109］Hurlin, C.. *Testing Granger Causality in Heterogeneous Panel Data Models with Fixed Coefficients*. Miméo, University Orléans, 2004a.

［110］Hurlin, C.. *A Note on Causality Tests in Panel Data Models with Random Coefficients*. Miméo, University Orléans, 2004b.

［111］Hurlin, C.. Venet, B.. *Granger Causality Tests in Panel Data Models with Fixed Coefficients*. Working Paper. EURIsCO, Université Paris IX Dauphin, 2001.

[112] Illes, A. , and Lombardi, M. , Mizen P. , *Why did Bank Lending Rates Diverge from Policy Rates after the Financial Crisis?* . BIS Working Papers, No. 486, 2015.

[113] Imam, Patrick, Shock from Graying: *Is the Demographic Shift Weakening Monetary Policy Effectiveness.* IMF Working Paper, WP/13/191, 2013.

[114] IMF. *Effects of Capital Flow Liberalization: What Is the Evidence from Recent Experience in Emerging Market Economies.* Annual Report on Exchange Arrangements and Exchange Restrictions, 2012.

[115] IMF. *Survey of Reserve Managers: Lessons from the Crisis.* May 2013.

[116] IMF. *The Liberalization and Management of Capital Flows: An Institutional View.* Nov. , 2012.

[117] J. , Campbell. *Money Announcements, the Demand for Bank Reserves, and the Behavior of the Federal Funds Rate within the Statement Week.* Journal of Money, Credit and Banking, 1987 (19): 56 – 67.

[118] Jaffee, Dwight M. and Thomas Russell. *Imperfect Information, Uncertainty, and Credit Rationing: A Reply.* Quarterly Journal of Economics, 99 (4): 869 – 872, 1984.

[119] Jaffee, Dwight M. and Thomas Russell. *The Imperfect Information, Uncertainty, and Credit Rationing.* Quarterly Journal of Economics, 90 (4): 869 – 872, 1976.

[120] Jensen M, W Mecking. 1976. *Theory of the Firm: Managerial Behavior, Agency costs, and Capital Structure.* Journal of Financial Economics, 3: 305 – 360.

[121] Jensen M. *Agency Costs of Free Cash Flow, Corporate Finance and Takeovers.* American Economic Review, 1986, 76: 323 – 329.

［122］Jensen, Niels C. *Deteriorating Global Liquidity*. Absolute Return Partners LLP, 2005.

［123］John, Peter, *Analyzing Public Policy*. Routledge: London and New York, 2012.

［124］Johnson, D. Gale, *Population, Food, and Knowledge, American Economic Review*. Vol. 90, No. 1, 2000.

［125］Joines, Douglas H. *International Currency Substitution, and the Income Velocity of Money*. Journal of International Money and Finance, 1985/4.

［126］Kantur, Z. . *Aging and Monetary Policy, Department of Economics*. Bilkent University, Ankara, Turkey, 2013.

［127］Kim, Choongsoo. *Financial Markets in Korea*. the Bank of Korea, 2013.

［128］Kim, Choongsoo. *Monetary Policy in Korea*. Hongjin CTP & Printing Co. , Ltd. , 2012.

［129］Kim, D. and Orphanides, A. . *Term Structure Estimation with Survey Data on Interest Rate Forecasts*. Board of Governors of the Federal Reserve, Finance and Economics Discussion Series, 2005 – 48, 2005.

［130］Klein M. W. , and Olivei G. P. *Capital Account Liberalization. Financial Depth, and Economic Growth*. NBER Working Paper, 1999 (8).

［131］Klein, P. *Using the Generalized Schur Form to Solve a Multivariate Linear Rational Expectations Model*. Journal of Economic Dynamics and Control, 2000, 24.

［132］Koivu T, Mehrotra A, Nuutilainen R. *An Analysis of Chinese Money and Prices Using a McCallum – Type Rule*. Journal of Chinese Economic and Business Studies, 2009 (2).

［133］Kontonikas, Alexandros and Montagnoli, Alberto. *Has Monetary*

Policy Reacted to Asset Price Movements? . Evidence from the UK, http: // www. brunel. ac. uk/depts/ecf/.

[134] Krugman, Paul. *Differences in Income Elasticities and Trends in Real Exchange Rate*, NBER Working Paper, No. 2761, 1988.

[135] Kuttner, K.. *Can Central Banks Target Bond Prices?* . NBER Working Paper No. 12454, 2006.

[136] Kydland F. , E. Prescott. *Rules Rather than Discretion: The Inconsistency of Optimal Plans.* Journal of Political Economy, 1977 (6).

[137] Laidler, David. *Expectations and the Behavior of Prices and Output under Flexible Exchange Rates.* Economica, 1977 (44).

[138] Lamont, O.. *Investment Plans and Stock Returns.* Journal of Finance, 2000, 55, 2719 – 2748.

[139] Laurens, B. J. , & Maino, R. *China: Strengthening Monetary Policy Implementation.* IMF Working Paper, WP/07/14, 2007.

[140] Laxton, D. , & Scott, A. *On Developing a Structured Forecasting and Policy Analysis System Designed to Support Inflation – Forecast Targeting (IFT)* . Inflation Targeting Experiences: England, Finland, Poland, Mexico, Brazil, Chile, Ankara: The Central Bank of the Republic of Turkey, 2000.

[141] Lee, Seongtae. 2008 *Annual Report.* The Bank of Korea.

[142] Lee, Thomas R. *Portfolio Theory and Currency Substitution.* Journal of Money, Credit and Banking, August 1985, Vol. 17.

[143] Leung, J. C. B. and R. C. , Nann. *Authority and Benevolence: Social Welfare in China.* Hong Kong: The Chinese University Press, 1995.

[144] Liu, Ligang, Wenlang Zhang. *A New Keynesian Model for Analyzing Monetary Policy in Mainland China.* Journal of Asian Economics,

2010, 21.

[145] Lucas R. Jr. *Econometric Policy Evaluation*: A Critique. Carne-gie – Rochester Conference Series on Public Policy, 1976 (1): 19 – 46.

[146] Lutz, Wolfgang. *The Truth about Aging Populations*. Harvard Business Review, January – February, 2014.

[147] Mankiw, N. , Summers, L. , and L. Weiss. *Do Long – Term Interest Rates Overreact to Short – Term Interest Rates?* . Brookings Papers on Economic Activity, Vol. 1984, No. 1.

[148] Mann, Catherine L. *Managing Exchange Rates*: *Achievement of Global Re – balancing or Evidence of Global Co – dependency?* . Business Economics, July, 2004.

[149] Mann, Catherine L. *The US Current Account*, *New Economy Services and Implication for Sustainability*. The Review of International Economics, 2003.

[150] Marquez, Jaime. *Estimating Trade Elasticities*. Kluwer Academic Pub. Boston, 2002.

[151] Marskin, E. , Qian, Y. and Xu, C. *Incentives*, *Information*, *and Organizational Form*. Review of Economic Studies, 67, 2: 359 – 378, 2000.

[152] Masson, Paul R. , Savastano, Miguel A. and Sharma, Sunil. *The Scope for Inflation Targeting in Developing Countries*. IMF Working Paper, 97/130, 1997.

[153] Matsuyama, Kiminori, Mark Gertler, and Nobuhiro Kiyotaki, *Aggregate Implications of Credit Market Imperfections*. NBER Macroeconomics Annual, 22, 1 – 69, 2007.

[154] McCallum, B. T. Monetary Policy Analysis in Models without Money. Federal Reserve Bank of St. Louis Review, 2001, Vol. 83 (4).

［155］ McCallum, Bennett T. *Robustness Properties of a Rule for Monetary Policy*. Carnegie – Rochester Conference Series on Public Policy, 1988 (29): 173 – 203.

［156］ McCallum, Bennett, and Edward Nelson. *Nominal Income Targeting in an Open – Economy Optimizing Model*. Journal of Monetary Economics, 1999, 43.

［157］ Mehra, Yash P. *A Forward – Looking Monetary Policy Reaction Function*. Federal Reserve Bank of Richmond Economic Quarterly, 2000, Vol. 85/2.

［158］ Mehrotra A, Jose R. Sanchez – Fung. *China's Monetary Policy and the Exchange Rate*. Working Paper, 2010 (10).

［159］ Meredith, G. . *Demographic Change and Household Saving in Japan, in Saving Behavior and the Asset Price Bubble*. IMF Occasional Paper, 124, 1995.

［160］ Meulendyke, Ann – Marie. *U. S. Monetary Policy and Financial Markets*. Federal Reserve Bank of New York, 1998.

［161］ Miles, D. *Should Monetary Policy be Different in a Greyer World*? . in A. Auerbach and H. Herrmann (eds.), Financial Markets and Monetary Policy, pp. 234 – 276. Springer, 2002.

［162］ Miles, D. , *Modeling the Impact of Demographic Change upon the Economy*. Economic Journal, 1999, 109, pp. 1 – 36.

［163］ Miles, Marc A. *Currency Substitution, Flexible Exchange Rates, and Monetary Independence*. American Economic Review, 1978/6, Vol. 68.

［164］ Mishkin, Frederic S. *The Transmission Mechanism and the Role of Asset Price in Monetary Policy*. NBER Working Paper No. 8617, 2001.

［165］ Mitchell, B. R. *International Historical Statistics: The Ameri-*

can. 1795 – 1993, MacMillan, London, 1998.

[166] Mohanty, Madhusudan, and Klau, Marc. *Monetary Policy Rules in Emerging Market Economies.* Monetary Policy and Macroeconomic Stabilization in Latin America, edited by Langhammer et al. (Springer: Berlin Heidelberg), 2005.

[167] Morrison G. . *Liquidity Preferences of Commercial Banks.* University of Chicago Press, 1966.

[168] Mulligan, C. B. and Martin, X. S. . *Gerontocracy, Retirement, and Social Security.* Columbia University, Universitat Pompeu Fabra, and NBER, 1999.

[169] Murphy, Robert. G. and Carl Van Duyne. *Asset Market Approaches to Exchange Rate Determination: A Comparative Analysis.* Journal of Money, Credit and Banking, 1980 (4).

[170] Nelson, E. *What does the UK's Monetary Policy and Inflation Experience Tell us about the Transmission Mechanism?* . CEPR Working Paper No. 3047, 2001.

[171] Nelson, E. . *Direct Effects of Base Money on Aggregate Demand: Theory and Evidence.* Journal of Monetary Economics, 49, 687 – 708, 2002.

[172] Obstfeld, Maurice and Rogoff, Kenneth. *The Unsustainable US Current Account Position Revisited.* NBER Working Paper, No. 10869, 2004.

[173] Obstfeld, Maurice. *Trilemmas and Trade – offs: Living with Financial Globalization?* . BIS Working Papers, 2015.

[174] OECD, *Economic Outlook.* May, 2007.

[175] Ogawa, Kazuo. *Why Commercial Banks Held Excess Reserves: the Japanese Experience of the Late 90's.* Discussion Paper No. 625, 2004.

[176] Orphanides, A. . *Monetary Policy Rules based on Real – Time*

Data. American Economic Review, 2001, 91 (4): 964 – 985.

［177］Ostry, Jonathan D.; Ghosh, Atish R. and Chamon, Marcos. *Two Targets, Two Instruments: Monetary and Exchange Rate Policies in Emerging Market Economies.* IMF Staff Discussion Note, February 29, 2012.

［178］P., Flood, P. Isard. *Monetary Policy Strategies.* IMS Staff Papers, 1989, 36 (3): 612 – 632.

［179］Pain, Nigel and Wakelin, Katharine. *Export Performance and the Role of Foreign Direct Investment.* The Manchester School Supplement, 66, 1998.

［180］Pain, Nigel and Welsum, Desirée van. *International Production Relocation and Exports of Services.* NIESR Discussion Papers, No. 237, 2004.

［181］Pakko, Michael R. *The U. S. Trade Deficit and the New Economy.* Review, Federal Reserve Bank of St. Louis, 1999.

［182］Patinkin D. *Money, Interest, and Prices.* New York: Harper & Row, 1965.

［183］Peersman, Gert, and Frank Smets. *The Monetary Transmission Mechanism in the Euro Area: More Evidence from VAR Analysis.* European Central Bank WP No. 91, 2001.

［184］Poole, W. *Commercial Bank Reserve Management in a Stochastic Model: Implication for Monetary Policy.* Journal of Finance, 1968, 23 (5).

［185］Poole, W. *Optimal Choice of Monetary Policy Instrument in a Simple Stochastic Macro Model.* Quarterly Journal of Economics, 1970 (84).

［186］Posen, Adam S.:《中央银行为何不能挤破泡沫?》（王宇译），载《国际经济评论》，2006 (6)。

［187］Prasad, Eswar, Rumbaugh, Thomas、王庆：《中国的资本账户开放与灵活汇率制度会不会本末倒置》，载《国际经济评论》，2005（7－8）。

［188］Qian, Y. and Xu, C.. *Why China's Economic Reforms Differ：The M－Form Hierarchy and Entry/Expansion of the Non－State Sector.* Economics of Transition, 1993, 1：135－170.

［189］Quinn, Dennis. *The Correlates of Change in International Financial Regulation.* American Political Science Review, 1997（91）.

［190］R., Barro, Gordon, D. *Rules, Discretion and Reputation in a Model of Monetary Policy.* Journal of Monetary Economics, 1983（7）.

［191］Rawski, T. *Will Investment behavior Constrain China's Growth?.* China Economic Review, 2002, 13：361－372.

［192］Reis, Ricardo. *Central Bank Design.* NBER Working Paper, No. 19187, 2013.

［193］Rey, Helene. *Dilemma not Trilemma：The Global Financial Cycle and Monetary Policy Dependency.* CEPR Working Paper, 2013.

［194］Rigobon, Roberto and Brian Sack. *Measuring the Reaction of Monetary Policy to the Stock Market.* NBER Working Paper No. 8350, 2001.

［195］Robertson, D. H. *Essays in Monetary Theory.* London：Staples Press, 1940.

［196］Rogers, John H. *Foreign Inflation Transmission under Flexible Exchange Rates and Currency Substitution.* Journal of Money, Credit and Banking, May 1990, Vol. 22.

［197］Roldos, Jorge. *Disintermediation and Monetary Transmission in Canada.* IMF Working Paper, 2006.

［198］Romer, Christina D. and Romer, David H. *Credit Channel or Credit Actions? . An Interpretation of the Postwar Transmission Mechanism.*

Proceedings, Federal Reserve Bank of Kansas City, 71 – 149, 1993.

[199] Romero, Jessie. *Treasury – Federal Reserve Accord*: 1951 [EB/OL], http://www. federalreservehistory. org/Events/DetailView/30, 2013.

[200] Rosenburg, J.. *Interpreting the Decline in Long – Term Interest Rates*. Internal memo, Board of Governors of the Federal Reserve, 2007.

[201] Ross, M. , 1966, *Operation Twist*: *A Mistaken Policy?*. Journal of Political Economy, Vol. 74, No. 2.

[202] Roubini, Nouriel and Setser, Brad. *The US as a Net Debtor*: *The Sustainability of the US External Imbalances*, 2004, http://www. stern. nyu. edu/globalmacro.

[203] Rudebusch, G.. *Assessing Nominal Income Rules for Monetary Policy with Model and Data Uncertainty*. Economic Journal, 2002, 112 (April), 2002.

[204] Rudebusch, G. , Swanson, E. , and Wu, T.. *The Bond Yield "Conundrum" from a Macro – Finance Perspective*. Monetary and Economic Studies, Special Edition, December, Bank of Japan, 2006.

[205] Rudebusch, Glenn D. , and Lars E. O. Svensson. *Policy Rules for Inflation Targeting*. Monetary Policy Rules, ed. by John B. Taylor (Chicago: University of Chicago Press), 1999.

[206] S. Erik Oppers, *Macroeconomic Cycles in China*. IMF Working Paper, 1997.

[207] Sachs, J. and Yang, X.. *Development Economics*: *Inframarginal Versus Marginal Analyses*. Blackwell, 2001.

[208] Sarantis, Nicholas. *The Mundell – Flemming Model with Perfect Capital Mobility and Oligopolistic Pricing*. Journal of Post Keynesian Economics, 1986 (9).

［209］Sargent T. , N. Wallace. *Rational Expectations and the Theory of Economic Policy*. Journal of Monetary Economics, 1976（84）.

［210］Sargent, Thomas J. and Paolo Surico. *Two Illustrations of the Quantity Theory of Money: Breakdowns and Revivals*. The American Economic Review, 2011, Vol. 101（1）.

［211］Scheibe, J. , & Vines, D. *A Phillips Curve for China*. CEPR Discussion Paper 4957, 2006.

［212］Schneider, Stefan. *Global Imbalances: The US Current Account Deficit*. Deutsche Bank Research, June 10, 2004.

［213］Schukuecht, Ludger. *Political Business Cycles and Expenditure Policies in Developing Countries*. IMF Working Paper, 1994.

［214］Scott, Richardson, *Over – investment of Free Cash Flow*. Review of Accounting Studies, 2006, 11: 159 – 189.

［215］Smets, Frank and Raf Wouters. *An Estimated Stochastic Dynamic General Equilibrium Model of the Euro Area*. ECB Working Paper, 2002, No. 171.

［216］Stiglitz, Joseph E. and Andrew Weiss. *Credit Rationing in Markets with Imperfect Information*. American Economic Review, 1981, 71（3）.

［217］Stiglitz, Joseph E. and Andrew Weiss. *Incentive Effects of Terminations: Applications to the Credit and Labor Markets*. American Economic Review, 1983, 73（5）.

［218］Stone, Mark, Roger, Scott; Anna, Nordstrom; Shimizu, Seiich; Turgut Kisinbay and Restrepo, Jorge. *The Role of the Exchange Rate in Inflation – Targeting Emerging Economies*. IMF Occasional Paper, 267, 2009.

［219］Strong, JS, J R Meyer. *Sustaining Investment, Discretionary Investment, and Valuation: A Residual Funds Study of the Paper Industry*. in R

Glenn Hubbard, ed. , Asymmetric Information, Corporate Finance, and Investment. Chicago: University of Chicago Press, 1990.

[220] Stulz R. M. . *Managerial Discretion and Optimal Financing Policies*. Journal of Financial Economics, 1990, 26 (1).

[221] Summers, Lawrence H. . *The US Current Account Deficit and the Global Economy*. The Per Jacobsson Lecture, Washington, D. C. , 2004.

[222] Svensson, L. E. O. . *Inflation Targeting as a Monetary Policy Rule*. Journal of Monetary Economics, 1999, 43.

[223] Svensson, L. E. O. *Open – economy Inflation Targeting*. Journal of International Economics, 2000, Vol. 50.

[224] Svensson, Lars E. O. . *Inflation Targeting in an Open Economy: Strict or Flexible Inflation Targeting*? . Reserve Bank of New Zealand Discussion Paper, Series G97/8, 1997.

[225] Swan, T. . *Longer Run Problems of the Balance of Payments*, Paper presented to Section G of the Congress of the Australian and New Zealand Association for the Advancement of Science, Melbourne, 1955.

[226] Tan, Anthony C. K and Goh, Kim – Leng. *Financial Disintermediation in the 1990s: Implications on Monetary Policy in Malaysia*. Hitotsubashi Journal of Economics, 2009, 50 (1).

[227] Taylor, J. B. . *Estimation and Control of a Macroeconomic Model with Rational Expectations*. Econometrica, Vol. 47 (5) , 1979.

[228] Taylor, J. B. . *Using Monetary Policy Rules in Emerging Market Economies*. Stanford University, unpublished manuscript, 2000.

[229] Taylor, J. . *The Monetary Transmission Mechanism: An Empirical Framework*, The Journal of Economic Perspective, Vol. 9, No. 4, 1995.

[230] The Bank of Korea. Operational Direction of Monetary and Credit Policies in 2008.

[231] The Bank of Korea. *Monetary Policy Report.* 2007, 2008.

[232] The Economist, *Age Invaders.* April 26th, 2014.

[233] Thirlwall, A. P. *The Balance of Payments Constraint as an Explanation of International Growth Rate Differences.* Banca Nazionale del Lavoro Quarterly Review, No. 128, 1979.

[234] Thorton, D.. Greenspan's Conundrum and the Fed's Ability to Affect Long – Term Yields, Federal Reserve Bank of St. Louis Working Paper, 2012 – 36A, 2012.

[235] Trichet, Jean – Claude. *The Monetary Policy Implications of Ageing.* BIS Review, 107/2007, 2007.

[236] Tsiang, S. C.. *Keynes's 'Finance' Demand for Liquidity.* Robertson's Loanable Funds Theory, and Friedman's Monetarism, The Quarterly Journal of Economics, 1980, 94 (3): 467 – 491.

[237] Tucker, P.. Managing the Central Bank's Balance Sheet: Where Monetary Policy Meets Financial Stability, lecture given in London on July 28, www. bankofengland. co. uk, 2004.

[238] Turner, P.. *The Exit from Non – Conventional Monetary Policy: What Challenges?.* BIS Working Papers, No. 448, 2014.

[239] Turnovsky, S. J. and Andre Kaspura. *An Analysis of Imported Inflation in a Short – Run Macroeconomic Model.* The Canadian Journal of Economics, 1974 (7).

[240] Turnovsky, S. J. *Monetary Policy and Foreign Price Disturbances under Flexible Exchange Rates: A Stochastic Approach, Journal of Money.* Credit and Banking, 1981 (13).

[241] United Nations. *World Population Aging: 1950 – 2050, 2002.*

[242] United Nations. *World Population Prospects: The 2012 Revision.* Volume II: Demographic Profiles.

［243］Viral V. , D. Gromb, T. Yorulmazer. *Imperfect Competition in the Interbank Market for Liquidity as a Rationale for Central Banking*. American Economic Journal, 2012, 4（2）.

［244］Vogt, S. C. . *The Cash Flow and Investment Relationship：Evidence from US Manufacturing Firms*. Financial Management, 1994, 23（2）.

［245］Walsh, Carl E. . *Monetary Theory and Policy*. Massachusetts Institute of Technology, 2010.

［246］Waterman, A. M. C. *Some Footnotes to the – Swan Diagram – or How Dependent is a Dependent Economy*. The Economic Record, Vol. 42, issue 99, 1966.

［247］Wei, Shang – Jin and Zhang, Xiaobo. *The Competitive Saving Motive：Evidence from Rising Sex Ratios and Saving Rates in China*. Journal of Political Economy, Vol. 119, No. 3, 2011.

［248］Williamson, S. . *Monetary Policy and Distribution*. Journal of Monetary Economics, Vol. 55, 2008.

［249］Witte, Willard E. *Dynamic Adjustment in an Open Economy with Flexible Exchange Rates*. The Southern Economic Journal, 1979（45）.

［250］Wong, L. . *Marginalization and Social Welfare in China*. London and New York：Routledge, 1998.

［251］Woodford, M. *Interest and Prices：Foundation of a Theory of Monetary Policy*. Priceton University Press, 2003.

［252］Woodford, M. *Monetary Policy in the Information Economy*. NBER Working Paper 8674, 2001.

［253］Woodford, M. *Optimal Monetary Policy Inertia*. NBER Working Paper, 1999. No. 7261.

［254］Woodford, M. . *Comment on "Using a Long – Term Interest Rate* as the Monetary Policy Instrument". Journal of Monetary Economics, 2005, 52, 5, 881 – 887.

[255] World Bank. *Development Research Center of the State Council. China 2030*：Building a Modern, Harmonious, and Creative Society, 2013.

[256] Wren – Lewis, Simon and Driver, Rebecca. *Real Exchange Rates for the Year* 2000, Policy Analyses in International Economics, Institute for International Economics, 1998.

[257] Yi, Wu. *Growth*, *Expansion of Markets and Income Elasticities in World Trade*, Job Market Paper, Georgetown University, 2004.

[258] Zhang, Wenlang. *China's Monetary Policy*：*Quantity versus Price Rules*. Journal of Macroeconomics, Vol. 31, 2009.

[259] 爱德华·肖：《经济发展中的金融深化》，上海：上海三联书店，1988。

[260] 巴曙松：《货币市场基金与利率市场化如何互动：从国际比较看当前中国货币市场基金争议》，国研网，2014 年 3 月 26 日。

[261] 白重恩：《2012 年中国投资回报率仅 2.7%》，载《第一财经日报》，2013 年 7 月 30 日。

[262] 保罗·克鲁格曼：《萧条经济学的回归》，北京：中信出版社，2012。

[263] 卞志村：《泰勒规则的实证问题及在中国的检验》，载《金融研究》，2006（8）。

[264] 卜永祥、靳炎：《中国实际经济周期：一个基本解释和理论拓展》，载《世界经济》，2002（7）。

[265] 步艳红、赵晓敏、杨帆：《我国商业银行同业业务高杠杆化的模式、影响和监管研究》，载《金融监管研究》，2014（2）。

[266] 蔡辉明：《金融加速器与中国经济波动》，北京大学中国经济研究中心硕士论文，2004。

［267］曹红钢、伍戈：《货币政策的量价目标可否得兼?》，载《中国货币市场》，2015（6）。

［268］曹煦：《货币市场比较研究》，东北财经大学博士论文，2002。

［269］查尔斯·比恩（王胜邦译）：《货币政策的未来》，载《比较》，2015（1）。

［270］陈炳才：《用结构性货币政策应对和治理通货膨胀》，载《经济学动态》，2010（6）。

［271］陈德球、陈运森：《政府治理、终极产权与公司投资同步性》，载《管理评论》，2013（1）。

［272］陈光磊：《滞胀突围一：美国1970年代的经验》，载《宏源证券研究报告》，2013。

［273］陈光磊：《中国股市——经济先行指标的逻辑》，载《金融实务》，2010（7）。

［274］陈岚、姜超：《社会融资总量的跟踪和预测》，载《国泰君安证券专题研究》，2011年5月。

［275］陈彦斌：《人口老龄化不会对中国宏观经济产生灾难性影响》，载《光明日报》，2013年3月。

［276］陈云贤、张孟友：《M1、M2和M3轮番调控美国货币政策》，载《上海证券报》，2001。

［277］程俊峰：《促进就业的财政政策研究》，财政部财政科学研究所博士论文，2010。

［278］邓乐平、冯用富、晋重文：《浮动汇率制度下货币政策的独立性》，载《金融研究》，2002（3）。

［279］都阳：《人口转变、劳动力市场转折与经济发展》，载《国际经济评论》，2010（6）。

［280］樊纲：《公有制宏观经济理论大纲》，上海：上海三联书店

和上海人民出版社，1994。

[281] 范从来、赵永清：《中国货币政策的自主性：1996—2008》，载《金融研究》，2009（5）。

[282] 范从来：《货币政策中介目标的选择》，载《金融研究》，2004（6）。

[283] 方轶强：《支付系统发展与超额准备金需求变动》，载《上海金融》，2008（8）。

[284] 费雷德里克·S. 米什金：《货币金融学》（第九版），北京：中国人民大学出版社，2011。

[285] 费雪：《利息理论》，北京：商务印书馆，2013。

[286] 冯明、伍戈：《结构性货币政策能促进经济结构调整吗？——以"定向降准"为例》，中国金融四十人论坛工作论文系列，2015（7）。

[287] 冯肇伯：《西方国家货币政策比较研究》，成都：西南财经大学出版社，1990。

[288] 高见：《老龄化、金融市场与货币政策含义》，中国人民银行金融研究所博士研究生学位论文，2009。

[289] 高善文：《光线是可以弯曲的》，载《安信证券研究报告》，2010 年 7 月 21 日。

[290] 格哈德·伊宁：《货币政策理论：博弈论方法导论》，北京：社会科学文献出版社，2002。

[291] 龚刚：《实际商业周期：理论、检验与争议》，载《经济学季刊》，2004，3（4）。

[292] 郭峰、冉茂盛、胡媛媛：《中国股市财富效应的协整分析与误差修正模型》，载《金融与经济》，2005（2）。

[293] 汉森：《凯恩斯学说指南》，北京：商务印书馆，1964。

[294] 何东、王红林：《利率双轨制与中国货币政策实施》，载

《金融研究》，2011（12）。

［295］何枫、陈荣、何林：《我国资本存量的估算及其相关分析》，载《经济学家》，2003（5）。

［296］胡海鸥、季波：《墨西哥的零准备金制度及其对我国的启示》，载《国际金融研究》，2007（4）。

［297］胡海鸥：《水平的货币供给曲线及其政策启示》，载《上海经济研究》，1998（11）。

［298］胡金焱：《中国股票市场政策市评价》，载《经济理论与经济管理》，2002（8）。

［299］胡庆庚：《现代货币银行学教程》，上海：复旦大学出版社，1996。

［300］胡晓炼：《汇率与货币政策研究文集》，北京：中国金融出版社，2014。

［301］胡晓炼：《有管理的浮动汇率制度的三个要点》，中国人民银行网站，2010年7月22日。

［302］黄海洲、周诚君：《新形势下对外开放的战略布局》，CF40网站，2013年5月。

［303］黄文涛：《雾霾再起 露在何方》，载《中信建投证券文涛经济评论》，2014年2月24日。

［304］黄鑫涛：《两难的同业监管》，载《广发证券研究报告》，2013年11月26日。

［305］黄志忠、谢军：《宏观货币政策、区域金融发展和企业融资约束：货币政策传导机制的微观证据》，载《会计研究》，2013（1）。

［306］贾春新：《金融深化：理论与中国的经验》，载《中国社会科学》，2000（3）。

［307］姜波克、陆前进：《开放经济下的货币市场调控》，上海：复旦大学出版社，1999。

［308］姜波克：《国际金融学》，北京：高等教育出版社，1999。

［309］姜海军、惠晓峰：《内生化贷款额度的信贷市场信息甄别模型研究》，载《金融研究》，2006（3）。

［310］杰文斯：《政治经济学理论》，北京：商务印书馆，1984。

［311］金荦：《从国际经验看中国资本放松资本管制的政策选择》，载《国际经济评论》，2005（1）。

［312］瞿强：《资产价格波动与货币政策》，载《中国金融》，2003（19）。

［313］凯恩斯：《就业、利息和货币通论》，北京：商务印书馆，1963。

［314］克拉克：《财富的分配》，北京：华夏出版社，2008。

［315］劳伦斯·萨默斯：《中国和希腊"金融大戏"的启示》，载英国《金融时报》（中文版），2015年7月15日。

［316］黎诣远：《西方经济学》，北京：高等教育出版社，1999。

［317］李斌、伍戈：《信用创造、货币供求与经济结构》，北京：中国金融出版社，2014。

［318］李斌：《经济发展、结构变化与"货币消失"——兼对"中国之谜"的再解释》，载《经济研究》，2004（6）。

［319］李斌：《投资、消费与中国经济的内生增长：古典角度的实证分析》，载《管理世界》，2004（9）。

［320］李斌：《央行的利率调控机制与利率市场化》，载《经济社会体制比较》，2014（1）。

［321］李波、伍戈、席钰：《论"结构性"货币政策》，载《比较》，2015（2）。

［322］李波、伍戈：《财政政策的"独立性"？——再议货币与财政政策的关系》，工作论文，2011。

［323］李波、伍戈：《非常规货币政策的政治经济学：三议货币与

财政政策的关系》，工作论文，2012。

［324］李春吉、孟晓宏：《中国经济波动——基于新凯恩斯主义垄断竞争模型的分析》，载《经济研究》，2006（10）。

［325］李宏瑾：《基于标准泰勒规则的我国货币市场利率偏离估算》，载《金融评论》，2012（3）。

［326］李松华：《基于 DSGE 模型的中国货币政策传导机制研究》，华中科技大学博士论文，2010。

［327］李晓慧：《股票市场与经济运行均衡发展新论》，北京：经济科学出版社，2001。

［328］李扬、彭兴韵：《解析美联储的利率政策及其货币政策理念》，载《国际金融研究》，2005（2）。

［329］李志赟：《银行结构与中小企业融资》，载《经济研究》，2002（6）。

［330］李治国、曾利飞：《微观货币需求函数与货币需求异质性：企业层面的证据》，载《金融研究》，2007（8）。

［331］李治国、张晓蓉、徐剑刚：《资本形成与货币扩张的互动关系：解析中国经济增长》，载《财经研究》，2010（6）。

［332］林毅夫、李志赟：《政策性负担、道德风险与预算软约束》，载《经济研究》，2004（2）。

［333］林毅夫、刘明兴、章奇：《政策性负担与企业的软预算约束：来自中国的实证研究》，载《管理世界》，2004（8）。

［334］林毅夫等：《中国的奇迹：发展战略与经济改革》，上海：上海三联书店、上海人民出版社，1994。

［335］刘斌：《我国 DSGE 模型的开发及在货币政策分析中的应用》，载《金融研究》，2008（10）。

［336］刘斌：《最优前瞻性货币政策规则的设计与应用》，载《世界经济》，2004（4）。

［337］刘飞：《我国货币政策区域效应实证研究》，载《四川大学学报》，2007（2）。

［338］刘红忠、张卫东：《蒙代尔—弗莱明模型之后的新开放经济宏观经济学模型》，载《国际金融研究》，2001（1）。

［339］刘霞辉：《为什么中国经济不是过冷就是过热》，载《经济研究》，2004（11）。

［340］卢万青、沈培喜：《格兰杰因果检验在我国经济周期研究中的应用》，载《统计研究》，2002（2）。

［341］鲁迪格·多恩布什、斯坦利·费希尔、理查德·斯塔兹：《宏观经济学》（第十版），北京：中国人民大学出版社，2010。

［342］陆军、钟丹：《泰勒规则在中国的协整检验》，载《经济研究》，2003（8）。

［343］罗党论、应千伟、常亮：《银行授信、产权与企业过度投资：中国上市公司的经验证据》，载《世界经济》，2012（3）。

［344］罗纳德·I. 麦金农：《经济发展中的货币与资本》，北京：中国金融出版社，2006 。

［345］洛克：《论降低利息和提高货币价值的后果》，北京：商务印书馆，1962。

［346］马德功：《中央银行外汇市场干预研究》，四川大学博士学位论文，2005。

［347］马贱阳：《结构性货币政策：一般理论和国际经验》，载《金融理论与实践》，2011（4）。

［348］马克思：《资本论》，北京：人民出版社，2004。

［349］马西：《论决定自然利息率的原因》，北京：商务印书馆，1996。

［350］马歇尔：《经济学原理》，北京：商务印书馆，1965。

［351］迈克尔·伍德福德：《利息与价格——货币政策理论基

础》，北京：中国人民大学出版社，2010。

［352］米尔顿·弗里德曼、安娜·雅各布森·施瓦茨：《美国货币史》，北京：北京大学出版社，2009。

［353］米尔顿·弗里德曼：《货币的祸害：货币史片段》，北京：商务印书馆，2006。

［354］米尔顿·弗里德曼：《货币稳定方案》，上海：上海人民出版社，1991。

［355］米什金：《货币、银行和金融市场经济学》（影印本，第 6 版），北京：北京大学出版社，2002。

［356］牛筱颖：《通货膨胀目标制：理论与实践》，中国人民大学博士论文，2006。

［357］诺思：《贸易论》，北京：商务印书馆，1982。

［358］庞巴维克：《资本实证论》，北京：商务印书馆，1997。

［359］裴平、熊鹏、朱永利：《经济开放度对中国货币政策有效性的影响》，载《世界经济》，2006（5）。

［360］配第：《经济著作选集》，北京：商务印书馆，1997。

［361］彭方平、王少平：《我国利率政策的微观效应：基于动态面板数据模型研究》，载《管理世界》，2007（1）。

［362］彭文平、肖继辉：《股市政策与股市波动》，载《经济管理》，2002（6）。

［363］彭文生、赵扬：《利率中位水平上升："新经济的起点"系列报告之四》，载《中金公司宏观经济专题报告》，2013 年 12 月 9 日。

［364］彭文生：《渐行渐远的红利：寻找中国新平衡》，北京：中国金融出版社，2013。

［365］彭文生：《人口结构的宏观经济含义》，载《中金宏观专题报告》，2011 年 5 月。

［366］彭文生：《市场利率何处去》，中金研究报告，2013 年 12

月 23 日。

［367］钱小安：《货币政策规则》，北京：商务印书馆，2002。

［368］秦朵、宋海岩：《改革中的过度投资需求与效率损失》，载《经济学（季刊）》，2003，2（4）。

［369］萨奇：《利率市场化与高利率关系的国际经验》，载《国际金融研究》，1996（1）。

［370］沈国兵：《汇率制度的选择：文献综述》，载《世界经济》，2003（12）。

［371］盛松成：《社会融资规模概念的理论基础与国际经验》，载《中国金融》，2011（8）。

［372］盛松成：《一个全面反映金融与经济关系的总量指标》，载《中国金融》，2013（22）。

［373］施发启：《中国经济周期的实证分析》，载《统计研究》，2000（7）。

［374］施建淮：《全球经济失衡的调整及其对中国经济的影响》，北京大学中国经济研究中心讨论稿系列，No. C2006001，2006 年 2 月。

［375］斯蒂格利茨：《中国经济新常态下的货币政策》，中国人民银行行内学术报告会上的发言稿，2015 年 3 月 23 日。

［376］宋芳秀、王一江、任颋：《利率、实际控制人类型和房地产业上市公司的投资行为》，载《管理世界》，2010（4）。

［377］宋国青、卢锋等：《我国资本回报率估测（1978—2006）：新一轮投资增长和经济景气的微观基础》，北京大学中国经济研究中心工作论文，2007 年 2 月。

［378］宋国青：《走出通货紧缩与人民币汇率》，北京大学中国经济研究中心课题组研究报告，2003。

［379］宋旺：《中国金融脱媒研究》，北京：中国人民大学出版社，2011。

［380］宋小梅：《二十世纪六十年代以来的美国货币政策》，载《南方金融》，2004（11）。

［381］苏克德夫·辛格：《走向基于市场的政策工具：马来西亚的经验》，载《货币政策新问题——国际经验和对中国的借鉴》，中国人民银行、国际货币基金组织联合研讨会，2014。

［382］苏平贵：《汇率制度选择与货币政策效应分析》，载《国际金融研究》，2003（5）。

［383］苏平贵：《论利率管制与货币供给量中介目标之间的矛盾》，载《财经问题研究》，2005（8）。

［384］孙国峰、蔡春春：《货币市场利率、流动性供求与中央银行流动性管理：对货币市场利率波动的新分析框架》，载《经济研究》，2014（12）。

［385］孙国峰：《第一排》，北京：中国经济出版社，2012。

［386］孙华好：《"不可能三角"不能作为中国汇率制度选择的依据》，载《国际金融研究》，2004（8）。

［387］孙华好：《传统钉住汇率制度下中国货币政策自主性和有效性：1998—2005》，载《世界经济》，2007（1）。

［388］谭燕、陈艳艳、谭劲松、张育强：《地方上市公司数量、经济影响力与过度投资》，载《会计研究》，2011（4）。

［389］唐雪松、周晓苏、马如静：《政府干预、GDP增长与地方国企过度投资》，载《金融研究》，2010（8）。

［390］滕泰：《四层过滤模型：劳动力成本上升对物价影响有限》，载《民生宏观研究报告》，2011年2月。

［391］汪盛：《股市中政府主动与被动》，载《国际金融报》，2002年10月10日。

［392］王彬、马文涛、刘胜会：《人民币汇率均衡与失衡：基于一般均衡框架的视角》，载《世界经济》，2014（6）。

［393］王芳：《美国货币政策的利率传导机制》，载《国际经济合作》，2010（5）。

［394］王丰：《中国老龄化挑战被低估》，载《金融时报》（英国）中文网，2013（9）。

［395］王维安、徐滢：《次贷危机中美联储非常规货币政策应对、影响和效果》，载《国际金融研究》，2011（1）。

［396］王晓枫、袁绍锋：《存款准备金工具低效之谜解析》，载《财经问题研究》，2008（10）。

［397］王新华：《资本市场活跃对各主要经济主体投资行为的影响》，载《国际金融研究》，2007（5）。

［398］王信：《中国资本管制有效性辨析》，载《国际金融研究》，2008（8）。

［399］王信：《主要经济体央行定向再融资工具创新及启示》，工作论文，2014。

［400］王宇：《一个政策不能同时达到两个目标》，载《中国金融》，2005（15）。

［401］魏红欣：《IMF官员提示亚洲金融风险》，载《国际金融报》，2007年5月18日。

［402］维克塞尔：《国民经济学讲义》，上海：上海译文出版社，1983。

［403］维克塞尔：《利息与价格》，上海：商务印书馆，1959。

［404］魏明海、柳建华：《国企分红、治理因素与过度投资》，载《管理世界》，2007（4）。

［405］乌尔里希·宾德赛尔：《货币政策实施：理论、沿革与现状》，大连：东北财经大学出版社，2013。

［406］吴华：《真实利率与中国经济波动》，北京大学中国经济研究中心硕士论文，2004。

［407］吴晓灵、伍戈：《"新怀特计划"还是"新凯恩斯计划"：如何构建稳定与有效的国际货币体系》，载《探索与争鸣》，2014（8）。

［408］伍戈（Wu, Ge）. *Broad Money Demand and Asset Substitution in China*, IMF Working Paper, No. 09/131, 2009.

［409］伍戈（Wu, Ge）. *Study of Major Effects on China's Inflation 1994–2009：Using GETS Modeling*, China Economist, Vol. 7, No. 1, 2012.

［410］伍戈（Wu, Ge）. *The Failures in the Financial Market：Market Failures vs. Government Failures*, Journal of Academy of Business and Economics, Vol. 1, 2003.

［411］伍戈、曹红钢：《关于布雷顿森林体系和国际货币体系改革》，工作论文，2014年5月。

［412］伍戈、曹红钢：《中国的结构性通货膨胀研究：基于CPI与PPI的相对变化》，载《金融研究》，2014（6）。

［413］伍戈、陈得文：《为什么预期稳定是重要的？——兼议货币市场上的规则与相机抉择政策》，载《金融监管研究》，2015（5）。

［414］伍戈、高荣婧：《货币政策中介目标的量价演进：美联储的案例》，载《金融市场研究》，2015（5）。

［415］伍戈、顾及：《资本管制、避险情绪与货币替代》，载《财经研究》，2014（12）。

［416］伍戈、何伟：《商业银行资产负债结构与货币政策调控方式：基于同业业务的分析》，载《金融监管研究》，2014（7）。

［417］伍戈、李斌：《成本冲击、通胀容忍度与宏观政策》，北京：中国金融出版社，2013。

［418］伍戈、李斌：《宏观审慎管理与货币信用的关联：因由中国情境》，载《改革》，2012（6）。

［419］伍戈、李斌：《货币创造渠道的变化与货币政策的应对》，载《国际金融研究》，2012（10）。

［420］伍戈、李斌：《论货币与通胀关系的背离》，载《投资研究》，2012（4）。

［421］伍戈、李心媛：《土地要素市场中的政府行为：双垄断模型的框架》，工作论文，2014。

［422］伍戈、连飞：《中国货币政策转型研究——基于数量与价格混合规则的探索》，载《世界经济》，2016（3）。

［423］伍戈、刘琨：《金融脱媒与货币政策传导：基于中国的实证分析》，载《金融监管研究》，2013（12）。

［424］伍戈、刘琨：《探寻中国货币政策的规则体系：多目标与多工具》，载《国际金融研究》，2015（1）。

［425］伍戈、陆简：《"二元悖论"还是"三元悖论"？——全球金融一体化下货币政策的有效性》，工作论文，2015。

［426］伍戈、裴诚：《境内外人民币汇率价格关系的定量研究》，载《金融研究》，2012（9）。

［427］伍戈、王苏阳：《货币政策是否应调控中长期利率》，载《金融发展评论》，2015（4）。

［428］伍戈、温军伟：《破解资本账户开放迷思：与张明博士商榷》，载《金融发展评论》，2013（9）。

［429］伍戈、严仕锋：《跨境资本流动的宏观审慎管理探索：基于对系统性风险的基本认识》，载《新金融》，2015（10）。

［430］伍戈、殷斯霞：《经济结构扭曲与信贷市场动态：基于中国的简明框架》，载《金融发展评论》，2015（11）。

［431］伍戈、曾庆同：《人口老龄化和货币政策：争议与共识》，载《国际经济评论》，2015（4）。

［432］伍戈、张文、明明：《对冲型货币政策的实践与效果》，载《中国金融》，2011（10）。

［433］伍戈、张旭东：《利率》，载《金融学大辞典》（李扬主

编），北京：中国金融出版社，2014。

[434] 伍戈、张旭东：《探寻中国的均衡利率：基于经济增长理论的视角》，工作论文，2014。

[435] 伍戈、张旭梅：《过度投资、利率变动与货币扩张：基于中国的实证研究》，工作论文，2014。

[436] 伍戈：《对金融危机后货币政策目标的再思考》，载《宏观经济研究》，2009（8）。

[437] 伍戈：《公众的通胀预期需正确引导》，载《中国发展观察》，2007（10）。

[438] 伍戈：《豪斯克—麦奇不对称效应与经常账户失衡的结构成因》，载《世界经济》，2006（1）。

[439] 伍戈：《货币政策的规则与相机抉择：金融危机改变了什么?》，工作论文，2011。

[440] 伍戈：《货币政策调控与资产价格》，载《经济学消息报》，2003 年 8 月 15 日。

[441] 伍戈：《货币政策与资产价格：经典理论、美联储实践及现实思考》，载《南开经济研究》，2007（4）。

[442] 伍戈：《流动性、合理流动性水平与宏观管理的现实情境》，载《改革》，2010（4）。

[443] 伍戈：《实际利率与宏观经济：中国的若干典型特征》，载《国际经济评论》，2010（6）。

[444] 伍戈：《现阶段中国货币政策总体特征与现实匹配》，载《改革》，2013（3）。

[445] 伍戈：《中国的货币需求与资产替代：1994—2008》，载《经济研究》，2009（3）。

[446] 伍戈：《中国货币供给的结构分析：1999—2009》，载《财贸经济》，2010（11）。

［447］夏斌、廖强：《货币供应量已不宜作为当前我国货币政策的中介目标》，载《经济研究》，2001（8）。

［448］向杨：《政府干预下企业过度投资形成机理研究》，西南财经大学博士学位论文，2012。

［449］项卫星、李宏瑾：《我国中央银行数量型货币调控面临的挑战与转型方向》，载《国际金融研究》，2012（7）。

［450］谢平、罗雄：《泰勒规则及其在中国货币政策中的检验》，载《经济研究》，2002（3）。

［451］谢平、张晓朴：《货币政策与汇率政策的三次冲突：1994—2000年中国的实证分析》，载《国际经济评论》，2002（3）。

［452］谢平：《中国货币政策分析：1998—2002》，载《金融研究》，2004（8）。

［453］辛清泉、林斌、王彦超：《政府控制、经理薪酬与资本投资》，载《经济研究》，2007（8）。

［454］辛清泉、林斌、杨德明：《中国资本投资回报率的估算和影响因素分析：1999—2004年上市公司的经验》，载《经济学（季刊）》，2007，6（4）。

［455］休谟：《休谟经济论文选》，北京：商务印书馆，1984。

［456］徐高：《人民银行的角点解》，载《光大证券经济评论》，2013年12月。

［457］徐明东、陈学彬：《中国工业企业投资的资本成本敏感性分析》，载《经济研究》，2012（3）。

［458］阎庆民、李建华：《中国影子银行监管研究》，北京：中国人民大学出版社，2014。

［459］杨凤丽、孙吉亭：《韩国货币政策中介目标的研究及对中国的启示》，载《中国海洋大学学报》（社会科学版），2008（4）。

［460］杨华军、胡奕明：《制度环境与自由现金流的过度投资》，

载《管理世界》，2007（9）。

［461］杨思群：《中国货币需求：实证研究及政策含义》，载《经济学动态》，2011（3）。

［462］杨小凯：《经济学原理》，北京：中国社会科学出版社，1998。

［463］杨艳、刘慧婷：《从地方政府融资平台看财政风险向金融风险的转化》，载《经济学家》，2013（4）。

［464］杨英杰：《泰勒规则与麦克勒姆规则在中国货币政策中的检验》，载《数量经济技术经济研究》，2002（12）。

［465］姚余栋、谭海鸣：《央票利率可作为货币政策的综合性指标》，载《经济研究》（增刊），2011（2）。

［466］叶生明：《委托代理问题与非效率投资行为研究》，载《世界经济情况》，2006（24）。

［467］易纲、樊纲、李岩：《关于中国经济增长与全要素生产率的理论思考》，载《经济研究》，2003（8）。

［468］易纲、汤弦：《汇率制度"角点解"假设的一个理论基础》，载《金融研究》，2001（8）。

［469］易纲、王召：《货币政策与金融资产价格》，载《经济研究》，2002（3）。

［470］易纲：《汇率制度的选择》，载《金融研究》，2000（9）。

［471］易纲：《中国改革开放三十年的利率市场化进程》，载《金融研究》，2009（1）。

［472］尹继志：《货币政策规则的国际实践与我国货币政策规则的选择》，载《经济学动态》，2008（8）。

［473］于则：《我国货币政策的区域效应分析》，载《管理世界》，2006（2）。

［474］余永定：《货币金融理论与政策的重要创新》，载《中国金

融》，2014（7）。

［475］俞鸿琳：《银行贷款、管理者投资行为与公司投资效率》，载《南方经济》，2012（7）。

［476］袁志刚、宋铮：《人口年龄结构、养老保险制度与最优储蓄率》，载《经济研究》，2000（11）。

［477］约翰·梅纳德·凯恩斯：《就业、利息和货币通论》，西安：陕西人民出版社，2004。

［478］张爱红：《美国存款准备金制度历史分析及启示》，载《金融纵横》，2007（1）。

［479］张功富、宋献中：《我国上市公司投资：过度还是不足？——基于沪深工业类上市公司非效率投资的实证度量》，载《会计研究》，2009（5）。

［480］张洪辉、王宗军：《政府干预、政府目标与国有上市公司的过度投资》，载《南开经济评论》，2010（3）。

［481］张健华：《资本项目可兑换的国别比较》，载《中国金融》，2011（14）。

［482］张杰平：《开放经济 DSGE 模型下我国货币政策规则的选择》，载《山西财经大学学报》，2012（4）。

［483］张敬国：《全球化下的货币政策》，北京：商务印书馆，2014。

［484］张明：《中国经济走出困境的六大建议》，FT 中文网，2014年9月28日。

［485］张明：《资本账户开放迷思》，载《财经》，2013（14）。

［486］张维迎、粟树和：《地区间竞争与中国国有企业的民营化》，载《经济研究》，1998（12）。

［487］张晓慧：《中国货币政策》，北京：中国金融出版社，2012。

［488］张茵、万广华：《中国的经济周期：一个 AD—AS 模型的视

角》，载《世界经济文汇》，2005（2）。

［489］张永锡、徐玉德：《巴西应对金融危机的财政货币政策及未来取向》，载《地方财政研究》，2010（12）。

［490］赵大利：《货币供给量中介目标有效性的实证研究：基于中国1990～2005年间的数据》，载《时代金融》，2007（2）。

［491］赵洪：《马来西亚的金融体系与货币政策》，载《亚太经济》，1995（3）。

［492］赵磊：《宏观经济稳定与货币政策中介目标的选择——基于普尔规则的实证分析》，载《经济经纬》，2007（5）。

［493］赵玉成：《利率变动对上市公司投资影响的实证研究》，载《经济与管理》，2006（2）。

［494］赵志君：《论中美货币政策差异以及分配效应》，载《新疆财经》，2012（1）。

［495］郑真真：《生育意愿研究及其现实意义：兼以江苏调查为例》，载《学海》，2011（2）。

［496］郑直：《我国产业空心化的成因及转型策略》，载《商业时代》，2013（3）。

［497］中国人民银行调查统计司：《我国加快资本账户开放的条件基本成熟》，载《中国金融》，2012（5）。

［498］中国人民银行调查统计司课题组：《协调推进利率、汇率改革和资本账户开放》，中国人民银行网站，2012年4月。

［499］中国人民银行货币政策分析小组：《稳步推进利率市场化报告》，《中国货币政策执行报告（增刊）》，北京：中国金融出版社，2005。

［500］中国人民银行货币政策分析小组：《中国货币政策执行报告》，北京：中国金融出版社，2014年各期。

［501］中国人民银行货币政策司课题组：《中央银行的利率调控及

传导机制：一个逻辑框架及实证检验》，研究报告，2014。

[502] 中国人民银行货币政策司课题组：《转型期的流动性管理框架研究》，研究报告，2013。

[503] 中国人民银行营业管理部课题组：《非线性泰勒规则在我国货币政策操作中的实证研究》，载《金融研究》，2009（12）。

[504] 中华人民共和国审计署：《2013 年第 32 号公告：全国政府性债务审计结果》，审计署官方网站，2013。

[505] 钟正生：《结构性货币政策的得与失》，《华尔街见闻》网站，2014 年 10 月。

[506] 钟正生：《警惕利率"三重冲击波"》，载《国信证券证券研究报告》，2014 年 1 月。

[507] 周克：《固定汇率下资本账户开放对经济的影响：基于修正的 Mundell 模型的动态分析》，载《世界经济研究》，2007（3）。

[508] 周黎安：《晋升博弈中政府官员的激励与合作》，载《经济研究》，2004（6）。

[509] 周其仁：《货币的教训》，北京：北京大学出版社，2012。

[510] 周小川：《当前研究和完善货币政策传导机制需要关注的几个问题》，载金琦主编：《中国货币政策传导机制：中国人民银行与国际货币基金组织研讨会论文集》，北京：中国金融出版社，2005。

[511] 周小川：《关于储蓄率问题的若干观察和分析》，载《中国金融》，2009（4）。

[512] 周小川：《新世纪以来中国货币政策采取多目标制》，新华网，2012。

[513] 周小川：《新世纪以来中国货币政策的主要特点》，载《新世纪周刊》，2012（46）。

[514] 周小川：《中国货币政策的特点和挑战》，载《财经》，2006（12）。

［515］朱芳、李俊：《我国金融机构超额准备金率变动分析》，载《暨南学报（哲学社会科学版）》，2009（3）。

［516］朱海斌：《治理流动性问题》，载《财经》，2014（3）。

索　引

G

H

I

J

后　记

在经济学研究中，数量与价格是观察特定经济现象的两个重要维度，两者的动态变化反映了市场供求均衡变化的内在逻辑。对货币金融领域而言，量价分析极为重要。但与传统经济学分析有所区别的是，由于货币具有供给相对唯一等特殊属性，使货币数量与资金价格（利率）所折射出来的不仅仅是金融市场微观主体方面的信息，还包含中央银行对宏观经济的整体判断及其调控取向等复杂因素。如何将经济学中量价分析的一般规律与货币金融领域的特有逻辑有机结合起来，是一项十分有趣的工作。本书所关注的正是货币数量与资金价格的互动关联，以及货币政策调控框架转型过程中的现实选择问题。

随着经济、金融全球化以及我国改革进程的不断推进，传统的以货币数量论为基础的货币政策框架正面临着越来越多的挑战，货币数量与资金价格之间的矛盾也进一步凸显。但事实上，完全基于利率价格的货币政策调控体系又不可能一蹴而就。那么，究竟应采取何种货币政策规则和策略就成为决策者们面临的重大课题。对上述问题的探索，一方面国际上已有些较为成熟的国别经验可供借鉴，但另一方面，我国还存在着"软约束"等结构性的特殊转型经济特征。这客观上要求我们在"洋为中用、古为今用"的基础上，更加注重实事求是、因地制宜。作为货币政策工作及研究人员，我们或许是幸运的。因为正是这个变革

的时代，给予了我们如此生动的现实创作素材与丰富的理论创新
灵感。怀着好奇与憧憬，我们努力去感知并探寻这充满未知的货
币经济世界。当然，书中内容仅代表作者个人学术观点，与供职
单位无关，文责自负。

这是我们继《成本冲击、通胀容忍度与宏观政策》、《信用
创造、货币供求与经济结构》后合作出版的第三本著作。该书
是中国金融四十人论坛（CF40）内部课题研究成果，我们要再
次感谢 CF40 给予的支持及提供的良好交流平台，感谢王海明秘
书长的支持和理解。要特别感谢中国人民银行副行长易纲教授和
中国社科院学部委员余永定研究员在百忙中为本书作序。衷心感
谢周其仁教授（北京大学）、樊纲教授（国民经济研究所）、夏
斌研究员（国务院发展研究中心）、何东先生（国际货币基金组
织）提携后学，给予我们鼓励和帮助。感谢中国人民银行周小
川、张晓慧、李波、邢毓静、纪志宏、朱隽、陆磊、金中夏、姚
余栋、马骏等领导及同事们给予的关怀和指点。感谢黄达教授
（中国人民大学）、吴敬琏研究员（国务院发展研究中心）、张卓
元研究员（中国社科院）、吴晓灵研究员（清华大学）、林毅夫
教授（北京大学）、钱颖一教授（清华大学）、李扬研究员（中
国社科院）、白重恩教授（清华大学）、李剑阁研究员（孙冶方
经济科学基金会）、黄益平教授（北京大学）、姜波克教授（复
旦大学）、何炼成教授（西北大学）、魏尚进教授（亚洲开发银
行）、许成钢教授（香港大学）等专家的批评指正。感谢中国金
融出版社张驰主任的悉心编排，使得这一系列书籍得以顺利出
版。此外，我们想特别表达对家人们的歉意和感激。长期以来，
我们把大量业余时间花在了研究方面，牺牲了太多与他们相聚的

美好时光。

　　完稿之际，正值京城大雪的冬日，喜看窗外一片银装素裹。掩卷遐思，货币与宏观经济问题如此博大精深，错综复杂，我们时常感觉仿佛是在其中"盲人摸象"，但这或许正是全面认识客观事物的必由之路。在反反复复的困惑与顿悟之间，常常笑叹自己力不从心。这样的一段心路历程，或苦闷，或惊喜，或彷徨，或快乐，但我们深知其中执着坚持的价值与意义。衷心希望对上述货币经济问题的肤浅论述与持续探讨，能呈现给读者观察和分析中国现实的一些新视角，甚或激发大家进一步研究的兴趣。

伍戈　李斌
2015 年 11 月于北京金融街